나는 쇼핑하듯
ETF에 투자한다

나는  쇼핑하듯
ETF에 투자한다

문남중 지음

일러두기

　　제2~3부에 수록된 ETF 리스트는 쉽고 간편하게 세부 내역을 확인하실 수 있도록
　　숫자 단위를 설정했습니다. 그에 따라 일부 ETF의 순자산과 거래대금이 0으로
　　표기될 수 있습니다. 이런 경우 경쟁하는 타 상품보다 규모와 유동성 측면에서 낮은
　　점수를 받는 요인이 될 수 있다는 의미로 해석해 주길 바랍니다.

삶을 살아가다 보면 많은 시행착오를 겪게 됩니다. '이렇게 하면 저렇게 되지 않을까?' '저렇게 하면 해결할 수 있을 것 같은데.' '흑흑, 밤잠도 설치면서 일 한건데, 이 정도 평가밖에 못 받네.' '내 나름대로의 고심 끝에 조심스럽게 이야기하고 실행한 건데' 등등. 내 뜻대로 되지 않은 경우가 생기는 경험 다들 있으시죠? 말로만 들었던 머피의 법칙*이 내 등 뒤에 딱 달라 붙어서, 떼어 내려고 아무리 몸을 움직여 봐도 가끔은 강력 본드가 붙어 있는지 절대 떨어지지 않는 경험 말입니다.

....

* 일이 잘 풀리지 않고 오히려 꼬이기만 할 때 쓰는 용어

그런데 여러분 너무 의기소침할 필요가 없습니다. 어떻게 보면 내가 지금 잘 하고 있다는 증표니까요. 한해 한해 거듭하다 보면 어느 순간, 남들에게 '이럴 때는 저렇게 하면 도움이 될거야'라고 말하고 있을 겁니다. 분명 스스로 놀랄 만큼 어느 분야에서든 숙련된 경험치가 쌓인 인생 선배가 되어서 말이죠.

20대, 30대는 내 삶에 있어서 가장 중요한 시기입니다. 인생이라는 긴 시간여행에서 사랑하는 이들과 함께 소소한 일상의 행복을 오랫동안 지키기 위해서는 자산형성이 중요한데, 그 주춧돌이 될 수 있는 시기이기 때문이죠. 사회에 첫걸음을 내딛어 내 힘으로 처음 벌었던 돈 기억하시죠? 현재 내가 벌고 있는 액수보다는 작은 금액일지 몰라도 그때 느꼈던 값어치로 따지면 만 원이 백만 원쯤 되는 값진 돈이었을 겁니다.

그토록 값지게 번 돈이 내 통장에 그대로 있었으면 좋겠지만 현실적으로 어려운 이야기라는 건 다들 알고 있으실 겁니다. 살면서 이것저것 필요한 것들이 늘어나면서 나가는 돈도 늘어날 수밖에 없는 만큼, 우리는 반대로 돈이 내 주머니로 들어올 수 있는 무언가를 항상 고민하고 실행에 옮겨야 하는 의무가 생깁니다. 하지만 하루하루 바쁘다는 핑계로 나도 모르게 잊고 지내는 게 우리 일상의 모습이죠.

돈이 스스로 내 주머니에 들어오지 못한다면, 내가 번 돈이 도망가지 않고 나를 위해 일을 할 수 있게 돈을 굴려 보는 건 어떨까요?

분명 저에게 "가장 어려운 일 아닌가요?"라고 되물으실 수 있습니다. 맞습니다. 쉽지는 않습니다. 한번 회상해 볼까요? 누군가를 좋아하기 시작해 그 사람의 마음을 얻고자 부단히 노력했던 우리가 가장 젊었던 날을 떠올려 보세요. 소중한 것을 얻기 위해서 합당한 노력을 해왔던 것처럼 이제부터 우리는 돈이 나를 위해 일할 수 있도록 두 가지 노력을 시작해야 합니다. 바로 '시간에 투자하는 것'과 '투자를 ETF(상장지수펀드)를 통해서 하는 것'입니다.

시간에 투자하려고 해도 사실 우리의 돈 주머니를 노리는 어른용 장난감이 너무 많습니다. 이러한 유혹을 참고 참기 위해서는 스스로 주문을 걸어야 합니다. 지금 당장은 생활이 불편할 수 있지만 40대, 50대, 60대가 되면 더 여유있는 재정상황으로 지금보다 더 좋은 제품과 서비스를 이용할 수 있다는 생각을 하는 거죠. 분명 지금 당장은 이러한 노력들이 실감나지 않겠지만, 매달 내가 버는 돈의 일정 금액을 꾸준히 불입하다 보면 최소 5년이 지나가는 시점에서 돈이 모이는 재미와 보고만 있어도 든든한 심적 여유를 느끼실 수 있을 겁니다.

이렇게 시간에 투자하기 위해서는 ETF를 꼭 해야 합니다. 투자하다 보면 어떤 시기에는 주식이 좋고, 어떤 시기에는 채권이 좋듯이 자산별로 선호되는 시점이 각기 다르기 마련입니다. 이럴 때 전천후로 투자할 수 있는 수단이 ETF 말고는 없습니다. 그렇기에 우리는 사회에 첫발을 내딛어 돈을 벌기 시작한 시점부터 매달 조금씩 ETF에 투자해 나가야 합니다.

여러분들의 인생 중 중요한 시기마다 원하는 목표가 생기실 겁니다. 이 책은 재정적으로 그 목표를 단축시켜 주는 역할을 도맡을 ETF에 대해 소개시켜 드리고자 하는 목적이 큽니다. 그래서 우리가 학창시절 공부했던 정석처럼 ETF의 기초부터 실전 활용까지 이 책 한 권이면 완벽하게 통달할 수 있도록 아주 쉽게 쓰려고 노력했습니다.

이 책은 총 4부로 구성했습니다. 제1부인 '동학개미들이여, 이제는 ETF로 진격하라'에서는 투자 패러다임이 바뀌고 있는 시대에 진정한 글로벌 투자자로 거듭나기 위한 ETF 투자의 기본을 다지는 내용을 담았습니다. 제2부인 '나는 집에서 한국 코스피, 미국 나스닥을 산다'에서는 ETF로 한국과 미국의 시장대표지수와 섹터 그리고 스타일, 테마에 투자하는 방법과 다양한 세계지수, 유럽, 중국, 인도, 베트남에 투자하는 ETF를 소개했습니다. 제3부는 '나는 집에서 미국 채권, 원두, 데이터센터를 산다'로 2부에서 권역과 국가 중심으로 ETF에 투자하는 방법을 알아봤다면, 3부에서는 달러, 금과 은, 원유, 농산물, 금속, 채권, 리츠와 같은 상품 중심으로 ETF 투자의 다양성을 느낄 수 있도록 했습니다. 마지막인 제4부는 'ETF 실전에서 활용하기'로 1~3부에서 배운 내용을 토대로 해외주식 계좌 개설부터 실전 매매까지 실제로 ETF에 투자해보는 내용을 담았습니다. 또한 코로나19가 바꾸어 놓은 세상에 대한 통찰력을 바탕으로 향후 유망한 11가지 ETF를 제시했습니다.

앞으로 살아갈 삶의 여정에서 ETF가 여러분의 자산형성에 조금이나마 도움이 되어, 여러분 각자가 꿈꾸고 희망하는 목표에 최대한 짧은 시간에 도달할 수 있기를 기원합니다. 분명 그렇게 되리라 믿습니다. 항상 당신을 응원하겠습니다.

문남중

차례

1부 | 동학개미들이여, 이제는 ETF로 진격하라

1장 로빈후드, 닌자개미, 청년부추도 ETF 투자를 이미 시작하고 있다

2장 ETF를 하고 싶다면, 기본부터 탄탄하게 시작하자

3부 | 나는 집에서 미국 채권, 원두, 데이터센터를 산다
— 상품별 ETF 종목 분석

4부 | ETF 실전에서 활용하기

16장 ETF 투자 쉽다. 계좌 개설부터 실전 매매까지

17장 다시 짚어보는 투자의 이유

18장 공개합니다. 향후 10년을 바라본 유망 ETF 11선

동학개미들이여, 이제는 ETF로 진격하라

──── 제1부 ────

로빈후드, 닌자개미, 청년부추도 ETF 투자를 이미 시작하고 있다

한국에 동학개미가 있다면, 미국에는 로빈후드, 일본에는 닌자개미, 중국에는 청년부추가 있습니다. 이들은 각 국가의 증시를 위기로부터 사수하기 위해 방어전을 펼치고 있습니다. 이처럼 코로나19가 가져온 큰 변화 중 하나는 돈에서 자유롭고 싶은 20·30세대가 증시로 대거 몰려들었다는 점이죠.

미국은 밀레니얼 세대(1980~1990년대생)가 '로빈후드'라는 무료 주식 앱을 통해 파산 신청 기업인 하츠, JG 페니 등의 주식에 대거 투자하면서 부의 추월차선에 진입하기 시작했습니다. 일본도 20·30세대가 주축이 되어, 코로나19가 돈에서 자유로워질 마지막 기회라고 판단하고 증시에 대거 입성했습니다. 중국에서는 주링허우로 불리는 1990년대생들이 코로나19를 기회 삼아, 공격적으로 매수에 나서며 부의 추월차선 진입에 합류하게 되었습니다. 중국의 이런 개인투자자들을 청년부추라고 부르는데, 윗부분을 잘라도 또 자라나는 부추처럼 전문성과 풍부한 자금을 앞세운 기관이나 외국인들에게 늘 이용만 당하면서도 계속 투자에 나선다는 뜻에서 붙은 별칭입니다.

부의 추월차선에 진입한 각국의 전사들은 경제적 자유라는 목표를 가지고, 주식뿐만 아니라 동원할 수 있는 모든 수단을 강구해 수익률을 높이기 위한 치열한 두뇌싸움을 펼치고 있습니다. ETF가 대표적인 수단이 되고 있죠. ETF가 어떤 점에서 각국의 전사에게 매력적인 상품이 되었는지 알아보겠습니다.

투자 패러다임이 바뀌고 있다

금융위기 이전에는 투자자들에게 많은 것을 요구하지 않았습니다. 그래서 투자자들은 국내 증시, 국내 기업에만 관심을 가져도 충분했죠. 하지만 투자의 세상은 참 변화가 빠릅니다. 해외 증시, 환율, 금값, 유가, 원자재, 국제관계 등 다양한 분야에 관심을 가지고 해석할 줄 알아야 기회를 얻고 최소한의 방어가 가능하도록, 게임의 룰이자 패러다임이 바뀐 것입니다. 2020년 코로나19가 발생한 이후, 그 변화의 속도는 더욱 빨라졌습니다.

이 문제는 곰곰이 생각해 볼 부분입니다. 대부분의 사람은 바뀐 룰로 한 번도 싸워 보지 못했고 배운 적조차 없기 때문입니다. 하지만 시장은 더욱 개방되면서 국내 증시 및 부동산 시장도 다양한 해외 변수와 투자자들의 영향을 받게 되었습니다. 이제 우리는 글로벌 투자자와 경쟁해야 하는 상황이 된 것입니다.

그렇다면 이 책을 읽는 우리는 바뀐 게임의 룰에 빠르게 적응해야겠죠? 설마 게임 속 손쉬운 사냥감으로 남아 있고 싶지는 않으실 겁니다. 이러한 변화는 새로운 기회입니다. 예전에는 더 넓은 범위에 관심도 없었고, 관심이 있더라도 정보를 얻기 힘들었을뿐더러 투자할 방법도 다양하지 않았습니다. 하지만 이제는 원유, 부동산 등 과거 투자하기 어려웠던 대상에 대해 검색만 하면 엄청나게 많은 정보가 쏟아집니다. 그리고 그 대상에 투자할 수 있는 금융상품과 사고팔 수 있는 시스템이 개발된 상황입니다. 예전에는 주어지지 않았던 기회를 활용해 돈을 벌기가 가능해졌다는 이야기입니다.

예를 들어 당장 구리 가격이 오를 것으로 판단했을 때 구리 ETF를 아는 사람은 그것에 맞게 투자하겠지만, 모르는 사람은 지켜볼 수밖에 없습니다. 투자 판단이 섰을 때 바로 실행할 수 있게 해주는 유일한 투자 수단인 ETF에 대해 익숙해져야 합니다. ETF는 주식, 채권, 원자재, 부동산 등 전 자산군에 투자가 가능한 효율적인 수단입니다. 또한 주식, 펀드, 선물의 장점을 두루 가진 하이브리드적 성격이 강한 투자 수단이기도 하죠. 이러한 ETF의 매력을 활용하여 동학개미가 얻을 수 있는 이점은 무엇일까요?

ETF가 동학개미들에게 안성맞춤인 이유

ETF가 대충 뭔지는 알아도 주식, 펀드보다는 생소한 개념이시죠? ETF라는 상품이 한국에 출시된 지 20년째에 접어들고 있는 동안 폭발적인 성장세를 보였습니다. ETF는 어떤 장점이 있기에 이렇게 짧은 시간에 성장을 거듭할 수 있었을까요? 먼저 ETF 투자와 경쟁상대인 주식투자의 비교를 통하여 ETF 상품이 가진 장점을 알아보겠습니다.

▼ ETF와 주식투자 비교

ETF 투자		주식투자
지수를 구성하는 전 종목에 투자하는 효과	분산투자	위험 분산을 위해 상당 규모의 투자 금액이 필요
시장위험	투자 위험	시장위험+개별종목위험
다양한 유형의 ETF로 투자전략 구사 가능	전략 활용	개별종목에 제한된 투자전략 구사
해외 상장 ETF로 글로벌 포트폴리오 구축 가능	해외투자	각 국가의 계좌 개설을 해야 하는 등 절차상의 어려움과 각 국가의 개별종목에 대한 분석의 어려움이 존재

　주식을 시작할 때 귀에 딱지가 앉도록 듣는 '계란을 한 바구니에 담지 마라'라는 투자 격언이 있습니다. 많은 분이 살아온 경험을 통해 위험분산의 중요성을 너무나 잘 알고 있을 겁니다. 하지만 문제

는 현실적인 측면에서 위험분산이 쉽지 않다는 것입니다. 주식투자에서 위험분산 효과를 얻기 위해서는 많은 주식에 투자해야 하고 그만큼 많은 투자금이 필요합니다. 그러나 일반적인 개인투자자들은 주식투자를 할 때 한정된 종목에 투자하게 되고 위험분산은 단지 허공에 떠도는 말에 불과하게 됩니다.

실제로 개인투자자에게 가장 익숙한 지수인 코스피200지수를 예로 들어보겠습니다. 코스피200지수에 포함된 200개 종목을 단 한 주씩만 매수해도 2,500만 원이 넘는 투자금이 필요합니다(2021년 8월 20일 기준). 하지만 같은 코스피200지수를 추종하는 ETF는 같은 시점에 40,145원(2021년 8월 20일 기준)에 매수가 가능합니다. 분산투자 시 투자 금액만 생각해도 ETF가 초기 투자 금액의 부담이 적고 위험분산에도 효율적이라는 사실을 알 수 있습니다.

더 나아가 진정한 분산투자를 위해 해외 증시, 채권, 원자재, 부동산 등 다양한 자산군에 투자하고자, 각각 주요 상품에 최소단위로만 투자하려고 해도 투자금은 더욱 늘어나게 됩니다. 필자가 쓰고 있는 이 책에서는 국내 ETF 외에 해외 ETF도 다룸으로써 상대적으로 적은 투자금으로 주식뿐만 아니라 여러 자산에 분산투자가 가능하게 합니다.

ETF 한 주를 사는 것은 코스피200지수를 구성하고 있는 전 종목에 투자하는 것과 동일한 효과를 나타냅니다. 특히 동학개미 입장에서는 소액으로 위험분산 투자를 할 수 있다는 점에서 매우 큰 이점입니다.

그리고 ETF는 농구에서 상대후보를 막기 위해 가까이 붙어서 전담 마크하듯, 기초지수를 벤치마크 합니다. 즉 ETF는 투자 대상이 속해 있는 시장에 대한 위험만 부담하는 것이죠. 하지만 주식에 투자한다는 것은 시장 전체의 위험뿐만 아니라 개별종목이 가지고 있는 위험도 부담한다는 측면에서 ETF보다 위험성이 더 큽니다.

예를 들어 2020년 발생한 코로나19는 ETF시장 전체와 개별종목 모두에 영향을 미치는 위험입니다. 반면 대한항공이라는 기업에서 발생한 사고로 동 기업의 주가가 폭락하는 것은 개별종목 위험입니다. 물론 대한항공의 주가가 전체 지수인 코스피지수에서 차지하는 만큼의 영향이 시장 전체에 미치겠지만, 개별종목 투자가 갖는 위험은 ETF와 상관없다고 봐도 무방합니다.

만약 미국 경제 성장에 확신이 있다면, 미국 증시 전체에 골고루 투자하는 미국 주식 ETF를 사면 됩니다. 그런데 미국 경제 성장에 대해서는 확신하지만, 개별종목에 대해서는 잘 모르는 상태에서 ETF가 아닌 주식을 산다면 어떻게 될까요? 미국 증시의 모든 주식을 다 사지 않는 이상 내가 선택한 종목에 대한 개별종목 위험까지 부담해야 합니다. 이러한 상황은 전체 시장은 전부 오르는데 내가 고른 종목만 하락할 수 있다는 이야기도 됩니다.

펀드보다 장점이 많은 ETF 투자

'혹시 펀드 투자하세요?' 'ETF 투자하세요?'라고 묻는다면 돌아오는 대답은 크게 두 가지입니다. 펀드 투자를 하고 있다는 대답 혹은 ETF가 뭐냐는 역질문이죠. 한국에 '펀드붐'이라는 신조어가 생길 정도로, 펀드는 그만의 장점을 바탕으로 한국 투자자의 많은 선택을 받았습니다. 여기에서는 펀드 상품과 비교해서 ETF가 어떤 장점이 있는지 살펴보겠습니다.

ETF의 영문은 Exchange Traded Fund이며 우리말로는 상장지수펀드입니다. 말 그대로 인덱스펀드를 거래소에 상장시켜 투자자들이 주식처럼 편리하게 거래할 수 있도록 만든 상품인 거죠. 주식시장에

▼ ETF와 일반 펀드 비교

ETF 투자		일반 펀드
순자산가치 및 가격이 실시간 공시	자산의 평가	익일 이후 순자산가치 및 평가가격이 산출
일반 주식처럼 장중 거래 가능	매매 방법	시장 종료 후, 순자산가치로만 장외거래 가능. 환매 시 시차 발생에 따른 가격 위험을 감수
0.1~0.9%	수수료	2~3%
없음	환매수수료	있음
상대적으로 높음	투명성	상대적으로 낮음

상장된 펀드인 만큼 ETF는 일반 펀드보다 장점을 많이 가지고 있습니다.

ETF와 펀드의 가장 큰 차이점은 자산의 평가 방법과 운용 방법의 투명성입니다. ETF는 거래소에서 거래되는 상품이기 때문에 해당 ETF의 순자산가치(NAV)*와 ETF 가격을 실시간으로 공시합니다. 펀드의 경우 익일 이후 해당 펀드의 평가 가격이 산출됩니다. 그래서 펀드는 시장 종료 후, 순자산가치로만 장외거래가 가능합니다. 펀드 투자를 해보신 분들이라면 환매 시점을 두고 고민해본 경험이 있을 겁니다. 살 때도 번거로운데 환매를 신청하기도 쉽지 않은 거죠. 장중에 주가가 상승하여 환매를 신청했지만 종가를 기준으로 거래가 되기 때문에, 종가가 하락하면 환매시차가 발생하고 그에 따른 가격 위험을 감수해야 합니다.

다음은 ETF와 펀드의 운용 방법 차이입니다. ETF는 보유하는 종목이 무엇인지를 실시간으로 알 수 있습니다. ETF를 운용하는 회사에서 보유종목에 대해 투명하게 공개하기 때문입니다. 반면 펀드는 보유종목에 대한 공시를 분기에 한 번 정도로 매우 느리게 공개합니다. 펀드 투자자가 해당 펀드가 보유하고 있는 종목 포트폴리오를 정기적으로 확인하는 절차는 좋은 투자 습관이지만, 현실적으로는 수익률을 통해 모든 것을 가늠하는 경우가 많습니다. 과거 일부 펀

---

* 펀드가 보유하고 있는 주식총액에서 펀드 부채 및 비용을 차감한 금액. 해당 ETF 또는 펀드의 실제 가치

드들이 투자 목적에서 벗어나 펀드매니저의 임의로 위험성이 높은 자산에 투자해 손실을 안기기도 한 만큼, 투명하게 운용되는 ETF의 장점은 더욱 명확해집니다.

▼ **SPDR S&P500 ETF Trust(티커: SPY)의 보유 종목 현황**

순위	종목	비중(%)
1	애플	6.25
2	마이크로소프트	5.86
3	아마존	3.69
4	페이스북(Class A)	2.28
5	알파벳(Class A)	2.18
6	알파벳(Class C)	2.07
7	버크셔 해서웨이 (Class B)	1.45
8	테슬라	1.36
9	엔비디아	1.29
10	JP 모건 체이스 앤 코	1.26

기준일: 2021. 8. 20.

ETF와 일반 펀드를 각각 보유했을 때 시간이 지난 후 가장 체감하는 큰 차이점을 꼽으라면 수수료가 아닐까 합니다. 일반 펀드도 저렴한 수수료가 장점이긴 하나, 수수료가 더 적게 드는 상품이 ETF입니다. ETF의 수수료는 0.1~0.9%인데, 일반적인 ETF는 0.5% 이하입니다. 반면 펀드는 보통 2~3%의 수수료를 지불합니다. 여기에 환매 시 환매수수료*까지 고려한다면 그 차이는 더욱 벌어집니다.

ETF는 환매라는 개념 자체가 없는 것과 다름없습니다. 우리가 삼성전자 주식을 보유하다가 팔고 싶을 때 팔았다고 해서 환매수수료가 별도로 부과되지 않는 것처럼 말이죠. 펀드에 투자하면 환매수수료 부담 때문에 망설이다 제때 못 파는 경우가 많은데, ETF는 아예 그럴 소지가 없기 때문에 더 합리적으로 투자할 수 있습니다.

만기 전 환매가 가능한 개방형 펀드의 경우 장중 매매가 아닌 환매를 요청한 날짜의 종가를 기준으로 환매가 되고, 3~7일의 환매기간과 만기 전 환매에 한하여 환매수수료가 발생합니다. 만기 전에 환매할 수 없는 폐쇄형 펀드의 경우 주식시장에 상장되어 있어 매매할 수 있지만, 거래량이 부족하여 매매가 어렵거나 실제 가치보다 낮은 가격으로 매매가 이루어집니다. 즉 이런 펀드와 비교하면 ETF는 아주 유연하게 활용할 수 있다는 게 장점입니다.

수수료 1~2%가 별로 커 보이지 않을 수 있습니다. 하지만 누적이 된다면 그 차이가 확연히 보입니다. 다음 그림은 2005년 10,000달러를 가지고 2021년 5월까지 S&P500지수를 추종하는 ETF, 패시브펀드, 액티브펀드에 투자했을 때 수익률 차이가 얼마나 되는지를 보여줍니다. 이때 각 상품별 평균적인 수수료율을 반영했는데 ETF

....

* 펀드 등 투자신탁을 중도 해약할 때 투자자가 증권회사에 내는 수수료. 보통 국내 주식형 펀드의 경우 30일 이내 환매 시 이익금의 70%, 90일 이내에 환매 시 이익금의 30%를 환매수수료로 징수

0.5%, 패시브펀드 0.5%, 액티브펀드 2.0%로 수수료가 높은 액티브 펀드*가 저조한 수익률을, 수수료가 낮은 ETF가 상대적으로 높은 수익률을 보였습니다. 이 결과를 통해 우습게 생각했던 수수료의 중요성을 깨달을 수 있을 것입니다.

▼ 수수료 차이에 따른 누적 수익 비교

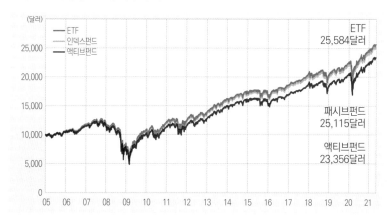

그리고 ETF를 보유하고 있으면 주식처럼 배당을 받을 수 있습니다. ETF가 기초자산으로 기업의 주식을 보유하고 있어서 ETF 투자자는 그 기업에 직접 투자한 투자자와 마찬가지로 배당금을 받을 권리를 가지게 되는 거죠.

미국 ETF는 분기 또는 반기 기준으로 일 년에 여러 차례에 걸쳐

---

* 적극적 펀드라고도 불리며, 펀드가 추종하는 지수(벤치마크)의 수익률(시장평균수익률)을 초과하는 수익을 추구하는 펀드

주식에서 발생하는 배당금이 순차적으로 ETF로 입금됩니다. 자산 운용사는 ETF에 쌓인 그 현금을 ETF 투자자에게 돌려주게 되는데 이게 바로 분배금입니다. 즉 주식 투자자가 받는 것을 배당금이라고 한다면, ETF 투자자가 받게 되는 것은 분배금이라고 이야기하는 겁니다.

▼ 배당금과 분배금 지급 구조

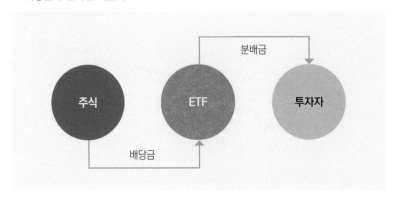

하지만 모든 ETF에 분배금이 있는 것은 아닙니다. 분배금을 지급하지 않고 재투자하여 수익에 반영되도록 설계된 상품도 있고, 원자재 ETF 가운데 선물지수를 추종할 때는 분배금 자체가 없는 상품도 있습니다.

ETF는 인덱스펀드보다 낮은 수수료를 바탕으로 투자에 따른 시세차익과 함께 분배금도 챙길 수 있어 알뜰살뜰한 투자 상품계의 대표적 엄친아입니다.

주식과 거래방식이 같은 ETF,
선물 투자보다 부담 없는 ETF

ETF는 주식시장에서 일반주식을 거래하듯 MTS 등의 주식매매 프로그램을 통해 거래가 가능합니다. 주식시장에서 거래할 수 있기에 펀드와 비교하면 매수와 매도가 편리한 것이지요.

　이번에는 ETF와 선물 투자를 놓고 이야기해 보겠습니다. 선물 투자는 특정 물건에 대하여 사고팔 시점과 금액을 미리 정해 계약했다가 만기가 되면 계약한 대로 결제를 이행하는 방식의 거래입니다. 그래서 모든 선물거래에는 만기가 있습니다. 만약 자신의 선물포지션을 유지하려면 만기에 대한 계속적 관리가 필요한데, 이를 롤오버라고 합니다. 선물거래에서 만기 된 선물포지션과 동일한 종목, 수량의 포지션을 새로 체결해 원래의 포지션을 유지하는 것으로 만기를 연장하는 것과 같은 효과를 내는 것이죠. 그런데 선물 투자를 하다 보면 롤오버가 번거롭기도 하고 여간 신경 쓰이는 게 아닙니다. 하지만 ETF는 롤오버를 자체적으로 해주기 때문에, 내가 구리에 투자하고 싶으면 구리 ETF 상품을 매수한 뒤 계속 보유하고 있으면 됩니다. 이보다 더 투자하기 편리한 상품이 있을까요?

ETF		선물
불필요	만기 연장	3개월 단위로 만기연장 진행
소액 거래 가능	거래 단위	최소증거금 높음

과거 구리와 같은 원자재 투자는 선물거래를 통해 주로 이뤄졌지만, ETF가 생기면서 원자재에 더 쉽게 투자하는 길이 열렸습니다. 선물거래의 경우 주식과 달리 최소증거금*이 상당히 높습니다. 예를 들면 런던금속거래소에서 거래되는 구리는 2021년 8월 20일 기준, 톤당 8,922달러입니다. 구리 선물의 기본단위인 1계약은 25톤으로, 내가 가지고 있는 현금으로 사려면 8,922달러×25톤=223,050달러가 필요합니다. 한화로 약 2억 6천만 원입니다. 선물거래에서는 전액 현금을 주고 살 필요는 없지만 일정 수준의 증거금이 필요합니다. 보통 최소증거금은 실비용의 7~9%를 요구하기에, 우리가 이야기하고 있는 구리의 경우 증거금을 9%로 계산했을 때 20,075달러입니다. 한화로 2,376만 원인 것이죠. 하지만 주의할 것은 2,376만 원이 최소증거금이라는 점입니다. 구리 가격이 오르면 좋겠지만 반대로 9% 밑으로 떨어진다면 어떻게 될까요? 내가 증거금으로 낸

---

* 선물거래시 계약의 이행을 보증하기 위한 이행 보증금의 최소한도. 그외 유지증거금, 추가증거금이 존재. 유지증거금은 선물계약을 보유하고 있는 경우 유지해야 하는 증거금의 최소한도. 추가증거금은 선물 가격 변동으로 증거금 수준이 유지증거금 수준을 밑돌면 개시 증거금 수준만큼 증거금을 추가로 납부

1,600만 원은 사라지고 거래소로부터 돈을 더 입금할 건지 연락을 받게 됩니다.

하지만 ETF를 통해서 구리에 투자한다면 상황은 달라집니다. 2021년 8월 20일 기준, 구리 ETF인 CPER(United States Copper Index Fund)의 1주당 가격은 25.30달러입니다. 한화로 약 3만 원 정도만 있으면 구리 선물에 투자할 수 있고, 구리 가격이 하락해 손실을 본다고 해도 3만 원으로 제한됩니다. 원자재 투자를 왜 ETF로 해야 하는지 알겠죠?

상승장에서 배로 벌고, 하락장에서도 수익 내는 투자

ETF가 액티브하고 재미있는 이유 중 하나로 레버리지 투자가 가능하다는 점을 들 수 있습니다. 다양한 주가지수, 섹터, 원자재, 부동산에 대한 2배, 3배 레버리지 ETF도 있습니다. 하지만 한국은 투자자 보호를 위해 레버리지를 2배까지로만 제한하고 있습니다.

예를 들면 오늘 코스피200지수가 5% 올랐다고 하면, 레버리지가 2배로 설정된 코스피200지수 ETF인 코덱스 레버리지(티커 122630)는 10% 상승하게 되는 것이죠. 이런 화끈함이 있어서 레버리지 상품은 인기가 높은 편입니다. 하지만 그만큼 위험도 커서 자신의 판단대로 움직여 주지 않는다면 2배, 3배 손해를 보게 됩니다.

물론 선물, 옵션, 외환FX도 레버리징이 가능합니다. 하지만 ETF는 2~3배가 일반적이니, 수배에서 수십 배의 레버리징이 가능한 다른 상품과 비교한다면 위험의 한계를 제한해 놓았다는 점에서 장점이 될 수 있습니다.

2008년 금융위기 이전까지 대한민국 투자자들은 시장이 하락하는 상황에 대해서 상당히 취약했습니다. 이러한 위험을 상쇄시키기 위한 상품도 턱없이 부족했거니와 대비를 위한 노력도 부족했죠.

그러나 금융위기를 겪으며 학습효과가 생겨서 이전과는 좀 달라졌습니다. 2020년 코로나19가 위기로 다가왔을 때는 이전보다 대비에 대한 인식도 커졌고, 하락 시에 유용한 투자 수단은 어떤 것이 있는지를 찾는 노력도 많이 눈에 띄었습니다.

하지만 일부에 해당하는 이야기일 뿐입니다. 여전히 하락할 수도 있다는 인식이 부족할 뿐만 아니라, 하락 시에 유용한 투자 수단은 무엇인지조차 모르는 경우가 대다수인 것 같습니다. 당장 차트와 데이터만 봐도 상승, 하락이 번갈아 가며 오는데 말입니다.

ETF는 그런 하락장에서 수익을 올릴 수 있는 기회를 제공하는 상품입니다. 단순히 전체 경제 상황에 대한 하락만 대비하는 것이 아닙니다. 코스피지수, S&P500지수와 같은 전체 증시에 대한 하락뿐만 아니라 반도체, 자동차 등 특정 섹터에 대한 하락과 원유, 금 같은 개별 원자재 하락에 대비할 수 있는 상품도 갖춰져 있습니다.

개인투자자가 전체 증시 혹은 특정 섹터, 원자재 및 부동산과 같은 개별 상품에 대하여 하락을 예상할 때, 이를 수익으로 바꿀 수 있는 가장 손쉽고 효과적인 툴이 바로 인버스 ETF입니다. 한국 ETF는 상품명에 인버스라는 단어가 포함된 경우, 미국 ETF는 상품명에 short, bear, inverse라는 단어가 포함된 경우에 해당됩니다. 참고로 short은 롱포지션-숏포지션의 숏을 말합니다. 롱포지션은 매수하는 쪽, 숏포지션은 매도하는 쪽이라고 보시면 됩니다. 그리고 bear은 불마켓-베어마켓에서의 베어를 의미하며 강세장을 불마켓이라고 하고 약세장을 베어마켓이라고 합니다.

물론 ETF 말고도 하락장에서 수익을 낼 수 있는 수단은 더 있는데, 가장 대표적으로 선물과 옵션을 들 수 있습니다. 하지만 선물, 옵션은 개인투자자가 접하기에는 증거금이 필요해 접근성이 상대적으로 낮고, 위험성이 매우 큽니다. 그리고 무엇보다 다양성이 떨어집니다.

ETF를 하고 싶다면,
기본부터 탄탄하게 시작하자

ETF가 무엇인지 조금은 익숙해지셨죠? 이왕 이렇게 익숙해진 거 조금 더 파헤쳐서 완전 정복에 나서보자고요. 그렇게 하기 위해서는 ETF 상품의 특성과 탄생 과정, 그리고 투자 시 꼭 알아두면 좋을 팁에 대해서 이야기해 보도록 하겠습니다.

인덱스를 추종하는 ETF

ETF는 S&P500, 코스피200과 같은 '주가지수', 금 가격이나 원유 가격과 같은 '특정자산의 가격'에 연동되도록 설계된 펀드로서 뉴욕증권거래소, 한국거래소 등에 상장되어 주식처럼 거래됩니다. 이야기한 대로 ETF가 인덱스를 기초 자산으로 사용하는 펀드인 만큼 모태는 인덱스펀드입니다. 한 아이가 장차 어떤 사람이 될지는 부모님의 영향이 크듯, 인덱스펀드를 먼저 살펴보면 ETF를 이해하기 쉽습니다.

인덱스펀드는 지수의 수익률을 추종하도록 만들어진 펀드입니다. 지수는 주식, 채권, 원자재 등 어떤 투자대상의 종합적인 가격 수준을 나타내는 수치입니다. 예를 들면 S&P500지수는 미국증권시장에 상장된 대형기업 500개의 주가를 종합하여 나타낸 수치로 S&P500지수의 수익률을 추종하도록 만들어진 인덱스펀드의 경우, S&P500지수가 4100에서 4510으로 10% 상승하면 인덱스펀드의 수익률도 10% 상승하도록 설계되어 있는 겁니다.

최초의 인덱스펀드는 1971년 웰스파고Wells Fargo 은행에 의해 설정되었습니다. 생각보다 오래됐다고 느껴지지는 않죠? 이러한 인덱스펀드의 대중화는 인덱스펀드의 아버지로 불리는 존 보글John Bogle에 의해 1975년 12월 31일 뱅가드500 인덱스펀드가 설정된 이후 시작되었습니다. 설정 초기에는 많은 사람이 그게 무슨 주식투자냐며 존보글을 비웃었습니다. 하지만 뱅가드500 인덱스펀드는 조금씩 인기를 누리기 시작하더니, 2000년에는 세계 최고의 펀드로 군림하던 액티브펀드의 대표주자인 마젤란펀드를 순자산 금액으로 추월하게 됩니다.

뱅가드500 인덱스펀드는 쉬운 상품 구조와 낮은 수수료를 무기로 투자자들의 호응을 얻었습니다. 이를 운용하는 뱅가드 그룹은 액티브펀드 없이 오로지 인덱스펀드로 미국 내에서 피델리티에 이어 수탁액 2위를 자랑하는 자산운용그룹으로 급성장했죠. 세계 최대 인덱스펀드인 뱅가드500 인덱스펀드는 출시 후 1990년대 말까지 연평균 30%씩 수익률을 올렸고, 현재 뱅가드 그룹은 미국 펀드 업계 1위를 바라보고 있는 상황입니다.

증권시장의 다양한 지수들

지수는 구성 자산의 종류에 따라 주식으로 이루어진 주가지수, 채권으로 이루어진 채권지수 그리고 금, 원유 등 원자재 실물 가격이나 파생상품 가격으로 이루어진 지수, 부동산 가격으로 이루어진 부동산지수, 통화로 이루어진 통화지수, 주식과 채권 등 자산을 혼합하여 만들 혼합자산지수로 구분할 수 있습니다.

어떤 자산을 많이 편입하고 어떤 자산을 조금 편입할지의 비중을 결정하는 방식에 따라서는 주가평균 방식, 시가총액 가중방식, 동일 가중방식, 내재가치 가중방식 등으로 구분할 수 있습니다. 주가평균 방식은 구성 종목 주가의 평균을 계산하는 방식으로, 미국 다우존스 산업평균지수와 일본 니케이225지수, 그리고 한국 증시를 대표하는 소수 종목으로 구성된 KTOP30지수 등이 대표적인 예입니다. 지수에서 가장 널리 사용되는 방식인 시가총액 가중방식은 구성 종목의 시가총액만큼 비중을 차등 적용하는 방식으로 코스피200, 코스닥

150, KRX100 등 대부분의 시장대표지수에 사용됩니다. 동일 가중방식은 지수 내에 편입된 모든 자산의 비중을 일정하게 유지하는 방식입니다. 10개의 종목으로 구성된 동일 가중방식의 지수라면 지수 내에서 한 종목이 차지하는 비중은 10%가 됩니다. 마지막으로 내재가치 가중방식은 기업의 내재가치를 나타내는 순이익, 영업현금흐름, 배당 등의 규모를 지표화하여 이를 토대로 비중을 결정하는 방식을 말합니다. 지금까지 언급한 네 가지 방식처럼 목적과 지향하는 바에 따라 구성 종목의 지수 영향도가 크게 달라질 수 있기에 각각의 가중방식에 대해서 알아둘 필요가 있습니다.

코스피200과 한국 시장을 대표하는 지수

코스피200지수는 시장 대표성, 업종 대표성, 유동성 등을 고려하여 한국거래소에 상장된 시가총액 상위 200개 종목으로 구성됩니다. 1990년 1월 3일 당시의 시가총액을 100으로 기준 삼아 산정하기 시작했고, 200개 종목이 전체 시장 지수인 코스피 시가총액의 85% 이상을 차지하고 있어 코스피지수의 움직임과 비슷합니다. 한국거래소는 시장 대표성을 반영하기 위해 매년 6월 코스피200지수를 구성하고 있는 종목 중 대표성이 떨어지는 종목은 편출하고 대표성이 높아진 종목은 편입하여 정기변경을 하고 있습니다. 또한 코스피200지수 내 삼성전자 비중이 약 23%라 삼성전자의 주가 흐름이 코스피200의 움직임을 좌우한다고 봐도 무방합니다.

코스피200 이외에 시장대표지수로는 KRX100과 KRX300이 있습니다. 유가증권시장과 코스닥시장을 대표하는 100종목과 300종목으로 구성해 만든 지수입니다. 그리고 코스피100과 코스피50은 유가증권시장 내 시가총액 상위 100종목과 50종목으로 구성된 지수이며, 코스닥150은 코스닥시장에 상장된 시가총액 상위 150종목으로 구성되어 있습니다.

S&P500과 해외 시장을 대표하는 지수

ETF를 통해 해외 시장대표지수에 투자하다 보면, 실제 투자하고 있는 국가는 선진국 내에서 미국과 유럽, 일본이고 신흥국 내에서는 한국을 제외한 중국, 베트남, 인도, 러시아, 브라질 정도입니다. 한국인들이 선호하는 해외 국가들인 거죠. 그래서 앞서 말한 국가들의 시장대표지수가 무엇인지 알아둔다면 좋습니다.

미국의 대표적인 시장지수는 스탠더드앤드푸어스Standard & Poor사가 작성해 발표하는 S&P500지수이며 기업규모, 유동성, 산업 대표성을 고려하여 선정한 보통주 500종목으로 구성되어 있습니다.

유로스톡스50지수는 유럽의 대표적 시장지수이며 유로존 국가들 가운데 12개 국가로부터 50개 기업을 선별해 구성합니다. 국가별 분포를 보면 프랑스 35.5%, 독일 30.2%, 스페인 12.3%로 이 세 국가의 기업이 대다수를 차지하고 있습니다. 이 기업들 가운데 시가 총액 비중이 높은 업종은 은행업으로 전체 업종의 15%가량을 차지합니다.

니케이225는 일본의 대표적 시장지수입니다. 도쿄 증권거래소의 1부에 상장된 유동성 높은 225개 종목으로 구성되어 있고 니케이225 선물지수는 국제적으로 주요한 선물지수 중 하나로 간주되고 있습니다.

중국의 대표적 시장지수는 상해종합지수로 중국 상해증권거래소에 상장된 A주와 B주를 대상으로 산출되어 중국 본토에 투자하는 대표적 지수입니다. 그 외 베트남은 VN지수, 인도는 SENSEX지수, 브라질은 BOVESPA지수, 러시아는 RTS지수가 시장대표지수의 역할을 맡아주고 있습니다.

인덱스펀드에 자리를 내어준 액티브펀드

쓰리박이라고 들어보셨는지요? 바로 떠오르지 않는다면 박찬호, 박세리, 박지성이라고 이야기해 보겠습니다. 네, 한국의 야구, 골프, 축구를 대표하는 인물들이죠. 실패를 두려워하지 않는 도전 정신으로 먼 타국에서 대한민국까지 희망과 용기를 전했던 영원한 레전드라고 불리는 사람들입니다.

박찬호는 전 메이저리그 베이스볼 선수로서 아시아계의 역대 두 번째 메이저리거이며 대한민국 야구 역사상 최고의 투수였습니다. 불같은 강속구와 낙차, 큰 커브로 코리안 특급이라는 별명을 얻으며 한때 다저스 1선발급 에이스까지 올라갔죠. 한국인 최초로 메이저리그 100승을 달성한 투수이기도 합니다. 박세리는 대한민국 여자 골프의 선구자이며, 미국여자프로골프(LPGA)에서 활약한 전설적인 프로 골퍼입니다. 박지성은 전 한국 축구 대표팀의 선수로서, 2002년 월드컵 4강 신화를 달성한 황금세대 히딩크호의 주전 중 한 명으로 활약했습니다. 아시아 선수 최초로 유럽축구연맹(UEFA) 올해의 공격수 후보와 UEFA 올해의 팀 후보로 선정되었고 그 외엔 발롱도르 후보 50인 선정, FIFA 월드컵 아시아 선수 최다 Man of the Match 등 화려한 커리어를 보유한 선수입니다.

특히 박찬호와 박세리는 동시기에 각각 메이저리그와 LPGA에서 활약하며, 1997년 외환위기라는 초유의 국가적 재난 속에서 단순한 스포츠 스타를 넘어 국민에게 힘과 희망을 심어준 영웅으로 남았습니다. 이렇게 각 스포츠 분야에서 스포트라이트를 받던 이들이었지만, 이제는 현역에서 은퇴해 각자의 분야에서 대중과 소통하며 일상생활을 영위하는 삶을 살아가고 있습니다.

시장의 평균 수익률을 크게 앞서가던 시대를 군림한 액티브펀드는 어떻게 보면 쓰리박이라 불리고 있는 세 명의 인물과 비슷합니다. 쓰리박은 당시 야구, 골프, 축구라는 각각의 스포츠 분야에 세워진 신기록을 깨뜨리며, 장기간 그 기록을 유지하거나 경신할 것처럼 보였지만 결국은 새로운 경쟁자가 나타나면서 그 영광을 후배들에게 물려주게 되었습니다. 액티브펀드의 새로운 경쟁자이자 후배는 바로 인덱스펀드였습니다.

　주식투자 경험이 있으신 분들은 주가를 예측해 적절한 시기에 사고팔아 높은 수익률을 유지하는 것이 현실적으로 불가능하다는 것을 알고 계실 겁니다. 그래서 최소한의 운영비용으로 시장의 평균 수익률을 추구하면서 펀드 수익률을 높이는 방법이 없을까 고민하던 끝에 인덱스펀드라는 아이디어가 나온 겁니다. 기존의 펀드는 개별 주식의 가격이 오를지 내릴지 맞히기 어렵고, 매매를 빈번히 하다 보면 매매 수수료 비용이 많이 발생하여 수익률이 낮아진다는 약점이 있었죠.

　그렇다면 인덱스펀드는 왜 운용비용이 적게 드는 걸까요? 시장이 효율적이어서 저평가 또는 고평가 되는 일 없이 원래의 가치를 정확하게 반영해 장기적으로 시장 평균 이상의 초과수익을 기대할 수 없다고 여기기 때문이죠. 즉 액티브펀드처럼 적극적인 종목 발굴이나 마켓타이밍을 놓치지 않기 위해 필요 없는 에너지를 낭비하는 대신 비용을 줄이는 게 더 효율적이라고 보는 겁니다.

　실제로 여러 학자에 의해 인덱스펀드의 장기 수익률이 그 어떤 펀드의 수익률보다 높았음을 보여주는 다양한 연구 결과가 나왔습니다. 대표적인 저술은 1973년 프린스턴 대학의 버튼 맬킬Burton G. Malkiel 교수가 쓴 『시장변화를 이기는 투자: 랜덤워크』였습니다. 그 이후로도 펜실베이니아 대학 와튼 스쿨의 제러미 시겔Jeremy J. Siegel 교수가 쓴 『장기 투자 바이블』에서 장기적인 패시브(인덱스) 투자가 엄청난 성과를 낸다는 실증연구를 통해 이를 뒷받침했습니다.

어려운 시장에서 더욱 빛을 발하는
패시브(인덱스)펀드

한때 한국에서 최고의 신랑감 1위로 펀드매니저가 꼽히던 시절이 있었습니다. 뜨거운 펀드 열풍 속에 돈을 불려주던 펀드매니저는 동경의 대상이었기에 딸, 아들이 있었으면 사위, 며느리 삼고자할 수밖에 없었죠. 1999년 바이코리아 열풍, 2000년 초반의 굴곡(2001년 미국 9·11 테러, 2003년 한국 카드부실 사태)을 딛고 저금리와 풍부한 유동성을 바탕으로 적립식펀드 열풍이 불면서 펀드매니저가 운용하던 액티브펀드 시장 규모는 2008년 금융위기가 오기 전까지 급격히 성장하게 됩니다. 2004년 말 1조 원 수준이던 액티브펀드의 주역인 적립식펀드는 2008년 말 76조 원 규모로 커지게 됐으니까 말입니다.

그런데 문제가 발생하기 시작합니다. 2007년 10월, 미국의 서브프라임 모기지(비우량 주택담보대출) 위기가 표면화되고 2008년 9월 리먼 브라더스 사태에서 시작된 금융위기 이후 액티브펀드는 수익률 부진에 시달리게 된 거죠. 펀드 설정액은 점차 줄어들고, 전체 지수 수익률을 움켜쥘 수 있었던 주도주 결정권이 점차 분산됨에 따라 과거와 달리 주식시장 영향력도 줄어들었습니다. 과거에는 액티브 펀드 운용 수익률이 좋아, 잘 쳐다보지 않았던 벤치마크 수익률과의 비교까지 시작하게 됩니다. 액티브펀드가 과거처럼 수익 내기가 어려워진 만큼, 비용을 아껴 수익률을 만회하려는 노력이 자연스럽게 자리 잡으면서 저렴한 비용이 매력적인 패시브(인덱스) 상품으로 관심이 옮겨졌습니다. 자산운용사뿐만이 아니라 기관, 개인투자자도 패시브(인덱스) 상품들을 선호하기 시작했습니다.

참고로 액티브펀드가 수익률 부진에 시달리게 된 금융위기 이후, 그 당시 해외자산으로 눈을 돌린 일부 운용사는 수익률을 만회할 수 있는 재기의 기회를 얻었지만 그렇지 못한 운용사는 도태되고 말았습니다. 이 책을 읽는 여러분이 투자를 고려할 경우, 왜 (ETF를 통해) 투자 자산을 다양화해야 하는지 다시 한번 생각해 볼 수 있는 대목입니다.

이미 대세로 자리 잡은 ETF 투자

ETF는 불과 5년 전만 해도 다소 생소한 투자 상품이었지만 이제는 많이 익숙해졌습니다. 2020년 일명 서학개미라고 불리는 국내 투자자가 매수한 해외증권 거래 상위 10종목에 ETF 상품이 1개 포함됐으니까요. 서학개미는 동학개미의 형제로 국내 주식을 사 모으는 동학개미와 달리 미국 등 해외 주식을 사 모으는 개인투자자를 칭합니다.

한국 시장에서의 ETF는 걸음마를 떼고 두 발로 일어서기 시작한 아기라면, 해외 선진국에서는 현재 상황과 투자 문화에 적합한 상품으로 인정받고 끊임없이 진화하며 이미 주류로 자리 잡은 투자 상품입니다. 즉, 청년기에 접어든 것이죠.

한국은 대체로 미국이 걸어간 길을 답습하는 경향이 있습니다. 펀드도 미국에서 먼저 유행하고 몇 년이 지난 뒤 한국에 도입되었습니다. 그 당시에는 펀드도 생소했지만 이제는 대한민국 국민이 한 번쯤은 들어본 대표적 투자 상품이 되었습니다. 현재는 펀드보다 ETF가 실제 투자 상품으로 활용 가치가 높아지면서 유입되는 자금도 커지고 있기에, 앞으로 ETF가 과거 펀드와 같은 길을 걸어갈 것으로 보입니다.

ETF 역사

과거는 미래의 거울이라 했던가요? 더 나은 미래를 만나기 위해 가끔은 과거에서 그 힌트를 얻는 때도 있습니다. 과거에 사로잡혀 미래로 나아가지 못하는 것도 문제지만 우리는 과거를 발판 삼아, 혁신적인 무기인 ETF를 가지고 투자의 세계를 개척해 나가는 선구자가 될 수도 있습니다. 선구자 반열에 오르기 위해 필요한 ETF의 역사에 대해서 배워볼까 합니다.

과거로 거슬러 올라가 ETF가 탄생하게 된 배경을 살펴보면, 인덱스펀드를 좀 더 편하게 매매할 수 있도록 하는 고민에서 시작되었다는 사실을 알 수 있습니다. 물론 매매 대상, 방법의 확장, 비용의 효율화, 세제상의 편익, 편의성 증진 등 복합적인 요소에 관한 생각이 하나 둘 쌓이면서 탄생한 결과이기도 하지만요.

스파이더를 알면 ETF의 역사가 보인다

ETF 형태를 가진 최초의 상품은 1989년 미국에서 만들어진 S&P500지수를 추종하는 IPS(Index Participation Share)입니다. 아메리카증권거래소와 필라델피아증권거래소에서 거래되었고, 당시에 인기가 좋았습니다. 그러나 IPS는 주식의 특성뿐만 아니라 선물거래와 유사한 측면도 있었기에 시카고상품거래소와 상품선물거래위원회에서 IPS를 눈엣가시로 여겼습니다. 그 일은 소송까지 가게 되면서 IPS에 대한 사람들의 관심을 키우는 역할을 하게 되었죠. 결과적으로 시카고연방법원이 시카고상품거래소의 손을 들어 주면서 IPS의 생명력은 오래가지 못했습니다. 하지만 많은 투자자가 이러한 상품을 기다리고 있었다는 것이 증명되면서 IPS를 대체할 수 있는 상품을 고민하기 시작했습니다. 이러한 노력의 결과로, 1990년 캐나다 토론토증권거래소에서 캐나다 대표 기업 지수인 TSE35와 TSE100지수를 추종하는 TIPS(Toronto Stock Exchange Index Participation Shares)라는 ETF 상품이 탄생하게 됩니다.

그 상품이 캐나다에서 인기를 끌자 이를 지켜보던 미국의 아메리카증권거래소는 증권거래위원회 규정에 부합하도록 상품을 재설계해 상장하게 됩니다. 그것이 바로 1993년 1월 아메리카증권거래소가 만든 S&P500지수를 추종하는 스탠더드앤드푸어스 예탁증서(Standard&Poor's Depositary Receipts: SPDRs)라는 상품입니다. 미국 최초의 ETF가 탄생한 것이죠. 이 상품은 상품 앞 글자의 발음을 딴 '스파이더'라 불리며 큰 인기를 끌게 되었고, 대표상품인 SPY(SPDR S&P500 ETF Trust)는 자산규모, 거래량 등 모든 측면에서 세계 1위의 ETF로 성장했습니다. 이후 1995년에는 중형주에 투자하는 중형주 SPDRs인 MDY(SPDR S&P Midcap 400 ETF Trust)를 출시하며 SPDRs 시리즈 ETF로 발전하게 됩니다.

1996년은 해외 시장에 투자할 방법이 생겼던 원년입니다. 아이셰어즈iShares라는 ETF 브랜드로 유명한 BGI(Barclays Global Investors)사가 해외 시장 지수인 MSCI지수를 추종하는 상품 WEBS(World Equity Benchmark Shares)로 ETF시장에 발을 처음 들여놓았습니다. 훗날 ETF 역사에서 해외 투자라는 시장을 개척한 계기라는 평가를 받고 있죠.

1998년에는 SSGA(State Street Global Advisors)사에서 S&P500지수를 9개 섹터로 나눈 섹터 스파이더라는 상품을 출시했고, 다우존스 산업평균지수를 추종하는 DIA(SPDR Dow Jones Industrial Average ETF Trust)도 출시되었습니다. 1999년에는 나스닥100지수를 추종하는 QQQ(Invesco QQQ Trust)가 나왔습니다.

이후 전 세계 국가에 투자하는 상품, 특정 섹터에 투자하는 상품, 채권, 원자재, 선물, 부동산, 통화 등을 추종하는 다양한 ETF 상품들이 출시되면서 전통적 자산인 주식, 채권 그리고 펀드와 어깨를 나란히 하는 투자상품으로 자리 잡게 됩니다.

급성장하는 세계 ETF시장

전 세계에서 ETF시장이 얼마나 성장해 왔는지 살펴볼까요? 2000년 이전에는 ETF 상품수가 수십 개, 자산규모가 수십억 달러에 불과했지만 현재 ETF 상품수는 8,040개, 자산규모는 9조 2,150억 달러로 성장했습니다. 매년 수십 퍼센트씩 성장한 셈이죠. 2008년 금융위기와 2020년 코로나19 사태 같은 위기 발생 시에 주춤하는 경향은 있었지만, 금융위기 이후부터 성장의 추세는 지속하고 있습니다.

▼ **전 세계 ETF 자산규모와 상품수 증가 추이**

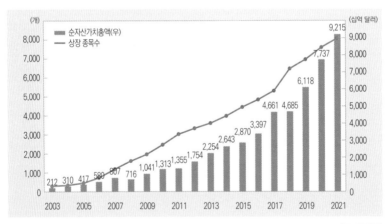

기준일: 2021. 7. 21.   자료: ETFGI

미국, ETF시장이 세계에서 가장 큰 국가

▼ 전 세계 ETF 자산규모의 국가별 비중

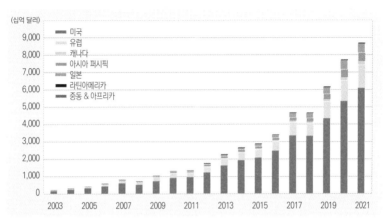

(십억 달러)

■ 미국
■ 유럽
■ 캐나다
■ 아시아 퍼시픽
■ 일본
■ 라틴아메리카
■ 중동 & 아프리카

기준일: 2021. 7. 21.

자료: ETFGI

　　미국 ETF시장의 성장은 경이롭기까지 합니다. 1998년에는 ETF 상품수가 29개밖에 안 됐지만 현재는 2,452개로, 23년 동안 85배 성장했습니다. 1998년 160억 달러였던 자산규모는 현재 6조 4,590억 달러로 404배 불어났습니다. 이러한 양적 성장의 바탕에는 수수료가 저렴한 SPY, QQQ, DIA와 같은 히트 상품이 있었고 1986년 해외 시장을 개척한 아이셰어즈 ETF의 공이 컸습니다. 일반 투자자에게 해외 증시 및 원자재, 부동산 등 새로운 투자의 기회를 제공해 주었기 때문입니다.

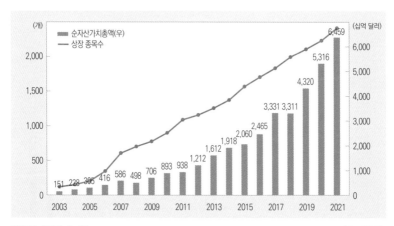

기준일: 2021. 7. 21.　　　　　　　　　　　　　　　자료: ETFGI

아시아, 미래가 기대되는 ETF 유망 지역

▼ 아시아 퍼시픽 ETF 자산규모와 상품수 추이

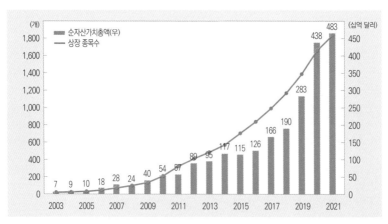

기준일: 2021. 7. 21.　　　　　　　　　　　　　　　자료: ETFGI

아시아 지역은 3~6%대 전후의 성장을 해오고 있는 새로운 투자처로 세계 각국의 주목을 받고 있습니다. 젊은 인구를 바탕으로 생산성이 높아 국가 체력 또한 좋기 때문이죠. 그렇기에 아시아인들의 소득이 증가함에 따라 금융시장의 성장 속도도 덩달아 빨라질 수밖에 없습니다.

아시아 지역에서는 중국, 일본, 한국, 싱가포르 4곳의 ETF시장이 아시아 No.1을 두고 각축을 벌이고 있습니다. ETF 자산규모 측면에서 1위는 중국, 2위는 일본, 3위는 한국이 차지하고 있죠.

▼ **국내 ETF시장의 성장**

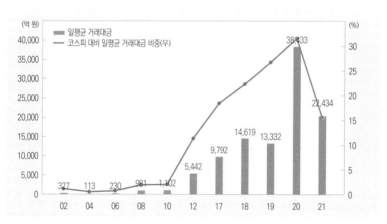

기준일: 2021. 7. 30.　　　　　　　　　　　　　　　　　　　　자료: KRX

한국은 ETF시장 내에서 엉금엉금 기어 다니던 아기였다가 이제는 아장아장 걷기 시작한 국가입니다. 국내 ETF시장은 2002년 도입된 이후 자산규모가 7년 만에 10배, 19년 만에 174배로 성장했습니다. 2002년 10월 4종목으로 출발한 국내 ETF 상품수는 현재 497개로 증가했고 코스피200을 중심으로 집중되었던 상품 종류도 시간이 지나면서 채권, 원자재, 부동산 등으로 다채로워졌습니다. 2009년 9월에는 인버스 ETF가 출시되었고 같은 해 11월에는 최초의 원자재 ETF인 금 ETF도 상장되었습니다. ETF시장의 하루 거래대금도 2조 2,434억 원까지 꾸준히 증가하더니 어느덧 유가증권 전체 거래대금의 16.2%를 차지하며 시장 영향력을 키우게 되었습니다.

블랙록, 세계에서 가장 큰 ETF 자산운용사

누가 누가 전 세계 ETF시장을 선도하고 있는지 살펴볼까요? 한국 ETF시장의 1등인 삼성자산운용의 운용자산이 약 28조 원이라는 점과 비교해 보면 미국 자산운용사의 규모가 얼마나 압도적으로 큰지 알 수 있습니다. 전 세계 1등은 아이셰어즈라는 ETF 브랜드를 가지고 있는 블랙록 자산운용입니다. 이곳의 운용자산은 2021년 8월 16일 기준 2조 3,396억 달러이며 한화로 약 2,769조 원입니다. 그 뒤를 이어 뱅가드가 1조 9,203억 달러로 2등, 스테이트 스트리트가 9,415억 달러로 3등입니다. 미국 자산운용사인 블랙록, 뱅가드, 스테이트 스트리트는 전 세계를 대표하는 TOP3 자산운용사이기도 합니다.

▼ 전 세계 ETF 자산운용사 순위

순위	발행사	순자산규모 (백만 달러)	종목수 (개)
1	Blackrock Financial Management	2,339,637	395
2	Vanguard	1,920,308	82
3	State Street	941,448	131
4	Invesco	369,264	233
5	Charles Schwab	252,323	26
6	First Trust	138,791	185
7	JPMorgan Chase	68,174	37
8	VanEck	61,747	58
9	World Gold Council	61,689	2
10	ProShares	58,112	131

기준일: 2021. 8. 16.   자료: ETFdb.com

전 세계 TOP5 자산운용사의 운용규모와 ETF 수를 살펴보면 재 밌는 특징을 엿볼 수 있는데요. 블랙록은 운용 규모도 가장 크고 운 용하는 ETF 수도 가장 많습니다. 스테이트 스트리트는 단일 ETF 가운데 가장 큰 총자산과 거래량을 자랑하며 스파이라는 별칭으로 불리는 SPY(SPDR S&P500 ETF Trust)를 보유한 3위의 자산운용사입 니다. 뱅가드는 운용 규모가 2위에 달하지만 ETF 상품수는 100개를 넘지 않으며 3대 자산운용사 가운데 가장 적습니다. 이것은 상품 개 발에 신중을 기한다고 해석할 수 있습니다. 2021년 8월 16일 기준, 최근 3개월간 자산운용사별 자금 유입 순위를 보면 뱅가드가 1위를 차지하고 있습니다. 그만큼 뱅가드 ETF가 인기 많다는 것이죠. 하지만 운용자산 규모로 봤을 때는 TOP3와 4위 인베스코 간의 차이가 크게 나타나기 시작합니다.

국내 ETF시장의 TOP3인 삼성자산운용, 미래에셋자산운용, KB자산운용과 4위 자산운용사 간의 운용자산 규모도 차이가 크게 벌어지는데 그 모습이 닮아 있습니다.

▼ 한국 ETF 자산운용사 순위

순위	발행사	순자산규모 (억 원)	비중 (%)	종목수 (개)	비중 (%)
1	삼성자산운용	279,033	46.7	126	25.4
2	미래에셋자산운용	177,166	29.6	128	25.8
3	KB자산운용	51,936	8.7	82	16.5
4	한국투자신탁운용	31,235	5.2	49	9.9
5	키움투자자산운용	17,353	2.9	26	5.2
6	엔에이치아문디자산운용	17,951	3.0	22	4.4
7	한화자산운용	17,235	2.9	42	9.5
8	신한자산운용	3,873	0.7	5	1.0
9	타임폴리스자산운용	589	0.1	2	0.4
10	교보악사자산운용	563	0.1	4	0.8

기준일: 2021. 7. 30.   자료: KRX

기관투자자도 주목하는 ETF

한국 국민 2명 중 1명은 가지고 있는 게 무엇일까요? 고혈압 혹은 당뇨? 그것도 아니라면 자동차? 아쉽게도 아닙니다. 정답은 국민연금입니다. 한국 국민 2명 중 1명은 국민연금에 보험료를 내는 가입자거나 연금을 타는 수급자인데요. 그야말로 한국 국민의 노후를 책임지고 있는 곳이 국민연금입니다. 2021년 5월 기준, 892조 원의 자금을 운용하고 있고 해외투자를 늘려가는 추세입니다.

국민연금의 해외 주식투자는 2011년 20조 원에서 2020년 5월 226조 원으로 9년 만에 10배 넘게 증가했고, 892조 원의 전체 자산 중 25%를 차지하고 있습니다. 국민연금이 운용 중인 자산군 가운데 해외 투자가 가장 가파르게 늘고 있는 부문은 단연 주식인데요. 국민연금의 중장기 자산 배분 전략에 따르면 앞으로 해외 주식 비중은 2018년 국내 주식 비중을 추월한 후 꾸준히 증가할 것으로 예상됩니다. 2025년까지 주식투자 가운데 해외투자 비중을 55% 내외로 높일 계획이라고 하니 ETF를 통한 해외 주식투자 역시 늘어날 수밖에 없겠죠? 세계 2대 연금으로 성장한 국민연금도 국제적 투자 트렌드와 충실한 투자 원칙을 바탕으로 한국 국민의 소중한 노후 자금을 관리하기 위해 해외투자를 확대한다고 하는데, 우리도 당연히 동참해야 합니다.

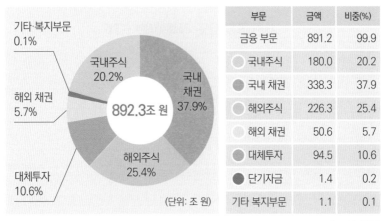

▼ 국민연금 포트폴리오 현황

기타·복지부문
0.1%

해외 채권
5.7%

국내주식
20.2%

892.3조 원

국내
채권
37.9%

해외주식
25.4%

대체투자
10.6%

(단위: 조 원)

부문	금액	비중(%)
금융 부문	891.2	99.9
국내주식	180.0	20.2
국내 채권	338.3	37.9
해외주식	226.3	25.4
해외 채권	50.6	5.7
대체투자	94.5	10.6
단기자금	1.4	0.2
기타 복지부문	1.1	0.1

기준일: 2021. 5.

자료: 국민연금

제로금리 또는 마이너스 금리 시대라고 불리는 저금리 상황이 지속되면서, 기관투자자들은 전통적인 투자 수단의 수익성 악화에 대응하여 대체투자를 지속해서 확대해 왔습니다. 대체투자는 주식, 채권, 현금자산, 파생상품과 같은 전통적인 투자 자산군에 포함되지 않은 대상에 대한 투자를 말하는데요. 예를 들면 부동산, 인프라, 자원, 농지, 삼림, 비행기, 선박 등의 다양한 실물자산과 메자닌, 바이아웃, 벤처투자, 부실채권 등과 같은 다양한 기업에 투자하는 것이죠. 또한 헤지펀드를 대체투자의 유형 중 하나로 정의하기도 합니다.

국민연금도 2006년 해외부동산 투자를 시작한 이래 2021년 5월 기준 94조 원 상당을 대체투자 자산으로 운용하고 있습니다. 또한 안정적 성과 창출을 위하여 주식 및 채권과 같은 전통적인 투자 상품 이외에 부동산, 인프라스트럭처, 사모투자 등의 대체투자 분야에

2025년까지 전체 운용자금의 15% 내외를 투자할 장기적인 계획도 갖고 있습니다.

▼ 국민연금 대체투자(부동산, 인프라, 사모투자) 규모 연도별 추이

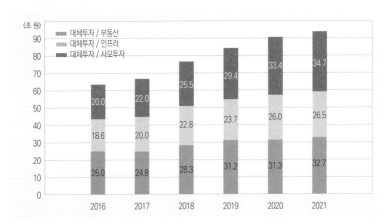

기준일: 2021. 1분기말   자료: 국민연금

2020년 코로나19 사태로 대체투자 시장이 위축되었지만 코로나19 백신 접종 확대로 글로벌 경기가 회복되면서, 기관투자자들에 의해 재조명되고 있습니다. 특히 대체투자의 한 분야인 리츠(Real Estate Investment trusts) 시장이 당분간 이어질 저금리 환경과 꾸준한 현금 흐름에 의한 인컴 수익을 바탕으로 주목받고 있죠. 리츠는 다수의 투자자로부터 투자금을 모집해 부동산, 부동산 관련 증권 등에 투자 및 운영하고 그 수익을 투자자에게 돌려주는 부동산투자회사입니다. 2021년 들어선 바이든 행정부가 인프라 투자 확대를 꺼내 들고 있는 만큼, 배당차익에 더해 시세차익까지 얻을 수 있을 것이라는

기대가 커지는 겁니다. 또한 지난해 개화되기 시작한 비대면 산업으로 데이터센터와 통신 관련 인프라, 물류센터 등 투자 자산의 범위가 넓어지고 있어서 기관투자자들이 안정적인 중수익을 올릴 수 있는 리츠에 관심을 높이고 있습니다.

이제는 증권, 은행, 보험, 투자자문사, 헤지펀드 등 수많은 기관에서 ETF를 투자 수단으로 활용하고 있습니다. 블랙록, 뱅가드, JP모건, 피델리티 등 한 번쯤은 들어봤을 만한 해외 유명 기관들도 그들만의 투자전략에서 ETF를 적극적으로 활용합니다. 그리고 이러한 기관투자자들이 ETF에 관심을 가지는 것은 미국에서만의 일이 아닙니다.

동학개미,
진정한 글로벌 투자자로
거듭나다

ETF의 진정한 매력은 슬기로운 투자 생활을 돕는 활용성에 있습니다. 한국에서 태어나 해외여행 빼고는 이국땅을 밟아본 적 없는 A군은 대학 때부터 아르바이트를 통해 조금씩 모아온 돈을 가지고 국내주식을 시작했습니다. 사회에 발을 내디딘 후에는 월급의 일부를 주택청약종합저축에 넣으며 생애 첫 주택 마련도 꿈꾸고 있습니다. 재테크할 때는 안정성도 고려해야 한다는 이야기를 듣고 채권투자도 시작했습니다. 오로지 한국에 있는 투자 대상에만 투자합니다. 전세계에 펴져 있는 좋은 기업과 유망한 부동산, 더욱 안정성이 높은 채권이 있는 줄도 모르고 말입니다. 과연 A군은 우리가 원하는 경제적 자유를 위해 알맞은 투자를 하고 있는 걸까요?

A군은 스스로 우물 안 개구리가 되어, 선택의 폭을 줄여버린 것

과 다름없습니다. 한국 밖에서 벌어지는 수많은 투자 기회를 놓치고 있는 거죠. 한국에만 투자하고 다른 곳에 분산투자를 하지 않았기에 한국 경제와 증시가 흔들리면 A군의 자산은 허공으로 같이 사라질 가능성이 큽니다. 이러한 위험에는 전혀 대비가 안 되어 있는 것입니다. 이 정도 이야기했으면, A군 이야기를 왜 꺼냈는지 짐작하시겠죠? 네, 맞습니다. 내가 애지중지하며 모아온 자산을 지키기 위해서는 한 곳에 집중해서 투자하기보다 매력적인 자산이 숨겨져 있는 세계 방방곡곡을 찾아다니면서 다양한 자산에 분산투자를 해야 한다는 말입니다.

동학개미, 십만전자가 되기만을 기다려서는 안 된다

▼ 삼성전자 주가 흐름

자료: KRX

동학 영웅들이여. 삼성전자가 십만전자가 되기만을 기다리고 있다고요? 삼성전자가 10만 고지 점령에 실패한 2021년 1월 이후, 8만전자가 되어 2월부터 6월까지 5개월간 횡보(수익률은 -1.6% 하락)를 하는 동안 미국 증시 흐름은 어땠을까요? 미국 S&P500지수는 15.7% 상승하며 새로운 역사를 써 왔습니다. 단순하게 비교해도 삼성전자만 붙들고 있는 동안 나도 모르는 기회비용*이 발생한 겁니다.

아무리 좋은 주식이라도 올라야 할 것 같은데 오히려 내리고, 내려야 하는데 오히려 오르는 도통 갈피를 잡지 못하는 상황이 자주 발생합니다. 내가 태어나고 자라서 어느 누구보다 잘 알 것 같아 국내에 투자했지만 내 생각대로 움직여 주지 않는다면, 당연히 세상을 바라보는 눈을 해외로 옮겨야 합니다. 전 세계 국가가 216개나 된다고 하는데, 어디에 투자하면 좋을지에 대한 명확한 기준이 있으면 선택하는 데 큰 도움이 될 수 있습니다.

어느 시장 ETF에 투자할 것인가?

ETF는 해외에 투자할 수 있는 여러 방법 중 가장 효과적이며, 효율적인 수단입니다. ETF를 활용하면 앉아 있거나 서 있을 장소만 있

---

* 어떤 선택으로 인해 포기된 기회들 가운데 가장 큰 가치를 갖는 기회 자체 또는 그러한 기회가 갖는 가치

으면 모바일트레이딩시스템(MTS)으로 아주 간편하게 미국, 중국, 베트남, 남아공 등의 주식시장은 물론 해외 채권, 부동산, 원자재에도 투자할 수 있습니다. 그것도 다양한 섹터, 다양한 테마로 입맛에 맞게 선택해서 말이죠.

한국 시장의 ETF 상품들을 보면 해외에 투자하는 상품도 있습니다. 그 상품을 이용하면 되냐는 질문을 저에게 하실 수밖에 없겠죠? ETF도 물건의 일종이라는 점에서 한국 시장의 ETF 물건을 이용할지, 아니면 미국 시장의 ETF 물건을 이용할지는 동네 슈퍼와 눈요기하기 좋은 대형마트 중에 고민하는 정도의 차이입니다.

동네 슈퍼에 가면 구색을 갖춘 정도로만 물건이 있어서 내가 사려고 하는 상품이 없는 경우가 많습니다. 하지만 시간을 내어 여기까지 온 내 노력이 아까워, 울며 겨자 먹기식으로 다른 물건이라도 사게 되는 경우가 허다하죠. 하지만 편한 차림으로 가깝게 다녀올 수 있는 점은 이점이 됩니다. 한국 ETF시장도 그렇습니다. 한국 ETF시장의 전체 종목 497개(2021년 7월 기준) 중에 해외에 투자할 수 있는 ETF는 145개에 불과합니다. 나머지 352개 종목은 전부 국내에 투자하는 상품이죠. 최근 전기차 ETF, 2차 전지 ETF처럼 새로운 ETF가 상장되고 있지만 자산별 투자 대상의 다양성도 많이 떨어집니다. 특히 거래량 상위의 ETF 몇 개를 제외하고는 거래량이 절대적으로 부족하고 덩치라고 할 수 있는 순자산 규모도 작은 게 단점입니다.

하지만 대형마트에 가면 반대의 상황이 발생합니다. 상품 수도 너무 많고, 양도 많아 원래 사려던 물건과 전혀 생각지도 못한 물건 사이에서 고민까지 하게 되죠. 얼마 전 TV에서 본 신상품까지 만나 볼 수 있으니 자꾸 머무르게 되면서, 1시간만 있겠다는 게 어느덧 2~3시간 훌쩍 지나가 버리기도 합니다. 대형마트라고 해서 장점만 있는 것은 아닙니다. 차를 타고 이동해야 하고, 사람이 붐비니 조금은 격식 있는 옷을 입게 됩니다. 이러한 대형마트의 모습이 미국 ETF시장입니다. 미국 ETF를 이용하기 위해서는 해외계좌 개설과 원화를 달러로 바꾸는 환전 등 번거로운 절차는 있지만, 동네 슈퍼인 한국 ETF시장보다는 월등히 다양하고 많은 상품이 있습니다.

좋은 시장의 조건은 다른 게 없습니다. 대형마트처럼 상품의 다양성과 상품별 순자산 규모 그리고 인프라라고 할 수 있는 선진화된 금융기법입니다.

○ 상품의 다양성

좋은 시장이 되려면 우선 상품 구색이 다양해야겠죠? ETF시장도 다양한 투자가 가능하도록 여러 종류의 ETF가 존재해야 합니다. 국내 주식, 해외 주식, 국내 채권, 해외 채권, 원자재, 부동산, 통화 등 자산별 투자 대상과 레버리지 ETF, 인버스 ETF 등 다양한 투자 방법을 제공하는 ETF시장이 투자자 입장에서 좋은 시장이 됩니다. 전세계 ETF시장에서 거래되는 상품 수는 8,040개 이상이며, 그 가운데 2,452개가 미국시장에서 거래되고 있습니다. 하지만 국내 ETF시장의 상품은 497개로 수도 절대적으로 부족하고 그 종류도 제한적입니다.

○ 상품별 순자산 규모

사람의 덩치에 비유할 수 있는 ETF의 순자산 규모는 매우 중요합니다. 덩치가 크면 투자자 입장에서 내가 사고 싶을 때 사고, 팔고 싶을 때 팔 수 있으니까요. 결국 제값을 받고 팔 수 있다는 것이죠. 미국 ETF시장에 상장된 ETF는 순자산 규모가 작다고 해도 보통 한화로 몇천억 단위입니다. 그에 비해 한국 ETF시장의 순자산은 절대적인 규모에서 벌써 지는 게임으로, 몇몇 종목을 제외하면 십억 단위입니다. 즉, 국내 ETF시장에 유입된 돈의 규모는 아직 부족한 상태입니다.

▼ 미국 상장 ETF 순자산 상위 종목

순위	티커	ETF 명	세그먼트	순자산 (십억 달러)	발행사
1	SPY	SPDR S&P 500 ETF Trust	주식-대형주	388.33	State Street Global Advisors
2	IVV	iShares Core S&P 500 ETF	주식-대형주	295.61	Blackrock
3	VTI	Vanguard Total Stock Market ETF	주식-전체	262.53	Vanguard
4	VOO	Vanguard S&P 500 ETF	주식-대형주	246.88	Vanguard
5	QQQ	Invesco QQQ Trust	주식-대형주	182.88	Invesco

6	VEA	FTSE Developed Markets ETF	주식-선진국 (미국 제외)	104.05	Vanguard
7	IEFA	MSCI EAFE ETF	선진국 (북미 제외)	100.21	Blackrock
8	AGG	iShares Core U.S. Aggregate Bond ETF	채권-종합	88.87	Blackrock
9	VTV	Vanguard Value ETF	주식-대형가치주	84.40	Vanguard
10	VUG	Vanguard Growth ETF	주식-대형성장주	82.44	Vanguard

기준일: 2021. 8. 20.   자료: ETF.com

▼ **국내 상장 ETF 순자산 상위 종목**

순위	단축코드	ETF 명	세그먼트	순자산 (억 원)	발행사
1	069500	코덱스200	주식	41,090	삼성자산운용
2	153130	코덱스 단기채권	채권	24,151	삼성자산운용
3	252670	코덱스200선물인버스2X	주식	22,242	삼성자산운용
4	102110	TIGER 200	주식	21,278	미래에셋자산운용
5	102780	코덱스 삼성그룹	주식	18,010	삼성자산운용
6	122630	코덱스 레버리지	주식	14,387	삼성자산운용
7	214980	코덱스 단기채권PLUS	채권	14,120	삼성자산운용
8	273130	코덱스 종합채권(AA-이상)액티브	채권	13,941	삼성자산운용
9	371460	TIGER 차이나 전기차 SOLACTIVE	주식	13,398	미래에셋자산운용
10	292150	TIGER TOP10	주식	12,547	미래에셋자산운용

기준일: 2021. 7. 30.

순자산 규모가 작다면 하루에 거래되는 대금 역시 적을 수밖에 없겠죠? 국내 ETF의 하루 평균 거래금액은 2조 2,434억 원입니다. 하지만 미국 ETF시장은 전체 시장할 것 없이, 가장 인기 있는 ETF인 SPY(SPDR S&P500 Trust) 한 종목만 봐도 하루 거래대금이 한화로 약 28조 원, 거래량은 약 6천만주로 비교가 되지 않습니다. 물론 미국 ETF 상품이 모두 SPY처럼 무조건 큰 건 아닙니다. 상장된 지 얼마 안 된 신규 상품, 그리고 상장은 됐지만 거래대금과 거래량이 적은 비인기 상품도 있는 만큼 미국 ETF든 한국 ETF든 투자 전 가장 먼저 할 것은 순자산과 거래대금(혹은 거래량)을 확인해 보는 습관입니다.

○ 선진화된 금융기법

어떤 상품이든 출시되고 나면 시간이 지남과 동시에 실제로 사용한 고객들의 요구사항을 반영한 개선 상품들이 나오고, 완전히 새로운 상품들도 선보이기 마련이죠. 전 세계 ETF시장을 놓고 보면 선도자 역할을 하는 시장은 미국입니다. 전 세계에 흩어져 있는 돈이 유일하게 모이는 시장이기도 하고, 앞으로 인기를 끌 투자 대상을 만들어 내는 시장입니다. 예를 들면 제46대 미국 대통령으로 바이든 민주당 후보가 당선되자, 친환경 산업과 관련된 ETF가 뚝딱 만들어지는 것처럼 말입니다. 이렇게 상품화된 새로운 투자 대상을 가장 먼저 접하는 것은 여전히 국내 투자에만 머무르고 있는 다른 투자자보다 먼저 투자할 수 있는 기회요인이 되는 겁니다.

위의 세 가지 요건이 한국 ETF시장에 부합한다면 얼마나 좋을까요? 아쉽게도 아직은 미흡한 점이 많고, 앞으로도 그렇게 되기 위해서는 적지 않은 시간이 필요할 것으로 보입니다. 한국 ETF시장은 국내 주식을 대상으로 하는 한정적인 투자 전략으로 활용하고, 전 세계에 존재하는 모든 투자 대상으로 투자 전략을 세울 수 있는 미국 ETF시장을 적극적으로 활용할 필요가 있습니다.

국내 ETF시장과 해외 ETF시장을 같이 봐야 하는 이유

주식투자를 한 번쯤 해본 경험이 있다면, 그게 아니어도 매일 아침 경제신문 1면에 전일 미국 증시가 상승했는지 하락했는지 기사가 쏟아지기 때문에 아실 겁니다. 미국 증시가 상승해서 마감하면 놀랍게도 당일 국내 증시도 상승으로 마감할 가능성이 커지죠. 이처럼 미국 증시의 영향력은 실로 막강합니다. 국내 ETF시장을 통해 투자하려고 한다면 미국 ETF시장의 동향을 파악하는 게 우선입니다. 현재 기관투자자와 개인투자자가 많이 사고 있는 종목과 높을 수익률을 기록하고 있는 상품들, 그리고 신규 상장되는 상품들을 통해 앞으로의 투자 트렌드까지 엿볼 수 있습니다. 반대로 투자자가 많이 팔아서 낮은 수익률을 기록하는 상품들을 보고 리스크 관리도 겸할 수 있습니다. 원인 없는 결과는 없으니까요.

국내 ETF시장의 분명한 한계

국내 ETF시장은 2002년 도입된 이후 19년 만에 순자산 규모가 174배 가까운 성장을 했습니다. 2009년 2월 자본시장통합법이 발효되자 성장에 속도가 붙었고, 2020년 코로나19 발생 이후 부의 추월차선에 진입하기 위해 20·30세대가 ETF를 통한 투자에 동참하면서 가속도가 붙었죠. 2002년 10월 4종목으로 출발한 국내 ETF 상품 수는 2021년 7월 말 기준 497개로 증가했고 코스피지수, 코스닥지수 등 상품의 종류나 성격도 단출하기 짝이 없었지만 시간이 지나면서 조금씩 새로운 상품들이 출시되고 있습니다. 2009년 9월에는 처음으로 인버스 ETF가 출시되기도 했습니다.

▼ **국내 ETF시장의 성장 추이**

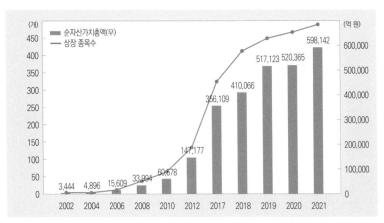

기준일: 2021. 7. 30.   자료: KRX

ETF시장 규모를 살펴봐도 하루 평균 거래대금이 2조 2,434억 원 정도로 규모가 꾸준히 증가하고 있고, 순자산총액도 2002년 3,444억 원 원(상품수 9개), 2010년 6조 578억 원(상품수 64개), 2021년 7월 59조 8,142원(상장수 497개)으로 빠르게 성장한 것을 볼 수 있습니다.

이처럼 국내 ETF시장은 꾸준하게 성장하고 있지만 해외 ETF시장과 비교하면 아직도 채워나갈 부분이 많습니다. ETF 상품의 수와 시장 규모 같은 양적인 수치가 절대적으로 미흡하고, 다양한 기초지수를 가진 ETF 그리고 레버리지 및 인버스 ETF 등과 같은 상품의 종류가 다양하지 않습니다. S&P500에 투자하는 SPY(SPDR S&P500 Trust ETF) 한 상품의 하루 거래대금만 한화로 28조 원, 거래량이 약 6천만주가 되는 걸 보면 국내 ETF시장이 나아가야 할 길이 많이 남아 있다는 생각이 드실 겁니다. 국내 ETF시장에 어떤 한계가 존재하는지 이야기해 보겠습니다.

○ 유동성 문제

거래량의 정도를 말하는 유동성이 상위 ETF 몇 개를 제외하고는 매우 미흡한 편입니다. 하루 거래량이 1,000주가 안 되는 ETF가 1/3을 차지합니다. 그런 것들은 추종지수와 상관없이 가격 형성에도 문제가 발생하고 더 심각하면 상장폐지가 될 우려도 있습니다. ETF시장이 개설된 2002년부터 2020년까지 상장폐지의 주요 원인은 유동성이었습니다. 2020년에만 26개의 ETF가 상장폐지 되었습니다.

○ 운용상 문제

ETF를 운용하는 자산운용사가 운용 경험이 부족해 발생하는 문제들도 있습니다. 2020년 3월 코로나19로 인한 증시 충격의 파장이 원유시장으로 흘러 들어갔을 때 원유 ETF는 추종지수인 원유 선물의 급락과 함께 큰 폭으로 하락했습니다. 경험이 부족한 자산운용사들은 그 당시 향후 변동성을 줄이는 데만 신경을 써서 월물 교체를 신중히 하지 못했죠. 결국 원유 선물은 올라가지만 원유 추종지수의 상승폭은 제한되어 원유 ETF 투자자의 손실 회복이 제한되었던 경우도 있었습니다. 또한 일부 자산운용사들은 종종 유동성 공급자 역할을 잘 수행하지 못하기도 합니다.

이와 같은 한계는 국내 ETF이기 때문에 생기는 어쩔 수 없는 한계죠. 글로벌 투자 대상을 모두 품고 있는 미국 ETF와 비교하면 그 차이는 극명하게 드러납니다. 국내 ETF시장은 성장하고 있습니다. 하지만 아직은 양적으로나 질적으로나 미흡한 상황입니다. 한국 시장에 투자하기 적합한 수단일지 모르나, 이러한 부족한 점이 보완되어도 국내 한정 투자 대상이라는 한계는 분명 존재한다고 판단됩니다.

해외 ETF시장의 확실한 경쟁력

국내 ETF는 말 그대로 국내 ETF이기 때문에 한국 시장에 투자하기 적합한 수단입니다. 전통적 자산이라고 할 수 있는 주식만 놓고 이야기해 볼까요? 미국 ETF시장에서 한국에 투자하는 ETF는 1종 (EWY, iShares MSCI South Korea ETF)밖에 없지만, 국내 ETF시장에는 코스피200과 같은 시장대표지수부터 IT, 반도체와 같은 섹터 그리고 삼성그룹주와 같은 테마 등 한국 기업에 투자하는 다양한 상품이 존재합니다. 국내 기업에 투자하기에는 국내 ETF보다 더 좋은 상품은 없습니다. 채권도 마찬가지입니다. 국내 ETF시장에는 기간별로 1년 이하, 3년 이하, 10년 만기 등 만기가 다양한 채권 투자 상품과 만기와 등급별로 국내 기업 회사채에 투자하는 상품까지 다양하게 마련되어 있죠.

다만 이를 제외한 원자재, 부동산, 통화 등 비전통적 자산을 놓고 본다면 국내 ETF시장이 아닌 해외 ETF시장을 통해 효과적으로 투자의 수단을 넓힐 필요가 있습니다. 미국 ETF시장을 살펴보면 그 답이 나옵니다. 1998년에만 해도 29개에 불과했던 상품수가 2021년 2,452개(21.07.21. 기준)가 되었는데, 23년 동안 85배 성장한 것입니다. 원자재, 대체투자, 통화, 자산배분의 상품수는 1998년 당시만 해도 거의 전무후무했지만 현재는 전체 상품수에서 각각 4.0%, 2.0%, 0.7%, 3.7%를 차지할 정도로 다채로워졌습니다.

이러한 양적, 질적 성장의 바탕에는 다양한 상품들의 소위 대박을 들 수 있습니다. 수수료가 저렴한 SPY(SPDR S&P500 ETF Trust)나 QQQ(Invesco QQQ Trust)와 같이 미국을 대표하는 ETF뿐 아니라 해외시장에 투자하는 ETF, 금과 은 그리고 원유에 투자하는 원자재 ETF가 투자자들에게 새로운 기회를 열어줌과 동시에 비전통적 자산 시장의 성장을 견인하면서 경쟁력의 산실이 되었던 거죠.

아래는 금 ETF의 자산이 얼마나 성장했는지를 보여주는 그림입니다. 금 ETF 자산의 규모가 지속해서 증가한 것을 보면 그동안 원자재에 투자할 수 있었던 수단이 얼마나 빈약했는가를 의미하기도 하지만, ETF가 비전통적 자산에서 얼마나 효과적인 투자 수단인지를 보여주는 예로 해석할 수도 있습니다. ETF라는 상품 자체가 미국을 중심으로 선진 금융시장에서 먼저 도입되었고, 도입된 시간이 국내 ETF시장보다 긴 만큼 당연히 경쟁력을 갖추고 있을 수밖에 없습니다.

▼ 금 가격과 금 ETF의 성장

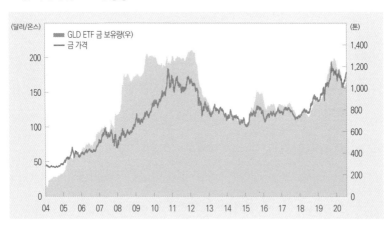

자료: Bloomberg

국내 ETF, 상품 간 호불호가 분명

국내 ETF의 주요 상품을 살펴볼까요? 국내 ETF를 대표하는 상품은 코스피200지수를 추종하는 코덱스200(종목코드: 069500)입니다. 순자산총액은 4조 1,090억 원으로 2021년 7월 기준 국내 ETF시장 전체 거래대금의 8.0%을 차지하고 있습니다. 다른 순자산총액 상위 종목을 살펴봐도 코스피200을 추종하는 상품과 코스피200 추종 레버리지 ETF, 코스피 선물 추종 인버스 ETF와 코스피 선물 추종 인버스2X 등으로 관련 상품이 많습니다. 이는 국내 ETF시장으로의 자금 유입을 수월히 하기 위해서 시장대표지수와 코스피200지수를 추종하는 ETF를 많이 출시했고, 기관투자자들도 섹터 및 스타일 ETF보다는 시장대표지수 ETF에 많은 관심을 보이며 투자하고 있기 때문입니다.

국내 주식에 투자하는 ETF를 더 살펴보면 IT, 반도체, 건설, 운송, 에너지화학, 철강, 기계장비, 자동차, 은행, 증권, 보험, 헬스케어, 바이오, 게임산업, 미디어&엔터테인먼트, 경기소비재, 필수소비재와 같이 섹터에 투자하는 ETF가 있습니다. 또한, 기업의 규모와 특성별로 분류한 스타일/테마 ETF도 있죠. 배당, 삼성그룹, 중국소비, 중소형주가 대표적이고 ETF 상품으로 예를 들면 삼성 브랜드를 단 기업에 투자하는 코덱스 삼성그룹 ETF(종목코드: 102780)가 있습니다.

이외에 채권 ETF의 경우, 채권 만기를 기준으로 1년 이하, 3년 이하, 10년 만기 등으로 나뉘고 채권 성격에 따라 국채, 회사채 등으로 구분되어 있습니다. 미국, 유럽, 일본, 중국, 베트남, 인도 등 해외 지수에 투자하는 ETF, 그리고 헬스케어/바이오, IT, 산업재, 에너지 등 글로벌 섹터에 투자하는 ETF도 있습니다. 일반 채권보다 위험이 큰 대신 금리가 높은 하이일드 채권에 투자하는 해외 채권 ETF와 금속, 금, 농산물, 원유와 같은 원자재 ETF도 있습니다. 부동산 간접 투자 상품인 리츠 ETF를 통해 미국 부동산에 투자할 수도 있고, 달러 등 통화에 투자하는 ETF도 있습니다.

▼ **국내에 상장된 유형별 ETF**

	구분	상장종목수	비중 (%)	순자산가 치총액 (억 원)	비중 (%)
	국내 주식	230	46.3	309,290	51.7
	- 시장대표	54	10.9	170,852	28.6
	- 업종대표	85	17.1	75,777	12.7
	- 전략	77	15.5	48,185	8.1
	- 규모	14	2.8	14,476	2.4
	채권	27	5.4	63,009	10.5
국내	부동산	1	0.2	1,031	0.2
	통화	3	0.6	1,194	0.2
	혼합자산	9	1.8	1,378	0.2
	기타	1	0.2	2,531	0.4
	레버리지/인버스	53	10.7	75,618	12.6
	액티브	28	5.6	34,062	5.7
	소계	352	70.8	488,113	81.6

	해외 주식	86	17.3	90,850	15.2
	– 시장대표	47	9.5	44,557	7.4
	– 업종섹터	33	6.6	44,132	7.4
	– 전략	6	1.2	2,161	0.4
	채권	7	1.4	1,676	0.3
해외	원자재	13	2.6	8,159	1.4
	부동산	6	1.2	2,151	0.4
	혼합자산	7	1.4	1,259	0.2
	레버리지/인버스	24	4.8	4,743	0.8
	액티브	2	0.4	1,191	0.2
	소계	145	29.2	110,029	18.4
	시장전체	497	100.0	598,142	100.0

기준일: 2021. 7. 30.

미국 ETF, 모든 게 갖춰진 시장

국내에서는 ETF가 이제야 익숙해지는 단계이지만, 해외 선진국에서는 현재 상황과 투자 문화에 적합한 상품으로 인정받으며 이미 주류로 자리 잡은 상품입니다. 2000년 이전까지 전 세계 ETF시장은 상품도 수십 개에 불과하고 자산규모도 수십억 달러에 그쳤지만 2021년 전 세계 ETF 상품 수는 8,040개, 자산규모는 9조 2,150억 달러로 성장했습니다. 매년 23% 성장한 셈이죠. 미국 ETF는 상품 수 2,452개, 자산규모 6조 4,590억 달러로 전 세계에서 각각 30.5%,

70.1%의 비중을 차지하며 절대적인 우위를 차지하고 있는 상황입니다. 한마디로 없는 게 없는 시장인 거죠. 과거 1970년대 한국 학생들 사이에서 서울의 세운상가 몇 바퀴만 돌면 로봇부터 탱크, 인공위성까지 만들 수 있다는 이야기가 농담 반 진담 반처럼 전해졌던 것과 흡사하다고 볼 수 있습니다.

미국 ETF 주요 상품을 알아볼까요? 워낙 다양한 상품들이 갖춰져 있는 만큼 하나하나 짚고 넘어가기에는 밤을 새울 수 있으니 특징적인 내용을 중심으로 이야기를 할까 합니다. 미국 ETF를 대표하는 상품은 미국 3대 지수를 추종하는 3인방입니다. S&P500지수를 추종하는 SPY(SPDR S&P500 ETF Trust), 나스닥지수를 추종하는 QQQ(Invesco QQQ Trust), 다우존스산업평균지수를 추종하는 DIA(SPDR Dow Jones Industrial Average ETF Trust)입니다. 이외에도 중소형주의 집합인 러셀2000지수를 추종하는 상품 등, 다양한 자산운용사가 설립된 만큼 시장대표지수를 추종하는 많은 ETF가 출시되어 있습니다.

이외에 미국 ETF의 상품을 살펴보면 섹터 ETF의 경우 미국 섹터 이외에도 글로벌 섹터로 구분되어 있습니다. 미국 섹터에 투자했다고 생각했는데 알고 보니 글로벌 섹터에 투자해서 미국 섹터 수익률을 못 좇아간다고 발을 동동 구를 수 있으니 유심히 살펴봐야 합니다. 섹터는 글로벌산업분류기준(GICS)에 의해 IT, 커뮤니케이션 서비스, 헬스케어, 금융, 산업재, 에너지, 소재, 유틸리티, 부동산, 임의소비재, 필수소비재 이렇게 11개 섹터로 구분되어 있습니다.

당연히 기업의 규모와 특성별로 분류한 스타일 ETF와 테마 ETF, 지방채 투자까지 가능한 채권 ETF, 중남미의 개별 국가까지 투자가 가능한 해외지수에 투자하는 ETF, 커피 등 원자재에 투자하는 ETF, 주요 선진국 및 중국 부동산에 투자하는 ETF, 신흥국 통화에 투자하는 ETF, 투자성향을 고려한 자산 배분에 투자하는 ETF 등도 있습니다. 아직 상품 구색에 목말라하는 국내 ETF시장과 달리 상품 구색을 넘어 전술적인 투자가 가능하도록 아주 미세하게 투자 대상을 구분해 놓았기 때문에 미국 ETF시장을 찾을 수밖에 없습니다. 미국 ETF시장과 한국 ETF시장의 가장 큰 차이점은 미국 ETF시장의 경우 레버리지와 인버스 ETF의 배수로 최대 3배까지 투자할 수 있는 상품이 있다는 점입니다.

해외 ETF 투자 시, 꼭 알아둬야 하는 상식

투자를 잘하고도 비용만 생각하면 억울하게 손해를 본 것 같은 그 느낌 아시죠? 아마 투자자라면 매번 느끼는 심정일 겁니다. 비용마저 수익으로 산정되는 현실은 앞으로 더는 있을 수 없는 일이기에, 그럴 바에는 차라리 비용을 최소화하기 위해 내가 꼼꼼히 챙기는 게 더 현실적입니다.

○ 해외 ETF의 비용

ETF의 비용은 말 그대로 ETF를 운용하는 데 드는 비용입니다. 예를 들면 시장대표지수 ETF의 경우 주식 바스켓을 구성하기 위해서는 주식을 매매하는 비용이 발생하고, 인건비와 같은 부수적인 운용 비용이 발생할 수밖에 없습니다. 그나마 주가지수를 추종하는 ETF는 비용이 저렴한 편이지만 선물 등 파생상품에 투자하는 원자재, 통화, 레버리지, 인버스 상품은 비용이 더 비쌉니다.

ETF 비용이라고 할 수 있는 ETF의 운용보수는 ETF가 보유하고 있는 자산에서 매일 차감됩니다. SPY(SPDR S&P500 ETF Trust)를 예로 들면 주당 순자산가치가 100달러라고 하면 수수료율 0.09%를 곱해 365일로 나눈 0.00025달러가 매일 순자산가치에서 차감되는 거죠. 그렇다고 ETF 비용만 발생하는 건 아닙니다. ETF가 보유하고 있는 주식을 증권사나 자산운용사에 빌려주고 수수료를 받는 등 ETF 운용을 하다 보면 수익이 발생하게 되는데 운용보수를 충당할 때는 순자산가치가 증가하기도 합니다.

○ 해외 ETF 거래 수수료

국내 ETF를 거래하면 증권사에서 거래 수수료를 거둬가듯이 해외 ETF에 투자할 때도 거래 수수료가 발생합니다. 국내 주식과 ETF의 거래 수수료는 온라인 증권사 기준으로 0.0025%까지 낮아지지만, 해외 주식과 ETF에 투자하려고 거래 수수료를 살펴보면 상당히 높아서 놀라게 됩니다. 이제 막 시장에 도입된 상품이기 때문에 현재는 증권사에서 거래 수수료를 높게 책정하고 있지만, 국내 주식과 ETF를 두고 증권사 간 경쟁이 치열해지면서 거래 수수료가 낮아졌던 것처럼 해외 주식과 ETF의 거래 수수료도 앞으로 점차 낮아질 것으로 기대합니다.

현재 해외 주식과 ETF를 거래할 때 부과되는 거래 수수료는 증권사마다 다르므로 본인의 서비스 만족도에 따라 유리하게 선택하면 되겠습니다. 해외 투자가 가능한 국내 증권사 3곳의 MTS 거래 기준 거래 수수료는 아래 그림과 같습니다.

▼ 해외투자 가능한 국내 증권사 거래 수수료 비교

미국주식 기준	크레온	키움증권	미래에셋대우
MTS 수수료	0.2%	0.25%	0.25%
HTS 수수료	0.2%	0.25%	0.25%
최소 주식주문수/금액	10 USD	1주	1주
ECN Fee (매수, 매도 시 발생)	0.00051% (매도시, 최소 0.01 USD). 세율 변동될 수 있음	0.0000221% (SEC Fee가 $0.01 미만인 경우는 $0.01로 적용)	0.00051%
SEC Fee (매도 시 발생)			
미국 유관기관 제비용 수수료율	0.08%	미제공	0.0682%
시세이용료	USD 10 / 월	USD 8 / 월 (전월 매매실적 있는 경우)	USD 10 / 월

자료: 각사

ECN Fee는 전자장외거래 수수료로 트레이딩 시스템을 사용하는 것에 대한 비용이고, SEC Fee는 미국 증권거래위원회에 내는 수수료로 한국의 증권거래세와 비슷하다고 보면 된다.

○ 해외 ETF 세금

ETF의 세금은 매매로 발생하는 '매매차익'과 ETF로 받는 '배당 및 이자소득'이 있습니다. 매매차익은 국내에 거주하는 개인이 직접 투자 또는 간접투자를 통해 국내외 주식에 투자하여 발생하는 주식 양도차익에 대해 세금를 부과받는 것입니다. 여기서 직접투자는 거주자 본인이 직접 거래하는 것을 의미하고, 간접투자는 투자신탁 등 간접투자기구를 통해 투자하는 것을 의미합니다. 해외 ETF는 거주자 본인이 직접 거래하므로 직접투자에 해당하고 해외 주식에 대한 양도소득세를 납부하게 되는 거죠.

국내 배당 및 이자소득은 2,000만 원을 초과하는 경우에만 금융소득종합과세의 대상이 되지만, 국외 배당 및 이자소득은 2,000만 원 초과 여부를 불문하고 과세 대상이 되므로 다른 소득과 합산하여 신고해야 합니다.

지금부터는 해외 주식에 대한 양도소득세를 적용하는 것에 대해 차근차근 설명해 보겠습니다. 해외 주식에 대한 매매차익은 양도소득세에 따라 과세하며 기본적인 계산 방법은 '매매차익×세율'입니다. 매매차익에 해당하는 양도소득과세표준은 양도소득금액에서 양도소득 기본공제를 차감하여 구합니다. 연간 250만 원을 한도로 기본 공제받고 그 외 필요경비라고 불리는 각종 비용을 차감합니다. 예를 들면 ETF 100주를 100원에 매입했다가 그 가운데 50주를 200원에 매도한 경우, 양도소득금액은 '50주×(200원-100원)에서 매수와 매도 시에 발생한 각종 수수료를 차감한 금액'으로 구합니다.

			비과세	주권상장법인 소액 주주의 장내거래
직접 투자	양도 소득세	국내 주식	과세	중소기업주식: 10% 일반기업주식: 20%(대주주는 3억 초과분 25%) 일반기업주식 중 대주주가 1년 미만보유: 30%
		해외 주식	과세	보유기간에 관계없이 세율 20% (중소기업주식은 세율 10%: 주식의 양도차익은 비과세되 나 주식의 배당금은 과세대상임)
간접 투자	배당	국내 펀드	국내 주식 비과세	상장 및 벤처기업 주식 양도차익 관련 분배금
			국내 주식 과세	비상장기업 주식 양도차익 분배금, 배당 등
			해외 주식 비과세	상장, 비상장주식 양도차익 분배금, 배당 등
		역외 펀드	국내 주식 과세	상장, 비상장주식 양도차익 분배금, 배당 등
			해외 주식 과세	상장, 비상장주식 양도차익 분배금, 배당 등

자료: 국세청

또 알아두어야 하는 점은 해외자산에 대한 과세를 위해서는 외화 환산이 필요하다는 것입니다. 이때는 거래체결일이 아닌 결제일의 환율을 적용해야 하고, 각각의 거래마다 결제일이 다르므로 개별 거래마다 다른 환율을 적용하게 됩니다.

세율은 양도소득세율 20%를 적용하여 과세표준 금액에 세율을 곱하여 산출세액을 구합니다. 세액공제는 외국에서 납부한 세금이 있을 경우 이중과세를 방지할 목적으로 산출세액에서 일부 차감하며(외국납부세액공제), 감면세액은 매도일이 속하는 분기의 말일부터

2개월 이내에 관할 세무서에 양도소득과세표준 예정신고 후 납부할 경우 납부해야 할 세금의 10%를 감면받게 됩니다. 이를 예정신고납부세액공제라고 하는데, 예를 들면 매도일이 6월 6일이라고 하면 6월 6일이 속하는 2분기의 말일(6월 30일)로부터 2개월 이내, 즉 8월 31일까지 과세표준금액을 신고하고 세액을 납부할 경우에 납부해야 할 세금의 10%를 공제받을 수 있는 거죠. 만약 예정신고를 하지 않았다면 거래가 발생한 다음 해 5월 양도소득과세표준 확정신고 기간에 확정신고와 납부를 하면 됩니다. 이 경우에는 예정신고를 하지 않았으므로 세액공제 10%는 받을 수 없습니다.

가산세는 두 종류가 있습니다. 먼저 신고불성실가산세는 확정신고를 하지 않았거나 신고할 소득금액을 낮게 신고했을 때 납부하며, 납부불성실가산세는 양도소득세액을 납부하지 않았거나 적게 납부할 경우에 내게 됩니다.

참고로 양도소득세의 계산은 현재 이용하고 있는 증권사의 홈페이지에 자세하게 설명되어 있고 계산을 위한 프로그램도 제공하고 있습니다. 또한 양도소득세 신고를 대행해 주기도 하므로 걱정 안 하셔도 됩니다.

○ 환율 변동의 위험성

해외자산에는 원화가 아닌 외화로 투자되기 때문에 환율 변동에 따른 위험에 항상 노출되어 있습니다. 우리가 이야기하는 해외 ETF

는 대부분 미국 상장 ETF를 의미하고, 달러를 기본통화로 거래하기 때문에 환율 변동에 주의해야 하는 거죠. 즉 외화로 투자되는 이상 투자 대상에서 얻는 수익률과 원화로 환전하였을 때 계산되는 실제 수익률 간에 차이가 발생할 수 있는 겁니다.

예를 들면 원/달러 환율이 1,100원이라고 하면 미국 상장 ETF인 SPY(SPDR S&P500 ETF Trust)에 1,100만 원, 즉 1만 달러를 투자했다고 가정하겠습니다. 2년 후 가격의 변화가 없어 수익률이 0%에 머물러도 환율이 1,600원으로 상승했다면 SPY에 투자한 1만 달러는 원화로 환전했을 때 1,600만 원이 됩니다. 투자 수익은 없었지만, 환율 변동에 따른 환차익이 500만 원 생기게 되는 것입니다. 당연히 반대의 경우에는 500만 원 손실을 보게 됩니다. 투자한 해외 ETF의 수익률이 높아도 환율이 하락(원화 강세)한다면 환차손으로 인하여 실질적인 수익률은 낮아지게 되는 거죠.

이러한 환율 변동은 해외 ETF를 포함하여 모든 해외투자 시 고려해야 하는 사항입니다. 환율 변동으로 인한 수익의 변동을 줄이기 위해서는 환헤지Foreign Exchange Hedge를 고려해 볼 수 있습니다. 해외 ETF의 매수를 통해 외화에 대한 롱포지션을 취했다면, 환헤지를 위해서는 외화에 대해 숏포지션을 취해야 합니다. 그런데 현실적으로 개인투자자가 환율에 대해 숏포지션을 취한다는 게 쉽지 않습니다. 수단이 없어서가 아니라 매번 투자 시에 똑같이 해야 하는 절차가 번거롭기도 하고 투자 금액이 분산되는 것 같기 때문입니다. 따라서 향후 환율 변동에 대해 고려하면서 투자 시기를 결정하는 것이 가장 현실적인 대안이 될 겁니다.

두 가지만 기억해 둔다면 앞으로 환율 변동의 위험성에 대해서 적극적으로 대처할 수 있습니다. 첫 번째, 해외투자 시 투자의 시점은 환율이 하락(원화 강세)하여 향후 상승이 기대(원화 약세)되는 시기가 좋고, 투자 자금을 회수할 때는 환율이 상승(원화 약세)한 상황이 가장 좋습니다. 두 번째, 미국에 상장된 미국 이외의 국가에 투자하는 글로벌 ETF의 경우, 달러로 투자된 금액이 해당 국가의 통화로 환전되어 투자됩니다. 이럴 때는 달러화 대비 해당국의 환율이 하락(해당국 통화 강세)하고 원화 환율이 상승(원화 약세)해야 수익률을 극대화할 수 있습니다.

● ETF 투자 시 중요한 용어 짚어보기 ●

코스피 시장

유가증권시장을 말하며 1956년 개장 이래 삼성전자, 현대자동차 등 대형 우량기업들의 꾸준한 성장세를 바탕으로 시가총액 1,150조 원 규모의 시장을 견지한다.

코스닥 시장

IT(Information technology), BT(Bio technology), CT(Culture technology) 기업과 벤처기업의 자금조달을 목적으로 1996년 7월 개설된 첨단 벤처기업 중심 시장이다.

S&P500지수

미국 주식시장에 상장된 500개 대형기업으로 구성된 주가지수이다.

나스닥지수

미국 나스닥에 상장된 100개 비금융업종 대표기업으로 이루어진 주가지수이다.

다우존스산업평균지수

미국 주식시장에 상장된 30개 대기업으로 구성 주가지수이다.

현물주식

주식회사의 자본을 구성하는 단위로 주주의 출자에 대하여 교부하는 유가증권이다.

파생상품

주식과 채권 등 전통적인 금융상품을 기초자산으로 하여 기초자산의 가치변동에 따라 가격이 결정되는 금융상품이다.

선물거래

미래의 특정 시점에 상품 인도와 대금 결제를 이행할 것을 지금 시점에서 맺는 거래이다.

선물포지션

미래에 매수하기로 예약된 상태를 롱포지션Long Position, 매도하기로 예약된 상태를 숏 포지션Short Position이라고 한다.

배당금

기업이 이익을 발생시켜 회사내에 누적하여 온 이익잉여금의 일부를 기업의 소유주에게 분배하는 것. 주당배당금은 주주에게 지급할 배당금을 발행주식수로 나누어 구한 것이다.

나는 집에서 한국 코스피, 미국 나스닥을 산다
− 국가별 ETF 종목 분석 −

제2부

ETF로
한국 주식시장에
투자하기

'구관이 명관이다'라는 속담처럼 무슨 일이든 경험이 중요합니다. 투자도 마찬가지겠죠? 해외 투자가 아직은 낯설고 어렵게 느껴진다면 우선은 국내 투자를 통해 익숙하게 하는 것이 좋은 방안 중 하나라고 생각합니다. 초기에는 시장대표지수를 중심으로만 ETF 상품이 출시되었지만, 이제는 채권, 해외지수, 원자재, 부동산 등 마음만 먹으면 투자할 수 있도록 ETF 상품이 다양해졌습니다. 게다가 투자대상은 국내부터 해외로까지 넓어졌죠.

코로나19가 발생한 이후에는 지수를 추종하는 인덱스 ETF에서 유행을 좇아 시장 수익률을 초과하려는 공격적인 액티브 ETF와 다양한 테마를 주축으로 한 테마형 ETF까지 잇따라 선보이고 있습니다. 테마형 ETF의 경우, 코로나19로 산업 지형이 급변하고 증시로 개인투자자의 참여가 크게 늘고 있습니다. 또한, 클라우드, 전기차, ESG(환경, 사회, 지배구조)와 같은 특정 테마에 투자하는 추세가 나타나면서 빠른 성장세를 보이고 있습니다.

한국 주식시장을 대표하는 시장대표지수 ETF

미국 주식시장에 S&P500, 나스닥, 다우존스산업평균지수가 있다면 한국 주식시장에는 코스피200지수와 코스닥150지수가 있습니다. 아직 미국 주식시장에서 거래되는 시장대표지수 ETF의 순자산에는 미치지 못하지만 그렇다고 투자를 망설일 정도로 규모가 작은 건 아닙니다. 또한 시장대표지수의 경우 풍부한 유동성을 바탕으로 내가 사고 싶은 가격과 팔고 싶은 가격에 매매할 수 있다는 장점이 있습니다. 미국에서 거래되는 ETF와의 다른 점은 레버리지와 인버스 ETF의 승수가 -2배에서 2배까지 제한되어 있다는 점입니다. 투자자 보호를 위한 제한적 조치이지만 향후에 투자 문화가 한층 성숙해진다면 미국처럼 -3배에서 3배의 승수까지 가능해질 것이라 기대하고 있습니다.

○ 코스피200, 한국 시장을 대표하는 주가지수

한국거래소에서 산출하는 코스피200지수는 한국을 대표하는 코스피지수와 함께하며 200개의 대형기업으로 구성되어 있습니다. 코스피200의 종목은 시가총액의 일정 비율 이상인지 알려주는 시장

대표성과 거래량의 정도를 나타내는 유동성, 업종 대표성 등을 고려하여 구성됩니다. 1990년 1월 3일 당시 200개 종목의 상장 시가총액을 100으로 두고 지수를 산출하고 있습니다.

어업, 광업, 제조업, 전기가스업, 건설업, 서비스업, 통신업, 금융업 등 8개 산업군에서 시가총액이 많은 순서대로 누적치를 계산해 전체에서 차지하는 비중이 70% 안에 드는 종목을 대상으로 합니다. 그리고 각 산업군에서 거래량 순위가 상위 85%를 구성하지 못하는 종목은 제외됩니다. 새로운 구성 종목은 선물, 옵션 주가지수 운영위원회에서 심의를 통해 발표하고 있습니다.

코스피200지수를 기초자산으로 하는 대표적 ETF는 코덱스200(단축코드 069500)과 2배 레버리지를 가진 코덱스 레버리지(단축코드 122630), −2배 레버리지를 가지는 코덱스200 선물인버스2X(단축코드 252670)입니다. 코스피200을 기초자산으로 하지만 ETF 자산운용사마다 기초자산 편입 비율이 조금씩 달라서 개별 ETF 상품별로 수

▼ 코스피200지수 추종 ETF

추종 지수	승수	단축코드	ETF 명	순자산 (십억 원)	거래대금 (천만 원)	운용보수 (%)	분배금율 (%)
코스피 200	1배	069500	코덱스200	4,720	20,321	0.2	2.0
	1배	278530	코덱스200TR	1,187	311	0.1	N/A
	2배	122630	코덱스 레버리지	1,577	44,521	0.7	N/A
	−1배	114800	코덱스 인버스	1,164	10,207	0.7	N/A
	−2배	252670	코덱스200 선물인버스2X	2,086	30,134	0.7	N/A

기준일: 2021. 8. 20.

익률도 조금씩 다른 양상을 보입니다.

○ 코스닥150, 한국 IT를 대표하는 주가지수

코스닥150지수는 코스닥 시장에 상장된 IT(Information Technology), BT(Bio Technology), CT(Culture Technology) 기업 중 시가총액이 큰 150개의 기업으로 구성되어 있습니다. 대표적 기업은 셀트리온헬스케어, 에이치엘비, 씨젠, 셀트리온제약, 알테오젠 등입니다.

2019년 12월 지수 산출 방법론 개선으로 비기술주, 기술주 구분 없이 8개 산업군 가운데 산업군별 누적 시총 60% 이내와 거래대금 순위 80% 이내인 종목을 선정하고 있습니다. 코덱스200 ETF와 달리 코스닥150을 추종지수로 하는 ETF를 유심히 보다 보면 -2배 레버리지 상품이 없다는 걸 알게 될 겁니다. 아무래도 코스닥 시장 자체가 유가증권시장보다 변동성이 큰 만큼 투자자 보호 차원에서 -2배 레버리지 상품의 출시를 제한하고 있는 듯합니다.

▼ 코스닥150지수 추종 ETF

추종지수	승수	단축코드	ETF 명	순자산 (십억 원)	거래대금 (천만 원)	운용보수 (%)	분배금율 (%)
코스닥 150	1배	229200	코덱스 코스닥 150	384	4,410	0.3	1.0
	2배	233740	코덱스 코스닥 150 레버리지	793	11,986	0.7	N/A
	-1배	251340	코덱스 코스닥 150선물인버스	508	11,758	0.7	N/A

기준일: 2021. 8. 20.

한국 주력 산업, 반도체에 투자하고 싶다고?
— 국내 섹터 ETF

섹터지수는 한국거래소의 산업분류를 따른 특정 산업군의 주가 흐름을 반영한 지수입니다. 특정 산업에 투자되는 만큼 시장대표지수 ETF보다 변동성이 높지만, 개별종목보다는 변동성이 낮은 상품입니다. 따라서 해당 산업에 투자하고 싶지만 개별종목의 위험을 분산하고 싶거나, 개별종목의 분석에 어려움을 느끼는 투자자에게 적합한 ETF입니다. 특정 산업에 투자하는 섹터지수 ETF는 총 10개 산업을 대표하는 상품이 출시되어 있습니다.

21세기 석유라고 불리는 반도체가 주력 산업인 곳에 투자하고 싶으신가요? 그렇다면 해외 상장 ETF보다 한국 반도체 기업을 중심으로 특화된 국내 상장 반도체 ETF에 투자하는 것을 우선해야 합니다. 분명 전 세계 국가별로 경쟁우위를 갖춘 산업은 하나씩 다 있기에, 미국 상장 ETF를 무조건 선택하기보다는 산업별 경쟁우위 국가의 ETF를 고르는 것이 더 나은 방안입니다. 2020년 코로나19라는 사태는 위기이자 기회였습니다. 특히 비대면 시대가 도래하면서 반도체 수요가 폭발적으로 늘어난 것은 한국 반도체 산업에 큰 기회가 되었습니다. 이 기회에 함께 올라타려면 국내 섹터 ETF를 알아두면 좋겠죠? 지금부터 섹터 ETF를 소개하겠습니다.

○ IT, 반도체 섹터 ETF

IT 섹터에 투자하는 대표적 ETF는 TIGER 200 IT(단축코드 139260)입니다. 한국거래소가 발표하는 코스피200 정보통신지수를 추종하고 있습니다. 대표 기업으로는 삼성SDI(25.2%), 삼성전자(18.9%), SK하이닉스(16.4%), LG전자(12.6%), 삼성전기(7.4%), LG(6.1%), 삼성에스디에스(4.4%), LG디스플레이(3.6%), LG이노텍(2.2%), DB하이텍(1.6%)가 있으며, 이 상위 10개 기업이 전체 구성의 98.6%를 차지하고 있습니다.

반도체 섹터에 투자하는 ETF인 TIGER 반도체(단축코드 091230)의 추종지수는 한국거래소가 발표하는 KRX 반도체입니다. SK하이닉스(18.0%), DB하이텍(7.5%), 리노공업(6.6%), 원익IPS(5.1%), 고영(4.8%), LX세미콘(4.8%), 티씨케이(4.1%), 이오테크닉스(3.8%), 한미반도체(2.6%), 서울반도체(2.3%)로 구성된 이 상위10개 기업이 전체 구성의 61.5%를 차지하고 있습니다.

▼ IT, 반도체 섹터 ETF

섹터	승수	단축코드	ETF 명	순자산 (십억 원)	거래대금 (천만 원)	운용보수 (%)	분배금율 (%)
IT	1배	139260	TIGER 200 IT	877	729	0.4	0.9
	1배	261060	TIGER 코스닥 150IT	9	27	0.4	0.3
	2배	243880	TIGER 200 IT 레버리지	41	64	0.7	N/A
반도체	1배	091230	TIGER 반도체	137	325	0.5	0.4
	1배	091160	코덱스 반도체	229	768	0.5	0.3

기준일: 2021. 8. 20.

○ 헬스케어, 바이오 섹터 ETF

헬스케어 섹터에 투자하는 ETF인 코덱스 헬스케어(단축코드 266420)의 추종지수는 한국거래소가 발표하는 KRX 헬스케어지수입니다. 구성 기업은 셀트리온(16.2%), 삼성바이오로직스(13.1%), 셀트리온헬스케어(10.1%), SK바이오사이언스(4.0%), 유한양행(2.9%), SK바이오팜(2.6%), 셀트리온제약(2.5%), 신풍제약(2.1%), 씨젠(2.1%), 알테오젠(2.1%)으로 이 상위 10개가 전체 구성 기업의 57.7%를 차지하고 있습니다.

▼ 헬스케어, 바이오 섹터 ETF

섹터	승수	단축코드	ETF 명	순자산 (십억 원)	거래대금 (천만 원)	운용보수 (%)	분배금율 (%)
헬스케어	1배	266420	코덱스 헬스케어	33	64	0.5	N/A
	1배	143860	TIGER 헬스케어	166	230	0.4	0.0
	1배	253280	KBSTAR 헬스케어	7	12	0.5	0.4
	1배	227540	TIGER 200 헬스케어	32	75	0.4	0.0
	1배	309210	ARIRANG KRX300 헬스케어	5	3	0.5	N/A
바이오	1배	244580	코덱스 바이오	34	137	0.5	N/A
	1배	261070	TIGER 코스닥150바이오테크	12	36	0.4	0.0
	1배	364970	TIGER KRX바이오 K-뉴딜	95	246	0.4	0.0

기준일: 2021. 8. 20.

바이오 섹터에 투자하는 대표적 ETF는 코덱스 바이오(단축코드

244580)입니다. 에프앤가이드FnGuide가 발표하는 에프앤가이드 바이오지수를 추종하고 있습니다. 주요 구성 기업으로는 바이오니아 (5.6%), SK바이오사이언스(3.9%), 압타바이오(3.3%), 진원생명과학 (3.2%), 안트로젠(2.6%), 이연제약(2.4%), 한국파마(2.3%), 삼성바이오로직스(2.1%), 올릭스(2.0%), 한올바이오파마(2.0%)가 있으며 이 상위 10개가 전체 구성기업의 24.6%를 차지하고 있습니다.

○ 소비재 ETF

필수소비재 섹터에 투자하는 대표적 ETF는 코덱스 필수소비재 (단축코드 266410)입니다. 한국거래소가 발표하는 KRX 필수소비재지수를 추종하고 있습니다.

섹터별 비중을 살펴보면 필수소비재가 81.7%로 가장 높고 경기소비재 10.9%, 산업재 6.7%, 소재 0.7% 순입니다. 주요 기업은 LG생활건강(19.1%), KT&G(16.3%), 아모레퍼시픽(12.8%), 이마트 (6.6%), CJ제일제당(6.5%), 오리온(4.8%), 아모레G(2.8%), BGF리테일 (2.4%), 네이처셀(2.4%), 현대바이오(2.3%)로 이 상위 10개 기업이 전체 구성의 76.7%를 차지하고 있습니다.

경기소비재 섹터에 투자하는 ETF인 코덱스 경기소비재(단축코드 266390)의 추종지수는 한국거래소가 발표하는 KRX 경기소비재지수입니다.

섹터별 비중을 살펴보면 경기소비재 91.5%, 산업재 5.3%, 의료

1.7%, IT 1.1%, 소재 0.5% 순입니다. 구성 기업은 LG전자(30.0%), 코웨이(7.8%), 에이치엘비(7.4%), 강원랜드(6.1%), 호텔신라(4.9%), 휠라홀딩스(4.1%), 효성티앤씨(3.5%), 신세계(3.4%), CJ ENM(3.2%), 진원생명과학(2.8%)으로 전체 기업의 70.9%를 차지하고 있습니다.

▼ 소비재 섹터 ETF

섹터	승수	단축코드	ETF 명	순자산 (십억 원)	거래대금 (천만 원)	운용보수 (%)	분배금율 (%)
	1배	266410	코덱스 필수소비재	24	20	0.5	1.4
	1배	287330	KBSTAR 200 생활소비재	2	2	0.3	2.0
	1배	227560	TIGER 200 생활소비재	4	10	0.4	2.0
	1배	266390	코덱스 경기소비재	9	15	0.5	0.5
	1배	287310	KBSTAR 200 경기소비재	2	2	0.3	1.3
	1배	139290	TIGER 200 경기소비재	7	22	0.4	1.0
소비재	1배	139280	TIGER 경기방어	101	19	0.4	1.0
	1배	228790	TIGER 화장품	32	105	0.6	0.6
	1배	228800	TIGER 여행레저	94	357	0.6	0.1
	1배	226380	KINDEX Fn성장소비주도주	9	4	0.6	0.2
	1배	326230	KBSTAR 내수주플러스	39	93	0.5	1.4
	1배	150460	TIGER 중국소비테마	144	105	0.6	0.5

기준일: 2021. 8. 20.

○ 그 외 섹터 ETF

지금까지 언급한 섹터 이외에도 금융, 에너지화학, 자동차, 조선, 운송, 철강/소재, 건설/기계, 산업재, 통신 등 다양한 섹터 ETF가 있습니다.

▼ 기타 섹터 ETF

섹터	승수	단축코드	ETF 명	순자산 (십억 원)	거래대금 (천만 원)	운용보수 (%)	분배금율 (%)
금융	1배	139270	TIGER 200 금융	30	81	0.4	7.6
에너지화학	1배	117460	코덱스 에너지화학	27	34	0.5	0.5
자동차	1배	091180	코덱스 자동차	636	1,104	0.5	1.1
조선	1배	102960	코덱스 기계장비	17	55	0.5	0.5
운송	1배	140710	코덱스 운송	21	85	0.5	0.2
철강/소재	1배	117680	코덱스 철강	57	323	0.5	1.2
건설/기계	1배	117700	코덱스 건설	81	243	0.5	0.8
산업재	1배	227550	TIGER 200 산업재	9	21	0.5	0.1
통신	1배	098560	TIGER 방송통신	6	20	0.5	1.9

기준일: 2021. 8. 20.

옷 컬러를 고르듯, 스타일에 투자하고 싶다고?
─ 국내 스타일 ETF

오랜만에 백화점을 찾은 B양, 날씨는 더워지는데 여름옷은 없는 것 같아 매장을 둘러보고 있습니다. 그때 확 튀는 주황색 옷에 시선이 고정됩니다. 그동안 잘 입어보지 않은 색상이라서 거부감은 있지만, 디자인이 너무 예뻐서 살까? 말까? 고민에 빠졌죠. 디자인은 예쁘지만, 평소 입기에는 색상이 무난하지 않다는 생각을 한 번쯤은 다 해보셨을 텐데요. 한국 주식시장에 상장된 ETF 가운데서도 성향에 따라 투자하기에 조금 꺼려지기도 하는 톡톡 튀는 스타일 ETF가 있습니다. 여기서 말한 조금 꺼려진다는 의미는 유사한 특성을 가진 투자 대상에 치우치다 보니 고루고루 위험을 분산하여 안전성을 높이는 측면에서 이야기해 드렸습니다.

○ 그룹주 ETF

한국의 대기업 가운데 으뜸은 삼성그룹이라고 할 수 있습니다. 삼성그룹주에 투자하는 대표적 스타일 ETF는 코덱스 삼성그룹(단축코드 102780)이며, 에프앤가이드가 발표하는 삼성그룹지수를 추종하고 있습니다. 구성 기업 가운데 삼성SDI, 삼성전자 비중이 크기 때문에 섹터별 비중을 살펴보면 IT가 59.5%로 가장 높고, 산업재 14.8%, 금융 12.3%, 의료 10.0%, 경기소비재 3.5% 순입니다. 대표 기업은 삼성SDI(27.6%), 삼성전자(21.9%), 삼성바이오로직스(11.3%), 삼성물산(8.8%), 삼성전기(6.5%), 삼성화재(4.9%), 삼성생명(4.2%), 삼성에스디에스(3.9%), 삼성엔지니어링(2.3%), 삼성증권(1.9%)으로 이 상위 10개 기업이 전체 구성의 93.0%를 차지하고 있습니다.

▼ 그룹주 스타일 ETF

섹터	승수	단축코드	ETF 명	순자산 (십억 원)	거래대금 (천만 원)	운용보수 (%)	분배금율 (%)
삼성그룹	1배	102780	코덱스 삼성그룹	1,693	520	0.3	1.4
	1배	213610	코덱스 삼성그룹밸류	7	13	0.2	1.7
	1배	108450	KINDEX 삼성그룹섹터가중	250	247	0.2	1.4
	1배	138520	TIGER 삼성그룹펀더멘털	21	18	0.2	1.3
	1배	131890	KINDEX 삼성그룹동일가중	9	2	0.2	1.7
LG그룹	1배	138530	TIGER LG그룹 +펀더멘털	19	27	0.2	1.1
현대차그룹	1배	138540	TIGER 현대차그룹 +펀더멘털	124	136	0.2	1.0
5대그룹	1배	105780	KBSTAR 5대그룹주	10	5	0.5	0.7

기준일: 2021. 8. 20.

○ 배당 ETF

배당 스타일 ETF 중 대표적인 ARIRANG 고배당주(단축코드 161510)의 추종지수는 에프앤가이드가 발표하는 에프앤가이드 고배당지수입니다. 섹터별 비중을 살펴보면 금융 60.7%, 소재 10.8%, 통신서비스 8.8%, 에너지 7.7%, 필수소비재 3.8%, 경기소비재 3.2%, 산업재 2.7% 순입니다. 구성 기업은 KT&G(5.3%), 삼성화재(5.1%), 하나금융지수(5.1%), 우리금융지수(5.0%), 삼성증권(4.7%), 신한지수(4.6%), KB금융(4.5%), NH투자증권(4.4%), 삼성카드(4.3%), 기업 은행(4.0%)으로 이 상위 10개가 전체 구성 기업의 47.4%를 차지하고 있습니다.

▼ 배당 스타일 ETF

스타일	승수	단축코드	ETF 명	순자산 (십억 원)	거래대금 (천만 원)	운용보수 (%)	분배금율 (%)
	1배	161510	ARIRANG 고배당주	193	153	0.3	4.8
	1배	210780	TIGER 코스피고배당	19	12	0.3	0.7
	1배	211900	코덱스 배당성장	23	21	0.2	2.6
	1배	211560	TIGER 배당성장	17	7	0.2	2.6
	1배	211260	KINDEX 배당성장	3	1	0.3	3.1
	1배	315960	KBSTAR 대형고배당10TR	55	17	0.2	N/A
	1배	104530	KOSEF 고배당	8	2	0.5	5.2
배당	1배	281990	KBSTAR 중소형고배당	6	10	0.4	2.5
	1배	266160	KBSTAR 고배당	76	95	0.3	4.5
	1배	251590	ARIRANG 고배당저변동50	13	6	0.3	3.2
	1배	192720	파워 고배당저변동성	6	3	0.4	3.4
	1배	322410	HANARO 고배당	21	17	0.3	3.8
	1배	279530	코덱스 고배당	32	21	0.4	4.5
	1배	325020	코덱스 배당가치	91	16	0.4	2.6
	1배	270800	KBSTAR KQ고배당	11	6	0.4	1.4

기준일: 2021. 8. 20.

○ 저변동성 ETF

변동성 스타일에 투자하는 대표적 ETF는 TIGER 로우볼(단축코드 174350)입니다. 에프앤가이드가 발표하는 에프앤가이드 저변동성

지수를 추종하고 있습니다. 섹터별 비중을 살펴보면 금융이 41.9%로 가장 높고, 경기소비재 16.3%, 필수소비재 13.3%, 산업재 9.7% 순입니다. 주요 기업으로는 메리츠화재(3.4%), 에스원(3.3%), JB금융지주(3.3%), KT&G(3.2%), KT(3.1%), 고려아연(3.1%), 코리안리(3.1%), 삼성카드(3.1%), 신한지주(2.8%), 삼성화재(2.8%)로 이 상위 10개 기업이 전체 구성의 30.9%를 차지하고 있습니다.

▼ 저변동성 스타일 ETF

스타일	승수	단축코드	ETF 명	순자산 (십억 원)	거래대금 (천만 원)	운용보수 (%)	분배금율 (%)
저변동성	1배	215620	흥국 S&P코리아로우볼	6	0	0.4	1.6
	1배	279540	코덱스 최소변동성	12	2	0.3	1.9
	1배	266550	ARIRANG 중형주저변동 50	4	3	0.3	2.3
	1배	252730	KBSTAR 모멘텀로우볼	7	3	0.4	1.1
	1배	174350	TIGER 로우볼	8	4	0.5	3.3
	1배	333940	ARIRANG KS로우볼가중 TR	6	7	0.3	N/A
	1배	322130	KINDEX 스마트로우볼	12	12	0.3	2.0

기준일: 2021. 8. 20.

○ 그 외 스타일 ETF

이외에도 전통적 스타일 ETF는 대형, 중형, 소형으로 구분할 수 있으나 국내 ETF시장에서 거래량이 많지 않다는 점에서 아래 표를 통해 참고만 해주셨으면 합니다.

스타일	승수	단축코드	ETF 명	순자산 (십억 원)	거래대금 (천만 원)	운용보수 (%)	분배금율 (%)
대형	1배	337140	코덱스 코스피대형주	46	26	0.2	1.7
	1배	277640	TIGER 코스피대형주	10	1	0.3	1.5
중형	1배	277650	TIGER 코스피중형주	8	16	0.3	0.1
	1배	301440	ARIRANG 코스피중형주	6	0	0.3	1.3
소형	1배	226980	코덱스200 중소형	8	20	0.3	0.9
	1배	331910	KOSEF Fn중소형	26	14	0.4	1.6

기준일: 2021. 8. 20.

이젠 내가 대세! 새롭게 떠오르는 그린 뉴딜
— 국내 테마 ETF

BBIG7 들어보셨나요? 2020년 코로나19 발발 이후 한국에서 생겨난 투자 신조어인데요. 한국의 바이오, 배터리, 인터넷, 게임 섹터의 대표적인 7개 기업을 지칭합니다. 해당되는 기업으로는 삼성바이오로직스, 셀트리온, LG화학, 삼성SDI, 네이버, 카카오, 엔씨소프트가 있습니다.

미국의 바이든 행정부가 그린 뉴딜 정책을 꺼내 들었듯, 한국의 문재인 정부도 한국판 뉴딜 정책을 꺼내며 코로나19 위기 극복을 위한 국가 프로젝트를 시작했습니다. 정부에서 대대적으로 밀어붙이는 정책인 만큼, 투자자로서 당연히 관심을 가져야겠죠?

미국도 뉴딜, 한국도 뉴딜, 도대체 뉴딜이 뭔지 궁금하실 겁니다. 뉴딜 정책은 1929년부터 발생한 경제 대공황으로 미국이 극심한 경기 침체에 빠지자 루스벨트 미국 대통령이 이를 극복하기 위해 추진한 일련의 경제 정책을 이야기합니다. 이를 빗대어 2020년 코로나19로 시작된 경기 침체를 극복하기 위한 제반 정책을 마련했다고 해서 '뉴딜'이라는 이름을 붙이기 시작한 겁니다.

한국판 뉴딜 정책은 코로나19 사태가 장기화하면서 비대면 수요가 급증해 디지털 경제로의 전환 가속, 저탄소 친환경 경제에 대한 요구 증대, 경제 사회구조 대전환과 노동시장 재편 등의 변화가 일어난 것이 배경이 되었습니다. 이를 바탕으로 한국 정부가 2020년 7월 14일 국가 프로젝트를 확정 발표했고, 2025년까지 디지털 뉴딜, 그린 뉴딜, 안전망 강화 등 세 개의 축으로 분야별 투자 및 일자리 창출이 이뤄지게 됩니다.

디지털 뉴딜은 세계 최고 수준의 전자정부 인프라와 서비스 등 한국의 강점인 ICT를 기반으로 디지털 초격차를 확대하는 것을 말합니다. 그리고 그린 뉴딜은 친환경, 저탄소 등 그린 경제로의 전환을 가속하는 것입니다. 또 안전망 강화는 경제구조 재편 등에 따른 불확실성 시대에 실업 불안 및 소득 격차를 완화하고자 지원하는 내용입니다. 한국 정부는 해당 분야들에 대해 2022년까지 67조 7,000억 원을 투입해 일자리 88만 7,000개, 2025년까지 160조 원을 투입해 일자리 190만 1,000개를 창출한다는 계획입니다.

▼ 한국판 뉴딜의 구조

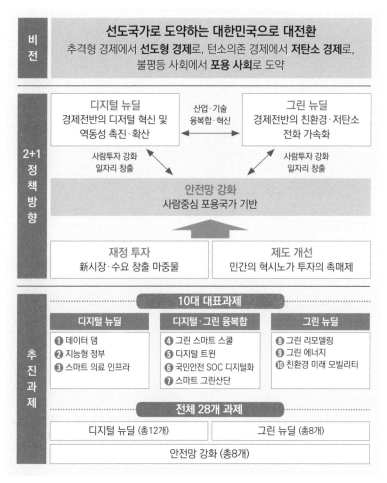

자료: 기획재정부

○ 수소차 등 새로운 테마에 투자하는 테마 ETF

그렇다면 우리가 투자자 관점에서 눈여겨봐야 하는 분야는 아무
래도 그린 뉴딜이 될 수밖에 없습니다. 코로나19 이후 기후변화 대

테마	승수	단축코드	ETF 명	순자산 (십억 원)	거래대금 (천만 원)	운용보수 (%)	분배금율 (%)
그린 뉴딜	1배	376410	TIGER 탄소효율그린 뉴딜	83	27	0.1	N/A
	1배	375770	코덱스 탄소효율그린 뉴딜	49	13	0.1	N/A
	1배	375760	HANARO 탄소효율그린 뉴딜	13	15	0.2	N/A
	1배	376250	ARIRANG 탄소효율 그린 뉴딜	6	1	0.2	N/A
k-뉴딜	1배	365000	TIGER KRX인터넷 K-뉴딜	60	195	0.4	0.1
	1배	364970	TIGER KRX바이오 K-뉴딜	95	246	0.4	0.1
	1배	364990	TIGER KRX게임 K-뉴딜	30	153	0.4	0.0
	1배	364960	TIGER KRX BBIG K-뉴딜	437	635	0.4	0.0
	1배	385710	TIMEFOLIO BBIG액티브	28	N/A	0.8	N/A
	1배	364980	TIGER KRX 2차전지K-뉴딜	657	1,340	0.4	0.0
	1배	368190	HANARO Fn K-뉴딜디지털플러스	64	139	0.5	0.1
	1배	368680	코덱스 Fn K-뉴딜디지털플러스	24	33	0.1	0.2
	1배	368200	KBSTAR Fn K-뉴딜디지털플러스	11	9	0.2	0.3
	1배	368470	KINDEX Fn K-뉴딜디지털플러스	8	0	0.4	0.1

기준일: 2021. 8. 20.

응과 저탄소 사회 전환이 그린 뉴딜의 방향성인 만큼, 인프라와 에너지 녹색 전환, 그리고 녹색산업 혁신을 통한 탄소중립 사회 지향을 염두에 두고 투자 대상을 선택해야겠죠?

그린 뉴딜에 투자하는 대표적 ETF는 코덱스 탄소효율그린뉴딜(단축코드 375770)입니다. KRX와 S&P가 발표하는 KRX/S&P 탄소효율그린뉴딜지수를 추종하고 있습니다. 섹터별 비중을 살펴보면 IT가 46.8%로 가장 높고, 경기소비재 11.4%, 산업재 10.1%, 의료 8.6%, 소재 7.9% 순입니다. 대표 기업은 삼성전자(26.8%), LG화학(4.2%), NAVER(3.9%), 삼성SDI(3.2%), 카카오(2.9%), SK하이닉스(2.8%), 현대차(2.3%), 기아(2.1%), 셀트리온(2.0%), 현대모비스(1.4%)으로 이 상위 10개 기업이 전체 구성의 50.0%를 차지하고 있습니다.

ETF로
미국 주식시장에
투자하기

해외 ETF라고는 하지만 전적으로 미국 ETF를 말한다는 건 이미 눈치채셨죠? 이제부터 본격적으로 미국 ETF에 대해서 알아보도록 하겠습니다. 미국은 세계 경제와 금융시장을 선도하는 대표적 국가라는 점에서 주목해야 한다는 것은 새삼스럽게 이야기해 드리지 않아도 잘 아실 겁니다. 2008년 금융위기, 그리고 2020년 코로나19 사태까지 항상 위기가 닥칠 때마다 가장 먼저 빠르게 회복을 보여왔던 만큼 투자의 기회도 많을 수밖에 없습니다.

다음 그림을 살펴보면 2008년 금융위기 이후 미국 S&P500지수는 경기 확장과 맞물리면서 코로나19 사태 전까지 400.5% 상승했고, 2020년 3월 코로나19 발생 이후 2021년 8월까지 98.5% 상승했습니다. 금융위기를 겪은 학습효과를 바탕으로 더 짧은 기간 동안

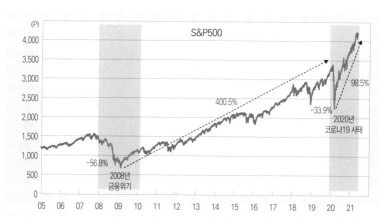

기준일: 2021. 8. 20.

자료: NYSE

높은 수익률을 보이고 있죠. 이처럼 미국 주식시장은 위기를 기회로 삼을 수 있는 전세계 주식시장의 성지입니다.

카테고리별로 이해하면 투자가 쉬워진다

2021년 7월 현재 미국 증시에 상장된 ETF 수는 총 2,452개로 미국 지수와 섹터, 글로벌 지수와 섹터, 채권, 원자재, 통화, 부동산, 혼합자산 등 다양한 자산에 투자되고 있습니다.

사실 국내에 상장된 ETF는 한글로 되어 있어서 ETF 이름만 봐도 어디에 투자되는지 알 수 있지만, 미국에 상장된 ETF는 온통 영어로 되어 있으니 어떤 자산에 투자되고 있는지 파악한다는 게 쉬운 일이 아닙니다. 따라서 ETF를 카테고리별로 구분해서 알고 있으면 투자할 시 바로 확인할 수 있기에 아주 편리합니다.

미국에 상장된 ETF 수는 너무 많습니다. 따라서 경제 상황 및 경기순환에 맞춰서, 또는 개별 자산의 수요와 공급에 따라 가격 상승과 하락이 예상될 때를 대비하여 ETF가 어떤 것이 있고, ETF가 어디에 투자하고 있는지를 미리 파악해둘 필요가 있습니다. 예를 들면 2021년 상반기 코로나19 백신이 보급되면서 경기 회복 기대가 물가와 금리 상승으로 나타나자, 미국의 금융주와 가치주가 오르고 원유 가격도 올랐던 것처럼 말이죠.

일정 기준에 따라 ETF의 카테고리를 구분하는 방법은 크게 두 가지입니다. 첫 번째는 주식, 채권, 원자재, 부동산, 통화, 혼합자산처럼 자산군별로 구분해 놓는 방법입니다. 두 번째는 앞서 언급했던 것처럼 경제 상황 및 경기순환 그리고 투자 대상이 속해 있는 업황에 맞춰서 선호되는 ETF를 분류해 놓는 방법입니다. 그러면 각각 분류된 ETF가 서로 다르게 반응하기 때문에 포트폴리오 구성이 편리하고 위험을 줄일 수 있습니다.

▼ ETF 분류 카테고리

구분	1차 분류	2차 분류
미국 주식	지수	S&P500, 나스닥, 다우산업평균, 러셀2000 등
	섹터	에너지, 소재, 산업재, 경기소비재, 필수소비재, 헬스케어, 금융, IT, 커뮤니케이션, 유틸리티, 부동산

	스타일	대형, 중형, 소형 가치, 성장 배당, 변동성 등
	테마	대체에너지, 풍력, 태양광(열), 바이오연료, 탄소배출권, 지구온난화, 자사주매입, IPO, 인프라, 신흥시장 소비 등
	권역	글로벌, 선진국, 신흥국
해외 주식	국가	유럽, 일본, 중국, 한국, 인도, 베트남, 러시아, 브라질 등
	섹터	에너지, 소재, 산업재, 경기소비재, 필수소비재, 헬스케어, 금융, IT, 커뮤니케이션, 유틸리티, 부동산
채권	미국	종합, 국채, 지방채, 회사채, 시니어론, 물가연동채, 우선주, MBS, 전환사채, 단기, 중기, 장기 등
	신흥국	달러표시국채, 현지통화표시국채, 하이일드 등
원자재		종합, 귀금속(금,은), 산업용금속, 원유, 농산물, 가축 등
부동산		미국, 미국외
통화		달러, 유로, 엔, 위안, 헤알화, 루피, 루블 등
혼합자산		동적 자산배분, 정적 자산배분 등

2014년부터 2021년 5월까지 달러, 금, S&P500, 미국 10년물 채권에 투자하는 ETF를 한번 비교해 보겠습니다. 2014년부터 본격화된 달러 강세로 인해 원자재 시장 약세, 미국 증시의 상승, 채권 가격 하락이 발생했습니다. 그 이후 달러 강세가 제한되고 하락 압력이 높아지자 그 반대의 모습이 나타났죠. 다음 그림처럼 똑같은 경제 상황에 놓여도 각 자산이 일관성 없이 움직인다는 것도 알 수 있습니다. 그건 모든 자산이 한 방향으로 움직여서 닥치는 큰 위험을 피할 수 있다는 의미이기도 합니다.

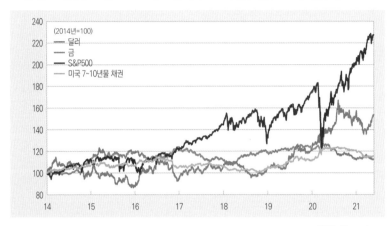

▼ 달러(UUP), 금(GLD), S&P500(SPY), 미국 7~10년물 채권 ETF 수익률 비교

자료: Bloomberg

ETF는 추종지수 가격변동의 2배, 3배로 수익률이 움직이는 레버리지 ETF와 추종지수의 가격과 반대 방향으로 움직이는 인버스 ETF 이 두 가지로 구분되기도 합니다. 레버리지와 인버스 ETF는 위험성과 변동성은 높지만, 투자 자산의 방향성에 대해서 자신감이 있을 때 잘 활용하면 높은 수익률을 추구할 수 있다는 점에서 전술적으로 활용하면 좋습니다.

우리가 투자를 시작하면서 수익을 맛보다 보면 투자금이 조금 더 있었으면 하는 아쉬움이 항상 마음속에 자리 잡곤 합니다. 내가 생각한 대로 전체 시장이나 특정 섹터, 혹은 자산 가격이 움직일 경우 빚을 내서라도 더 투자할 걸 그랬나 하는 미련이 더 커집니다. 이럴 때 빚을 내는 것보다 안전한 방법이 레버리지 ETF에 투자하는 것입니다.

S&P500지수를 추종하는 대표적인 ETF인 SPY(SPDR S&P500 ETF

Trust)는 S&P500지수가 10% 상승하면 SPY의 수익도 10%가 됩니다. 반면에 같은 S&P500지수를 추종하지만 레버리지가 2배, 3배인 SSO(Proshares Ultra S&P500)와 UPRO(ProShares UltraPro S&P500)에 투자하면 S&P500지수가 10% 상승할 때 각각 20%, 30% 수익률을 올릴 수 있습니다. 반대로 하락을 예상할 때는 -2배, -3배를 추종하는 인버스 ETF인 SDS(ProShares UltraShort S&P500)나 SPXU(ProShares UltraPro Short S&P500)에 투자하면 S&P500지수 10% 하락 시, 반대로 20%, 30%의 수익을 올릴 수 있습니다.

모든 ETF 상품에 레버리지와 인버스 ETF가 갖춰져 있으면 좋겠지만, 시장에서 인기 있는 일부 투자 대상에만 제한적으로 갖춰져 있어서 레버리지와 인버스 ETF가 존재하는 투자 대상을 미리 알아두면 유용합니다.

▼ S&P500지수를 추종하는 레버리지와 인버스 ETF

추종지수	승수	티커	ETF 명	추종지수 10% 상승 시 예
S&P500	1배	SPY	SPDR S&P500 ETF Trust	10% 상승
	2배	SSO	Proshares Ultra S&P500	20% 상승
	3배	UPRO	ProShares UltraPro S&P500	30% 상승
	-1배	SH	ProShares Short S&P5000	-10% 하락
	-2배	SDS	ProShares UltraShort S&P500	-20% 하락
	-3배	SPXU	ProShares UltraPro Short S&P500	-30% 하락

레버리지 ETF에 투자할 때 꼭 알아둬야 하는 사항이 있습니다. 레버리지 ETF는 당일 수익률의 2배, 3배를 추종하기에 장기간 보유하면 레버리지가 없는 일반 ETF와 수익률이 정확하게 2배, 3배 차이가 나지 않는다는 것입니다. 예를 들면 S&P500지수를 추종하는 일반 ETF와 2배 레버리지로 추종하는 ETF의 가격이 동일하게 100달러라고 할 때 S&P500지수가 하루는 10% 상승, 하루는 10% 하락한다고 가정해 보겠습니다. 일반 ETF는 첫날 110달러, 다음날은 99달러가 되지만 2배 레버리지는 첫날 120달러, 다음날 96달러가 됩니다. 일종의 복리 효과로 상승과 하락이 반복되는 횡보장이 계속될 경우, 레버리지 ETF의 수익률이 예상보다 하락할 수 있습니다. 인버스 ETF도 앞서 언급한 레버리지 ETF와 마찬가지로, 당일 수익률을 기준으로 횡보장이 길어져 상승과 하락을 반복할 경우 실제 수익률은 기간 수익률과 차이가 나게 됩니다.

▼ SPY, SSO, SDS 수익률 비교

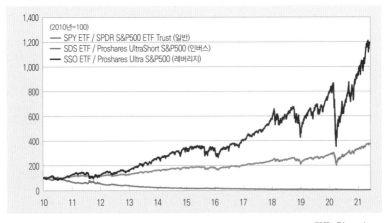

자료: Bloomberg

미국 주식시장을 대표하는 시장대표지수 ETF

미국 주식시장을 대표하는 지수에 투자하는 ETF는 순자산 및 거래량에서 단연코 비교 불가입니다. 기존의 헤지펀드와 대형 법인투자자에 이어 2020년 부의 추월차선에 진입하기 시작한 20·30 젊은 개인투자자까지 가세하면서 ETF시장 내 위상은 더 높아졌습니다. 특히 S&P500지수의 경우, -3배에서 3배까지 다양한 승수 스펙트럼의 상품들이 있어 미국 경기 방향에 따라 전천후 투자가 가능하기에 매력적입니다.

○ S&P500, 미국 시장을 대표하는 주가지수

스탠더드앤드푸어스가 산출하는 S&P500지수는 미국 주식시장을 가장 잘 대변해 주는 대표 지수로서 500개의 대형기업으로 구성되어 있습니다. 지수는 시가총액 방식으로 각 종목 주가에 상장주식 수를 곱하여 시가총액을 구하고, 전체의 시가총액 합계를 기준 연도인 1941~1943년의 평균 시가총액으로 나눈 뒤에 그 값에 기준 연도의 지수(10)를 곱하여 산출합니다.

시가총액 방식은 발행주식 수를 가중치로 사용하므로, 실제 유통되지 않아도 발행된 주식 수가 많은 기업이 지수에 크게 영향을 끼칩니다. 이러한 단점을 보완하기 위해 S&P500지수도 발행주식 기준의 시가총액 방식에서 제3세대 지수 산출 방식인 유통주식 수 기준의 시가총액 방식으로 변경되었습니다. 전체 발행주식 수 대신 실제 유통되는 주식을 대상으로 주가를 산출하는 방식으로 변경하여, 거래 물량 규모와 관계없이 몇몇 시가총액이 큰 대형주의 주가 움직임에 따라 지수가 결정되는 기존 시가총액 방식의 단점을 개선했습니다.

S&P500지수를 기초자산으로 하는 대표적 ETF는 가장 유명한 SPY와 2배 레버리지를 가진 SSO, -2배 레버리지를 가지는 SDS입니다. 같은 지수를 기초자산으로 하는 ETF라도 자산운용사가 정한 기준에 부합하는 기업만 대상으로 편입하여 추종하기 때문에 ETF 상품마다 구성기업과 구성기업 수가 다를 수 있습니다. 이에 따라 수익률도 조금씩 다른 양상을 보입니다.

▼ S&P500 지수 추종 ETF

추종지수	승수	티커	ETF 명	순자산 (억 달러)	거래대금 (백만 달러)	운용보수 (%)	분배금율 (%)
S&P500	1배	SPY	SPDR S&P500 ETF Trust	3,939	26,280	0.1	1.3
	2배	SSO	Proshares Ultra S&P500	45	202	0.9	0.2
	3배	UPRO	ProShares UltraPro S&P500	27	473	0.9	0.0
	-1배	SH	ProShares Short S&P5000	14	86	0.9	N/A
	-2배	SDS	ProShares UltraShort S&P500	6	133	0.9	N/A
	-3배	SPXU	ProShares UltraPro Short S&P500	6	122	0.9	N/A

기준일: 2021. 8. 20.

○ 러셀2000, 미국 중소기업을 대표하는 주가지수

S&P500지수가 대형주를 대표하는 지수라면 러셀2000지수는 중소형주를 대표하는 지수입니다. 러셀에서 산출하는 러셀2000지수는 러셀3000지수를 구성하는 종목 가운데 시가총액이 작은 순으로 2,000개를 선별해 지수를 구성하게 됩니다. 자매품이라고 할 수 있는 러셀1000지수는 시가총액이 큰 1,000개 종목으로 구성되어 있습니다.

시가총액을 기준으로 S&P500지수의 상위 10개 기업과 러셀2000지수의 상위 10개 기업을 비교해 보면 차이가 분명하게 느껴집니다.

▼ S&P500, 러셀2000지수 상위 10개 기업

상위종목	S&P500	비중(%)	러셀2000	비중(%)
1	애플	6.25	AMC엔터테인먼트	0.50
2	마이크로소프트	5.86	인텔리아 테라퓨틱스	0.36
3	아마존	3.69	크록스	0.33
4	페이스북 클래스A	2.28	U. S. Dollar	0.32
5	알파벳 클래스A	2.18	래티스 세미컨덕터	0.27
6	알파벳 클래스C	2.07	테닛 헬스케어	0.26
7	버크셔 해서웨이 클래스B	1.45	테트라 테크	0.26
8	테슬라	1.36	렉스노드	0.25
9	엔비디아	1.29	비제이스 홀세일클럽	0.25
10	JP 모건 체이스 앤 코	1.26	페이트 테라퓨릭스	0.24

기준일: 2021. 8. 20.

S&P500 상위 10개 기업은 애플, 마이크로소프트, 아마존, 페이스북 클래스A, 알파벳 클래스A 등으로 우리가 익숙하게 느끼는 기업들이 대부분이지만, 러셀2000 상위 10개 기업은 AMC엔터테인먼트, 인텔리아 테라퓨틱스, 크록스, 래티스 세아컨덕터, 테닛 헬스케어 등으로 중소기업을 대표하는 만큼 잘 모르는 기업들이 많습니다. 그리고 러셀2000지수에 편입된 종목 수가 S&P500지수보다 많은 만큼 한 종목이 지수 전체에서 차지하는 비중은 매우 낮고 종목 간 차이가 크게 없습니다.

러셀2000지수를 추종하는 대표 ETF는 IWM(iShares Russell 2000 ETF)입니다. 순자산가치와 거래량이 동종 상품 대비 가장 크고 레버리지 2배, 3배 ETF와 인버스 −1배, −2배, −3배 ETF가 갖춰져 있어 중소형주와 관련된 다양한 전략을 구사할 수 있습니다.

▼ 러셀2000지수 추종 ETF

추종지수	승수	티커	ETF 명	순자산 (억 달러)	거래대금 (백만 달러)	운용보수 (%)	분배금율 (%)
러셀 2000	1배	IWM	iShares Russell 2000 ETF	636	5,983	0.2	0.9
	2배	UWM	ProShares Ultra Rusell2000	3	32	1.0	0.0
	3배	TNA	Direxion Daily Small Cap Bull 3x Shares	16	741	1.0	0.0
	−1배	RWM	ProShares Short Russell2000	3	27	1.0	N/A
	−2배	TWM	ProShares UltraShort Russell2000	1	23	1.0	N/A
	−3배	TZA	Direxion Daily Small Cap Bear 3X Shares	4	262	1.0	N/A

기준일: 2021. 8. 20.

○ 나스닥100, 미국 IT를 대표하는 주가지수

1985년 1월 만들어진 나스닥100지수는 미국 나스닥 주식시장에 상장된 종목 중 시가총액이 큰 100개의 비금융업종으로 이루어진 지수입니다. 애플, 마이크로소프트, 구글과 같이 우리에게 너무 친숙한 미국의 대표 IT 기업이 포함되어 있죠.

▼ 나스닥100지수 추종 ETF

추종지수	승수	티커	ETF 명	순자산 (억 달러)	거래대금 (백만 달러)	운용보수 (%)	분배금율 (%)
나스닥 100	1배	QQQ	Invesco QQQ Trust	1,847	12,399	0.2	0.5
	2배	QLD	ProShares Ultra QQQ	51	168	1.0	N/A
	3배	TQQQ	ProShares UltraPro QQQ	138	3,266	1.0	N/A
	-1배	PSQ	ProShares Short QQQ	6	72	1.0	N/A
	-2배	QID	ProShares UltraShort QQQ	2	107	1.0	N/A
	-3배	SQQQ	ProShares UltraPro Short QQQ	17	680	1.0	N/A

기준일: 2021. 8. 20.

나스닥100지수와 함께 나스닥 종합지수도 있습니다. 나스닥에 상장된 5,000개 이상의 모든 종목을 포함하는 대표적인 종합지수입니다.

○ 다우존스산업평균지수, 미국 우량주를 대표하는 주가지수

1896년 5월부터 산출되기 시작한 다우존스산업평균지수는 월스트리트저널에 정기적으로 발표되면서 알려지기 시작했습니다. 1928년 종목 수가 30개로 확대된 이후 현재까지 그 모습을 유지하

고 있으며 제조업을 비롯한 금융, 서비스, 소매 등 미국 전체 산업의
초우량 기업 30개로 구성되어 있습니다.

▼ 다우존스산업평균지수 추종 ETF

추종지수	승수	티커	ETF 명	순자산 (억 달러)	거래대금 (백만 달러)	운용보수 (%)	분배금율 (%)
다우존스산업평균지수	1배	DIA	SPDR Dow Jones Industrial Average ETF Trust	301	1,252	0.2	1.6
	2배	DDM	ProShares Ultra Dow30	5	22	1.0	0.1
	3배	UDOW	ProShares UltraPro Dow30	9	176	1.0	0.2
	-1배	DOG	ProShares Short Dow30	3	18	1.0	N/A
	-2배	DXD	ProShares UltraShort Dow30	1	17	1.0	N/A
	-3배	SDOW	ProShares UltraPro Short Dow30	4	123	1.0	N/A

기준일: 2021. 8. 20.

다우존스산업평균지수를 대표하는 ETF는 다이아몬드라는 별명
을 가진 DIA(SPDR Dow Jones Industrial Average ETF Trust)입니다.

S&P500, 나스닥100, 다우존스산업평균, 러셀2000 지수를 추종하는
ETF의 수익률 그래프를 같이 그려볼까요? 다음 그림을 보면 2008년
3월 이후 전체적인 움직임은 비슷하지만, 특정 구간에서는 조금씩 다
른 모습을 보입니다. 시장대표지수를 시가총액 기준으로 분류한 대형
주, 중형주, 소형주 기준으로 수익률을 보면 경기가 확장되는 구간에
서는 시가총액 규모가 작을수록 상승 폭이 커지고 경기가 수축하는
구간에서는 안정성이 높은 대형주가 선호되는 경향이 있습니다.

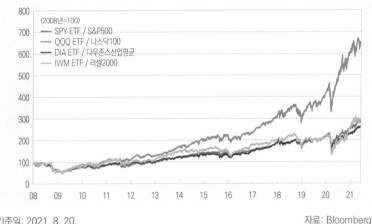

▼ S&P500, 나스닥100, 다우존스산업평균, 러셀2000 지수를 추종하는 ETF의 수익률 추이

(2008년=100)
— SPY ETF / S&P500
— QQQ ETF / 나스닥100
— DIA ETF / 다우존스산업평균
— IWM ETF / 러셀2000

기준일: 2021. 8. 20.   자료: Bloomberg

'MAGAT'이 포함된 섹터에 투자하고 싶다고?
— 미국 섹터 ETF

주식시장에 관심을 보이는 투자자가 늘어남과 함께 신조어도 많이
생겨났습니다. 장기적으로 성장 가능성이 큰 유망 산업이나 종목의
첫 알파벳을 따서 묶어 부르는 다양한 투자 신조어가 생겨난 거죠.
MAGAT이라는 약어도 마찬가지입니다. 미래기술과 연관되고 수익
원이 다양한 빅테크 기업에 관심이 높아지면서 4대 기술주인 마이
크로소프트, 애플, 구글, 아마존에 전 세계적으로 관심을 끈 전기차
업체 테슬라까지 포함되면서 MAGAT이 완성됐습니다.

시장대표지수 ETF가 대기업부터 중소기업까지 시가총액을 기준

으로 분류했다면 섹터 ETF는 미국 주식시장을 중심으로 산업군에 따라 구분한 겁니다.

MAGAT이 포함된 섹터에 투자하고 싶으시다고요? 2020년 코로나19 사태로 인하여 투자자들의 관심을 받는 IT 섹터, 백신 보급 이후 나타나고 있는 경기 회복 기대와 함께 주목받는 금융 섹터와 부동산 섹터 등, 지금부터는 섹터 ETF를 소개하겠습니다.

○ 테크놀로지, 바이오테크 ETF

테크놀로지와 바이오테크는 디지털 트랜스포메이션 가속화와 미국의 혁신을 이끌 최첨단 산업으로서 무조건 관심을 가져야 합니다. 테크놀로지 섹터를 대표하는 ETF는 XLK(Technology Select Sector SPDR Fund)로 S&P500지수의 27.93%를 차지하며 인터넷서비스, 소프트웨어, 반도체 장비 등을 생산하는 74개 기업으로 구성되어 있습니다. 주요 기업으로는 애플, 마이크로소프트, 엔비디아, 비자 등이 있습니다.

▼ 테크놀러지 섹터 ETF

섹터	승수	티커	ETF 명	순자산 (억 달러)	거래대금 (백만 달러)	운용보수 (%)	분배금율 (%)
테크 놀러지	1배	XLK	Technology Select Sector SPDR Fund	461	910	0.1	0.7
	1배	VGT	Vanguard Information Technology	495	200	0.1	0.6
	1배	IYW	iShares U.S. Technology ETF	85	42	0.4	0.3

1배	SKYY	First Trust Cloud Computing ETF	62	22	0.6	0.2
1배	IXN	IShares Global Tech ETF	58	55	0.4	0.6
2배	ROM	ProShares Ultra Technology	10	6	1.0	N/A
3배	TECL	Direxion Daily Technology Bull 3x Shares	27	81	1.0	0.3
-2배	REW	ProShares UltraShort Technology	0	0	1.0	N/A
-3배	TECS	Direxion Daily Technology Bear 3x Shares	1	12	1.0	N/A

기준일: 2021. 8. 20.

바이오테크 섹터를 대표하는 ETF는 XBI(SPDR S&P Biotech ETF)
입니다. 바이오 치료제, 생명공학 및 의료 연구-NEC, 바이오의약품
등을 생산하는 198개 기업으로 구성되어 있고 주요 기업으로는 모
더나, 인텔리아 테라퓨틱스, 트랜스레이트 바이오, 에디타스 메디신
등이 대표적입니다.

▼ 바이오테크 섹터 ETF

섹터	승수	티커	ETF 명	순자산 (억 달러)	거래대금 (백만 달러)	운용보수 (%)	분배금율 (%)
바이오 테크	1배	XBI	SPDR S&P Biotech ETF	73	696	0.4	0.2
	1배	IBB	iShares Biotechnology ETF	111	501	0.5	0.2
	1배	FBT	First Trust NYSE Arca Biotechnology Index Fund	19	7	0.6	N/A
	1배	PBE	Invesco Dynamic Biotechnology & Genome ETF	3	1	0.6	N/A

1배	GERM	ETFMG Treatments Testing and Advancements ETF	1	1	0.7	1.0
1배	BBC	Virtus LifeSci Biotech Clinical Trials ETF	0	0	0.8	N/A
2배	BIB	Proshares Ultra Nasdaq Biotechnology	3	10	1.0	N/A
3배	LABU	Direxion Daily S&P Biotech Bull 3X Shares	8	178	1.0	N/A
-2배	BIS	Proshares UltraShort Nasdaq Biotechnology	0	0	1.0	N/A
-3배	LABD	Direxion Daily S&P Biotech Bwar 3X Shares	1	52	1.0	N/A

기준일: 2021. 8. 20.

○ 헬스케어, 제약, 의료장비 섹터 ETF

헬스케어, 제약, 의료장비 섹터는 2021년 바이든 신정부가 들어서면서 관심의 대상이 되었습니다. 의료제도 개선을 공약으로 내세운 바이든 대통령은 공약 실천을 위해 개혁안을 꺼내 들었는데, 과거 오바마 행정부의 정책 틀에서 크게 벗어나지는 않고 있습니다. 짧게는 4년, 길게는 8년이라는 시간동안 집권할 바이든 신정부의 정책 기조가 주도 섹터를 결정한다는 점에서 앞으로 화두가 될 헬스케어, 제약, 의료장비 섹터에 대해 알아보도록 하겠습니다.

미국 헬스케어 섹터의 성장을 발목 잡는 요인은 너무 높은 보험료와 의료비입니다. 감기 기운만 있어도 병원에 가는 한국인으로서는 사랑니 뽑는 데 50만 원 정도 들고 맹장 수술하는 데 1,000만 원이 넘는 과도한 병원비가 드는 게 믿기지 않겠지만 현재 미국이 그렇습니다. 의료비 이외에도 문제가 되는 점은 높은 보험료로 인한 낮은 의료보험 가입 인구입니다. 전체 인구 약 3억 3,000만 명 중에 8.9%인 2,960만 명이 의료보험 미가입자입니다. 설령 보험 가입을 하려고 해도 보험사 쪽에서 거부하고, 보험에 가입해 있어도 보험금 지급을 거절하는 등 부차적인 문제점도 많습니다.

보험료가 비싼 이유는 의료비가 비싸기 때문인데, 독과점화된 병원들로 인해 경쟁이 사라지면서 의료비가 상승한 탓입니다. 이에 따라 오바마 전 행정부부터 모든 국민의 의료보험 가입과 민간 의료 보험사들이 보험 가입을 거절하지 못하게 하는 것, 그리고 각 지역에 보험상품거래소를 설립하여 연방정부가 운용하는 공공보험을 포함해 민간보험과 경쟁시키겠다는 정책을 내세웠습니다. 그런데 기득권층이 가만히 있지 않았겠죠? 미국 의사협회와 미국 건강보험 계획이 반발하면서 공공보험 도입은 실패했습니다. 대신 피보험자가 주체가 되는 비영리 조합을 도입하게 되었습니다.

향후 미국 헬스케어 섹터의 문제점인 높은 보험료와 의료비가 해결된다면 좋은 일이지만, 한편으로는 헬스케어와 의료보험 관련 업종의 수익은 줄어들 소지가 있습니다. 투자자의 측면에서 본다면 좋은 게 좋은 것만은 아닌 셈입니다. 다만 제약산업의 경우 높은 보험료와 의료비 상관없이 전체 시장이 커지므로 수익성 향상이 기대됩니다. 브랜드 의약품 회사보다는 제네릭 의약품을 만드는 회사 중심으로 매출과 수익성이 향상될 가능성이 커 보입니다.

헬스케어 섹터의 대표적 ETF는 XLV(Health Care Select Sector SPDR Fund)입니다. S&P500지수의 13.68%를 차지하고 있고 대표적 기업으로는 존슨앤존슨, 유나이티드헬스 그룹, 화이자, 애보트 래버러토리 등이 있습니다.

▼ 헬스케어, 제약, 의료장비 섹터 ETF

섹터	승수	티커	ETF 명	순자산 (억 달러)	거래대금 (백만 달러)	운용보수 (%)	분배금율 (%)
헬스케어	1배	XLV	Health Care Select Sector SPDR Fund	334	1,173	0.1	1.3
	1배	VHT	Vanguard Health Care ETF	167	54	0.1	1.1
	1배	FHLC	Fidelity MSCI Health Care Index ETF	30	8	0.1	1.2
	1배	IYH	iShares U.S. Healthcare ETF	30	12	0.4	1.0
	1배	PSCH	Invesco S&P SmallCap HealthCare ETF	5	1	0.3	N/A
	2배	RXL	ProShares Ultra Health Care	2	3	1.0	0.1
	3배	LABU	Direxion Daily S&P Biotech Bull 3X Shares	8	179	1.0	N/A
	-2배	RXD	Proshares UltraShort Health Care	0	0	1.0	N/A
제약	1배	IHE	iShares U.S. Pharmaceuticals ETF	4	1	0.4	1.3
	1배	PJP	Invesco Dynamic Pharmaceuticals ETF	5	3	0.6	0.7
	1배	XPH	SPDR S&P Pharmaceuticals ETF	2	3	0.4	0.5
	1배	PPH	VanEck Vectors Pharmaceutical ETF	4	4	0.4	1.5

1배	FTXH	FirstTrust Nasdaq Pharmaceuticals ETF	0	0	0.6	0.9
3배	PILL	Direxion Daily Pharmaceutical & Medical Bull 3X Shares	0	1	1.0	N/A
1배	IHI	iShares U.S. Medical Devices ETF	84	68	0.4	1.2
1배	IHF	iShares U.S. Healthcare Providers ETF	12	15	0.4	0.5
의료 장비 1배	XHE	SPDR S&P Health Care Equipment ETF	8	4	0.4	N/A
1배	XHS	SPDR S&P Health Care Services ETF	2	2	0.4	0.2
1배	IEHS	iShares Evolved U.S. Healthcare Staples ETF	0	0	0.2	0.7

기준일: 2021. 8. 20.

○ 금융, 건설, 부동산 섹터 ETF

2019년 12월 중국 우한에서 시작된 코로나19가 전 세계로 확산한 2020년 3월, 갑작스러운 증시 폭락으로 금융시장은 말 그대로 산산조각이 났습니다. 아마 모두 심장이 덜컹 내려앉은 심정이었을 겁니다. 감염병 확산을 저지하기 위한 백신 개발이 전 세계적으로 속도를 내기 시작했고, 각국 정부가 전례 없는 통화정책과 재정정책을 꺼내 들면서 금융시장은 차츰 안정을 되찾아 갔습니다. 하지만 불안은 여전히 남아 있었죠.

2021년에 코로나19 백신이 보급되기 시작하면서 이전의 일상으로 돌아갈 수 있다는 기대와 함께 경기 회복세가 나타났고, 불안을 조금 내려놓는 계기가 되었습니다. 경기가 좋아지면 당연히 물가와 금리는 조금씩 올라갈 수밖에 없어서 투자자들은 금융, 건설, 부동산에 관심을 두기 시작했습니다. 지금부터는 코로나19 충격 이후 경제가 회복되어 가는 과정에서 관심 받을 금융, 건설, 부동산 섹터 ETF를 소개하겠습니다.

금융 섹터를 대표하는 ETF는 XLF(Financial Select Sector SPDR Fund)입니다. S&P500지수의 11.17%를 차지하고 있고 세부 섹터는 은행 서비스 44.0%, 보험 29.3%, 투자은행 및 서비스 21.8%, 전문 상업 서비스 4.9%로 구성되어 있습니다. 대표적인 기업으로는 버크셔 해서웨이, JP모건체이스, BOA, 웰스파고, 모건스탠리 등이 있습니다. 또한 금융 섹터는 2배, 3배 레버리지 ETF와 −2배, −3배 인버스 ETF까지 다양하게 갖춰져 있는 만큼 금융 업황에 따라 전술적으로 다양한 전략을 구사할 수 있습니다.

▼ **금융 섹터 ETF**

섹터	승수	티커	ETF 명	순자산 (억 달러)	거래대금 (백만 달러)	운용보수 (%)	분배금율 (%)
금융	1배	XLF	Financial Select Sector SPDR Fund	417	1,891	0.1	1.5
	1배	VFH	Vanguard Financials ETF	108	58	0.1	1.7
	1배	IYF	iShares U.S. Financial ETF	23	36	0.4	1.2
	1배	FNCL	Fidelity MSCI Financials Index ETF	18	13	0.1	1.6

1배	PSCF	Invesco S&P SmallCap Financials ETF	1	0	0.3	1.9
1배	FXO	First Trust Financials AlphaDEX Fund	13	11	0.6	1,9
1배	KBE	SPDR S&P Bank ETF	31	158	0.4	2.2
1배	KRE	SPDR S&P Regional Banking ETF	43	631	0.4	2.2
1배	KIE	SPDR S&P Insurance ETF	5	31	0.4	1.8
1배	IAK	iShares U.S. Insurance ETF	1	1	0.4	1.9
1배	IYG	iShares U.S. Financial Services ETF	25	19	0.4	0.9
1배	PGF	Invesco Financial Preferred ETF	18	7	0.6	4.8
1배	KCE	SPDR S&P Capital Markets ETF	2	2	0.4	1.7
1배	IAI	iShares U.S. Broker−Dealers & Securities Exchanges ETF	8	15	0.4	1.0
1배	PSP	Invesco Global Listed Private Equity ETF	3	1	1.6	5.8
1배	IXG	IShares Global Financials ETF	29	56	0.4	1.1
1배	EUFN	iShares MSCI Europe Financials ETF	16	22	0.5	2.4
1배	CHIX	Global X MSCI China Financials ETF	1	1	0.7	3.6
2배	UYG	ProShares Ultra Financials	9	5	1.0	0.2
3배	FAS	Direxion Daily Financial Bull 3x Shares	31	212	1.0	0.3
−1배	SEF	ProShares Short Financials	0	0	1.0	N/A
−2배	SKF	ProShares UltraShort Financials	0	1	1.0	N/A
−3배	FAZ	Direxion Daily Financial Bear 3x Shares	1	39	1.0	N/A

기준일: 2021. 8. 20.

건설 섹터를 대표하는 ETF는 XHB(SPDR S&P Homebuilders ETF)입니다. 세부 구성은 주택건설, 건축자재, 전기부품 및 장비 등이며, 대표적인 기업으로는 캐리어 글로벌, 플로어 앤 데코, 빌더스 퍼스트소스, 레나 등이 있습니다.

▼ 건설 섹터 ETF

섹터	승수	티커	ETF 명	순자산 (억 달러)	거래대금 (백만 달러)	운용보수 (%)	분배금율 (%)
건설	1배	XHB	SPDR S&P Homebuilders ETF	19	161	0.4	0.6
	1배	HOMZ	Hoya Capital Housing ETF	1	1	0.3	2.6
	1배	ITB	iShares U.S. Home Construction ETF	24	202	0.4	0.4
	1배	PKB	Invesco Dynamic Building & Construction ETF	3	2	0.6	0.2
	1배	FLM	First Trust Global Engineering and Construction ETF	0	0	0.7	1.5

기준일: 2021. 8. 20.

부동산 섹터에서는 IYR(iShares U.S. Real Estate ETF)이 대표적 ETF입니다. 세부 구성을 말씀드리기 전에, 대표 기업을 소개하자면 익숙한 기업들이 눈에 띄실 겁니다. 비대면 산업 개화와 함께 주목받은 아메리칸 타워, 프로로지스, 크라운 캐슬, 이퀴닉스, 퍼블릭 스토리지와 같은 기업으로 구성되어 있죠. 세부 섹터 구성은 스페셜리츠 42.0%, 상업용리츠 35.9%, 거주용리츠 14.2% 등입니다.

▼ 부동산 섹터 ETF

섹터	승수	티커	ETF 명	순자산 (억 달러)	거래대금 (백만 달러)	운용보수 (%)	분배금율 (%)
	1배	VNQ	Vanguard Real Estate ETF	441	423	0.1	3.0
	1배	SCHH	Schwab U.S. REIT ETF	63	25	0.1	1.5
	1배	IYR	iShares U.S. Real Estate ETF	56	778	0.4	1.9
	1배	XLRE	Real Estate Select Sector SPDR Fund	43	216	0.1	2.9
	1배	USRT	iShares Core U.S. REIT ETF	23	13	0.1	2.4
	1배	RWR	SPDR Dow Jones REIT ETF	19	23	0.3	3.1
	1배	SRVR	Pacer Benchmark Data&Infrastructure Real Estate SCTR ETF	16	10	0.6	1.4
	1배	REZ	IShares Residential and Multisector Real Estate ETF	8	7	0.5	2.4
	1배	SRET	Global X SuperDividend Reit ETF	5	4	0.6	6.6
부동산	1배	ICF	iShares Cohen & Steers REIT ETF	26	10	0.3	1.9
	1배	REET	iShares Global REIT ETF	33	22	0.1	2.3
	1배	RWO	SPDR Dow Jones Global Real Estate ETF	17	6	0.5	2.6
	1배	RWX	SPDR Dow Jones International Real Estate ETF	9	9	0.6	2.5
	1배	IFGL	iShares International Developed Real Estate ETF	3	1	0.5	2.1
	1배	WPS	iShares International Developed Property ETF	1	0	0.5	2.4
	1배	VNQI	Vanguard Global ex-U.S. Real Estate ETF	51	23	0.1	0.9
	−1배	REK	ProShares Short Real Estate	0	0	1.0	N/A
	−2배	SRS	ProShares UltraShort Real Estate	0	0	1.0	N/A

기준일: 2021. 8. 20.

○ 반도체, 산업재, 소비재, 소매 ETF

이제부터는 산업계의 쌀로 불리는 반도체, 인프라와 함께 성장하는 산업재, 먹고 사는 문제를 해결해주는 소비재, 그리고 소매 분야의 섹터 ETF를 알아보겠습니다.

반도체 섹터에서는 SMH(VanEck Vectors Semiconductor ETF)가 대표적입니다. 세부 구성은 반도체 74.5%, 반도체 장비 20.6%, 소프트웨어 2.4%이며, 투자하는 국가의 비중을 살펴보면 미국이 78.3%로 가장 높고 다음은 대만 14.1%, 네덜란드 5.7%, 프랑스 1.9% 순입니다. 대표 기업으로는 TSMC, 엔비디아, ASML, AMD, 퀄컴 등이 있습니다. 미국 기업으로는 그래픽칩 전문업체 엔비디아의 비중이 가장 높습니다.

산업재 섹터를 대표하는 XLI(Industrial Select Sector SPDR Fund)는 S&P500지수의 8.25%를 차지하고 있습니다. 기계, 항공운송, 항공우주 등의 분야에 속하는 하니웰, 유니온 퍼시픽, UPS, 레이시언, 보잉, 디어, 캐터필라, 3M, GE, 록히드 마틴이 전체 기업의 39.8%를 차지하고 있습니다.

소비재 섹터를 대표하는 XLP(Consumer Staples Select Sector SPDR Fund)는 가정용 제품 및 서비스 28.4%, 음식&담배 27.2%, 음료 24.9%, 식품의약품 14.8% 등으로 구성되어 있습니다. 프록터 앤드 갬블, 코카콜라, 펩시, 월마트, 코스트코, 필립모리스, 몬델레즈, 알트리아, 에스티 로더, 콜게이트가 상위 10개 기업으로 전체 구성의 71.1%를 차지합니다.

소매 섹터를 대표하는 XRT(SPDR S&P Retail ETF)는 패션 및 액세서리, 자동차 부품 및 서비스, 할인점, 기타 소매업, 백화점, 인터넷 서비스, 푸드 체인점, 드러그 스토어, 컴퓨터 및 가전, 석유&가스 정제 및 마케팅과 같은 10개의 세부 항목으로 구성되어 있습니다. 대표 기업은 스탠스 닷컴, 알버슨, 카바나, 도어대시, 쉐위, 크로거, 코스트코, 오토네이션, 파이브 빌로우, 오토존으로 전체 기업의 13.4%를 차지하고 있습니다.

▼ 반도체, 산업재, 소비재, 소매 섹터 ETF

섹터	승수	티커	ETF 명	순자산 (억 달러)	거래대금 (백만 달러)	운용보수 (%)	분배금율 (%)
반도체	1배	SOXX	iShares PHLX Semiconductor ETF	68	332	0.4	0.7
	1배	SMH	VanEck Vectors Semiconductor ETF	57	836	0.4	0.6
	1배	XSD	SPDR S&P Semiconductor ETF	10	10	0.4	0.1
	1배	PSI	Invesco Dynamic Semiconductor ETF	6	5	0.6	0.2
	1배	KFVG	KraneShares CICC China 5G & Semiconductor Index ETF	1	0	0.7	N/A
	1배	FTXL	First Trust Nasdaq Semiconductor ETF	1	1	0.6	0.3
	2배	USD	ProShares Ultra Semiconductors	3	4	1.0	0.0
	3배	SOXL	Direxion Daily Semiconductor Bull 3X Shares	3/	522	1.0	0.0
	-2배	SSG	ProShares UltraShort Semiconductors	0	0	1.0	N/A

	1배	XLI	Industrial Select Sector SPDR Fund	189	1,235	0.1	1.2
	1배	VIS	Vanguard Industrials ETF	54	31	0.1	1.1
	1배	JETS	U.S. Global Jets ETF	32	108	0.6	0.0
	1배	ITA	iShares U.S. Aerospace & Defense ETF	28	18	0.4	0.9
	1배	IYT	IShares Transportation Average ETF	16	66	0.4	0.7
	1배	FXR	FirstTrust Industrials/ Producer Durables AlphaDEX Fund	18	8	0.6	0.6
산업재	1배	FTXR	FirstTrust Nasdaq Transportation ETF	11	2	0.6	0.4
	1배	FIDU	Fidelity MSCI Industrials Index ETF	9	5	0.1	1.1
	2배	UXI	ProShares Ultra Industrials	0	0	1.0	0.1
	3배	DUSL	Direxion Daily Industrials Bull 3X Shares	1	5	1.0	0.2
	3배	DFEN	Direxion Daily Aerospace & Defense Bull 3X Shares	3	23	1.0	0.1
	3배	TPOR	Direxion Daily Transportation Bull 3X Shares	1	6	1.0	0.0
	-2배	SIJ	ProShares UltraShort Industrials	0	0	1.0	N/A
	1배	XLP	Consumer Staples Select SPDR Fund	134	705	0.1	2.4
필수 소비재	1배	VDC	Vanguard Consumer Staples ETF	59	22	0.1	2.4
	1배	FSTA	Fidelity MSCI Consumer Staples Index ETF	8	5	0.1	2.3
	1배	PBJ	Invesco Dynamic Food & Beverage ETF	1	1	0.6	1.1

	1배	PSCC	Invesco S&P SmallCap Consumer Staples ETF	1	1	0.3	1.6
	1배	CHIS	Global X MSCI China Consumer Staples ETF	0	0	0.7	1.0
	1배	FTXG	FirstTrust Nasdaq Food & Beverage ETF	0	0	0.6	1.4
	2배	UGE	ProShares Ultra Consumer Goods	0	0	1.0	0.3
	-2배	SZK	ProShares UltraShort Consumer Goods	0	0	1.0	N/A
경기 소비재	1배	XLY	Consumer Discretionary Select SPDR Fund	196	674	0.1	0.6
	1배	VCR	Vanguard Consumer Discretionary ETF	64	25	0.1	1.4
	1배	PEJ	Invesco Dynamic Leisure and Entertainment ETF	13	25	0.6	0.6
	1배	IBUY	Amplify Online Retail ETF	10	14	0.7	0.5
	1배	BETZ	Roundhill Sports Betting & iGaming ETF	4	5	0.8	0.2
	1배	AWAY	ETFMG Travel Tech ETF	3	6	0.8	0.0
	1배	PAWZ	ProShares Pet Care ETF	4	2	0.5	0.2
	1배	BJK	VanEck Vectors Gaming ETF	1	2	0.7	0.5
	1배	PSCD	Invesco S&P SmallCap Consumer Discretionary ETF	1	2	0.3	0.3
	1배	PBS	Invesco Dynamic Media ETF	1	1	0.6	0.5
	1배	RXI	iShares Global Consumer Discretionary ETF	4	2	0.4	0.7
	1배	CHIQ	Global X MSCI China Consumer Discretionary ETF	7	8	0.7	0.1
	1배	ECON	Columbia Emerging Markets Consumer ETF	2	1	0.6	0.7

섹터	승수	티커	ETF 명	순자산 (억 달러)	거래대금 (백만 달러)	운용보수 (%)	분배금율 (%)
	3배	WANT	Direxion Daily Consumer Discretionary Bull 3x Shares	0	2	1.0	N/A
소매	1배	XRT	SPDR S&P Retail ETF	11	232	0.4	0.7
	1배	FTXD	First Trust Nasdaq Retail ETF	0	0	0.6	0.5
소비자 서비스	1배	IYC	iShares U.S. Consumer Services ETF	14	8	0.4	0.5
	2배	UCC	ProShares Ultra Consumer Services	0	0	1.0	N/A
	-2배	SCC	ProShares UltraShort Consumer Services	0	0	1.0	N/A

기준일: 2021. 8. 20.

○ 그 외 섹터 ETF

지금까지 언급한 섹터 이외에도 해운, 항공, 커뮤니케이션, 유틸리티, 인프라, 항공우주, 인터넷, 소프트웨어, 게임, 레저 및 엔터테인먼트, 미디어, 럭셔리 등 다양한 섹터가 있습니다.

▼ 기타 섹터 ETF

섹터	승수	티커	ETF 명	순자산 (억 달러)	거래대금 (백만 달러)	운용보수 (%)	분배금율 (%)
	1배	XLB	Materials Select Sector SPDR Fund	85	585	0.1	1.6
	1배	VAW	Vanguard Materials ETF	38	28	0.1	1.4
소재	1배	IYM	iShares U.S. Basic Materials ETF	10	21	0.4	1.3
	1배	RTM	Invesco S&P500 Equal Weight Materials ETF	5	7	0.4	1.4

1배	MXI	iShares Global Materials ETF	9	10	0.4	1.9
1배	PSCM	Invesco S&P SmallCap Materials ETF	0	0	0.3	1.2
1배	CHIM	Global X MSCI China Materials ETF	0	0	0.7	1.9
2배	UYM	ProShares Ultra Basic Materials	1	1	1.0	0.4
−1배	SBM	ProShares Short Basic Materials	0	0	1.0	N/A
−2배	SMN	ProShares UltraShort Basic Materials	0	0	1.0	N/A
벌크 해운 1배	BDRY	Breakwave Dry Bulk Shipping ETF	1	9	1.9	N/A
항공 우주 1배	ITA	iShares U.S. Aerospace & Defense ETF	28	18	0.4	0.9
1배	XAR	SPDR S&P Aerospace & Defense ETF	13	6	0.4	0.8
1배	PPA	Invesco S&P Aerospace & Defense ETF	7	1	0.6	0.6
3배	DFEN	Direxion Daily Aerospace & Defense Bull 3X Shares	3	23	1.0	0.1
커뮤니 케이션 1배	XLC	Communication Services Select Sector SPDR Fund	154	311	0.1	0.6
1배	VOX	Vanguard Communication Services	46	26	0.1	0.6
1배	FCOM	Fidelity MSCI Communication Services Index ETF	9	6	0.1	0.6
1배	EWCO	Invesco S&P500 Equal Weight Communication Services ETF	0	1	0.4	1.0

	1배	PSCU	Invesco S&P500 SmallCap Utilities Communication Services ETF	0	0	0.3	1.0
	1배	IXP	iShares Global Comm Services ETF	3	1	0.4	0.8
	1배	CHIC	Global X MSCI China Communication Services ETF	0	0	0.7	1.8
	1배	XLU	Utilities Services Select Sector SPDR Fund	137	762	0.1	2.9
	1배	VPU	Vanguard Utilities ETF	52	25	0.1	2.8
	1배	FUTY	Fidelity MSCI Utilities Index ETF	12	4	0.1	2.8
유틸 리티	1배	IDU	iShares U.S. Utilities ETF	9	4	0.4	2.7
	1배	JXI	iShares Global Utilities ETF	2	1	0.4	2.9
	2배	UPW	ProShares Ultra Utilities	0	1	1.0	0.8
	3배	UTSL	Direxion Daily Utilities Bull 3X Shares	0	2	1.0	1.0
	-2배	SDP	ProShares UltraShort Utilities	0	0	1.0	N/A
	1배	PAVE	Global X U.S. Infrastructure Development ETTF	44	50	0.5	0.4
	1배	IGF	iShares Global Infrastructure ETF	31	14	0.4	2.7
인프라	1배	GRID	First Trust NASDAQ Clean Edge Smart Grid Infrastructure Index	5	4	0.7	0.7
	1배	EMIF	iShares Emerging Markets Infrastructure ETF	0	0	0.6	4.3
인터넷	1배	FDN	First Trust Dow Jones Internet Index Fund	106	51	0.5	N/A
	1배	ARKW	ARK Next Generation Internet ETF	56	128	0.8	1.3

	1배	KWEB	KraneShares CSI China Internet ETF	47	435	0.7	0.5
	1배	EMQQ	Emerging Markets Internet & Ecommerce ETF	12	13	0.9	0.2
	1배	PNQI	Invesco NASDAQ Internet ETF	11	3	0.6	N/A
	1배	SNSR	Global X Internet Giants ETF	5	2	0.7	0.3
	2배	CWEB	Direxion Daily CSI China Internet Index Bull 2X Shares	2	11	1.0	N/A
	3배	WEBL	Direxion Daily Dow Jones Internet Bull 3X Shares	1	6	1.0	N/A
	-3배	WEBS	Direxion Daily Dow Jones Internet Bear 3X Shares	0	1	1.0	N/A
소프트웨어	1배	IGV	iShares Expanded Tech-Software Sector ETF	54	305	0.4	N/A
	1배	XSW	SPDR S&P Software & Services ETF	6	11	0.4	0.0
카지노/게임	1배	BETZ	Roundhill Sports Betting & iGaming ETF	4	5	0.8	0.2
	1배	BJK	VenEck Vectors Gaming ETF	1	2	0.7	0.5
레저 및 엔터테인먼트	1배	PEJ	Invesco Dynamic Leisure and Entertainment ETF	13	25	0.6	0.6
	1배	AWAY	ETFMG Travel Tech ETF	3	6	0.8	0.0
미디어/출판	1배	PBS	Invesco Dynamic Media ETF	1	1	0.6	0.5
	1배	IEME	iShares Evolved U.S Media and Entertainment ETF	0	0	0.2	0.6
럭셔리	1배	LUXE	Emles Luxury Goods ETF	0	0	0.6	0.0

기준일: 2021. 8. 20.

옷 사이즈 고르듯, 스타일에 투자하고 싶다고?
— 미국 스타일 ETF

옷 잘 입는 패셔니스타를 보면 부러울 때가 가끔 있습니다. '나도 저렇게 입을 수 있어'하면서 거울 앞을 서성거리던 추억들 다 있으시죠? 일상에서 패셔니스타가 되기란 쉽지 않은 일이지만, 눈에 보이지 않는 금융시장에서는 누구나 언제든지 마음만 먹으면 스타일리쉬한 투자를 할 수 있습니다.

스타일 ETF는 기업을 시가총액에 따라 대형주, 중형주, 소형주로 분류합니다. 그리고 주가수익비율(PER)*, 주가순자산비율(PBR)** 등을 기준으로 가치주인지 판단하고 매출액 증가율, 순이익 증가율 등을 기준으로 성장주인지 판단해 성격이 유사한 기업끼리 묶어서 투자하는 상품입니다. 어떻게 보면 대형, 중형, 소형, 가치, 성장, 배당, 변동성을 전통적인 스타일 ETF라고 볼 수 있고 IPO, 스핀오프 등은 특별한 스타일 ETF라고 칭할 수 있습니다.

○ 잘 알려진 대기업에 투자한다, 대형주 스타일 ETF

아침 출근길에 커피 한 잔이 생각나서 들리는 '스타벅스', 일과의

---

* 주가를 주당순이익으로 나눈 주가의 수익성 지표
** 주가를 주당 순자산가치로 나눈 값

시작과 함께 컴퓨터를 켜면 만나는 '마이크로소프트', 일과 중 출출할 때 가벼운 발걸음으로 찾는 '맥도날드' 등 미국의 대형기업들은 우리의 일상에서 떼어 놓고 이야기하지 못합니다. 이러한 대형 기업들은 높은 시장 지배력과 엄청난 자금력을 바탕으로 조직적인 시스템이 갖춰져 있어 갑자기 파산할 위험이 상대적으로 낮죠. 그리고 대형기업들은 경기 변동에 따른 주가 변동 폭도 상대적으로 낮아 안정적인 투자를 원하는 투자자에게 적합합니다.

▼ 대형주 스타일 ETF

섹터	승수	티커	ETF 명	순자산 (억 달러)	거래대금 (백만 달러)	운용보수 (%)	분배금율 (%)
대형	1배	VTI	Vanguard Total Stock Market ETF	2,648	735	0.0	1.2
	1배	VV	Vanguard Large-Cap ETF	257	40	0.0	1.2
	1배	XLG	Invesco S&P500 Top 50 ETF	21	10	0.2	1.0
대형 가치	1배	VTV	Vanguard Value ETF	846	324	0.0	2.1
	1배	IVE	iShares S&P500 Value ETF	228	127	0.2	1.9
	1배	SCHV	Schwab Large Cap Value ETF	99	30	0.0	2.4
	1배	IWD	iShares Russell 1000 Value ETF	547	432	0.2	1.6
대형 성장	1배	VUG	Vanguard Growth ETF	837	211	0.0	0.5
	1배	IVW	iShares S&P500 Growth ETF	365	132	0.2	0.6
	1배	SCHG	Schwab Large Cap Growth ETF	163	56	0.0	0.4
	1배	IWF	iShares Russell 1000 Growth ETF	737	367	0.2	0.5

기준일: 2021. 8. 20.

대형주 스타일 ETF는 투자자의 성향에 따라 대형 가치주와 대형 성장주로 구분할 수 있고, 미국 증시 전체에 투자한다는 규모 측면에서 대형인 스타일 ETF가 있습니다. 가치주는 내재가치에 비해 저평가되어 있다고 판단되는 주식을 사서 시세차익을 얻는 것이 목표이고, 성장주는 빠른 성장을 통한 주가의 상승을 목표로 합니다. 주가 상승이라는 목표는 동일하지만 어떤 접근 방법을 선택하느냐의 차이로 각 스타일을 구성하는 섹터의 비중은 다릅니다. 비중이 높은 섹터가 무엇이냐에 따라 가치를 추구하는지, 성장을 추구하는지를 알 수 있는 것입니다.

VTI(Vanguard Total Stock Market ETF)는 미국 주식 전체를 대표하는 대형주 ETF입니다. VTI와 VTI의 추종지수 CRSP U.S. Total Market을 비교하면 VTI(3,836개)는 추종지수(2,480개)보다 종목수가 월등히 많습니다. 그럼에도 추종지수 수익률을 잘 복제하고 있습니다. VTI와 추종지수는 종목 2,424개를 공통으로 보유함으로써 VTI가 추종지수의 95.32%를 복제하고 있는 셈이죠. VTI를 3년 이상 투자할 경우에는 오히려 추종지수보다 수익률이 더욱 높습니다.

그리고 VTI는 ETF의 장점인 저비용을 가장 잘 나타내 주는 ETF 중 하나입니다. CRSP U.S. Total Market 안에서 경쟁하고 있는 평균적인 대형주 ETF의 비용인 0.44%와 비교할 때 1/15 정도의 비용밖에 들지 않죠.

▼ VTI와 추종지수 CRSP U.S. Total Market 비교

VTI		CRSP U.S. Total Market
3,836	구성 종목수	2,480
$440.268	시가총액	$447.408
41.16	주가수익비율(PER)	39.16
4.42	주가순자산비율(PBR)	4.57
1.23	배당률(%)	1.21
35.02	수익률(%) 1Y	33.47
17.91	수익률(%) 3Y	17.49
17.48	수익률(%) 5Y	17.17
16.25	수익률(%) 10Y	16.56

기준일: 2021. 8. 20.　　　　　　　　　　　　　　　　　　자료: ETF.com

▼ VTI ETF, 대형주 ETF 비용 비교

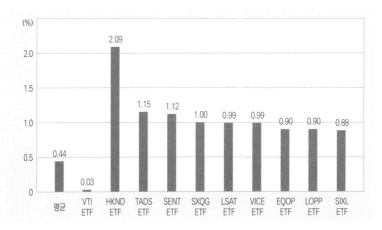

자료: ETFdb.com

대형 가치주 스타일 ETF를 대표하는 건 IWD(iShares Russell 1000 Value ETF)로, 미국 전체 주식에서 시가총액이 큰 1,000개의 기업 가운데 주가순자산비율이 낮은 주식, 향후 성장 속도가 안정적인 기업을 선별한 러셀1000가치지수를 추종합니다. 반면 대형 성장주 스타일 ETF인 IWF(iShares Russell 1000 Growth ETF)는 주가순자산비율이 높은 주식, 향후 성장 속도가 빠른 기업을 선별한 러셀1000성장지수를 추종합니다.

▼ 대형가치 스타일 ETF IWD, 대형성장 스타일 ETF IWF 섹터 구성 비교

	IWD			IWF	
상위	섹터	비중(%)	상위	섹터	비중(%)
1	금융	25.44	1	IT	55.49
2	헬스케어	17.02	2	경기소비재	19.97
3	산업재	11.84	3	헬스케어	8.73
4	IT	11.07	4	산업재	7.28
5	경기소비재	9.99	5	금융	3.37
6	필수소비재	7.62	6	필수소비재	3.24
7	에너지	5.23	7	소재	1.03
8	유틸리티	4.80	8	에너지	0.48
9	소재	3.47	9	유틸리티	0.03
10	커뮤니케이션	2.61	10	커뮤니케이션	0.02

기준일: 2021. 8. 20.　　　　　　　　　　　　　　　　　자료: ETF.com

IWD와 IWF 두 ETF를 비교하면 IWD는 금융 섹터, IWF는 기술 섹터 비중이 높습니다. IWD와 IWF의 추종지수가 러셀1000을 기

준으로 가치주와 성장주로 나눈 것이기에 IWD와 IWF의 상위 10개 종목을 합치면 미국 주식 전체에 투자하는 VTI ETF의 상위 10개 종목과 비슷합니다. VTI의 종목 수가 3,936개로 구성된 만큼 VTI는 미국 주식 전체, IWD와 IWF는 대형주 중심으로 구성되어 있다고 이해하면 됩니다.

○ 안정궤도에 진입한 중형기업에 투자한다, 중형주 스타일 ETF

기업의 성장 과정을 생각해 보면 스타트업으로 시작한 창업 초기를 지나, 사업이 안정궤도에 들어서게 되면 중견기업으로 올라섭니다. 그리고 사업이 눈부시게 번창하면 대기업으로까지 성장하게 되는데요. 한국의 대표 기업 삼성전자도 같은 과정을 겪어 오늘날 세계적인 기업이 되었습니다. 2021년 8월 20일 기준 삼성전자의 시가총액은 434조 32억 원으로, 이를 제외하면 한국 대기업들의 시가총액은 50조 원을 넘지 못하고 대부분 15조 원 안팎입니다. 반면에 미국 중형기업의 시가총액은 10억~45억 달러(한화로 약 1~5조 원) 정도이니 작다는 생각은 안 드시죠? 그러니 미국 중형기업 투자에 대해 불안해하실 필요는 없습니다.

대표적인 중형주 스타일 ETF는 MDY(SPDR S&P Midcap 400 ETF)로 1991년 만들어진 S&P미드캡400지수를 추종합니다. 이 지수는 시가총액 10억~45억 달러에 해당하는 기업을 대상으로 하며, 미국 전체 주식의 약 7% 정도를 차지합니다. 중형주 스타일 ETF도 가치주 중심의 중형 가치주 스타일 ETF와 성장주 중심의 중형 성장주

스타일 ETF로 구분해 상품이 출시되어 있습니다. 대체로 가치를 추구하는 스타일 ETF는 금융 섹터와 유틸리티 섹터 비중이 높고 성장을 추구하는 스타일 ETF는 기술 섹터의 비중이 높습니다.

▼ 중형주 스타일 ETF

섹터	승수	티커	ETF 명	순자산 (억 달러)	거래대금 (백만 달러)	운용보수 (%)	분배금율 (%)
중형	1배	IJH	iShares Core S&P Mid-Cap ETF	625	297	0.1	1.1
	1배	MDY	SPDR S&P Midcap 400 ETF Trust	207	423	0.2	0.9
	1배	VO	Vanguard Mid-Cap ETF	515	141	0.0	1.2
	1배	IWR	iShares Russell Mid-Cap ETF	296	108	0.2	1.0
중형 가치	1배	IJJ	iShares S&P Mid-Cap 400 Value ETF	86	34	0.2	1.4
	1배	IWS	iShares Russell Mid-Cap Value ETF	142	34	0.2	1.3
중형 성장	1배	IJK	iShares S&P Mid-Cap 400 Growth ETF	80	19	0.2	0.6
	1배	IWP	iShares Russell Mid-Cap Growth ETF	159	84	0.2	0.3

기준일: 2021. 8. 20.

○ 작은 기업의 성장성에 투자한다, 소형주 스타일 ETF

소형 기업 투자의 매력은 높은 수익을 기대할 수 있다는 점입니다. 보통의 소형 기업들은 잘 알려지지 않아 제대로 된 가치평가를 받지 못하는 경우가 많습니다. 하지만 회사가 꾸준히 성장하여 기관

투자자들의 러브콜을 받게 될 경우, 회사가 시장에서 소외된 시절부터 투자를 해온 투자자들은 엄청난 수익을 남길 수 있으니까요.

▼ 소형주 스타일 ETF

섹터	승수	티커	ETF 명	순자산 (억 달러)	거래대금 (백만 달러)	운용보수 (%)	분배금율 (%)
소형	1배	IJR	iShares Core S&P Small-Cap ETF	674	375	0.1	1.0
	1배	IWM	iShares Russell 2000 ETF	636	5,983	0.2	0.9
	1배	VB	Vanguard Small-Cap ETF	461	117	0.1	1.2
소형 가치	1배	IWN	iShares Russell 2000 Value ETF	152	254	0.2	1.3
	1배	IJS	iShares S&P Small-Cap 600 Value ETF	86	76	0.2	0.9
	1배	VBR	Vanguard Small-Cap Value ETF	240	69	0.1	1.6
소형 성장	1배	IWO	iShares Russell 2000 Glowth ETF	114	144	0.2	0.3
	1배	IJT	iShares S&P Small-Cap 600 Glowth ETF	62	19	0.2	0.6
	1배	VBK	Vanguard Small-Cap Glowth ETF	156	37	0.1	0.5

기준일: 2021. 8. 20.

이러한 긍정적 가능성도 있지만, 현재로써는 소형 기업에 대한 재무제표의 신뢰성이 낮습니다. 증권사에서 제공하는 리서치 리포트도 없는 경우가 흔하고 이렇게 불확실성이 높은 만큼 하이 리스크, 하이 리턴의 대표적 주자가 소형 기업이기도 하다는 생각이 듭니다.

결국 소형 기업에 투자하는 것은 불확실성을 감안하고 향후 성장에 대한 기대를 바탕으로 투자를 원하는 분들에게 적합합니다.

○ 안정과 불안을 동시에 잡는다, 배당 및 변동성 스타일 ETF

배당 및 변동성 스타일 ETF는 배당을 많이 지급하는 회사, 그리고 주식시장의 변동성이 커지면 수익을 낼 수 있는 VIX지수에 투자하는 상품입니다.

VIX는 S&P500지수 옵션의 향후 30일간 변동성에 대한 시장의 기대를 나타내는 지수로, 증시와 반대로 움직입니다. VIX지수가 높아질수록 투자자들의 불안심리가 높아진다고 볼 수 있어, '공포지수'라고 불리기도 합니다.

퍼센트 단위로 표시되는 VIX지수가 25%를 나타내면 향후 한 달간 증시는 25%의 변동성이 생길 것을 예측할 수 있습니다. VIX지수가 단순 변동성을 나타낸다는 점에서 VIX지수가 오르는 게 반드시 증시 하락으로 연결되는 것은 아니지만, 과거 VIX지수가 높아졌을 때 증시가 폭락한 경험이 많습니다. 일반적으로 VIX지수가 20% 이하면 과매수 구간으로 매도를 고려해야 하고, VIX지수가 40% 이상이면 과매도 구간으로 매수를 고려해야 합니다.

대표적인 배당 스타일 ETF는 DVY(iShares Select Dividend ETF)로 다우존스U.S.셀렉트배당지수를 추종합니다. 이 지수는 배당을 많이 지급하는 100개 회사를 대상으로 배당수익률과 배당의 질적요인 등을 고려해서 편입 대상 기업을 선정합니다.

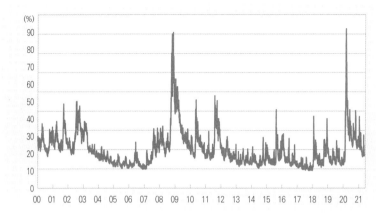

자료: CBOE

대표적인 변동성 스타일은 VXX ENT(iPath Series B S&P500 VIX Short Term Futures ETN)입니다. ETN은 ETF와 형제지간으로 볼 수 있는데, 펀드가 아니라 무보증 선순위 채권의 일종으로 발행 회사가 파산하면 투자금을 전혀 회수할 수 없다는 위험성을 안고 있습니다. 그래서 ETN 투자 시 이러한 점을 고려해, 되도록 동일한 대상에 투자하는 ETF 상품을 우선하여 고려하시라고 이야기해 드립니다.

변동성 스타일 ETF는 VIX지수 선물 중 만기가 가까운 선물로 구성되는데 단기 변동성 스타일 ETF인 VXX의 경우 8월 현재, 9월과 10월 선물을 보유하고 있습니다. 중기 변동성 스타일 ETF인 VXZ는 8월 현재, 2021년 9월, 10월, 12월, 2022년 3월 선물을 보유하고 있습니다.

▼ 배당 및 변동성 스타일 ETF

섹터	승수	티커	ETF 명	순자산 (억 달러)	거래대금 (백만 달러)	운용보수 (%)	분배금율 (%)
고배당	1배	VYM	Vanguard High Dividend Yield ETF	386	130	0.1	2.7
	1배	SCHD	Schwab U.S. Dividend Equity ETF	277	118	0.1	2.8
	1배	SDY	SPDR S&P Dividend ETF	198	50	0.4	2.6
	1배	DVY	iShares Select Dividend ETF	182	81	0.4	3.2
	1배	IDV	iShares International Select Dividend ETF	44	18	0.5	4.4
	1배	SPHD	Invesco S&P 500 High Dividend Low Volatility ETF	30	26	0.3	3.7
	1배	DEM	WisdomTree Emerging Markets High Dividend Fund	19	8	0.6	4.7
	2배	RDIV	Invesco S&P Ultra Dividend Revenue ETF	7	2	0.4	4.7
대형 배당	1배	DLN	WisdomTree U.S. LargeCap Dividend Fund	32	6	0.3	2.0
중형 배당	1배	DON	WisdomTree U.S. MidCap Dividend Fund	30	9	0.4	2.0
소형 배당	1배	DES	WisdomTree U.S. SmallCap Dividend Fund	18	5	0.4	1.8
우선주	1배	PFF	iShares Preferred and Income Securities ETF	200	139	0.5	4.5
	1배	PGX	Invesco Preferred ETF	75	35	0.5	4.9
변동성	1배	VXX	iPath Series B S&P 500 Vix Short –Term Future ETF	11	783	0.9	N/A
	1배	VXZ	iPath Series B S&P 500 Vix Short Mid–Term Future ETF	0	1	0.9	N/A

2배	UVXY	ProShares Ultra VIX Short-Term Future ETF	10	665	1.0	N/A
-1배	SVXY	ProShares Short VIX Short-Term Future ETF	4	197	1.0	N/A
1배	PBP	Invesco S&P500 BuyWrite ETF	2	0	0.5	1.1
바이라이트 1배	FTHI	First Trust BuyWrite Income ETF	1	0	0.9	4.5
1배	FTLB	First Trust Hedged BuyWrite Income ETF	0	0	0.9	3.2

기준일: 2021. 8. 20.

○ 그 외 스타일 ETF

그 밖에 다양한 스타일 ETF로는 모회사로부터 분할된 기업에만 투자하는 CSD, 최초 상장한 기업 가운데 일정 기준을 만족하는 기업에만 투자하는 FPX, 특허를 보유한 회사에만 투자하는 OTP, 경쟁기업에 비해 비교우위를 가진 회사에만 투자하는 PDP 등이 있습니다. 또한 목표 날짜가 다가옴에 따라 공격적인 투자에서 보수적인 투자로 투자 스타일을 변화시키는 기법을 사용하는 TDH도 있습니다. 이러한 ETF는 차별성 면에서는 높은 점수를 받지만, 하루 거래량이 1만주를 넘지 못할 정도로 투자자들의 관심은 낮습니다.

▼ 기타 다양한 스타일 ETF

섹터	승수	티커	ETF 명	순자산 (억 달러)	거래대금 (백만 달러)	운용보수 (%)	분배금율 (%)
ESG	1배	ESGU	IShares ESG Aware MSCI USA ETF	214	115	0.2	1.1
	1배	ESGE	IShares ESG Aware MSCI EM ETF	67	80	0.3	1.4
	1배	ESGD	IShares ESG Aware MSCI EAFE ETF	65	28	0.2	2.1
분할	1배	CSD	Invesco S&P Spin-Off ETF	1	0	0.6	0.9
IPO	1배	FPX	First Trust U.S. Equity Opportunities ETF	20	9	0.6	0.2
	1배	FPXI	First Trust International Equity Opportunities ETF	12	8	0.7	0.4
	1배	FPXE	First Trust IPOX Europe Equity Opportunities ETF	0	0	0.7	1.0
모멘텀	1배	MTUM	iShares MDCI USA Momentum Factor ETF	145	145	0.2	0.4
	1배	XMMO	Invesco S&P Midcap Momentum ETF	9	3	0.3	0.3
	1배	DWAS	Invesco S&P Smallcap Momentum ETF	4	2	0.6	0.1
헤지 펀드	1배	RPAR	RPAR Risk Parity ETF	14	4	0.5	0.7
	1배	QAI	IQ Hedge Multi-Strategy Tracker ETF	8	2	0.8	2.0
	1배	MNA	IQ Merger Arbitrage ETF	7	2	0.8	2.3
	1배	FTLS	First Trust Long/Short Equity ETF	4	1	1.0	0.3
	1배	CCOR	Core Alternative ETF	2	1	1.1	1.2

기준일: 2021. 8. 20.

바이든 시대가 열린다! 그린 뉴딜에 집중하라
— 미국 테마 ETF

2021년 미국에서는 바이든 대통령 취임과 함께 바이든 시대가 열렸습니다. 코로나19라는 위기를 겪는 과정에서 취임한 바이든 대통령은 당연히 위기 극복을 위한 정부 정책을 꺼내 들 수밖에 없었는데, 그중 하나가 그린 뉴딜입니다. 2008년 금융위기 이후 오바마 전 행정부가 추진한 그린 뉴딜과 대등한 개념의 경제 회복 정책입니다. 오바마 전 행정부에서 그린 뉴딜 정책은 뚜렷한 성과가 나지 않아 큰 주목을 받지는 못했습니다. 그러나 바이든 대통령이 취임한 현재는 상황이 많이 달라졌죠. 기후변화와 코로나19 팬데믹으로 지속 가능한 사회를 만들자는 공감대가 커지고 있는 만큼 재조명받고 있습니다.

바이든 신정부의 그린 뉴딜이 이전 행정부에서 추진했던 그린 뉴딜과 다른 점은 모든 영역에서 패러다임의 전환을 요구하며 경제의 탈탄소화를 넘어 전체 경제체제를 재구성한다는 것입니다. 즉 탈탄소 경제, 탈탄소 생활과 교통, 공공인프라를 지향하는 대규모 프로젝트 투자를 통해 완전고용과 사회정의를 추구한다는 점에서 과거 그린 뉴딜 관련 정책들과 차별화되는 거죠.

바이든 대통령은 민주당 후보 시절인 2020년 7월에 청정에너지

혁명과 환경정의를 위해 10년간 연방정부에 1조 7,000억 달러, 그리고 민간에도 투자하여 총 5조 달러 이상의 자금을 동원하겠다는 그린 뉴딜 투자 계획을 발표했습니다. 또한 지속 가능한 인프라와 청정에너지를 위해서 향후 4년간 2조 달러를 투자하겠다는 계획도 밝혔습니다.

짧게는 4년, 길게는 8년 동안 집권하게 될 바이든 대통령은 친환경 정책 기조를 유지하면서 정책 전반에 걸쳐 일자리 창출과 미국산 확대 및 미국 제조업 활성화를 강조하고 있는 만큼 혜택을 받을 수 있는 관련 섹터와 기업에 관심을 가져야 하는 건 당연하지 않을까요?

○ 태양광, 수소, 풍력 등 신재생 에너지에 투자한다, 테마 ETF

바이든 시대를 맞아 향후 핫한 분야가 될 신재생 에너지에 투자하는 ETF를 알아볼까요? 트럼프 전 행정부가 환경친화적 정책 기조를 후퇴시키면서 지난 4년간 신재생 에너지 관련 ETF의 거래량이 많지 않았습니다. 하지만 다시 정책의 수혜를 누려 산업이 커지게 된다면 관심도 높아질 수밖에 없기에 미리 알아두면 좋을 듯합니다.

그린 뉴딜 테마 ETF 가운데 순자산이 일정 규모 이상 되는 ETF는 클린에너지에 투자하는 QCLN(First Trust NASDAQ Clean Edge Green Energy Index Fund), 전기차에 투자하는 DRIV(Global X Autonomous & Electric Vehicls), 인프라에 투자하는 PAVE(Global X U.S. Infrastructure Development ETF)가 있습니다.

▼ 바이든 신정부 공약과 트럼프 전 정부 공약 비교

조 바이든 현 대통령		도널프 트럼프 전 대통령
중도	성향	보수
세계 패권과 질서 유지 중추적 역할 해온 미국의 위상과 영향력 다시 회복	정책방향	미국 우선주의 앞세운 무역정책, 국경장벽, 건강보험 등 추진
중산층 회복	경제	부유층, 대기업 친화 정책
법인세 상향 등 증세	세금	법인세 인하 등 감세
15달러로 2배 인상 추진	최저임금	연방 기준 7.25달러 유지
이민자 포용 정책, DACA 수혜자 시민권 허용, 난민 수용 확대	이민	합법이민 축소, 불법이민 차단, DACA 폐지, 국경 장벽 강화
오바마케어 계승 발전, 메디케어 약값 인하	헬스케어	오바마케어 완전 폐지, 고가약 약값 제한
15년내 온실가스 제로 추진, 신재생 에너지 세금 우대	에너지 인프라	추가 오일시추 허용, 1조달러 인프라 부양정책

　클린에너지 ETF인 QCLN은 테슬라, 앨버말, 니오, 엔페이즈, 플러그파워, 샤오펑, 온 세미컨덕터, 솔라엣지, 브룩필드 리뉴어블 파트너스, 퍼스트 솔라가 상위 10개 기업으로 전체 구성 기업의 56.3%를 차지하고 있는데요. 국가별 비중은 미국이 77.1%로 가장 많고 중국 12.0%, 캐나다 5.2%, 홍콩 4.9%, 칠레 0.8% 순으로 구성되어 있습니다.

　전기차 ETF인 DRIV를 구성하는 대표 기업은 알파벳, 마이크로소프트, 테슬라, 애플, 도요타, 엔비디아, 퀄컴, 인텔, 하니웰, GE이며, 이 상위 10개 기업이 전체 기업의 27.9%를 차지하고 있습니다. 전기차 밸류체인이 기존 내연기관 차량과 달리 하드웨어보다는 소

▼ 그린 뉴딜 테마 ETF

테마	승수	티커	ETF 명	순자산 (억 달러)	거래대금 (백만 달러)	운용보수 (%)	분배금율 (%)
클린 에너지	1배	ICLN	iShares Global Clean Energy ETF	61	88	0.4	0.6
	1배	QCLN	First Trust NASDAQ Clean Edge Green Energy Index Fund	25	20	0.6	0.2
	1배	PBW	Invesco WilderHill Clean Energy ETF	17	41	0.7	0.9
	1배	PBD	Invesco Global Clean Energy ETF	4	2	0.8	0.6
태양광/열	1배	TAN	Invesco Solar ETF	30	110	0.7	0.1
풍력	1배	FAN	First Trust Global Wind Energy ETF	4	2	0.6	1.0
전기차	1배	DRIV	Global X Autonomous & Electric Vehicles ETF	11	11	0.7	0.3
2차 전지	1배	LIT	Global X Lithium & Battery Tech ETF	45	63	0.8	0.2
인프라	1배	PAVE	Global X U.S. Infrastructure Development ETF	44	50	0.5	0.4
원자력	1배	NLR	VanEck Vectors Uranium + Nuclear Energy ETF	0	0	0.6	2.1
수자원	1배	PHO	Invesco Water Resources ETF	20	8	0.6	0.3
	1배	CGW	Invesco S&P Global Water Index ETF	12	4	0.6	1.1
탄소 배출권	1배	SMOG	VanEck Vectors Low Carbon Energy ETF	3	2	0.6	0.1
환경	1배	EVX	VanECK Vectors Environmental Services ETF	1	0	0.6	0.3

기준일: 2021. 8. 20.

프트웨어의 비중이 높은 만큼, 도요타 자동차를 제외하고는 미국 빅테크에 속하는 기업들이 대부분이라는 게 특징입니다.

인프라에 투자하는 PAVE ETF는 미국 인프라 기업에 100% 투자하는 상품입니다. 인프라라는 산업의 특성상 우리 일상에서 가깝게 노출되는 기업 브랜드가 없어 생소할 수 있지만, 그 분야에서는 나름의 경쟁력을 갖춘 기업들입니다. 대표적으로 뉴코, 이튼, 트레인 테크놀로지, 디어, 에머슨일렉트릭, 캔자스시티남부철도, 벌칸 머티리얼스, 로크웰 오토메이션, 패스널, CSX이 있으며 전체 구성기업의 30.9%를 차지하고 있습니다.

전반적인 그린 뉴딜 테마에 투자하고 싶다면 QCLN ETF를 선택하면 되고, 그린 뉴딜 테마 가운데 특정 투자대상에 투자하고 싶은 경우에는 DRIV, PAVE 등과 같은 ETF를 눈여겨보면 될 겁니다. 그린 뉴딜 테마에 속하는 ETF는 모두 주식형 ETF인 관계로 2020년 3월 코로나19 증시 충격에서 빗겨나지 못하고 연동되는 모습이 나타났습니다. 하지만 차츰 위기에서 벗어나 수익률도 안정을 찾아가고 있습니다.

다음 그림을 보면 테슬라로 분 전기차 열풍과 일론 머스크 CEO의 발언에 따라 전기차 ETF인 DRIV는 수익률 변동이 심하지만, 인프라 ETF인 PAVE는 안정적으로 상승하는 모습입니다.

▼ 클린에너지 QCLN, 전기차 DRIV, 인프라 PAVE 수익률 비교

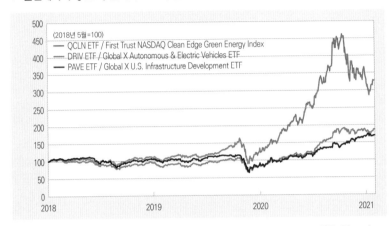

(2018년 5월=100)
— QCLN ETF / First Trust NASDAQ Clean Edge Green Energy Index
— DRIV ETF / Global X Autonomous & Electric Vehicles ETF
— PAVE ETF / Global X U.S. Infrastructure Development ETF

자료: Bloomberg

ETF로 선진국과
신흥국에 투자하기

미국 ETF시장에는 미국 이외에도 다양한 지역과 국가에 투자할 수 있는 글로벌 ETF 상품들이 많습니다. 즉, 전 세계 여러 나라에 투자할 수 있다는 말이죠. 예를 들면 미국이 아닌 명품의 본거지인 유럽이나 장인 정신으로 똘똘 뭉친 일본에 투자하고 싶다면 유럽과 일본 시장대표지수에 투자하면 되는 것입니다. 세계 경제를 선도하는 미국 투자도 좋지만 다른 나라에서 투자의 기회를 찾고자 하는 분이라면 미국 이외의 지역과 국가에 투자하는 글로벌 ETF에 대해 알아두면 도움이 될 것입니다. 일반 투자와 분산투자 둘 다 하는 꿩 먹고 알 먹기의 투자 방식이기도 합니다.

글로벌 투자의 척도, 다양한 세계 지수 — 글로벌 ETF

선진국 증시와 신흥국 증시에 투자하는 ETF의 이름에는 MSCI와 FTSE라는 영문이 많이 보입니다. MSCI는 모건스탠리의 자회사 모건스탠리캐피탈인터내셔널의 영문을 줄인 말이고, FTSE는 런던증권거래소와 파이낸셜타임스가 공동으로 설립한 FTSE인터내셔널로 Financial Times Stock Exchanged를 줄인 말입니다. MSCI와 FTSE 두 곳 모두 세계적인 지수 산출 회사죠.

MSCI는 북미계 대형펀드 운용에 주요 벤치마크 지수로 많이 사용됩니다. 전 세계 50개국을 대상으로 글로벌 증시를 나타내는 ACWI(All Country World Index)지수는 23개의 선진시장을 대상으로 하는 MSCI World지수와 27개의 신흥시장을 대상으로 하는 MSCI EM(Emerging Market)지수로 구분됩니다. 그 외에도 11개 업종별, 스타일별로 3,000개 넘는 지수를 산출하고 있습니다.

FTSE는 영국을 비롯한 유럽계 자금의 벤치마크 지수로 많이 사용됩니다. FTSE지수는 선진시장, 선진신흥시장, 신흥시장, 프런티어시장으로 구분하고 있으며 한국은 2008년 9월 선진신흥시장에서 선진시장으로 편입이 확정되어 옮겨가게 되었습니다. 다수의 글로벌 펀드들은 각국의 증시에 투자할 때 MSCI지수를 포트폴리오 구성의 기준으로 삼고 있기에 FTSE지수보다 MSCI지수의 영향력이 더 높은 편입니다.

○ 전 세계에 투자하고 싶다고? 글로벌 마켓에 투자하는 ETF

전 세계 국가의 시장대표지수에 투자하는 글로벌 ETF는 개별주식이 하지 못하는 국가 간 분산투자가 손쉽게 가능합니다. 미국시장의 99%를 투자하는 VTI(Vanguard Total Stock Market ETF)와 미국을 제외한 선진시장을 대표하는 EFA(iShares MSCI EAFE ETF)에 투자하면 단 2개의 ETF로 선진시장의 모든 주식에 투자하는 효과를 얻을 수 있습니다. 미국을 제외한 나머지 선진시장에만 투자하고 싶다면 EFA ETF에 투자하면 되는 겁니다. 또한 신흥증시에 투자하는 대표적 ETF인 EEM(iShares MSCI Emerging Markets ETF), 떠오르는 신흥투자처인 아세안에 투자하는 ASEA(Global X FTSE Southeast Asia ETF)에 투자하면 보다 쉽게 과거 해외펀드로 많이 팔렸던 이머징마켓펀드와 아세안마켓펀드에 투자하는 효과를 얻을 수 있습니다. ETF는 손쉬운 매매가 가능하다는 강점이 있기 때문이죠.

▼ 권역에 투자하는 ETF

권역	승수	티커	ETF 명	순자산 (억 달러)	거래대금 (백만 달러)	운용보수 (%)	분배금율 (%)
글로벌	1배	ACWI	iShares MSCI ACWI ETF	171	283	0.3	1.4
미국 제외 글로벌	1배	ACWX	iShares MSCI ACWI ex U.S. ETF	42	68	0.3	2.0
선진국	1배	VEA	Vanguard Developed Markets Index Fund	1,031	361	0.1	2.5
미국 제외 선진국	1배	EFA	iShares MSCI EAFE ETF	572	1,538	0.3	2.2
	-1배	EFZ	ProShares Short MSCI EAFE	0	0	1.0	N/A

	-2배	EFU	ProShares UltraShort MSCI EAFE	0	0	1.0	N/A
	1배	VEU	Vanguard FTSE All-World ex-US Index Fund	344	121	0.1	2.4
	1배	EEM	iShares MSCI Emerging Markets ETF	292	1,810	0.7	1.5
	1배	VWO	Vanguard FTSE Emerging Markets Fund	768	461	0.1	2.2
	3배	EDC	Direxion Daily MSCI Emerging Markets Bull 3x	2	9	1.0	0.2
신흥국	-1배	EUM	ProShares Short MSCI Emerging Markets	0	1	1.0	N/A
	-2배	EEV	ProShares UltraShort MSCI Emerging Markets	0	0	1.0	N/A
	-3배	EDZ	Direxion Daily MSCI Emerging Markets Bear 3x	0	2	1.0	N/A
	1배	AAXJ	iShares MSCI All Country Asia ex Japan ETF	52	102	0.7	1.1
아시아	1배	AIA	IShares Asia 50 ETF	25	12	0.5	1.5
	1배	GMF	SPDR S&P Emerging Asia Pacific ETF	6	3	0.5	1.4
	1배	EPP	iShares MSCI Pacific ex-Japan ETF	24	23	0.5	2.3
퍼시픽	1배	VPL	Vanguard FTSE Pacific ETF	54	45	0.1	2.3
친디아	1배	FNI	First Trust Chindia ETF	2	2	0.6	0.2
아세안	1배	ASEA	Global X FTSE Southeast Asia ETF	0	0	0.7	1.9
브릭스	1배	BKF	iShares MSCI BRIC ETF	2	1	0.7	1.2

| 남미 | 1배 | ILF | IShares Latin America 40 ETF | 15 | 44 | 0.5 | 2.3 |
| 아프리카 | 1배 | AFK | VanEck Vectors Africa Index ETF | 1 | 0 | 0.8 | 3.8 |

기준일: 2021. 8. 20.

○ 국가별로 투자하고 싶다고? 선진국가, 이머징국가에 투자하는 ETF

선진국, 신흥국 이렇게 시장을 하나로 묶어서 투자하다 보면 어떤 국가는 더 투자하고 싶고, 어떤 국가는 투자를 안 하고 싶다는 생각이 들 겁니다. 내가 투자하는 국가의 증시가 모두 상승하면 좋겠지만, 현실적으로는 어려운 이야기니까요. 결국 위험을 조금 감내하고 개별국가 투자를 과감하게 선택할 때 글로벌 ETF는 좋은 수단이될 수 있습니다. 예를 들어 2021년 8%대 경제성장률이 예상되는 중국에 투자하고 싶다면 중국 증시에 투자하는 ETF인 ASHR(Xtrackers Harvest CSI 300 China A-Shares ETF)을 선택하면 됩니다.

미국에 상장된 국가 ETF를 살펴보면 한국에서는 선택할 수 없었던 다양한 국가의 시장대표지수 ETF가 상장되어 있다는 것을 아실수 있을 겁니다.

▼ 선진국가, 이머징국가에 개별 투자하는 ETF

국가	승수	티커	ETF 명	순자산 (억 달러)	거래대금 (백만 달러)	운용보수 (%)	분배금율 (%)
선진국							
미국 (S&P500)	1배	SPY	SPDR S&P 500 ETF Trust	3,939	26,280	0.1	1.3
미국 (Nasdaq100)	1배	QQQ	Invesco QQQ Trust Series 1	1,847	12,399	0.2	0.5
미국 (다우존스산업 평균)	1배	DIA	SPDR Dow Jones Industrial Average ETF Trust	301	1,252	0.2	1.6
유럽	1배	VGK	Vanguard FTSE Europe ETF	211	284	0.1	2.4
유럽	1배	EZU	iShares MSCI Eurozone ETF	81	199	0.5	2.2
유럽	1배	FEZ	SPDR Euro STOXX 50 ETF	30	84	0.3	2.1
독일	1배	EWG	iShares MSCI Germany ETF	29	87	0.5	2.8
프랑스	1배	EWQ	iShares MSCI France ETF	7	31	0.5	1.6
스페인	1배	EWP	iShares MSCI Spain ETF	7	24	0.5	1.8
이탈리아	1배	EWI	iShares MSCI Italy ETF	6	33	0.5	2.0
그리스	1배	GREK	Global X Greece ETF	2	1	0.6	1.9
영국	1배	EWU	iShares MSCI United Kingdom ETF	36	80	0.5	2.7
일본	1배	EWJ	iShares MSCI Japan ETF	116	326	0.5	1.1
일본	1배	DXJ	WisdomTree Japan Hedged Equity Fund	18	21	0.5	2.1
일본	1배	FLJP	Franklin FTSE Japan ETF	6	3	0.1	2.1
캐나다	1배	EWC	iShares MSCI Canada ETF	41	103	0.5	1.7

호주	1배	EWA	iShares MSCI Australia ETF	15	56	0.5	2.3
신흥국							
중국	1배	MCHI	iShares MSCI China ETF	58	279	0.6	1.2
	1배	FXI	iShares China Large-Cap ETF	46	882	0.7	2.1
	1배	ASHR	Xtrackers Harvest CSI300 China A-Shares ETF	21	127	0.7	0.9
	1배	GXC	SPDR S&P China ETF	17	10	0.6	1.2
인도	1배	INDA	iShares MSCI India ETF	61	117	0.7	0.2
	1배	EPI	WisdomTree India Earnings Fund	9	15	0.9	0.7
한국	1배	EWY	iShares MSCI South Korea ETF	58	283	0.6	0.8
대만	1배	EWT	Ishares MSCI Taiwan Index Fund	71	187	0.6	1.6
홍콩	1배	EWH	iShares MSCI Hong Kong ETF	11	120	0.5	2.3
싱가포르	1배	EWS	iShares MSCI Singapore ETF	7	17	0.5	2.8
말레이시아	1배	EWM	iShares MSCI Malaysia ETF	3	8	0.5	3.4
태국	1배	THD	iShares MSCI Thailand ETF	4	5	0.6	2.3
인도네시아	1배	IDX	VanEck Vectors Indonesia Index ETF	0	0	0.6	1.9
베트남	1배	VNM	VanEck Vectors Vietnam ETF	5	5	0.6	0.4
멕시코	1배	EWW	iShares MSCI Mexico ETF	12	89	0.5	1.1
브라질	1배	EWZ	iShares MSCI Brazil ETF	52	1,023	0.6	2.6

칠레	1배	ECH	iShares MSCI Chile ETF	5	12	0.6	2.4
페루	1배	EPU	iShares MSCI Peru ETF	1	4	0.6	1.8
이스라엘	1배	EIS	iShares MSCI Israel ETF	2	1	0.6	0.2
러시아	1배	RSX	VanEck Vectors Russia ETF	16	98	0.6	2.8
남아공	1배	EZA	iShares MSCI South Africa ETF	3	14	0.6	4.9

기준일: 2021. 8. 20.

○ 같은 국가에 투자하더라도 환율헤지 여부에 따른 ETF 상품

국가별 ETF 상품을 보다 보면 이름에 Hedged라는 영문이 있는 ETF가 있습니다. '헤지'라고 읽히며 '대비책'이라는 뜻입니다. 투자하는 국가의 통화가치가 하락할 때 투자자는 환차손 탓에 손실을 볼 가능성이 커집니다. 이처럼 투자하는 국가의 통화에 대해 대비가 필요하다면 이렇게 적힌 상품을 선택하면 됩니다. 다만 ETF 상품 모두 헤지가 갖춰져 있지는 않고 유럽, 일본 등 일부 국가로 제한되어 있습니다.

일본 증시에 투자하는 대표적인 ETF는 MSCI Japan지수를 추종하는 EWJ(iShares MSCI Japan ETF)로 엔화에 영향을 받습니다. 향후 엔화가 강세를 보일 것으로 예상이 된다면 이 ETF를 선택하면 되고, 반대로 엔화가 약세를 보일 것으로 예상이 된다면 환헤지 상품인 HEDJ(iShares Currency Hedged MSCI Japan ETF)를 선택하는 것이 좋습니다.

국가	환헤지 여부	승수	티커	ETF 명	순자산 (억 달러)	거래대금 (백만 달러)	운용보수 (%)	분배금율 (%)
유럽	X	1배	VGK	Vanguard FTSE Europe ETF	211	284	0.1	2.4
	O	1배	HEDJ	WisdomTree Europe Hedged Equity Fund	21	7	0.6	2.7
일본	X	1배	EWJ	iShares MSCI Japan ETF	116	326	0.5	1.1
	O	1배	HEWJ	iShares Currency Hedged MSCI Japan ETF	5	4	0.5	1.1

기준일: 2021. 8. 20.

명품기업에 투자하고 싶다고? — 유럽 ETF

'에루샤'라는 말 들어보셨나요? 여성분들이라면 눈치채셨을 수 있 겠지만 프랑스 3대 명품 브랜드 에르메스, 루이비통, 샤넬을 묶어서 지칭하는 용어입니다. 유럽은 오래전부터 명품의 메카로 전 세계인 의 사랑을 받아온 만큼, 투자의 기회를 명품기업에서 찾는 것도 하 나의 전략이 되지 않을까 생각이 듭니다. 유럽 ETF는 유럽 시장을 하나로 묶어서 투자 가능한 ETF와 독일, 프랑스, 이탈리아, 스페인 등 유럽 각국의 개별 주식시장에 투자 가능한 개별국가 ETF까지 다 양하게 갖춰져 있습니다.

○ 유럽 투자의 핫 아이템, 명품

명품 브랜드 기업도 코로나19의 충격을 피해갈 수는 없었습니다. 하지만 위기는 기회라고 하죠? 팬데믹 위기는 명품 브랜드 기업들이 소비자들과 소통하는 새로운 방법을 찾고자 발빠르게 움직이는 계기가 되면서, 오히려 브랜드 이미지를 재창조하거나 재해석하려는 노력으로 연결돼 새로운 전환점을 맞이했습니다.

시장 결정자로 떠오른 밀레니얼과 Z세대는 문화적으로 민감한 브랜드를 찾으며 명품 브랜드 기업들이 의식있는 모습을 보이길 기대합니다. 그래서 지속 가능하지 않은 재료로 제품을 만드는 등, 기업의 사회적 책임을 도외시한 브랜드는 이들로부터 외면받을 가능성이 크죠.

2025년이 되면 이 세대들이 글로벌 명품 시장에서 발생하는 소비의 절반을 차지하고, 현재와 미래의 잠재 고객으로서 명품 시장을 좌우할 영향력을 갖게 될 것입니다. 이처럼 새롭게 부상하는 트렌드에 대응하고자 크리스찬 디올 등의 명품 브랜드는 사회 및 문화적 주제를 컬렉션에 포함시키고 있습니다.

코로나19는 이제껏 경험했던 경제 위기와 달리 소비자들의 행동 양식을 크게 변화시켰습니다. 그렇게 새로이 도래할 세상을 앞두고 유럽 명품 브랜드 기업들이 변화를 거듭하고 있는 만큼 앞으로도 유럽 명품 산업은 계속 성장할 수밖에 없습니다. 매출액 기준 세계 10대 명품 기업 중 프랑스 기업인 루이비통모에헤네시와 케링이 1위와 2위를 나란히 하고 있습니다. 그리고 리치몬트, 로레알 럭스, 샤넬, 에실로룩소티카, 스와치그룹까지 포함해 7개의 유럽 기업이 10위권 안에 있는 만큼 유럽 명품 기업에 투자하고 싶다면 프랑스 ETF인 EWQ, 이탈리아 ETF인 EWI에 하면 됩니다.

▼ TOP10 명품 브랜드

2019 명품 매출 순위	2018년 대비 순위 변화	기업명	국가	2019년 명품매출 (백만 달러)
1		LVMH	프랑스	37,468
2		케링	프랑스	17,777
3		에스티로더	미국	14,863
4		리치몬트	스위스	13,822
5	▲ 1	로레알 럭스	프랑스	12,334
6	▼ −1	샤넬	영국	12,273
7		에실로룩소티카	이탈리아	10,624
8	▲ 1	초우타이푹	중국/홍콩	8,411
9	▲ 1	PVH	미국	8,076
10	▼ −2	스와치그룹	스위스	8,014
TOP 10				143,662
TOP 100				280,640
TOP 100 가운데 TOP 10 비중				51.2%

자료: Deloitte Touche Tohmatsu Limited

○ 동유럽, 서유럽, 남유럽 ETF

하나를 부르짖던 유럽연합(EU)이었지만 2020년 1월 31일 영국이 유럽연합을 탈퇴하는 브렉시트가 단행됐습니다. 이제는 영영 남이 됐다는 점에서 유럽연합을 이야기할 때 앞으로 영국은 예외로 둬야 하는 것이죠. 영국에 투자하는 ETF는 EWU(iShares MSCI United Kingdom ETF)이며 섹터 비중을 살펴보면 금융 19.3%, 필수소비재 19.0%, 에너지 12.2%, 헬스케어 11.5%, 소재 10.3%로 금융 섹터가 가장 높습니다.

영국 경제에서 금융 부문이 커진 이유는 1980년대 중반 경제 개혁을 통해 경쟁력을 잃은 제조업을 버리고 '시티오브런던'으로 대표되는 금융서비스를 특화 전략으로 펴온 결과입니다. 하지만 브렉시트 이후 JP모건체이스 등 글로벌 금융기관들이 탈영국을 선언하며 유럽 내 다른 지역으로 인력 재배치를 했습니다. 게다가 영국계 은행인 스탠다드차타드(SC)도 EU거점을 독일 프랑크푸르트로 선택해 향후 영국 금융 산업의 위태로움이 본격화될 가능성이 큽니다.

유럽 명품기업에 투자하는 방법으로 프랑스를 말씀드렸는데요. 프랑스에 투자하는 ETF는 EWQ(iShares MSCI France ETF)입니다. 섹터 비중을 살펴보면 경기소비재(27.5%)와 산업재(20.7%)가 48.4%로 가장 높습니다. 프랑스 경제에서 경기소비재 비중이 높은 이유는 루이비통모에헤네시 그룹으로 대변되는 명품 기업집단 영향이 큽니다. EWQ의 상위 대표 10개 기업은 루이비통모에헤네시, 사노피, 로레알, 토탈, 슈나이더 일렉트릭, 에어 리퀴드, 에어버스, BNP파리바, 케링, 지방시인데 그중 3개 기업이 명품 기업입니다. 이 상위 10개 기업은 전체에서 50.8%를 차지하고 있습니다.

프랑스와 함께 명품 기업을 소유한 대표적 국가인 이탈리아에 투자하는 ETF는 EWI(iShares MSCI Italy ETF)입니다. 섹터 구성을 살펴보면 금융 24.1%, 유틸리티 20.3%, 산업재 13.8%, 에너지 11.7%, 경기소비재 10.5%로 프랑스에 투자하는 ETF와 달리 금융 섹터 비중이 매우 높습니다. 대표 기업은 에넬, 인테사 산파올로, 스텔란티스, 페라리, CNH, 유니크레딧, 앗시쿠라치오니제네랄리, 몽클레르, 스넴이며 전체 구성 기업의 67.9%를 차지하고 있습니다. 페라리라는 명품 스포츠카 브랜드가 포함되어 있긴 하지만 이탈리아 EWI는 프랑스 EWQ보다 유럽 명품 시장에 투자하는 측면에서 밀접도가 낮은 편입니다.

▼ 유럽에 투자하는 ETF

국가	승수	티커	ETF 명	순자산 (억 달러)	거래대금 (백만 달러)	운용보수 (%)	분배금율 (%)
유럽	1배	VGK	Vanguard FTSE Europe ETF	211	284	0.1	2.4
	1배	EZU	iShares MSCI Eurozone ETF	81	199	0.5	2.2
	1배	FEZ	SPDR Euro STOXX 50 ETF	30	84	0.3	2.1
	1배	IEUR	iShares Core MSCI Europe ETF	53	37	0.1	2.3
	1배	HEDJ	WisdomTree Europe Hedged Equity Fund	21	7	0.6	2.7
	1배	DFE	WisdomTree Europe Small Cap Dividend Fund	4	1	0.6	2.4
	1배	FDD	First Trust Stoxx European Select Dividend Index Fund	3	2	0.6	3.6
	1배	IEUS	iShares MSCI Europe Small-Cap ETF	5	5	0.4	1.6
	2배	UPV	ProShares Ultra FTSE Europe	0	0	1.0	N/A

유럽	-2배	EPV	ProShares UltraShort FTSE Europe	0	0	1.0	N/A
영국	1배	EWU	iShares MSCI United Kingdom ETF	36	80	0.5	2.7
독일	1배	EWG	iShares MSCI Germany ETF	29	87	0.5	2.8
프랑스	1배	EWQ	iShares MSCI France ETF	7	31	0.5	1.6
스페인	1배	EWP	iShares MSCI Spain ETF	7	24	0.5	1.8
이탈리아	1배	EWI	iShares MSCI Italy ETF	6	33	0.5	2.0
그리스	1배	GREK	Global X Greece ETF	2	1	0.6	1.9
벨기에	1배	EWK	iShares MSCI Belgium ETF	0	0	0.5	1.9
스웨덴	1배	EWD	iShares MSCI Sweden ETF	6	15	0.6	3.0
스위스	1배	EWL	iShares MSCI Switzerland ETF	18	44	0.5	1.8
덴마크	1배	EDEN	iShares MSCI Denmark ETF	2	2	0.5	0.7
아일랜드	1배	EIRL	iShares MSCI Ireland ETF	1	1	0.5	0.6
오스트리아	1배	EWO	iShares MSCI Austria ETF	1	1	0.5	1.7
노르웨이	1배	NORW	Global X MSCI Norway ETF	0	0	0.5	2.4
폴란드	1배	EPOL	iShares MSCI Poland ETF	3	4	0.6	0.7
포르투갈	1배	PGAL	Global X MSCI Portugal ETF	0	0	0.6	3.3
터키	1배	TUR	iShares MSCI Turkey ETF	3	6	0.6	3.3
네덜란드	1배	EWN	iShares MSCI Netherlands ETF	3	9	0.5	0.9
러시아	1배	RSX	VanEck Vectors Russia ETF	16	98	0.6	2.8

기준일: 2021. 8. 20.

세계의 공장에 투자하고 싶다고? — 중국 ETF

2018년부터 시작된 미국과 중국 간의 무역전쟁은 무엇을 뜻할까요? 중국이 세계 공급사슬의 중심지이자 교란자로서 세계 경제에 미치는 영향력이 상당히 커졌다는 의미입니다. 그 바탕에는 세계의 공장으로서 중국이 개혁개방을 시작한 이래 눈부신 발전을 해왔다는 사실이 존재합니다. 신흥국에 투자하는 ETF 중 중국 ETF의 거래가 가장 활발하다는 점은 신흥국 경제에서 큰 비중을 차지하는 국가를 넘어 이제는 선진국까지 집어삼킬 기세인 중국을 주시해야 하는 이유입니다.

1989년 개혁개방을 시작한 이래 괄목할 만한 성장을 이룬 중국은 미국에 이은 세계 2위권의 경제대국으로 성장했습니다. 2008년 금융위기 때는 금융 및 자본시장의 제한적 개방이 오히려 득으로 작용해 위기를 빨리 벗어났고, 2020년 코로나19 때는 진원지임에도 사회주의 국가다운 면모로 지역 통제를 철저히 하면서 전 세계에서 가장 빠르게 위기를 극복했습니다.

중국의 2021년 경제성장률 전망치는 8.1%(YoY)로 2년 연속 플러스 성장을 이어나가며 신흥국 전체 성장률(6.3%)을 1.8%p 상회할 전망인데요(IMF 통계). 정책 측면에서는 14차 5개년 계획 시행 첫 해인 2021년 수요 측 개혁을 꺼내들고 있습니다. 이는 2013년 공급과잉 및 낙후산업에 대한 구조조정을 본격화하며 공급 측 개혁에 나선 시기와 흡사합니다. 앞으로 중국 경제의 가치 회복이 증시에도 반영될 가능성이 높다고 볼 수 있는 것이죠.

코로나19가 전 세계적으로 종식 단계에 진입한다면 대외적인 수출 중심의 경제 구조와 대내적으로의 내수 소비 회복이 맞물리면서 탄력적인 경제 회복 및 성장을 할 것으로 기대합니다.

○ 인구대국, 지속되는 소비성장

중국의 인구수는 14억 4,421만 명으로 인도를 따돌리며 굳건하게 1위를 지켜내고 있습니다. 14억의 인구는 앞으로도 경제 성장을 하는 데 방패로 작용할 것입니다. 중국 경제에서 소비가 차지하는 비중과 역할은 2011년부터 뚜렷해지고 있습니다. 경제 성장의 과실이 투자 재원보다는 소비 재원으로 우선 배분되고, 가계가 적극적으로 소비에 나서고 있기 때문이죠. 특히 가계 소비 성향 증가가 결정적인 요인인데, 이는 라이프사이클상 소비지출이 집중되는 30대 전반~40대 후반의 핵심 소비연령대가 전체 인구에서 차지하는 비중의 추이와 관련이 높습니다.

사실 이러한 핵심 소비연령대 인구 비중이 2020년 이후 감소하고 있습니다. 그러나 점점 늦춰지는 중국 젊은이들의 결혼연령, 왕성한 소비 의욕을 가진 주링허우(1990년대 출생) 세대의 핵심 소비연령대 순차적 진입, 빠르게 진행중인 도시화, 소비금융 인프라 확충, 사회보장제도 개선 및 확대적용 등의 추세가 인구 구조 상 가계 소비가 하락하는 경향을 상쇄할 수 있다고 봅니다.

향후 가계의 소득분배 몫을 키우는 정책 기조가 유지되고, 중국 소비 성장을 이끌 동력으로 유통 채널은 모바일, 소비 주체는 주링 허우 세대, 소비 대상으로는 서비스, 지역적으로는 신1선도시가 중심이 된다면 중국 경제에서 소비의 역할은 앞으로도 계속 커질 것으로 예상합니다.

중국에 투자하는 대표적 ETF는 FXI(iShares China Large-Cap ETF)로 중국 투자 ETF 가운데 거래량이 가장 많습니다. 홍콩 주식시장에 상장된 중국 기업 중 시가총액이 크고 유동성 좋은 기업으로 구성된 FTSE China 50 Index-USD NET을 추종하죠. 섹터 구성을 살펴보면 IT가 35.4%로 금융 32.8%와 함께 비중이 가장 큽니다. 과거 금융 섹터 비중이 50%를 넘어간 적도 있었지만 코로나19 이후 비대면 생태계 조성과 함께 텐센트, 알리바바, JD.COM 등과 같은 기술 기업 선호가 높아지면서 현재의 30%대로 내려왔습니다.

IT와 금융 섹터 비중이 높은 만큼 동 섹터가 상승할 것으로 기대된다면 2배 레버리지 상품인 XPP(ProShares Ultra FTSE China 50), 반대로 하락할 것으로 예상된다면 -2배 인버스 상품인 FXP(ProShares UltraShort FTSE China 50) 투자를 통해 대응할 수 있습니다.

▼ 중국에 투자하는 ETF

국가	승수	티커	ETF 명	순자산 (억 달러)	거래대금 (백만 달러)	운용보수 (%)	분배금율 (%)
중국	1배	MCHI	iShares MSCI China ETF	58	279	0.6	1.2
	1배	FXI	iShares China Large-Cap ETF	46	882	0.7	2.1
	1배	ASHR	Xtrackers Harvest CSI300 China A-Shares ETF	21	127	0.7	0.9
	1배	GXC	SPDR S&P China ETF	17	10	0.6	1.2
	2배	XPP	ProShares Ultra FTSE China 50	0	1	1.0	N/A
	2배	CHAU	Direxion Daily CSI 300 China A Share Bull 2X Shares	1	3	1.0	N/A
	3배	YINN	Direxion Daily FTSE China Bull 3X Shares	4	35	1.0	1.3
	-1배	CHAD	Direxion Daily CSI 300 China A Share Bear 1X Shares	1	0	0.8	N/A
	-1배	YXI	ProShares Short FTSE China 50	0	0	1.0	N/A
	-2배	FXP	ProShares UltraShort FTSE China 50	0	1	1.0	N/A
	-3배	YANG	Direxion Daily FTSE China Bear 3X Shares	1	10	1.0	N/A

기준일: 2021. 8. 20.

▼ 중국 섹터에 투자하는 ETF

섹터	승수	티커	ETF 명	순자산 (억 달러)	거래대금 (백만 달러)	운용보수 (%)	분배금율 (%)
인터넷	1배	KWEB	KraneShares CSI China Internet ETF	47	435	0.7	0.5
IT	1배	CQQQ	Invesco China Technology ETF	14	24	0.7	0.6
경기 소비재	1배	CHIQ	Global X MSCI China Consumer Discretionary ETF	7	8	0.7	0.1
필수 소비재	1배	CHIS	Global X MSCI China Consumer Staples ETF	0	0	0.7	1.0
헬스케어	1배	KURE	KraneShares MSCI All China Health Care Index ETF	2	3	0.7	0.0
5G & 반도체	1배	KFVG	KraneShares CICC China 5G & Semiconductor Index ETF	1	0	0.7	N/A
금융	1배	CHIX	Global X MSCI China Financials ETF	1	1	0.7	3.6
바이오팜	1배	CHNA	Loncar China BioPharma ETF	0	0	0.8	0.4
커뮤니 케이션	1배	CHIC	Global X MSCI China Communication Services ETF	0	0	0.7	1.8
바이오 테크	1배	CHB	Global X MSCI China Communication Services ETF	0	0	0.7	N/A
부동산	1배	CHIR	Global X MSCI China Real Estate ETF	0	0	0.7	6.4
소재	1배	CHIM	Global X MSCI China Materials ETF	0	0	0.7	1.9
혁신	1배	KEJI	Global X MSCI China Innovation ETF	0	0	0.8	N/A

에너지	1배	CHIE	Global X MSCI China Energy ETF	0	0	0.7	2.6
산업	1배	CHII	Global X MSCI China Industrials ETF	0	0	0.7	1.8
유틸리티	1배	CHIU	Global X MSCI China Utilities ETF	0	0	0.7	3.4

기준일: 2021. 8. 20.

5% 이상 고성장하는 신흥국가에 주목해야 할 때 — 인도, 베트남 ETF

인도, 베트남은 포스트 차이나로 거론되는 대표적 국가입니다. 숫자로 살펴봤을 때 경제성장률 면에서는 인도가 높고, 생산가능인구를 놓고 본다면 베트남이 매우 젊다는 점에서 이런 수식어가 달리는 게 이상하지 않습니다. 인도는 코로나19 확산세로 2021년 경제 성장이 발목을 잡혔지만 코로나19 백신 보급과 감염병 종식이 가까워진다면 다시 고속성장했던 과거의 영광을 되찾을 수 있을 겁니다. 베트남은 인도와 달리 코로나19 방역에 성공하면서 외국인 투자자들이 마음 놓을 수 있는 투자처로 다시 탈바꿈하고 있습니다.

○ 친시장적 개혁 정책이 견인하는 성장

인도, 베트남의 공통점은 경제 개방 정책을 계기로 자원 재분배를 도모하며 경제적 성과를 거두고 있는 신흥국가라는 점입니다. 인도 투자 시에는 개혁개방과 규제완화 지속이 이뤄지고 있는가에 초점을 맞춰야 합니다. 1991년 시작된 신경제정책은 인도 경제를 본질적으로 바꿔 놓았고 나렌드라 모디 총리가 취임한 이후 본격적으로 발현되고 있습니다. 코로나19 확산이 잦아들게 되는 일정 시점 이후부터 인도 경제 성장이 속도를 내면서 인도 투자의 매력이 다시 부각될 것으로 기대됩니다.

베트남은 도이머이Doi Moi 정책 이후부터 지속된 정부의 적극적인 수출 주도형 성장 전략과 공격적인 다자 및 양자간 자유무역협정(FTA)으로 빠른 경제 성장세를 보여왔습니다. 적극적으로 유치해온 외국인직접투자(FDI)가 산업화를 진전시켰을 뿐만 아니라 세계적인 전자기기, 섬유, 의류, 신발 등의 생산거점으로 변모하면서 수출을 주도하고 있습니다. 베트남은 2020년 코로나19 때 빠른 방역에 성공해 위기를 벗어났고, 팬데믹의 영향력이 낮아지는 속도만큼 성장의 속도는 높아져 갈 것입니다.

○ 고성장할 수밖에 없는 이유, 글로벌 공급망 재편

'중국 의존도를 줄여라' '중국 중심으로 구축된 글로벌 밸류체인을 다변화하자'는 목소리가 커지고 있습니다. 과거에 저비용, 고효율을 위해 중국을 중심으로 원자재 및 부품을 조달하고 제품을 생산했다면, 이제는 중국의 역할을 인도, 베트남 등으로 다원화해 글로벌 밸류체인의 유연성을 높이자는 이야기입니다. 이러한 조류에 인도, 베트남이 가만히 있진 않겠죠? 모디 총리는 인도를 글로벌 제조업의 허브로 키우기 위해 메이크 인 인디아 프로젝트에 속도를 내고 있습니다. 2025년까지 제조업 비중을 국내총생산의 25%까지 확대하는 것이 목표입니다. 실제로 GE, 지멘스, HTC, 도시바, 보잉 같은 글로벌 기업들이 메이크 인 인디아 프로젝트에 매료되어 인도에 생산시설을 짓거나 짓는 것을 고려하고 있습니다.

베트남도 아시아 공급망의 요지로 주목받고 있습니다. 산업용 펌프 제조업체 옴니텍스는 2019년 일부 생산시설을 중국에서 베트남으로 이전하고 애플은 무선 이어폰, 에어팟 생산량의 30%인 300만 ~400만 개를 베트남 생산시설에 배정했습니다. 이처럼 코로나19가 촉발한 글로벌 밸류체인 재편의 수혜는 인도와 베트남이 가져갈 가능성이 큽니다.

▼ **중국과 포스트 차이나(인도, 베트남)의 시간당 평균 제조업 인건비**

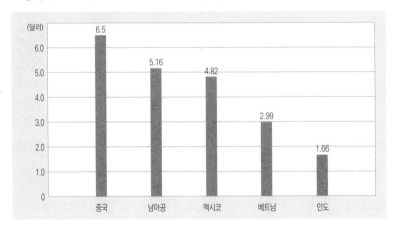

자료: CEIC

인도에 투자하는 대표적 ETF는 EPI(WisdomTree India Earnigs Fund)로 WisdomTree India Earnings Index를 추종하고 있습니다. 섹터 구성은 금융 25.8%, IT 18.1%, 소재 14.2% 순으로 신흥 개발도상국의 면모를 보여주고 있죠. 대표적 기업은 인포시스, 주택개발금융, 릴리이언스 인더스트리얼, 타타 컨설턴시 서비스, ICICI 은행입니다.

베트남에 투자하는 VNM(VanEck Vectors Vietnam ETF)은 MVIS Vietnam Index를 추종합니다. 섹터 비중은 금융이 42.4%로 가장 높고 필수소비재 16.4%, 경기소비재 14.0%, IT 9.5%, 소재 8.5%, 헬스케어 4.4%, 산업재 2.4%, 유틸리티 1.0% 순입니다. 상위 10개 기업은 마산그룹, 비나밀크, 빈그룹, 빈홈즈, 노바랜드투자그룹, 호아팟그룹, JSCB, 사이공그룹, 마니, Feng Tay 엔터프라이즈이며 전체 구성 기업의 59.4%를 차지하고 있습니다.

▼ 인도, 베트남에 투자하는 ETF

국가	승수	티커	ETF 명	순자산 (억 달러)	거래대금 (백만 달러)	운용보수 (%)	분배금율 (%)
인도	1배	INDA	iShares MSCI India ETF	61	117	0.7	0.2
	1배	EPI	WisdomTree India Earnings Fund	9	15	0.9	0.7
	1배	SMIN	iShares MSCI India Small Cap ETF	3	3	0.8	0.1
	2배	INDL	Direxion Daily MSCI India Bull 2X Shares	1	2	1.0	N/A
베트남	1배	VNM	VanEck Vectors Vietnam ETF	5	5	0.6	0.4

기준일: 2021. 8. 20.

● ETF 투자에 유용한 사이트 ●

ETF.COM

ETF 개요를 상세하게 파악하는데 유용. 현실적으로 ETF 투자자에게 가장 도움되는 사이트

야후 파이낸스

ETF 그리고 ETF를 구성하고 있는 종목을 찾아볼 수 있는 사이트

모닝스타

ETF 검색기의 정보가 야후 파이낸스보다 정확한 사이트

피델리티

ETF 카테고리 구분이 상세한 사이트

나는 집에서 미국 채권, 원두, 데이터센터를 산다

– 상품별 ETF 종목 분석 –

제3부

달러, 위안, 엔, 헤알에 ETF로 투자한다

커피를 무진장 좋아하는 A군. 하루에 기본적으로 5잔 이상을 먹다 보니 주변에서 '차라리 커피점을 하는 게 어때?'라는 권유까지 받을 정도인데요. 어느 날 문득 내가 먹고 있는 커피 5잔을 돈으로 계산해 보니 매일 15,000원을 쓰고 있었다는 생각에 좀 줄여야 하나 고민이 되었습니다. 하루에 한 잔씩 한 달이면 93,000원, 일 년이면 1,116,000원, 십 년이면 11,160,000원. 그저 없어지는 돈이기에 아깝다는 생각이 들어서 결심했습니다. 하루에 마시는 커피 횟수는 최대한 줄이고 차라리 그 돈으로 커피에 투자해 보자고요. 예전 같으면 어려웠겠지만 이제는 투자가 가능합니다. 커피에 투자하는 ETF가 있으니까요. 지금부터는 커피처럼 과거에는 투자하기 어려웠던 통화, 귀금속, 원유, 농산물 등에 쉽게 투자할 수 있는 길을 열어준

ETF를 알아보도록 하겠습니다.

우리는 투자할 때 미국, 유럽, 일본, 중국 등 해당하는 국가의 주식을 사는 방법을 우선적으로 생각하지만, 그 나라의 통화를 사는 것도 방법이 될 수 있습니다. 통화는 해당 국가의 경제력을 반영하기에 코로나19와 같은 위기가 발생하면 평소 안정적이던 통화 가치가 큰 폭으로 변동합니다. 이때 미래의 환율을 예측하여 수익을 얻거나 환헤지의 개념으로 활용하면 매우 유용한 투자 대상이 될 수 있습니다.

환율을 예측해 투자한다 — 글로벌 통화 ETF

과거 통화에 투자하기 위해서는 선물거래나 실물통화를 보유하는 방법이 있었지만, 선물은 거래 단위가 크고 실물통화는 보관하는 것 자체가 쉽지 않아 개인투자자가 접근하기에는 어려운 투자 대상이었습니다. 하지만 통화 ETF가 등장하면서부터 이러한 어려움을 모두 해결해 주었고, 이후 달러와 같은 통화에 투자하는 수단으로 ETF가 많이 활용되고 있습니다.

최초의 통화 ETF는 2005년 12월 탄생한 유로화에 투자하는 FXE (Invesco CurrencyShares Euro Trust)입니다. FXE가 상장된 후 달러, 유로, 엔과 같은 주류 통화부터 헤알, 루블, 루비 등 비주류 통화까지 투자가 가능해졌습니다. 달러, 유로는 레버리지, 인버스 ETF 상품까지 출시되어 좀 더 과감하고 공격적인 방향성 투자도 가능합니다.

통화에 투자하는 이유는 미래의 환율을 예측하여 수익을 얻거나 환헤지를 하기 위함인데요. 통화 ETF에 투자할 때는 통화의 가치가 항상 상대적으로 평가된다는 점을 유념해야 합니다. 예를 들면 중국의 위안화가 강세를 보일 것으로 예상돼 위안화 ETF인 CYB(WisdomTree Chinese Yuan Strategy Fund)를 매수할 경우, 달러 대비 위안화 가치는 상승하더라도 달러 대비 원화 가치는 하락하기 때문에 통화 ETF 투자로 인한 수익이 상쇄되어 손실을 볼 수 있습니다.

현재 12개의 통화 ETF가 출시되어 있습니다. 과거에는 주요국 통화로 캐리트레이드 전략을 사용하는 통화 ETF가 관심을 끌었지만 현재는 개별국가 통화에 투자하는 ETF 11종과 신흥국 통화에 투자하는 ETF 1종만 있습니다. 캐리트레이드는 금리가 낮은 국가에서 자금을 조달하여 다른 국가의 특정 유가증권 또는 상품에 투자하는 거래를 의미하는데, 통화 ETF시장 규모가 커지게 된다면 다시 한 번 관련된 상품이 출시되지 않을까 기대합니다. 글로벌 통화 중 유일하게 권역에 투자하는 ETF도 있습니다. 신흥국 통화에 투자하는 CEW(WidomTree Emerging Currency Strategy Fund)로 중국, 한국, 대만, 인도, 브라질, 터키, 남아공, 폴란드, 칠레, 멕시코, 이스라엘 등 총 11개 신흥국 통화에 투자하는 상품입니다.

▼ 글로벌 통화 ETF

통화	승수	티커	ETF 명	순자산 (억 달러)	거래대금 (백만 달러)	운용보수 (%)	분배금율 (%)
달러	1배	UUP	Invesco DB U.S. Dollar Index Bullish Fund	5	22	0.8	N/A
	1배	USDU	WidomTree Bloomberg U.S. Dollar Bullish Fund	1	2	0.5	0.7
	-1배	UDN	Invesco DB U.S. Dollar Index Bearish Fund	1	1	0.8	N/A
유로	1배	FXE	Invesco CurrencyShares Euro Trust	3	5	0.4	N/A
	-1배	EUFX	ProShares Short Euro	0	0	1.0	N/A
스위스 프랑	1배	FXF	Invesco CurrencyShares Swiss Franc Trust	3	4	0.4	N/A
캐나다 달러	1배	FXC	Invesco CurrencyShares Canadian Dollar Trust	2	6	0.4	N/A
엔	1배	FXY	Invesco CurrencyShares Japanese Yen Trust	2	3	0.4	N/A
파운드	1배	FXB	Invesco CurrencyShares British Pound Sterling Trust	1	2	0.4	N/A
호주 달러	1배	FXA	Invesco CurrencyShares Australian Dollar Bullish Fund	1	1	0.4	N/A
위안	1배	CYB	WidomTree Chinese Yuan Strategy Fund	1	1	0.5	0.4

권역	승수	티커	ETF 명	순자산 (억 달러)	거래대금 (백만 달러)	운용보수 (%)	분배금율 (%)
신흥국	1배	CEW	WidomTree Emerging Currency Strategy Fund	0	0	0.6	0.7

기준일: 2021. 8. 20.

안전자산에 투자한다 — 달러화 ETF

투자에 앞서 달러의 방향성을 예측하기 위해 2가지 관점에서 접근해 보려고 합니다. 우선적으로 달러 리사이클링을 알아둘 필요가 있습니다. 달러 리사이클링은 중국 등 신흥국가가 미국에 제품을 수출하여 달러를 벌어들이고, 벌어들인 달러로 다시 미국 국채를 매입해 달러가 다시 미국으로 유입되는 현상을 의미합니다.

달러 리사이클 관계에서는 신흥국가와 미국 간 불균형적인 무역 구조가 지속될 수밖에 없고, 이는 달러 강세를 뒷받침하는 요인입니다. 달러 리사이클링의 핵심인 불균형적 무역 구조가 지속되기 위해서는 미국의 소비가 뒷받침되어야 하는데 그동안의 소비는 차입과 부동산 가격 상승에 기반했습니다. 이러한 상황이 반전될 경우 소비는 감소할 수밖에 없죠.

그래서 신흥국가들은 수출보다는 내수에 더 집중합니다. 그 과정에서 달러 리사이클링이 약화되면 기축통화로서 달러의 위상이 하락할 수밖에 없죠. 또한 코로나19 발생으로 미국은 대규모 경기부양책을 시행하고 있기 때문에, 재정적자가 대폭 늘어나 달러의 신뢰성이 훼손돼 달러의 약세 압력이 높아질 수 있습니다.

달러의 약세가 예상된다고 하더라도 단기간에 달러의 가치가 하락하지는 않을 겁니다. 안전자산이라는 미국 달러의 위상이 달러 약세의 속도 조절 기능을 하기 때문이죠. 2020년 코로나19 발생으로 위기감이 커지자 세계의 자금이 안전자산인 미국 국채로 몰리면서 달러의 가치가 높아지는 일이 발생했습니다. 위기감이 증대되면 안전자산을 찾는 성향이 강해져 달러의 가치가 예상과 달리 높아지는 겁니다. 하지만 장기적으로 보면 미국 외 국가의 경제규모 증가, 국제 결제 통화의 다변화 등 달러의 가치가 하락할 수 있는 요인도 많이 있습니다.

달러에 투자하는 ETF는 UUP(Invesco DB U.S. Dollar Index Bullish Fund)와 UDN(Invesco DB U.S. Dollar Index Bearish Fund)이 대표적입니다. UUP는 달러의 통화가치가 상승할 때 수익이 나도록 달러를 보유하고 나머지 6개 주요 통화에 대해서는 숏 포지션을 취합니다. 반대로 UDP는 달러의 통화가치가 하락할 때 수익이 나도록 설계되어 있습니다.

▼ 달러화 ETF

통화	승수	티커	ETF 명	순자산 (억 달러)	거래대금 (백만 달러)	운용보수 (%)	분배금율 (%)
달러	1배	UUP	Invesco DB U.S. Dollar Index Bullish Fund	5	22	0.8	N/A
	1배	USDU	WidomTree Bloomberg U.S. Dollar Bullish Fund	1	2	0.5	0.7
	-1배	UDN	Invesco DB U.S. Dollar Index Bearish Fund	1	1	0.8	N/A

기준일: 2021. 8. 20.

기축통화 자리를 넘보다 — 유로화와 파운드화 ETF

1994년 유럽연합(EU)이 출범한 이후, 유럽 단일 통화로서 1999년 유로화가 탄생했습니다. 유럽연합 출범 초기, 회원국들의 서로 다른 화폐 사용으로 나라 간 무역 등 어려움이 뒤따르자 이를 해결하기 위해 유로화를 사용했죠. 이후 시간이 지나면서 유로화를 통한 국제 무역이 증가하고 유로화 채권 규모가 커지는 등 22년 가까이 성장을 거듭하고 있습니다.

○ 만년 2인자, 유로화

유럽은 미국에 이은 2인자로 항상 서열이 정해져 있는 듯한 느낌이 강합니다. 유로화는 통화 측면에서 봐도 단순한 지역 통합통화로서 달러화에 이은 2인자로 머무를 건지, 아니면 기축통화에 가까워지면서 세를 키워나갈지 숙제를 짊어지고 있는데요. 유로화를 위협하는 요인은 유로존 내부에 있습니다.

남유럽 국가들은 유로화 도입과 함께 지역경제의 불균형이 심화하였습니다. 저금리로 자금이 들어와 주택시장이 활성화되자 소비자 금융의 확대로 소비가 촉진되면서 경제에 거품이 끼고 경상수지 적자가 확대되었기 때문이죠. 2008년 금융위기 후에는 국채 가산금리가 크게 상승하고 국채 발행비용을 높여 경기부양을 위한 재정정책을 힘들게 만들었습니다. 또한 2020년 코로나19라는 감염병 탓에 관광 수입을 바탕으로 하는 경제 구조상 타격이 클 수밖에 없었습니다. 남유럽 국가들의 경제가 회복되지 않는다면 남유럽 리스크는 지속적으로 유로존 및 유로화를 위협할 수 있습니다.

유로화가 유럽지역의 통합통화에 그치지 않고 기축통화의 반열에 오르기 위해서는 국제무역에서 유로화 결제가 늘고 각국 중앙은행이 보유한 자산 중 유로화의 비중이 늘어야 합니다. 그리고 원자재 시장에서 결제통화로 자리매김을 해야 유로화의 가치가 지속적으로 오를 가능성이 커질 겁니다.

유로화에 투자하는 ETF는 FXE(Invesco CurrencyShares Euro Trust)로 신탁을 통해 유로화 실물에 투자하고 있습니다.

▼ 유로화 ETF

통화	승수	티커	ETF 명	순자산 (억 달러)	거래대금 (백만 달러)	운용보수 (%)	분배금율 (%)
유로	1배	FXE	Invesco CurrencyShares Euro Trust	3	5	0.4	N/A
	−1배	EUFX	ProShares Short Euro	0	0	1.0	N/A

기준일: 2021. 8. 20.

○ 다시 볕 들 날을 기다리는 파운드화

지금은 달러가 전 세계 기축통화의 역할을 하고 있지만 1837년부터 1901년까지 영국의 전성기였던 빅토리아 시대에는 파운드화가 기축통화였습니다. 그러나 제1차 세계대전 이후 경제상황이 악화하여 1919년 파운드화의 금태환이 중지되고 세계 경제의 주도권이 미

국으로 넘어가면서 기축통화 자리를 넘겨주고 맙니다. 이후 파운드
는 선진국 통화의 한 유형으로만 여겨지며, 자산배분에 있어 포트폴
리오를 구성하는 역할을 수행하고 있습니다.

▼ 파운드화 ETF

통화	승수	티커	ETF 명	순자산 (억 달러)	거래대금 (백만 달러)	운용보수 (%)	분배금율 (%)
파운드	1배	FXB	Invesco CurrencyShares British Pound Sterling Trust	1	2	0.4	N/A

기준일: 2021. 8. 20.

이웃 나라의 통화 — 위안화와 엔화 ETF

전 세계 기축통화를 두고 경쟁을 펼치는 달러화와 유로화 이외에도
중국의 위안화, 일본의 엔화처럼 다양한 국가의 통화에 투자할 수
있는 ETF도 출시되어 있습니다. 이 가운데 한국과 거리상으로 가까
이 있는 중국과 일본의 통화 ETF에 대해 알아보겠습니다.

○ 중국몽의 일환, 기축통화의 꿈을 꾸는 위안화

현 중국 국가주석 시진핑이 2012년 공산당 총서기에 선출된 직후
'위대한 중화 민족의 부흥'을 의미하는 중국몽의 실현에 나서겠다고
선언했고, 그 말은 시진핑 시기의 대표적인 통치 이념이 되었습니
다. 중국몽에는 국가 부강, 민족 진흥, 인민 행복이라는 세 가지 목표

를 실현하겠다는 의미가 담겨져 있는데, '위안화 기축통화 만들기'도 국가 부강을 위한 중국몽의 일환으로 볼 수 있습니다.

기축통화가 되기 위한 조건은 네 가지입니다.

경제력	세계 경제를 선도할 수 있는 경제 규모
환율의 안정성	통화 가치의 급격한 하락 위험성이 없어야 함
교환성	모든 국제 거래에서 폭넓게 사용
발전된 금융시장	선진화된 금융시장, 금융의 국제화도 폭넓게 진전

이러한 네 가지 기준을 바탕으로 보면 위안화는 기축통화가 되기 위해서 아직도 갈 길이 먼 상태입니다. 이유는 다음과 같습니다.

경제력 중국의 경제력은 국내총생산(GDP) 2위, 경상수지 흑자 1위, 외환보유고 1위 등의 측면에서는 충족되나 1인당 GDP는 세계 100위권 안에 들지 못해 개발도상국 수준입니다.

환율의 안정성 중국의 환율제도는 고정환율제와 자유변동환율제의 중간 단계인 크롤링 페그제*로, 경제 주체들이 환율을 예측할 수

----

* 한 나라의 외환당국에서 환율을 고정하되, 시장 상황에 따라 수시로 일정 수준 내에서 환율을 변동시킬 수 있는 제도

있도록 연간 일정률로 절상하거나 절하하는 환율제입니다. 자유변동환율제가 아니므로 환율 제도 변경 시 언제든지 급격한 변동이 있을 수 있습니다.

교환성　일부 주변국과 통화스왑을 체결하고 무역 결제수단으로 위안화를 사용하고 있지만 아시아 이외 지역에서의 사용은 제한적입니다.

발전된 금융시장　중국의 금융시장은 아직까지 폐쇄적인 자본유출입과 계획 경제에 의한 금융거래통제시스템을 유지하고 있습니다.

국제 외환보유액에서 위안화의 비중은 2016년 1.1%에서 2020년 2.1%가량으로 소폭 증가했습니다. 반면 달러화 비중은 2016년 64% 수준에서 2020년 59% 수준으로 떨어졌습니다. 물론 위안화는 아직 기축통화로서 달러의 지위를 넘볼 수준은 아닙니다. 하지만 중국 정부가 무역 거래 결제 시 위안화의 사용을 확대하고 있고, 인접국과의 위안화 통화스왑을 체결하는 등 위안화의 국제화를 꾸준히 추진 중입니다. 특히 위안화 국제화의 한 축을 담당할 것으로 기대를 모았던 일대일로 프로젝트는 연계 국가를 중심으로 위안화의 사용률을 점진적으로 확대하고 위안화의 입지를 키우고 있습니다. 일대일로는 2013년 시진핑 국가주석이 제시한 전략으로, 새롭게 구축된 육·해상 실크로드 주변 60여 개국을 아우르는 거대한 경제권을 구성하겠다는 계획이 담겨 있습니다.

▼ 위안화 ETF

통화	승수	티커	ETF 명	순자산 (억 달러)	거래대금 (백만 달러)	운용보수 (%)	분배금율 (%)
위안	1배	CYB	WidomTree Chinese Yuan Strategy Fund	1	1	0.5	0.4

기준일: 2021. 8. 20.

○ 안전자산의 대표적 통화, 엔화

엔화의 통화가치를 결정하는 데에는 달러화의 영향이 큽니다. 달러의 약세는 금융시장이 안정을 찾아가면서 안전자산에 대한 선호가 낮아진다는 의미입니다. 그러면 미국의 리보금리*가 낮아져 엔화보다 달러로 자금을 빌릴 때 조달 비용이 더 적어집니다. 따라서 엔화는 캐리트레이드 청산에 따라 가치가 상승하고 달러는 캐리트레이드가 증가하면서 가치가 하락하는 것이죠. 결국 달러 대비 엔화의 가치는 일본 금리와 미국 금리 간의 차이가 핵심입니다. 향후 미국이 통화정책 정상화를 시작하게 된다면 달러 리보금리가 상승하고 이에 따라 달러 캐리트레이드가 청산될 것입니다. 그러면 다시 엔 캐리트레이드가 증가하여 엔화가 약세로 돌아설 수 있습니다.

....

* 리보금리: 영국 런던에서 우량 은행 간 단기자금을 거래할 때 적용하는 금리. 국제 금융시장에서 가장 대표적인 기준 금리 역할을 담당

통화	승수	티커	ETF 명	순자산 (억 달러)	거래대금 (백만 달러)	운용보수 (%)	분배금율 (%)
엔	1배	FXY	Invesco CurrencyShares Japanese Yen Trust	2	3	0.4	N/A

기준일: 2021. 8. 20.

▼ **3개월물 리보금리 추이 – 달러화, 유로화, 엔화**

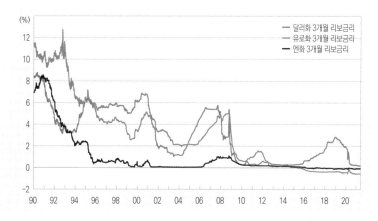

자료: Bloomberg

원자재 투자 전 알아야 할 원자재지수

2020년 코로나19 발생이 세계 경제에 타격을 준 게 엊그제 같은데, 경기 회복에 대한 목소리가 커지고 있습니다. 그에 따라 구리, 원유 등 원자재 투자에 대한 이야기가 주인공처럼 등장하고 있죠. 이러한 관심의 배경에는 계속 오르는 원자재 가격과 경기 회복에 대한 기대, 그리고 인플레이션에 대한 우려를 꼽을 수 있습니다. 경기 침체에서 경기 회복 그리고 경기 호황이라는 경기순환을 감안하면 최근 상승세를 보이고 있는 원자재 가격이 더 오를 가능성이 커 보입니다. 가격 상승의 가능성 이외에도 원자재 투자가 주는 이점에 대해 살펴보도록 하겠습니다.

이제는 진부하게 느껴질 수도 있겠지만 '달걀을 한 바구니에 담지

말라'라는 격언이 있습니다. 직설적으로 이야기하면 분산투자를 하라는 뜻이죠. 원자재는 투자 포트폴리오에서 주식, 채권과 함께 꼭 포함시켜야 합니다. 원자재 시장은 주식시장의 수익률을 상호 보완해 주거나 헤지하는 역할을 수행해 주기 때문입니다.

아래 그림을 보면 주식시장의 수익률이 정체를 보일 때에는 원자재시장의 수익률이 높고, 주식시장의 수익률이 상승할 때는 원자재시장의 수익률이 정체하는 모습입니다. 주식과 원자재의 수익률이 상호 보완되고 있다는 것을 알 수 있죠.

▼ 주식, 채권, 원자재 수익률 추이

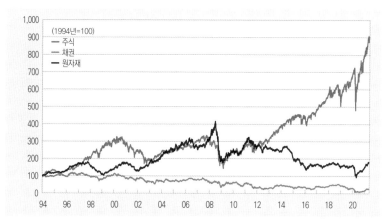

자료: Bloomberg

또 인플레이션 우려가 높아지고 있다는 점이 원자재에 관심을 가져야 하는 요인으로 떠오르고 있습니다. 원자재는 우리가 사용하는 각종 제품과 식품의 원재료이기 때문에 물가와 밀접하게 연결되어 있습니다. 따라서 물가가 오르는 상황에서 원자재 가격도 높게 형성될 수밖에 없습니다. 그렇기에 원자재 투자를 통해 물가가 오르면서 볼 수 있는 손해를 헤지할 수 있는 거죠. 이런 이유들로, 원자재 가격의 등락이 물가의 등락을 판단하는 척도가 됩니다. 원자재지수는 각 원자재 상품의 경제적 가치와 중요성, 유동성 등을 고려하여 비중을 결정하고 지수화한 것입니다.

종합선물세트, 원자재지수

원자재를 조합하여 만든 원자재지수는 원자재 투자에 관심을 갖는 투자자에게 중요합니다. 우리가 투자하려고 하는 원자재 ETF가 이 원자재지수를 추종하기 때문에 여러가지 원자재지수가 가지고 있는 특성을 알아두면 좋습니다. 같은 원자재지수이지만 내가 투자하고자 하는 원자재 품목이 높은 ETF를 선택할 수 있기 때문입니다.

S&P GSCI 원자재지수는 1970년부터 발표되었으며 세계 생산량을 기준으로 그 구성 비중을 정합니다. 전체 지수의 54% 가까이가 에너지 원자재로, 다른 다우존스 원자재지수나 CRB 원자재지수 등에 비해 에너지 원자재의 비중이 훨씬 높은 것이 특징입니다. S&P GSCI 원자재지수를 추종하는 상품 자금이 큰 만큼, 구성 자산에 대해 한 달에 한 번씩 비중 조정을 하게 되면 유동성이 작은 원자재의 경우 상당한 영향을 받게 됩니다.

(단위: %)

에너지	비중	귀금속	비중	산업용금속	비중	농산물	비중	축산물	비중
전체	54.0		6.9		11.9		19.1		8.0
WTI유	21.8	금	6.3	구리	5.0	옥수수	5.5	생우	4.5
브렌트유	16.1	은	0.6	알루미늄	4.0	시카고밀	3.7	돈육	2.1
가스유	5.5			아연	1.1	캔자스밀	1.5	비육우	1.4
난방유	4.1			니켈	1.0	대두	4.0		
가솔린	3.7			납	0.8	원당	1.8		
천연가스	2.8					원면	1.3		
						커피	0.8		
						코코아	0.5		

기준일: 2021년 목표 가중치   자료: S&P GSCI

　다우존스 원자재지수는 생산량과 유동성을 고려하여 구성 비중을 결정합니다. 특정 원자재 품목에 집중되지 않도록 단일품목 비중이 전체의 33%를 넘지 못한다는 규정이 있으며 품목 비중 조절은 분기에 한 번씩 이루어집니다. S&P GSCI 원자재지수가 에너지에 편중된 것과 달리 다우존스 원자재지수는 에너지, 금속(귀금속,산업용금속), 농축산물 3개 원자재 비중에 거의 동일한 수준으로 분산되어 있는 것이 특징입니다.

(단위: %)

에너지	비중	귀금속	비중	산업용금속	비중	농산물	비중	축산물	비중
전체	33.3		15.5		17.8		29.1		4.4
WTI유	12.2	금	12.7	알루미늄	3.6	시카고밀	2.7	생우	2.5
브렌트유	8.7	은	2.5	LME구리	6.8	캔자스밀	1.0	비육우	0.8
가스유	2.7	백금	0.3	COMEX 구리	2.2	옥수수	5.8	돈육	1.1
난방유	2.1			납	0.8	대두	9.0		
가솔린	2.2			니켈	2.0	대두박	3.0		
천연가스	5.4			아연	2.4	대두유	2.0		
						커피	1.8		
						원당	1.9		
						코코아	0.9		
						원면	1.0		

기준일: 2021년 목표 가중치　　　　　　　　　　　자료: S&P Dow Jones Indices

블룸버그 원자재지수는 에너지, 금속, 농축산물 중심으로 총 23개의 원자재 자산군이 균형있게 구성되어 있습니다. 그리고 WTI유, 브렌트유, 가솔린, 저유황유, 천연가스, 디젤을 합쳐서 약 30%를 차지하는데 S&P GSCI, CRB, 로저스 등의 다른 지수와 비교하면 에너지 비중이 가장 작습니다.

▼ 블룸버그 원자재지수 보유 비중

(단위: %)

에너지	비중	귀금속	비중	산업용금속	비중	농산물 (곡물+소프트)	비중	축산물	비중
전체	30.0		19.0		15.6		30.0		5.6
WTI유	8.1	금	14.6	구리	5.4	옥수수	5.6	생우	3.8
천연가스	8.1	은	4.4	알루미늄	4.2	대두	5.8	돈육	1.7
브렌트유	6.9			아연	3.3	대두박	3.6		
저유황유	2.6			니켈	2.7	밀	2.9		
가솔린	2.2					대두유	3.2		
디젤	2.1					HRW 밀 (적맥)	1.6		
						원당	3.0		
						커피	2.7		
						원면	1.5		

기준일: 2021년 목표 가중치   자료: Bloomberg

DBIQ 원자재지수는 전 세계적으로 거래가 많이 이루어지는 14개 원자재로 구성되며, 역사적 생산량과 공급량을 반영해 투자 비율을 결정합니다. DBIQ의 약자는 Deutshce Bank Index Quant로 독일의 종합금융회사인 도이체방크가 산출하는 원자재지수라는 것을 알 수 있습니다. WTI유, 브렌트유, 가솔린, 난방유를 포함한 에너지 비중이 55.1%를 차지하고 농산물(20.7%), 축산물(9.6%), 산업용 금속(9.4%), 귀금속(5.1%) 순으로 구성되었습니다. S&P GSCI 원자재지수처럼 에너지 가격과 상당히 밀접하게 움직이는 원자재지수입니다.

(단위: %)

에너지	귀금속	산업용금속	농산물	축산물
55.1%	5.1%	9.4%	20.7%	9.6%

기준일: 2021. 6. 11.　　　　　　　　　　　　　　　　　　자료: Deutsche Bank

　　투자 대가라고 할 수 있는 짐 로저스가 설계한 로저스인터내셔널 원자재지수는 세계 각국의 다양한 상품을 지수에 편입해 놓았습니다. 비중 산정 기준은 전 세계에서 소비되는 수준이며, 38개의 원자재에 투자하고 있습니다. 팔라듐, 유채씨, 고무, 목재, 쌀, 오렌지주스, 귀리, 우유 등 다른 지수에서는 보기 힘든 원자재를 작은 비중이나마 포함하고 있는 것이 특징입니다.

▼ 로저스인터내셔널 원자재지수 보유 비중

(단위: %)

에너지	비중	귀금속	비중	산업용금속	비중	농산물	비중	축산물	비중
전체	40.00		17.1		8.00		31.9		3.00
WTI유	15.00	금	5.00	알루미늄	4.00	옥수수	4.75	생우	2.00
브렌트유	13.00	은	4.00	구리	4.00	원면	4.20	돈육	1.00
천연가스	6.00	납	2.00			대두	3.50		
가솔린	3.00	아연	2.00			CBOT 밀	2.75		
난방유	1.80	백금	1.80			커피	2.00		
가스유	1.20	니켈	1.00			밀가루	2.00		
		주석	1.00			대두유	2.00		
		팔라듐	0.30			코코아	1.00		
						유채씨	1.00		
						고무	1.00		

원당	1.00
CME 밀	1.00
MGEX 밀	1.00
백설탕	1.00
목재	0.90
쌀	0.75
대두박	0.75
오렌지쥬스	0.60
귀리	0.50
우유	0.20

기준일: 2021. 1. 22.   자료: The RICI Handbook

CRB 원자재지수는 국제 원자재 및 선물 조사 회사인 CRB (Commodity Research Bureau)가 발표하는 지수입니다. 1956년에 발표된 가장 오래된 상품 지수이기도 합니다. 2005년 전까지 19개의 원자재를 6% 비중으로 균등하게 편입시켰지만 2006년부터 원자재 품목간의 비율이 조정되었습니다. WTI를 비롯해 천연가스, 금, 은, 알루미늄, 구리, 옥수수, 대두, 생우, 돈육 등 19개의 원자재 선물 가격을 평균 내서 상품 지수로 나타내는데, 농축산물(41%)이 가장 큰 비중을 차지합니다.

(단위: %)

에너지	비중	귀금속	비중	산업용금속	비중	농산물	비중	축산물	비중
전체	39		7		13		34		7
WTI유	23	금	6	알루미늄	6	옥수수	6	생우	6
천연가스	6	은	1	구리	6	대두	6	돈육	1
가솔린	5			니켈	1	원당	5		
난방유	5					원면	5		
						코코아	5		
						커피	5		
						밀	1		
						오렌지주스	1		

기준일: 2021. 3. 31.   자료: CRB

원자재 ETF는 안정성과 분산투자 측면에서 개별 원자재에 투자하는 ETF가 가지지 못한 장점을 가지고 있습니다. 원자재지수는 최대 38개의 원자재 품목을 편입시키고 있습니다. 지수에 포함된 개별 원자재 품목의 영향을 받을 수밖에 없기 때문에 개별 원자재가 가지고 있는 특징과 지수 간 차이를 바탕으로 원자재 ETF를 선택해야 합니다.

▼ 원자재 ETF

구분	승수	티커	ETF 명	순자산 (억 달러)	거래대금 (백만 달러)	운용보수 (%)	분배금율 (%)
원자재	1배	PDBC	Invesco Optimum Yield Diversified Commodity Strategy Nok-1	58	71	0.6	0.0

1배	DBC	Invesco DB Commodity Index Tracking Fund	23	55	0.9	N/A
1배	FTGC	First Trust Global Tactical Commodity Strategy Fund	17	12	1.0	N/A
1배	GSG	iShares S&P GSCI Commodity Indexed Trust	12	22	0.8	N/A
1배	COMT	iShares GSCI Commodity Dynamic Roll Strategy ETF	26	37	0.5	0.3
1배	BCI	Aberdeen Standard Bloomberg All Commodity Strategy K-1 Free	7	3	0.3	0.6
1배	COMB	GraniteShares Bloomberg Commodity Broad Strategy No K-1 ETF	2	1	0.3	0.1
1배	USCI	United States Commodity Index Fund	2	2	1.1	N/A
1배	COM	Direxion Auspice Broad Commodity Strategy ETF	2	2	0.7	N/A
1배	GCC	WisdomTree Enhanced Commodity Strategy Fund	2	1	0.6	N/A

기준일: 2021. 8. 20.

금, 은에
ETF로 투자한다

금과 은은 보통 귀금속이라고도 많이 부릅니다. 귀금속은 산출량이 적어 값이 비싼 금속으로, 화학 반응을 거의 일으키지 않고 아름다운 광택을 지녀 오래전부터 사랑을 받아왔습니다. 귀금속에 투자하는 다양한 수단이 있지만 적은 비용으로 안정적으로 투자할 수 있는 금, 은, 플래티넘 ETF에 대해 알아보도록 하겠습니다.

금에 투자하는 사람들 ― 금 ETF

금은 언제나 사람들 입에 오르내릴 정도로 매력이 있습니다. 오랜만에 만난 지인의 눈에 띄는 액세서리는 그동안의 어색함을 무너뜨리고 화기애애하게 대화를 시작할 수 있는 좋은 소재거리가 되어 주기도 합니다. 왜 사람들은 일상생활에서도, 투자생활에서도 금에 대한 관심이 많은 것일까요?

화폐는 들고만 있어도 시간이 지나면서 통화 가치가 하락합니다. 물가가 올라가는 시기에는 더욱더 물가를 반영한 실질 가치가 떨어집니다. 그래서 가치가 떨어지지 않을 거라고 믿는 금을 가지려고 하는 것이죠.

▼ 20세기 주요 사건과 달러 추이

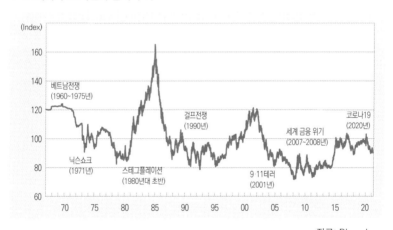

자료: Bloomberg

정치, 경제, 사회적으로 불안이 커지면 이러한 경향이 심해졌습니다. 국내에서는 6·25전쟁 이후 화폐개혁을 거치면서, IMF 외환위기를 겪으면서 '지폐보다는 금'이라는 가치를 증명해 보였습니다. 국외에서는 2001년 9·11 테러, 2008년 금융위기, 2020년 코로나19

사태처럼 언제 찾아올지 모르는 위협으로부터 내가 가진 자산을 지키기 위한 행동으로 금을 가지려고 했습니다.

○ 안전자산의 대명사, 금 가격 추이

1819년 영국은행에서 정식으로 금본위제를 채택하면서 금은 국제화폐 시스템의 중요 수단으로 부상했습니다. 금본위제는 중앙은행이 돈을 찍어내는 만큼 금을 보유하고 있어야 하는 제도입니다. 그런데 세계대전이 발발하고 유럽 각국은 전쟁비용 조달을 위해 돈을 무작위로 찍어내면서 금본위제는 사실상 무용지물이 되어버렸죠.

1944년 7월, 44개국 대표들은 브레튼우즈에서 전쟁 이후의 새로운 경제 질서 재편과 통화, 금융시스템 안정을 위한 협정을 맺습니다. 이 협정으로 금 대신 달러가 기축통화가 되었고 금 가격은 1온스에 35달러로 고정됩니다. 하지만 1962년 미국은 베트남전 비용 조달을 위해 달러를 마구 찍어내고 독일, 일본의 경제 성장으로 사상 최대의 무역적자를 기록합니다. 이에 따라 브레튼우즈 협정에 불신을 갖기 시작한 나라들이 달러를 금으로 바꿔 달라고 요구하게 됩니다. 하지만 1971년 8월 닉슨 대통령이 이를 거절하면서 금 가격은 폭등하기 시작합니다.

1980년대 미국의 고금리와 강한 달러 정책으로 슈퍼 달러 시대가 시작됐습니다. 그리고 1990년 냉전 종식 이후 2000년까지 IT붐을 바탕으로 미국 경제는 장기호황을 누립니다. 이를 지켜본 유럽 중앙 은행들은 보유 중이었던 금을 대량으로 매각하면서 금 가격은 안정을 찾습니다.

2001년 9·11 테러를 시작으로 2000년대 부동산 버블과 2008 금융위기가 발생하면서 금 가격은 다시 폭등하게 됩니다. 그리고 2020년 코로나19 사태가 금 가격 상승을 이끌며 온스당 2,000달러를 상회하는 역사적 신고가가 만들어졌습니다.

▼ 금 가격 추이

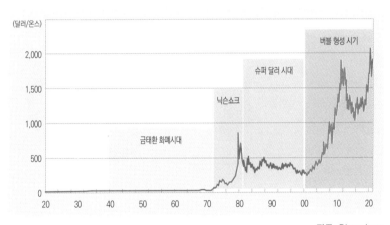

자료: Bloomberg

○ 금 가격 결정 요인. 수요와 공급

금의 수요는 반지, 귀걸이 등 쥬얼리 수요가 가장 많은 비중을 차지하고 그다음은 금괴, 금화 같은 투자 수요가 뒤따릅니다. 반도체 산업용 및 의료용으로도 쓰이지만 투자 목적의 수요에는 미치지 못합니다.

금의 공급은 광산채굴로 이뤄집니다. 매년 2,000톤 내외의 금이 채굴되는데, 가격이 오른다고 채굴량이 늘어나는 품목은 아닙니다. 이는 변질되지도 부식되지도 않은 금의 특성상, 과거 채굴된 금이 유통시장에서 거래되고 있고 보관된 금이 언제든지 유통시장에 유입될 수 있다는 점에서 금의 가격 탄력성이 매우 낮습니다.

▼ **금의 수요와 공급**   (단위: %)

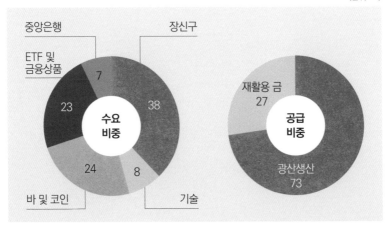

기준일: 2020년   자료: 세계금협회

금에 투자하는 ETF는 크게 3가지 형태가 존재합니다. 골드바 등 실물에 투자하는 ETF(GLD)와 금 선물에 투자하는 ETF(DGL), 그리고 금광산 주식에 투자하는 ETF(GDX)입니다. 가장 인기 있는 금 투자 상품은 GLD(SPDR Gold Trust)입니다. 금괴에 투자하는 대표적인 상품으로 SPY가 보유하고 있는 금 보유량은 1,012톤입니다.

▼ 금 ETF

구분	승수	티커	ETF 명	순자산 (억 달러)	거래대금 (백만 달러)	운용보수 (%)	분배금율 (%)
	1배	GLD	SPDR Gold Trust	579	1,392	0.4	N/A
	1배	IAU	iShares Gold Trust	284	362	0.3	N/A
	1배	GDX	VanEck Vectors Gold Miners ETF	131	694	0.5	0.6
금	1배	GDXJ	VanEck Vectors Junior Gold Miners ETF	44	287	0.5	2.0
	1배	GLDM	SPDR Gold MiniShares Trust	44	36	0.2	N/A
	1배	DGL	Invesco DB Gold Fund	1	1	0.8	N/A
	2배	UGL	ProShares Ultra Gold	2	9	1.0	N/A
	-2배	GLL	ProShares UltraShort Gold	0	3	1.0	N/A

기준일: 2021. 8. 20.

금을 가지지 못했다면? — 은 ETF

바늘이 가면 실이 따라 가듯이, 금 가격이 움직이면 뒤따라 은 가격이 움직이기 시작합니다. 그래서 금 가격이 오를 때 사지 못했던 투자자들이 금 가격이 많이 올랐다면서 은에도 관심을 가지기 시작하고 '꿩대신 닭'이라는 속담처럼 은에 투자하죠. 은도 금만큼이나 투자 가치가 높다고 하는데 이에 대해서 살펴보겠습니다.

금에는 미치지 못하지만 은도 역사적인 화폐로 인정받고 있습니다. 그래서 인플레이션 대비용으로 기본적인 수요가 항상 있었습니다.

은 이야기를 하기 위해서는 헌트형제 사건을 빼놓을 수 없는데요. 닉슨쇼크 이후 사회 전반적으로 불안정한 시기가 계속됨에 따라 금, 은, 석유가격이 최고치를 기록하게 됩니다. 그때 당시 석유 재벌의 자녀였던 헌트 형제는 물가 상승세를 고민했고 그 해답을 은에서 찾았습니다. 은 투자가 아닌 매집이라는 대단한 방식을 실행에 옮기면서 1974년 온스당 3.27달러였던 은 시세는 1980년 1월에 온스당 50달러 이상이 됩니다. 당시 헌트 형제가 매집한 은의 규모는 약 45~100억 달러로 엄청난 규모였습니다. 은 가격 폭등에 따른 우려를 느낀 정부는 결국 개인의 은 선물 소유량을 3백만 온스로 제한합니다. 이후 은 가격은 온스당 10.80달러로 하락하게 됩니다. 헌트 형제의 욕망은 증시까지 흔든 '실버목요일'로 기억되고 있지만, 이 일화는 은도 충분히 인플레이션 헤지의 역할을 해 왔다는 점을 보여주

▼ 은 가격 추이

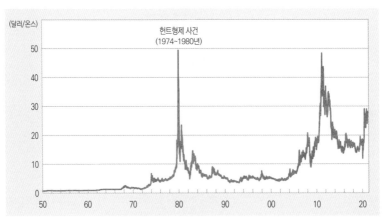

자료: Bloomberg

는 것이기도 합니다.

○ 은 시장의 규모

은 시장은 금 시장에 비해 규모가 작아 가격을 형성하는 유통시장에서 마음만 먹으면 매점할 수 있습니다. 한해 은의 총량은 11.5억 온스로 이를 온스당 23달러로 계산하면 약 265억 달러, 원화로는 약 31조 원의 시장입니다. 31조 원이면 코스피에 상장된 기아 시가총액 수준입니다. 큰 자본 필요없이 수급 불균형을 유발해 은 가격의 급등락을 일으킬 수 있을 정도니 은 시장이 어느 정도 작은지 느껴지실 겁니다.

○ 은의 수요와 공급

은의 수요는 산업용이 대부분입니다. 은은 전기 전도성이 매우 뛰어나 전자제품에 많이 사용되고, 은이 가진 항균성 때문에 의료업계와 정수기 등에도 사용됩니다. 그리고 산업용 수요의 62%는 재활용되지 않고 고갈됩니다. 은괴나 쥬얼리 등으로 쓰이는 양보다 훨씬 많은 양이 그저 사라지는 거죠.

은의 공급은 82%가 광산에서 채굴되어 이뤄지고 16%가 재활용을 통해 이뤄집니다. 재밌는 점은 은만을 위한 채굴이 아니라 다른 광물을 채굴하는 과정 중에 부산물로 나오는 양이라는 점입니다. 이 이야기는 은 가격이 오른다고 하더라도 은을 더 채굴하기 위해 광산에서 생산량을 높일 가능성은 낮다는 걸 의미합니다.

(단위: %)

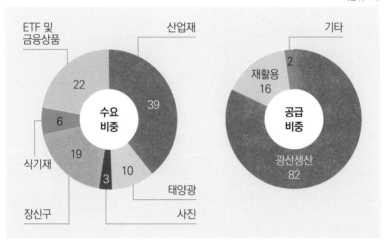

기준일: 2020년   자료: 세계은협회

은에 투자하는 대표적인 ETF는 SLV(iShares Silver Trust)입니다. 총 8종의 은 ETF가 출시되어 있는데 SLV ETF의 순자산은 나머지 7종과 비교가 되지 않을 정도로 절대적으로 큽니다. 이외에도 은 선물에 투자하는 DBS(Invesco DB Silver Fund)와 2배 레버리지 AGQ(ProShares Ultra Silver)와 -2배 인버스인 ZSL(ProShares Ultra Short Silver)이 있습니다.

▼ 은 ETF

구분	승수	티커	ETF 명	순자산 (억 달러)	거래대금 (백만 달러)	운용보수 (%)	분배금율 (%)
은	1배	SLV	iShares Silver Trust	128	520	0.5	N/A
	1배	SIL	Global X Silver Miners ETF	11	15	0.7	2.3

1배	SIVR	Aberdeen Standard Physical Silver Shares ETF	10	13	0.3	N/A
1배	SILJ	ETFMG Prime Junior Silver Miners ETF	8	21	0.7	2.0
1배	SLVP	iShares MSCI Global Silver and Metal Miners ETF	3	3	0.4	4.0
1배	DBS	Invesco DB Silver Fund	0	0	0.8	N/A
2배	AGQ	ProShares Ultra Silver	5	40	1.0	N/A
-2배	ZSL	ProShares Ultra Short Silver	1	8	1.0	N/A

기준일: 2021. 8. 20.

그린 뉴딜의 수혜 품목 ― 플래티넘 ETF

저탄소 경제구조로 가기 위해서는 과도기가 필요할 겁니다. 현재 화석에너지 중심의 에너지 정책을 신재생에너지로 바로 전환하기에는 현실적으로 어려우니까요. 그래도 전 세계적인 환경규제 강화로 수혜를 받을 수 있는 원자재가 무엇인지 생각해 볼 필요가 있습니다.

영어로는 플래티넘, 우리말로는 백금입니다. 팔라듐, 로듐, 루테늄, 이리듐, 오스뮴과 함께 산화와 부식에 대한 내구성이 높은 금속으로 알려져 있습니다. 그중에서 플래티넘은 매우 희귀하다고 하는데 연간 생산량이 약 700만 온스에 불과하기 때문이죠. 이는 금 생산량의 6%, 은 생산량의 1%에도 못 미치는 수준입니다.

○ 플래티넘 가격에 영향을 주는 요인

플래티넘은 희소성이 높은 만큼, 수요가 커질 경우 공급은 제한될 수밖에 없어 가격의 변동성이 클 수 있습니다. 2020년 코로나19 발생 이후 미국을 중심으로 경제 위기 극복을 위한 대응 정책으로 그린 뉴딜을 앞세우고 있기에, 전 세계적인 환경 규제 강화는 플래티넘에 대한 수요를 증가시켜 줄 겁니다. 한 예로 전기차 보급 확대는 전기차 핵심 부품인 연료전지를 구성하는 플래티넘의 수요로 연결됩니다. 또한 중국과 인도 등 신흥국가들의 중산층 확대로 차량 구입이 증가할 경우, 대기오염에 대한 규제 강화로 유독 배기가스를 줄여주는 자동차 촉매 컨버터의 수요도 증가할 것입니다. 자동차 촉매 컨버터는 무연 휘발유에서 나온 유독 배기가스를 이산화탄소와 물로 변환해 주는 장치인데, 자동차 촉매 컨버터에 플래티넘이 주로 활용됩니다. 이런 점에서 저탄소 경제 구조와 플래티넘의 수요는 동반자가 될 수밖에 없습니다.

○ 플래티넘의 수요와 공급

플래티넘의 가장 큰 수요처는 자동차 촉매 컨버터로 총 수요의 34%를 차지합니다. 그 다음은 하드드라이브, 화학산업, 의료산업, LCD TV, 석유 정제시설 등 산업재로 활용되는 수요가 29%를 차지합니다.

플래티넘은 산업용으로 주로 쓰이기 때문에 재활용되는 양이 적습니다. 생산량이 감소할 경우 재고량으로 충당해야 하는 상황입니다. 플래티넘 공급 국가 가운데 남아프리카공화국이 72%로 가장 높

(단위: %)

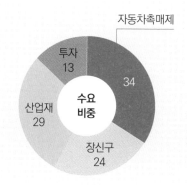

기준일: 2020년

자료: Johnson Matthey

고 뒤이어 러시아, 미국이 가장 많은 재고를 확보하고 있지만 소비할 수 있는 연한이 2년 전후로 짧아, 수요 변화에 민감할 수밖에 없는 원자재입니다.

　플래티넘에 투자하는 ETF는 총 2종으로, 대표적인 ETF는 PPLT(Aberdeen Standard Physical Platinum Shares ETF)입니다. PPLT ETF는 순자산가치가 크고 다른 하나인 PLTM(GraniteShares Platinum Trust)은 순자산가치가 작지만 운용비용은 적다는 차이점이 있습니다.

▼ 플래티넘 ETF

원자재	승수	티커	ETF 명	순자산 (억 달러)	거래대금 (백만 달러)	운용보수 (%)	분배금율 (%)
플래티넘	1배	PPLT	Aberdeen Standard Physical Platinum Shares ETF	12	13	0.6	N/A
	1배	PLTM	GraniteShares Platinum Trust	0	1	0.5	N/A

기준일: 2021. 8. 20.

원유, 천연가스에 ETF로 투자한다

검은 황금으로 불릴 만큼 원유는 자동차 연료부터 플라스틱, 옷감에 이르기까지 쓰이지 않는 곳을 찾기가 힘듭니다. 전 세계적으로 하루에 9,000만 배럴 이상이 소비된다고 하니 원유의 가치는 상상 이상이죠. 지금부터는 원유를 포함한 천연가스 등 다양한 에너지 원자재 ETF에 대해 알아보도록 하겠습니다.

원유 가격 올라갈 수 있을까? — 원유 ETF

원유는 전 세계를 움직일 수 있게 하는 가장 중요한 에너지이자 수많은 상품의 원료로 사용되는 가장 중요한 원자재입니다. 원유는 천연가스 등 다른 에너지원에 비해 에너지 효율이 높고 운반과 보관도 용이해 한편으로는 원유를 대체하여 다른 에너지원을 쓴다는 것이 과연 가능할까 하는 의문도 듭니다.

원유가 부족할 경우의 우리 삶에 대해서 생각해 보신 적 있으신 가요? 당장 휘발유, 디젤로 움직이던 내연기관 자동차는 높은 연료 가격에 이용을 자제해야 할 것입니다. 여름철 무더위에도 비싼 전기 료에 에어컨을 틀 엄두도 내지 못할뿐더러, 이상기후로 점점 추워지 고 있는 겨울철에는 높은 난방비로 보일러도 못 트는 등 생활의 불 편함이 커질 수밖에 없습니다. 우리가 인식을 못 하고 있을 뿐, 매일 먹는 음식도 원유를 통해 생산된 비료, 농약, 살충제로 재배돼 우리 밥상에 오르고 있습니다. 그리고 원유로 만들어진 합성섬유뿐 아니 라 매일 바르는 화장품, 그리고 플라스틱으로 만들어진 배달용기까 지 우리의 삶 자체에 원유가 직간접적으로 영향을 미치고 있습니다. 원유는 우리의 일상생활에 필수불가결한 원자재인 만큼 경제에 미 치는 영향도 어느 원자재보다 크고 중요합니다.

○ 원유 가격에 영향을 주는 요인

원유를 둘러싼 불안정한 정치 문제는 항상 원유 가격 급등을 초 래했습니다. 중동의 금수조치, 이란의 회교혁명, 이라크의 쿠웨이트 침공, 걸프전쟁, 테러와의 전쟁 등 원유 생산의 중심지인 중동 지역 의 정치적 긴장은 유가와 직결되는 요인이었죠. 과거에는 이런 중동

▼ 원유가 파고든 일상생활

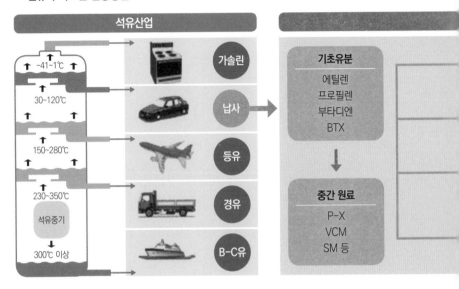

지역 내의 정치적 요인이 주된 원인이었다면 앞으로는 그린 뉴딜에 따른 신재생에너지 장려 등, 중동 외 국가의 정치적 목적이 중동 지역 내의 문제로 연결될 가능성이 큽니다. 풍력, 바이오디젤 등 신재생에너지는 생산 원가가 원유보다 높은 만큼 신재생에너지 육성을 위해서는 원유 가격이 너무 낮게 형성되면 안 됩니다. 그렇기에 원유 가격을 높게 형성하기 위한 중동 외 국가와 중동 국가 간 정치적 셈법에 따라 복잡해질 가능성이 커졌습니다.

○ 원유의 수요와 공급

원유 가격은 세계 경제 상황에 따른 수요와 OPEC으로 대표되는

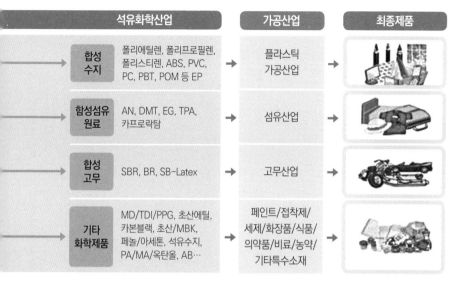

석유화학산업		가공산업	최종제품
합성 수지	폴리에틸렌, 폴리프로필렌, 폴리스티렌, ABS, PVC, PC, PBT, POM 등 EP	플라스틱 가공산업	
함성섬유 원료	AN, DMT, EG, TPA, 카프로락탐	섬유산업	
합성 고무	SBR, BR, SB-Latex	고무산업	
기타 화학제품	MD/TDI/PPG, 초산에틸, 카본블랙, 초산/MBK, 페놀/아세톤, 석유수지, PA/MA/옥탄올, AB…	페인트/접착제/ 세제/화장품/식품/ 의약품/비료/농약/ 기타특수소재	

자료: 한국석유화학협회

산유국과 오일메이저로 불리는 대형 에너지 기업의 공급 조절이 가격 형성에 결정적인 역할을 하고 있습니다. OEPC은 13개 석유수출국이 모여 만든 협의체로 전 세계 석유 매장량의 76%, 생산량의 40%를 차지하고 하루 3,000만배럴 이상의 생산 능력을 보유하고 있습니다. 이런 OPEC은 주기적인 OPEC 회담을 통해 석유 생산의 증산과 감산을 결정합니다.

이처럼 강력한 영향력을 지닌 OPEC의 탄생은 산유국의 권리를 되찾고 경제적 종속에 대한 자구책 마련의 일환이었습니다. 20세기 초반에는 엑슨모빌, BP, 셸, 쉐브론 등의 오일메이저가 석유의 탐사, 생산, 가격, 유통에 대해 무소불위의 결정권을 휘둘렀습니다.

1960년대에 오일메이저들은 전 세계 석유 생산량의 90%, 정제 능력의 75%를 좌지우지했습니다. 반면, 산유국들은 생산과 판매에 대한 통제권은 물론 감독권도 갖지 못하고 채굴권 계약에 따른 얼마 되지 않은 세금과 사용료만 받았습니다. 이러한 일이 반복되자 산유국들은 협의체인 OPEC을 만들게 된 것입니다.

원유는 가장 중요한 원자재인 만큼, 원자재 ETF 가운데 다양한 상품이 출시되어 있습니다. 레버리지, 인버스 ETF와 함께 원유 관련기업에 투자하는 ETF까지 갖추고 있습니다.

▼ 원유 ETF

원자재	승수	티커	ETF 명	순자산 (억 달러)	거래대금 (백만 달러)	운용보수 (%)	분배금율 (%)
원유	1배	XOP	SPDR S&P Oil & Gas Exploration & Production ETF	29	642	0.4	1.8
	1배	USO	United States Oil Fund LP	25	240	0.7	N/A
	1배	OIH	VanEck Vectors Oil Service ETF	20	224	0.4	1.1
	1배	DBO	Invesco DB Oil Fund	4	11	0.8	N/A
	1배	IEO	iShares U.S. Oil & Gas Exp. & Prod ETF	4	7	0.4	2.3
	1배	BNO	United States Brent Oil Fund LP	3	13	0.9	N/A
	1배	USL	United States 12 Month Oil Fund LP	1	2	0.8	N/A
	1배	IEZ	iShares U.S. Oil Equipment & Services ETF	1	4	0.4	1.5

2배	UCO	ProShares Ultra Bloomberg Crude Oil	10	56	1.0	N/A
2배	GUSH	Direxion Daily S&P Oil & Gas Exp. & Prod. Bull 2X Shares	6	153	1.0	0.1
-2배	SCO	ProShares UltraShort Bloomberg Crude Oil	1	27	1.0	N/A
-2배	DRIP	Direxion Daily S&P Oil & Gas Exp. & Prod. Bear 2X Shares	1	35	1.0	0.0

기준일: 2021. 8. 20.

　　원유에 투자하는 대표적인 ETF는 USO(United States Oil Fund LP)
입니다. USO는 WTI(서부텍사스산중질유) 선물계약에 투자하는 ETF
로 선물계약 중 근월물(만약 8월이면 9월 만기 선물에 투자)에 투자되
기 때문에 매달 만기연장을 해야 합니다. 그래서 계속 가격이 오르
는 상황이라면 콘탱고* 현상이 발생하여 WTI 선물 가격을 정확하
게 추종하지 못할 수 있습니다.

　　USO ETF처럼 WTI 선물계약에 투자하는 상품으로 USL(United
States 12 Month Oil Fund LP)도 있습니다. USL ETF는 향후 1년치 선
물을 나눠서 보유하기 때문에 매월 만기연장도 전체 보유물량의
1/12만큼만 합니다. 그래서 WTI 선물 가격을 USO ETF보다는 잘 추
종할 수 있습니다. 다만 USL ETF는 원월물을 많이 보유하기 때문에
처음부터 선물 가격을 비싸게 매수한다는 단점을 가지고 있습니다.

....

*　선물 가격이 현물 가격보다 높은 상태

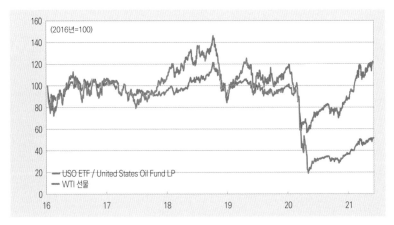

160
140
120
100
80
60
40
20
0

(2016년=100)

— USO ETF / United States Oil Fund LP
— WTI 선물

16   17   18   19   20   21

자료: Bloomberg

LNG가 천연가스 가격을 상승시킨다 — 천연가스 ETF

천연가스는 전 세계 에너지 소비량의 1/4을 차지하는 제3의 에너지 원으로 에너지 산업의 한축을 담당하고 있습니다. 또한 원유를 대체할 에너지로 부상할 가능성이 큰 만큼 앞으로 관심은 더 높아질 것으로 기대됩니다.

원유와 비교했을 때 천연가스가 가지고 있는 이점은 매장지역이 원유보다 덜 편중되어 있다는 점입니다. 매장량도 풍부하여 장기적으로 안정적인 공급이 가능합니다. 그린 뉴딜 시대를 맞이한 것을 고려했을 때 원유와의 극명한 차이점은 원유에 비해 탄소배출량이 적어 친환경적이라는 것입니다. 이를 바탕으로 생각해 보면 현재는 원유가 잘 나가지만 시간이 지날수록 천연가스가 원유의 자리를 조금씩 채워 나가지 않을까요?

○ 천연가스 가격에 영향을 주는 요인

천연가스는 기체 상태라서 원유에 비해 수요가 적고 거래 자체가 활발하지 못한 점이 약점입니다. 즉 이동과 보관이 용이하지 않기 때문에 원유 시장처럼 투기 수요가 붙거나 가격이 상승하는 것에 대비해 비축하기가 쉽지 않다는 것이죠.

천연가스를 운반할 수 있는 방법은 20세기 중반에 개발되었습니다. 현재 천연가스 교역량의 70%가 파이프라인을 통해, 30%가 LNG(액화천연가스) 방식으로 이뤄지고 있습니다. LNG로 거래되는 비중이 많아질수록 천연가스의 상품 가치와 가격이 높아질 수 있습니다. LNG 거래 방식을 늘리려면 향후 가스를 액체화하고 운송할 수 있는 LNG선이 많아지고, 다시 액체상태의 가스를 기화하는 설비가 많이 갖춰져야 합니다.

○ 천연가스의 수요와 공급

천연가스는 주로 발전, 산업 및 주거용, 냉난방용으로 사용됩니다. 특히 원유보다 이산화탄소 배출량이 적기 때문에 전력 발전을 위해 많이 사용되는 편입니다. 천연가스 매장지역은 중동이 가장 많고 단일 국가로 보면 러시아가 매장량이 가장 많습니다. OPEC에서 사우디아라비아가 중심이 되듯, 천연가스 시장에서는 영향력이 큰 러시아가 GECF(가스수출국포럼)의 구심점 역할을 자처하고 있습니다.

천연가스에 투자하는 대표적 ETF는 UNG(United States Natural Gas Fund LP)입니다. UNG는 헨리허브의 천연가스 선물계약에 투자합니다. 헨리허브는 미국 루이지애나주에 위치한 천연가스 파이프라인 집결지로 이곳에서 거래되는 천연가스 가격은 북미지역의 천연가스 가격 지표로 활용되고 있습니다. 이외에도 2배 레버리지(BOIL), -2배 인버스 상품(KOLD)등이 상장되어 있습니다.

▼ 천연가스 ETF

원자재	승수	티커	ETF 명	순자산 (억 달러)	거래대금 (백만 달러)	운용보수 (%)	분배금율 (%)
천연 가스	1배	UNG	United States Natural Gas Fund LP	3	28	0.7	N/A
	1배	UNL	United States 12 Month Natural Gas Fund LP	0	0	0.9	N/A
	1배	GAZ	iPath Series B Bloomberg Natural Gas Subindex Total Return ETN	0	0	0.5	N/A
	1배	FCG	FirstTrust Natural Gas ETF	2	22	0.6	2.3
	2배	BOIL	ProShares Ultra Bloomberg Natural Gas	1	30	1.0	N/A
	-2배	KOLD	ProShares UltraShort Bloomberg Natural Gas	1	27	1.0	N/A

기준일: 2021. 8. 20.

선물이 아닌 기업에 투자하고 싶다고?
― 원자재 관련 기업에 투자하는 ETF

지금까지 금처럼 실물에 투자하거나 원유처럼 선물지수를 추종하는 ETF를 중심으로 다뤘지만 귀금속, 에너지 관련 기업에 투자하는 ETF도 많이 상장되어 있습니다. 이들도 리스트로 정리해 놓으면 구분해서 투자가 가능해 유용합니다.

○ 귀금속 관련 기업 ETF

금 실물과 금 선물이 아닌 금광산 주식에 투자하는 대표적 ETF는 GDX(VacEck Vectors Gold Miners ETF)입니다. 세부항목은 금광산 88.9%, 금속광산 5.5%, 기타광산 3.8%이며 뉴몬트, 바릭골드, 프랑코 네바다, 휘턴 프레셔스 메탈스, 뉴크레스트 마이닝 등을 포함한 상위 10개 기업이 전체 구성의 64.1%를 차지하고 있습니다.

○ 원유 관련 기업 ETF

원유 가격이 아닌 원유 관련 주식에 투자하는 ETF는 IEZ(iShares U.S. Oil Equipment & Services ETF)로 슐룸베르거, 헬리버튼, 베이커 휴즈, 챔피온X, 헬머리치 앤 페인 등 업계에서 인정받은 26개 회사에 투자합니다. OIH(VanEck Vectors Oil Services ETF)는 IEZ보다 상장된 지 오래돼 순자산규모가 크지만 IEZ보다 적은 25개 업체에 투자합니다.

○ 천연가스 관련 기업 ETF

천연가스 관련 주식에 투자하는 대표적 ETF는 FCG(First Trust Natural Gas ETF)입니다. 천연가스 자체가 아닌 천연가스를 탐사, 개발, 생산하는 관련 인프라 기업을 묶어서 만든 지수를 추종합니다. 이 지수는 북미지역에서 천연가스에 관련된 38개 업체에 똑같은 비율로 투자하고 있습니다.

▼ 원자재 기업에 투자하는 ETF

구분	승수	티커	ETF 명	순자산 (억 달러)	거래대금 (백만 달러)	운용보수 (%)	분배금율 (%)
금	1배	GDX	VanEck Vectors Gold Miners ETF	131	694	0.5	0.6
	1배	GDXJ	VanEck Vectors Junior Gold Miners ETF	44	287	0.5	2.0
은	1배	SIL	Global X Silver Miners ETF	11	15	0.7	2.3
	1배	SILJ	ETFMG Prime Junior Silver Miners ETF	8	21	0.7	2.0
	1배	SLVP	iShares MSCI Global Silver and Metal Miners ETF	3	3	0.4	4.0
원유	1배	XOP	SPDR S&P Oil & Gas Exploration & Production ETF	29	642	0.4	1.8
	1배	OIH	VanEck Vectors Oil Service ETF	20	224	0.4	1.1
	1배	IEO	iShares U.S. Oil & Gas Exp. & Prod ETF	4	7	0.4	2.3
	1배	IEZ	iShares U.S. Oil Equipment & Services ETF	1	4	0.4	1.5
천연가스	1배	FCG	FirstTrust Natural Gas ETF	2	22	0.6	2.3

기준일: 2021. 8. 20.

농산물에
ETF로 투자한다

2021년 물가에 대한 걱정을 시작하는 시점에서 농산물을 포함한 대부분의 원자재 가격이 상승하고 있습니다. 인플레이션에 대한 우려가 원인이긴 하지만 농산물은 원자재 중 정말 예측하기 어려운 품목입니다. 물가 우려 이외에 농산물 가격 변동에 영향을 미치는 다양한 요인을 이해하는 데 도움이 됐으면 합니다.

오를 수밖에 없는 식량 가격 — 농산물 ETF

전 세계 인구는 1950년 약 25억 명이었던 것이 2009년 68억 명으로 증가하였고 2050년에는 약 91억 명까지 늘어날 것으로 예상됩니다.

경제성장률도 위기 발생 전후를 제외하고 지속해서 증가했는데, 인구 증가와 경제성장률 상승의 조합은 곡물 소비뿐만 아니라 육류 소비 증가로 이어질 수밖에 없습니다.

고기 1kg을 얻기 위해서 필요한 사료용 곡식의 양은 닭에는 2.6kg, 돼지에는 6.5kg, 소에는 7.5kg 정도입니다. 중국과 인도의 식생활 개선으로 육류 생산량이 늘면서 그에 소비되는 곡물의 양도 매우 증가했습니다. 또한 한때 유가가 급등하면서 원유를 대체할 바이오에탄올과 바이오디젤이 부상하기 시작했는데, 작물과 동물 지방을 원료로 사용해서 사료용으로 쓸 수 있는 농산물의 양이 줄어들기도 했습니다.

▼ 주요 국물의 가격 추이

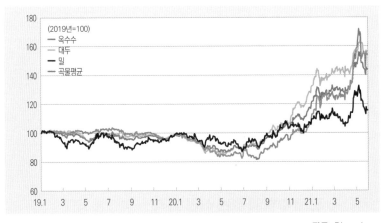

자료: Bloomberg

지구 온난화로 인한 기후 변화는 주요 곡물의 경작 면적과 단위당 생산량에 큰 영향을 미치고 있습니다. 밀 곡창지대인 호주, 아르헨티나, 브라질 등은 고온건조한 날씨로 생산량이 줄었고 중국과 아프리카 사막 이남 지역에서는 사막화가 가속되어 농산물 경작지가 줄어들고 있습니다. 자유무역에 따른 안전 재고를 보유해야 하는데 이러한 생산량의 변동으로 재고량이 감소하면 농산물 가격의 변동성을 확대하는 결과만 가져오게 됩니다.

농산물 관련 ETF는 여러 농산물 품목에 함께 투자하는 ETF와 옥수수, 콩, 밀, 쌀 등 개별 농산물에 투자하는 ETF 그리고 몬산토와 같은 농산물 관련 기업에 투자하는 ETF로 구분할 수 있습니다. 농산물에 투자하는 대표적인 ETF는 10개 농산물 선물에 투자하는 DBA(Invesco DB Agriculture Fund)와 농산물 관련 기업에 투자하는 MOO(VenEck Vectors Agribusiness ETF)가 있습니다.

▼ 농산물 ETF

구분	승수	티커	ETF 명	순자산 (억 달러)	거래대금 (백만 달러)	운용보수 (%)	분배금율 (%)
농산물	1배	DBA	Invesco DB Agriculture Fund	9	18	0.9	N/A
	1배	RJA	Elements Rogers International Commodity Index–Agriculture TR ETN	1	1	0.8	N/A
	1배	JJA	iPath Series B Bloomberg Agriculture Subindex Total Return ETN	0	0	0.5	N/A
	1배	TAGS	Teucrium Agricultural Fund	0	0	0.2	N/A
	1배	JJS	iPath Series B Bloomberg Softs Subindex Total Return ETN	0	0	0.5	N/A

곡물	1배	JJG	iPath Series B Bloomberg Grains Subindex Total Return ETN	0	0	0.5	N/A
옥수수	1배	CORN	Teucrium Corn Fund	1	6	2.0	N/A
콩	1배	SOYB	Teucrium Soybean Fund	1	2	1.9	N/A
밀	1배	WEAT	Teucrium wheat Fund	1	3	1.9	N/A
설탕	1배	SGG	iPath Series B Bloomberg Sugar Subindex Total Return ETN	0	0	0.5	N/A
	1배	CANE	Teucrium Sugar Fund	0	1	1.9	N/A
커피	1배	JO	iPath Series B Bloomberg Coffee Subindex Total Return ETN	1	4	0.5	N/A
코코아	1배	NIB	iPath Series B Bloomberg Cocoa Subindex Total Return ETN	0	1	0.7	N/A
원면	1배	BAL	iPath Series B Bloomberg Cotton Subindex Total Return ETN	0	0	0.5	N/A
가축	1배	COW	iPath Series B Bloomberg Livestock Subindex Total Return ETN	0	1	0.5	N/A
농업 기업	1배	MOO	VanEck Vectors Agribusiness ETF	11	9	0.6	0.9

기준일: 2021. 8. 20.

유가가 떨어지면 매력이 떨어진다 ─ 설탕 ETF

설탕하면 음식할 때 단맛을 내기 위한 용도로만 떠올리시죠? 설탕
은 사탕수수를 통해 얻어지지만, 에탄올 생산량에 따라 설탕의 가격
이 변한다는 사실, 알고 계셨나요?

사탕수수는 연평균기온 20℃ 이상, 연강수량 1,200~2,000mm라는 조건이 필요하며 주로 동남아시아, 인도, 브라질, 카리브해 연안이 속한 남북회귀선 사이의 열대 및 아열대 지방에서 재배됩니다. 한정된 지역에 집중돼 생산되다 보니 그 지역 기후에 따라 설탕가격이 좌우되죠. 특히 생산량 1위 브라질 지역의 강수량과 2위인 인도의 몬순기후 시작 시기에 따라 세계 설탕 생산량과 가격이 크게 영향을 받습니다.

세계 최대의 설탕 생산국인 브라질은 에탄올 생산과 소비에서는 2위, 수출에서는 1위입니다. 브라질에서 생산되는 사탕수수의 60%는 에탄올 생산에 이용되고 있어, 브라질의 설탕 생산은 에탄올 생산량에 의해 좌우됩니다. 에탄올이 대체재인 원유 가격과 미국으로의 에탄올 수출량을 결정짓는 미국 옥수수 가격에 따라 달라질 수 있는 만큼 앞으로 설탕 가격을 예측할 때는 원유 가격을 관심있게 지켜봐야 합니다.

설탕의 주요 생산국 중 1, 2위인 브라질과 인도의 기후, 그리고 대체에너지로서 에탄올의 사용 증대에 따라 생산량의 변화가 예상됩니다. 수요 측면에서는 중국 등 개발도상국의 경제성장과 인구 증가로 설탕 소비가 지속해서 늘어나고 있습니다. 이러한 소비의 증가는 인도 지역의 설탕 생산 감소와 브라질 자국 내 에탄올 수요 증가와 맞물려 설탕 가격 상승에 영향을 줄 것으로 예상합니다.

설탕에 투자하는 ETF는 SGG(iPath Series B Bloomberg Sugar Subindex Total Return ETN)입니다. SGG의 주가 추이를 보면 2019년

브라질 지역에 50년만의 기록적인 강수와 인도 지역의 몬순기후가
시작되는 시기가 늦춰지면서 설탕 가격이 상승했습니다.

▼ 설탕 ETF

농산물	승수	티커	ETF 명	순자산 (억 달러)	거래대금 (백만 달러)	운용보수 (%)	분배금율 (%)
설탕	1배	SGG	iPath Series B Bloomberg Sugar Subindex Total Return ETN	0	0	0.5	N/A

기준일: 2021. 8. 20.

▼ SGG ETF 주가 추이

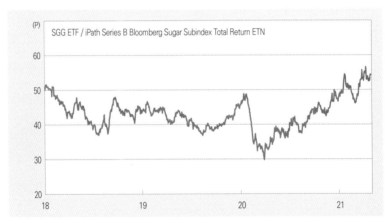

자료: Bloomberg

아침에 눈 뜨면 나를 유혹하는 커피 ─ 커피 ETF

아침에 꼭 한 잔은 먹게 된, 중독성 높은 기호식품이라고 하면 커피 아닐까요? 커피의 품종은 크게 로부스타와 아라비카 두 종류로 나뉠 수 있는데, 커피 ETF가 투자하는 상품은 아라비카입니다. 아라비카는 단맛, 신맛, 감칠맛 그리고 향이 뛰어나 다른 종류보다 가격이 조금 비쌉니다. 이러한 아라비카는 한 해는 생산량이 많았다가 한 해는 생산량이 적어지는 주기성을 보입니다. 이는 커피 생산량과 가격에 영향을 미치므로 커피 ETF에 투자하려는 분들은 꼭 알아두셔야 합니다.

2년 주기 중 수확량이 많은 해에는 광합성을 통해 얻어진 탄수화물이 커피 열매를 만드는 데 사용되고 일부만 이듬해의 커피 열매를 맺기 위한 눈을 만드는 데 사용됩니다. 반대로 수확량이 적어지는 해가 되면 광합성을 통해 만들어진 탄수화물 중 대부분이 다음 연도 커피 열매 생산을 위한 눈을 만드는 데 사용돼 수확량이 많아지는 거죠. 이러한 아라비카 생산의 주기성은 생산국과 소비국의 재고 상황에 따라 커피 가격에 미치는 영향이 클 수 있습니다. 재고가 적을 경우, 커피 가격은 올라가게 되는 거죠.

커피는 카페인의 중독성으로 다른 원자재와 다르게 가격이나 경기 상황에 따라 소비가 민감하게 반응하지는 않습니다. 물론 경제상황이 안 좋아지게 되면 스타벅스 등과 같은 브랜드 커피보다는 저렴한 동네 커피점 또는 인스턴트 커피로 수요가 전환될 수는 있겠지만요.

현재 커피의 주 소비국은 유럽, 미국, 일본 세 나라로 전체 소비의 76%를 차지하고 있습니다. 하지만 앞으로 러시아를 비롯한 동유럽 국가와 중국, 인도의 커피 소비가 어떻게 되느냐에 따라 커피 가격이 좌우될 전망입니다. 중국은 약 30만 톤의 커피를 소비하는 것으로 추정되는데 이는 일본의 7.5% 수준입니다. 훗날 중국 도심에 살고 있는 2억 5천만 명의 인구가 아세안 등 인근 국가와 비슷한 수준으로 1인당 소비를 하게 될 경우 엄청난 커피가 필요할 것입니다.

커피에 투자하는 ETF는 JO(iPath Series B Bloomberg Sugar Subindex Total Return ETN)로 아라비카 커피 선물을 추종하는 상품입니다. 2020년 코로나19 발생으로 소비 위축 영향을 받았지만 점차 이전의 가격으로 회복하고 있습니다.

▼ 커피 ETF

농산물	승수	티커	ETF 명	순자산 (억 달러)	거래대금 (백만 달러)	운용보수 (%)	분배금율 (%)
커피	1배	JO	iPath Series B Bloomberg Sugar Subindex Total Return ETN	1	4	0.5	N/A

기준일: 2021. 8. 20.

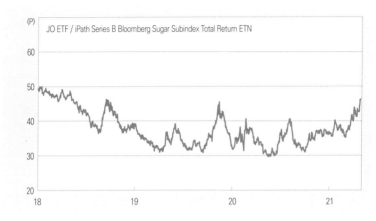

JO ETF / iPath Series B Bloomberg Sugar Subindex Total Return ETN

자료: Bloomberg

정치 상황이 가격을 움직인다 — 카카오 ETF

원래 카카오를 음료로 먼저 섭취했다는 사실을 아셨나요? 우리가 알고 있는 딱딱한 초콜릿은 1800년대 네덜란드 화학자에 의해 개발된 것입니다. 요새 초콜릿의 원료가 되는 카카오 열매의 재배 상황이 녹록지 않다고 하는데 그 이유에 대해서 알아보도록 하겠습니다.

카카오는 적도에서 남북으로 20도의 얇은 띠 안에서만 자랍니다. 카카오 나무는 식목한 후 5년이 지나야 수확할 수 있는데 10~15년 사이에 수확의 정점을 이루고 40~50년까지 수확할 수 있다고 합니다. 전체 카카오 생산의 70%를 차지하는 서아프리카 지역의 카카오 나무들은 식목한 지 35~50년 된 노목이 대부분을 차지하고 카카오 농장의 지력이 쇠퇴하여 생산 수율이 말레이시아 1.5t/헥타르에 비해 턱없이 낮은 350~400kg/헥타르 수준에 불과합니다.

게다가 카카오 생산 세계 1위 국가인 코트디부아르는 2002년 발생한 내전 이후 카카오 산업에 대한 투자가 크게 줄어 재식목이 거의 되지 않았습니다. 또한 2020년 10월에는 생활소득차등(LID) 제도를 시행했습니다. 생활소득차등 제도는 카카오가 거래될 때 카카오 구매 기업들에게 톤당 400달러씩 내도록 한 것인데, 의도는 좋았지만 카카오 가격이 오르고 판매량이 줄어들어 재고가 쌓이기 시작했습니다. 초콜릿 소비가 많이 늘어나지 않은 이상 카카오 가격이 올라가기에는 진통이 예상됩니다.

카카오의 생산은 코트디부아르, 가나, 인도네시아가 전체의 70% 정도를 차지하고 소비는 유럽과 미국이 전체의 50%를 차지하고 있습니다. 열대지역에서 생산하여 유럽과 미국이 소비하는 패턴이 커피와 비슷하죠.

카페인의 각성효과와 중독성으로 커피의 소비가 지속해서 늘어나고 있듯이 카카오도 페닐에틸아민, 세토토닌 등의 성분이 마음을 안정시키고 우울증을 완화하는 효과가 있어 '컴포트 푸드*'로 수요가 늘어나고 있습니다.

현재는 카카오 가격이 생활소득차등 제도 시행에 의해 일시적으

---

* 우리에게 기쁨과 안정을 주거나 슬프거나 아플 때 찾는 음식

로 재고가 늘어나고 있지만 앞서 언급한 노목과 지력의 쇠퇴로 코트디부아르, 가나, 인도네시아 등 주요 생산국의 생산량은 줄어들고 있어 향후 가격 상승이 진행될 가능성도 있습니다.

카카오에 투자하는 ETF는 NIB(iPath Bloomberg Cocoa Subindex Total Return ETN)로 카카오 선물을 추종하는 지수에 투자합니다. 2020년 코로나19 사태를 빗겨가지 못했지만 코로나19 사태 이전의 가격으로 많이 회복한 모습입니다.

▼ 카카오 ETF

농산물	승수	티커	ETF 명	순자산 (억 달러)	거래대금 (백만 달러)	운용보수 (%)	분배금율 (%)
카카오	1배	NIB	iPath Bloomberg Cocoa Subindex Total Return ETN	0	1	0.7	N/A

기준일: 2021. 8. 20.

▼ NIB ETF 가격 추이

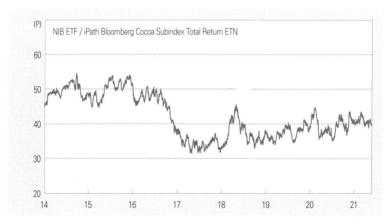

자료: Bloomberg

기초금속, 산업금속에 ETF로 투자한다

10년 전후로 위기가 찾아온다는 말은 살면서 한 번쯤 들어본 것 같은데, 왜 항상 위기가 지나간 후에 떠오르는 걸까요? 다행히도 나 혼자만 그런 게 아닌 다수의 사람도 똑같이 느끼고 있을 테니 너무 자책할 필요는 없습니다. 위기가 지난 이후에도 투자 기회는 얼마든지 있으니까요. 위기 이후 경기 회복이 찾아오는 시점에 주목받을 수 있는 대표적 원자재가 금속이라는 점에서 지금부터 살펴보도록 하겠습니다.

경기가 좋아진다면 단연 구리 — 구리 ETF

주머니 속 동전부터 반짝이는 액세서리, 비행기, 자동차까지 구리는 우리 생활 전반에 속속들이 자리하고 있습니다. 구리는 천연상태에서 금속으로 산출되기도 하고 광석에서 추출하기도 쉬워 오래전부터 인류가 이용해온 대표적 금속입니다. 구리는 말 그대로 인류 최초의 금속이고 구리의 발견은 금속기 시대를 등장케 했습니다. 구리와 주석을 합금하여 만든 것이 청동이고 청동을 주로 사용했던 시대가 우리가 잘 알고 있는 청동기 시대인 거죠.

청동은 돌과 부딪히면 부러질 정도로 약해 오히려 상징적 의미를 지녔습니다. 그래서 지배자들만이 가질 수 있었고 종교의식에 쓰였던 제기를 만드는 등 부와 권력의 상징물이었죠. 구리는 한발 더 나아가 화폐 그 자체로도 쓰였습니다. 기원전 6세기부터 3세기까지 고대 로마에서는 자연산 구리 덩어리가 화폐의 기능을 했죠. 오래전부터 금, 은과 함께 동전을 만드는 화폐금속 중 하나로 사용되기도 했습니다. 이처럼 현재 사용되고 있는 백 원 주화, 오백 원 주화 역시 구리를 주성분으로 니켈과 합금한 백동화이니 인류와 가장 오랜 시간을 함께한 금속인 구리가 여전히 우리 주머니 안에 있는 셈입니다.

구리는 청동기 시대의 주역으로 인류 문화의 한 시대를 풍미하다가 철기시대로 넘어가면서 역사의 뒤안길로 사라지는 것처럼 보였습니다. 그러나 산업혁명 시기에 철과 함께 기계용 재료로 많이 쓰이기 시작했고 19세기, 20세기에는 전기의 이용이 늘어나면서 전선을 비롯한 전기 자재의 재료로 수요가 급증하게 됩니다. 그러면서 채광, 제련기술도 함께 발달해 구리는 현대산업에 없어서는 안 될 주된 원자재로서 화려하게 부활하게 된 것입니다.

구리는 현대산업의 근간을 이루는 전기·전자, 건설, 기계 등에 폭넓게 사용되는 만큼 경기에 민감한 원자재 중 으뜸을 자처하게 되었습니다. 즉 구리의 가격을 향후 경기를 예측할 수 있는 경기선행지수*로 인식되게 되었다는 점입니다. 과거 글로벌 위기 국면에서 경기가 바닥을 통과하는 시점에 구리 가격이 먼저 상승 신호를 보여줬다는 점에서 2020년 코로나19 발생 이후 경기가 회복되기 시작한 현재, 투자 기회로 구리를 바라보는 시각도 괜찮다는 생각입니다.

아래 그림을 통해 구리 가격을 살펴보면 2008년 금융위기 이후 세계 경기 확장과 맞물리며 구리 가격이 상승했다가 2020년 코로나

▼ **구리 가격 추이**

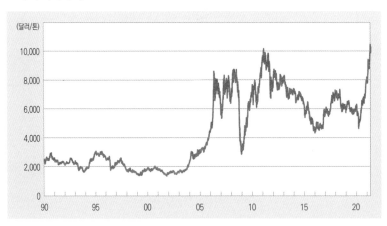

자료: Bloomberg

....

* 경기동향에 대한 각종 경제 통계 중 경기의 움직임에 선행하여 움직이는 지수

19 사태와 함께 구리 가격이 폭락했습니다. 그리고 나서 경기 회복과 맞물리며 구리 가격은 안정세를 되찾고 있습니다. 이처럼 구리 가격은 경기에 민감하기 때문에 향후 경기 흐름을 살펴볼 필요가 있습니다.

구리의 수요 대부분은 제조업/장비 내 전기·전자 분야가 차지합니다. 전력설비, 통신, 전자제품, 조명장치 및 배선 장치에 이르기까지 다양한 분야에서 쓰이는데, 전기를 생산하는 전자석과 전선 등 전기와 관련된 분야에서 구리의 40% 이상이 쓰이는 것이죠. 주요 구리 생산국으로는 전 세계 매장량의 1/3을 보유한 칠레가 1위이며, 이외에도 페루, 중국, 미국, 콩고, 호주 등이 있습니다. 주요 생산국 중 중국, 미국 그리고 독일, 일본, 한국은 대표적 구리 소비국이기도 합니다.

▼ 구리의 수요 산업 비중

(단위: %)

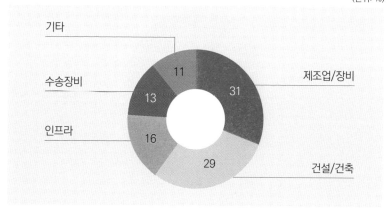

기타 11
수송장비 13
인프라 16
29
31 제조업/장비
건설/건축

기준일: 2020년

자료: WBMS

▼ 구리 생산 국가

(단위: %)

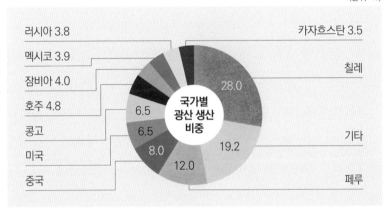

국가별
광산 생산
비중

카자흐스탄 3.5

칠레 28.0

기타 19.2

페루 12.0

중국 8.0

미국 6.5

콩고 6.5

호주 4.8

잠비아 4.0

멕시코 3.9

러시아 3.8

기준일: 2020년

자료: WBMS

▼ 구리 소비 국가

(단위: %)

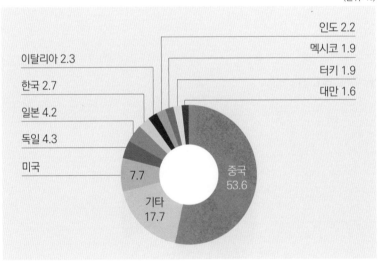

인도 2.2

멕시코 1.9

터키 1.9

대만 1.6

중국 53.6

기타 17.7

미국 7.7

독일 4.3

일본 4.2

한국 2.7

이탈리아 2.3

기준일: 2020년

자료: WBMS

구리에 투자하는 대표적 ETF는 CPER(United States Copper Index Fund)입니다. SummerHaven Copper Index Total Return를 추종하며 경쟁 상품인 JJC(iPath Series B Bloomberg Copper Subindex Total Return ETN)보다 순자산 규모가 3.5배 크지만 운용비용은 0.80% 높습니다. 또한 COPX(Global X Copper Miners ETF)는 구리광산 관련 기업으로 구성된 ETF인데 구리 선물 지수가 아닌 기업 주식에 더 관심이 있는 투자자에게 적합한 상품입니다.

▼ 구리 ETF

원자재	승수	티커	ETF 명	순자산 (억 달러)	거래대금 (백만 달러)	운용보수 (%)	분배금율 (%)
구리	1배	CPER	United States Copper Index Fund	3	7	0.8	N/A
	1배	JJC	iPath Series B Bloomberg Copper Subindex Total Return ETN	1	1	0.5	N/A
	1배	COPX	Global X Copper Miners ETF	10	25	0.7	1.4

기준일: 2021. 8. 20.

전동화로 가벼워지는 자동차 ─ 알루미늄 ETF

알루미늄이 하늘을 날게 했다면 믿으시겠습니까? 라이트 형제가 만든 첫번째 비행기는 글라이더였습니다. 글라이더는 바람이 없으면 날지 못한다는 문제점을 가지고 있었죠. 그래서 라이트 형제는 프로펠러와 프로펠러를 돌릴 수 있는 엔진에 대해 고민하기 시작했습니다. 그 당시 엔진은 크고 무겁기 짝이 없었습니다. 그래서 비행에 적합한 엔진을 만들기 위해 가볍고 튼튼한 알루미늄을 사용했죠.

라이트 형제는 알루미늄 엔진을 설치한 비행기를 플라이어 1호라고 칭하고, 1903년 12월 17일 플라이어 1호는 바람의 도움없이 엔진과 프로펠러의 힘으로 날아 올랐습니다. 이는 인류 최초의 동력비행 성공 기록입니다. 라이트 형제 시절, 알루미늄이 비행을 가능하게 했다면, 현시대에는 알루미늄이 자동차의 무게를 줄여주어 조만간 하늘을 나는 자동차를 가능하게 할지도 모릅니다.

알루미늄은 지구에서 흔히 발견되는 광석 성분이지만 구리나 철처럼 인류가 사용한 역사가 길지가 않습니다. 구리, 철과 달리 알루미늄을 순수한 형태의 금속으로 분리해 내는 것이 쉽지 않았기 때문이죠. 그래서 매우 귀하게 여겨졌고 왕이 사는 궁전의 장신구나 식기에만 사용되었습니다. 이후 19세기 중후반까지도 알루미늄의 대량생산은 꿈도 꾸지 못했습니다. 그런데 19세기 중후반 융해된 금속과 암석의 액상을 분리하는 기술인 전기용해방식이 등장했고, 엄청난 양의 전력을 생산할 수 있는 기반이 마련되면서 알루미늄의 대량생산이 가능하게 되었습니다.

중국은 세계의 공장으로서 원자재 시장의 큰 손입니다. 알루미늄에 대한 수요도 전 세계 국가 중 가장 높습니다. 2021년 7월 현재 3조 2,359억 달러에 달하는 외환보유고를 가진 중국은 외환보유고의 다

변화 차원에서 원자재를 사들이고 있습니다. 1980년대 일본과 독일, 1990년대 미국이 세계 경제를 견인하는 주축이었다면 21세기에는 중국이 미국 경제 규모를 추월하며 14억 인구를 바탕으로 세계 경제를 이끌 가능성이 큽니다. 1990년대에 자리 잡은 제조 기반을 바탕으로 자국 내에서 생산과 소비라는 메커니즘이 유기적으로 작동할 경우, 원자재 시장에서 중국의 입김은 커질 수밖에 없는 상황입니다.

알루미늄의 수요는 전체 비중의 26% 차지하는 운송산업이 이끌고 있습니다. 운송산업에서 자동차, 항공기를 제작할 때 경량부품으로 쓰이는데, 자동차 제조사들은 차체를 가볍게 하고 연비를 높이기 위해 알루미늄 비율을 늘리려고 하고 있습니다. 그리고 경량골조와 창틀 등으로 건설 업종에 쓰이며 캔, 호일, 제약용 포장 등 포장 산업에서까지 폭넓게 사용되고 있습니다.

▼ **알루미늄의 수요 산업 비중**

(단위: %)

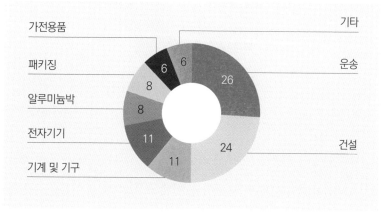

기준일: 2020년   자료: WBMS

▼ 알루미늄 소비 국가

▼ 알루미늄 소비 국가   (단위: %)

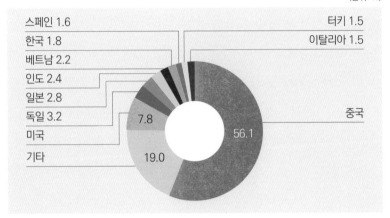

스페인 1.6
한국 1.8
베트남 2.2
인도 2.4
일본 2.8
독일 3.2
미국
기타

터키 1.5
이탈리아 1.5

7.8

중국

56.1

19.0

기준일: 2020년   자료: WBMS

▼ 알루미늄 생산 국가   (단위: %)

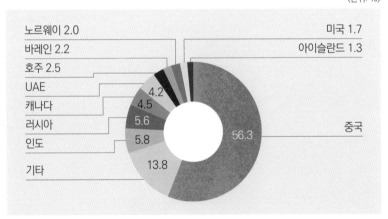

노르웨이 2.0
바레인 2.2
호주 2.5
UAE
캐나다
러시아
인도
기타

미국 1.7
아이슬란드 1.3

4.2
4.5
5.6
5.8

13.8

56.3

중국

기준일: 2020년   자료: WBMS

  국가별 소비 비중을 보면 중국이 1위를 차지하고 있고 일본, 한국 등 동아시아권이 61%로 알루미늄 전체 소비의 절반 이상을 차지합니다. 알루미늄의 국가별 생산량은 중국이 56.3%, 인도 5.8%, 러시아 5.6%, 캐나다 4.5%, UAE 4.2% 순으로 차지하고 있습니다.

알루미늄에 투자하는 상품은 ETN 형태로 1종입니다. 바로 알루미늄 선물에 투자하는 JJU(iPath Series B Bloomberg Aluminum Subindex Total Return ETN)입니다. 아니면 알루미늄을 포함하고 있는 금속 ETF인 DBB(Invesco DB Base Metals Fund), JJM(iPath Series B Bloomberg Industrial Metals Subindex Total Return ETN)에 다른 금속품과 함께 투자하는 방법이 있습니다.

▼ 알루미늄 ETF

원자재	승수	티커	ETF 명	순자산 (억 달러)	거래대금 (백만 달러)	운용보수 (%)	분배금율 (%)
알루 미늄	1배	JJU	iPath Series B Bloomberg Aluminum Subindex Total Return ETN	0	0	0.5	N/A

기준일: 2021. 8. 20.

모든 금속에 투자한다 — 산업금속 ETF

어렸을 적 과자선물 세트를 받으면 너무 신이 났던 적이 있습니다. 그동안 사먹고 싶었던 과자도 운이 좋으면 들어 있었고, 하나보다는 여러 개를 가질 수 있다는 생각 자체만으로 배가 불렀던 기억도 있고요. 구리, 알루미늄처럼 단일 금속에 투자하는 ETF도 있지만 구리, 알루미늄 등 여러 금속을 투자할 수 있는 ETF가 더욱 활발하게 거래되고 있습니다.

금속은 물리적으로 밝은 광택을 띠며 열전도율과 전기전도율이 좋은 물질을 이야기하는데요. 일반적으로 모든 금속은 철, 비철, 합금의 범주로 구분될 수 있습니다.

철 그룹은 주성분이 철로 이루어져 있고 요구되는 특성을 위해 적은 양의 다른 금속이나 원소(탄소(C), 망간(Mn), 니켈(Ni), 크롬(Cr), 텅스텐(W) 등)를 함유합니다. 대부분의 철 합금은 약한 자성을 띠며 부식에 약하지만 철, 니켈, 코발트 금속과 그들의 합금은 매우 강한 자성을 띱니다. 비철 금속은 철을 포함하지 않는 금속을 뜻합니다. 그들은 자성을 띠지 않으며, 철 금속에 비해 부식에 더 저항성을 가집니다. 비철 금속으로는 알루미늄, 구리, 납, 아연, 주석, 은, 금 등이 있습니다. 합금은 둘 또는 그 이상의 금속이나 다른 원소가 합쳐져 만들어지는 새로운 금속입니다. 무한한 특성을 가진 무한한 수의 합금이 만들어질 수 있습니다.

산업금속은 빌딩, 교량, 자동차, 배, 알루미늄 팬, 동전 등의 대량 생산에 이상적인 물질입니다. 이와 대조적으로 금이나 은 같은 귀금속들은 반지, 잔 등과 같은 심미적 제품 생산을 위해 가공됩니다. 어떤 금속은 특수한 용도가 있습니다. 우라늄과 플루토늄 같은 방사능 금속은 핵분열을 통해 원자력 발전에 사용되고, 수은은 상온에서의 액체상을 가지는 특성을 가지며 회로에서 스위치로 사용됩니다. 형상기억합금은 파이프, 결속 용구, 혈관 스텐트 등에 사용됩니다. 가장 흔하게 사용되는 금속은 철, 알루미늄, 티타늄, 아연, 마그네슘 등이 있습니다.

여러 산업금속에 투자 가능한 ETF는 DBB(Invesco DB Base Metals Fund) 1종과 ETN 형태인 JJM(iPath Series B Bloomberg Industrial Metals Subindex Total Return ETN)이며, 두 상품 모두 선물에 투자됩니다. 두 상품 간 차이는 구성 금속과 비중의 차이로 DBB는 알루미늄, 구리, 아연에 1/3씩 투자되고 JJM은 구리 비중이 가장 높고 알루미늄, 아연, 니켈 순으로 투자됩니다.

▼ 산업금속 ETF

원자재	승수	티커	ETF 명	순자산 (억 달러)	거래대금 (백만 달러)	운용보수 (%)	분배금율 (%)
산업 금속	1배	DBB	Invesco DB Base Metals Fund	4	6	0.8	N/A
산업 금속	1배	JJM	iPath Series B Bloomberg Industrial Metals Subindex Total Return ETN	0	0	0.5	N/A
구리	1배	CPER	United States Copper Index Fund	3	7	0.8	N/A
구리	1배	JJC	iPath Series B Bloomberg Copper Subindex Total Return ETN	1	1	0.5	N/A
니켈	1배	JJN	iPath Series B Bloomberg Nickel Subindex Total Return ETN	0	0	0.5	N/A
주석	1배	JJT	iPath Series B Bloomberg Tin Subindex Total Return ETN	0	0	0.5	N/A
주석	1배	LD	iPath Bloomberg Lead Subindex Total Return ETN	0	0	0.7	N/A
알루 미늄	1배	JJU	iPath Series B Bloomberg Aluminum Subindex Total Return ETN	0	0	0.5	N/A

기준일: 2021. 8. 20.

대표적 안전자산,
채권에 ETF로 투자한다

채권 투자의 장점은 뭐니 뭐니해도 안정성에 있습니다. 그리고 이러한 채권을 ETF를 통해 매매한다면 손쉽게 투자할 수 있는 편의성까지 갖추게 되니 일거양득이라고 할 수 있습니다. 지금부터는 다양한 채권의 종류와 ETF를 통해 채권에 투자하는 방법을 알아보도록 하겠습니다.

왜 채권에 투자해야 하는가?

편식이 나쁜 습관인 것처럼 투자할 때도 한 가지 자산에 집중하는 것은 위험에 노출될 가능성을 높이게 됩니다. 주식시장의 변동성이 큰 만큼 혹시 모를 주식투자의 손실을 채권 투자를 통해 상쇄할 수 있도록 포트폴리오를 설계해야 하는 거죠. 이는 경기순환을 염두에 두고 국면별 선호자산이 달라진다는 점을 함께 생각해 보면 바로 이해가 되실 겁니다.

주식의 경우 경기가 수축 국면에 진입하게 되면 주가가 하락할 가능성이 커지지만 채권은 고정된 이자와 원금을 지급하기 때문에 수축 국면에서 오히려 채권의 선호도가 높아지게 됩니다. 반대로 경기가 확장 국면에 진입하게 되면 주식 가격이 상승할 가능성이 커지기 때문에 채권의 매력은 떨어지게 됩니다. 이렇게 경기순환을 맞이하는 국면별로 선호되는 자산이 달라진다는 점에서 채권도 포트폴리오의 한 축으로 보유해야 합니다.

채권은 정부, 공공기관, 특수법인, 주식회사 등 법률로 정해진 조직이 일정 기간 동안 거액의 자금을 조달하기 위해 발행하는 확정이자부 유가증권입니다. 쉽게 이야기하면 한 회사가 자금을 조달하기 위해 일정기간이 지난 후에 원금과 그에 대한 이자를 주기로 약속하고 발행하는 차용증서라고 할 수 있습니다.

채권은 발행주체에 따라 아래 그림에서와 같이 5가지 채권으로 분류됩니다. ETF를 통한 채권투자의 유형이 발행주체를 중심으로 대분류되는 점을 감안해 한국 채권시장을 기준으로 알려 드립니다.

분류	종류	발행주체	발행방법	신용도
국채	국고채, 외국환평형기금 채권	정부	경쟁입찰	최고
	국민주택 1종, 2종	정부	자기자본	최고
지방채	각종지역개발채권, 도시철도 채권	지방자치단체	첨가소화	고
특수채	한국전력공사채, 도로공사채, 예금보험공사채 등	특별법에 의한 법인	경쟁입찰	고
금융채	통화안정증권	한국은행	경쟁입찰, 창구매출	최고
	산업금융채권, 중소기업금융채권	한국산업은행, 중소기업은행	경쟁입찰, 창구매출	고
	기타은행채권	기타은행	경쟁입찰	중
	카드채권	카드사	경쟁입찰	중, 저
회사채	기타회사채	상업에 의한 법인	경쟁입찰	회사에 따라 다양

　채권이라고 하면 낮은 금리를 떠올리며 '채권 투자해서 돈은 벌겠어?'라고 생각하죠. 하지만 개별 상품 투자가 아닌 포트폴리오 투자 관점에서 바라본다면 채권은 매우 중요한 역할을 합니다.

　전반적으로 채권은 분기별, 반기별 혹은 일년에 한 번씩 이자를 지급하기 때문에 투자자 입장에서 일정한 현금흐름을 확보하기가 수월합니다. 또한 주식시장에만 투자할 경우 주식시장의 변동성에 따라 전체 수익률의 변동성도 커질 수밖에 없어 변동성을 낮추는 역할을 채권이 도맡아 준다는 장점이 있습니다.

가장 안전한 투자 — 국채 ETF

시장이 어질어질하면 전일 미국 금융시장에서 미 국채 10년물 금리가 어떻게 끝났다는 머리기사를 자주 보게 됩니다. 금리의 움직임에 따라 미국 채권에 대한 선호가 나눠지기 때문이죠. 통상 미국 국채로 불리는 미국 재무부 채권은 재무부 명의로 일반 대중에게 발행된 채권이라는 점에서 믿고 투자할 만한 대표적인 국채입니다. 외국 정부와 중앙은행도 대외 지급 준비 운용수단으로 이용하고, 글로벌 대형 금융기관이나 기관투자자도 투자 수단으로 미국 채권을 선택하는 걸 보면 미국 국채는 단언할 수는 없지만 안정성이 매우 높은 채권 중에 하나입니다.

미국 채권은 만기와 이자지급 방법에 따라 T-Bil, T-Note, T-Bond로 구분할 수 있습니다. 만기별로 살펴보면 T-bil은 1년 이하의 단기채, T-Note는 1년 이상 10년 이하의 중기채, T-Bond는 10년 이상의 장기채입니다. 만기가 1년 이하인 국채는 단기 금융시장에서 거래되는 타 채권보다 수익률은 다소 낮지만 파산위험이 거의 없고 공급량도 많습니다. 또한 상환기간도 1년 이내여서 안정성과 유동성이 상대적으로 높습니다. 10~30년물 국채는 미국에서 발행하는 글로벌본드*의 기준금리로 사용되며 한국은행이 발행하는 외국환평

....

* 세계 주요 금융시장에서 동시에 발행되는 국제채권

형기금채권의 기준금리로 쓰이기도 합니다.

재무부 채권 내 순자산 규모가 큰 ETF는 SHY(iShares 1-3 Yrar Treasury Bond ETF)이며 1년에서 3년 이하의 만기를 가진 채권으로 구성되었습니다. 재무부 채권 가운데 만기가 7년에서 10년 이하, 20년 이상 되는 채권을 가진 중장기채 ETF의 경우 3배 레버리지에서 -3배 인버스 상품까지 다양한 라인업을 갖춘 만큼 중장기채 시장 내에서 다양하게 전술적인 대응을 구사할 수 있습니다.

▼ 미국 국채에 투자하는 ETF

통화	승수	티커	ETF 명	순자산 (억 달러)	거래대금 (백만 달러)	운용보수 (%)	분배금율 (%)
전체	1배	GOVT	IShares U.S. Treasury Bond ETF	155	126	0.1	1.9
단기	-1배	SHV	IShares Short U.S.Treasury Bond ETF	145	145	0.2	0.2
	1배	SHY	iShares 1-3 Yrar Treasury Bond ETF	192	198	0.2	0.4
	1배	VGSH	Vanguard Short-Term Treasury Index ETF	134	76	0.1	1.1
	1배	BIL	SPDR Bloomberg Barclays 1-3 Month T-Bill ETF	120	85	0.1	0.0
중기	1배	IEI	IShares 3-7 Year Treasury Bond ETF	110	102	0.2	0.8
	1배	SPTL	SPDR Portfolio Long Term Treasury ETF	42	85	0.1	1.6
장기	1배	IEF	IShares 7-10 Year Treasury Bond ETF	147	810	0.2	0.8
	1배	TLT	IShares 20+ Year Treasury Bond ETF	176	2,229	0.2	1.4

2배	UBT	Proshares Ultra 20+ Year Treasury Bond ETF	1	3	1.0	N/A
2배	UST	Proshares Ultra 7-10 Year Treasury	0	1	1.0	0.4
3배	TMF	Direxion Daily 20+ Year Treasury Bull 3x Shares	4	42	1.0	2.4
3배	TYO	Direxion Daily 7-10 Year Treasury Bull 3x Shares	0	1	1.0	N/A
-1배	TBF	Proshares Short 20+ Year Treasury	6	18	0.9	N/A
-2배	TBT	Proshares UltraShort 20+ Year Treasury	15	79	0.9	N/A
-2배	PST	Proshares UltraShort 7-10 Year Treasury	1	1	1.0	N/A
-3배	TMV	Direxion Daily 20+ Year Treasury Bear 3x Shares	3	28	1.0	N/A

기준일: 2021. 8. 20.

뉴욕시티가 발행하는 국채 투자? ─ 지방채 ETF

한국의 지역개발 채권, 도시철도 채권과 마찬가지로 미국 재무부가 아닌 주 정부와 지방정부가 발행하는 채권도 있습니다. 과연 어떤 지방채길래 국채를 제쳐두고 투자하는 걸까요?

주 정부와 지방정부가 발행하는 채권은 고속도로, 학교 등 공공인 프라를 보수하거나 짓기 위한 용도로 많이 발행합니다. 재무부 채권이 아닌 만큼, 안정성은 다소 떨어지지만 연방소득세가 부과되지 않습니다. 그리고 본인이 거주한 주에서 발행하는 채권을 매입하는 경우 주 정부세와 지방세도 면제되기 때문에 지방채만이 가지고 있는 매력에 빠진 투자 수요가 존재합니다.

지방채에 투자하는 ETF 가운데 순자산규모가 큰 ETF는 MUB (iShares National Muni Bond ETF)로, 구성 채권의 만기를 살펴보면 7년에서 10년 이하가 24.3%로 가장 많고 5년에서 7년 이하가 20.9%를 차지하고 있습니다. 만기별 투자뿐만 아니라 텍사스, 캘리포니아, 뉴욕시가 발행한 지방채에 투자하는 상품도 출시되어 있습니다.

▼ 지방채 ETF

지방채	승수	티커	ETF 명	순자산 (억 달러)	거래대금 (백만 달러)	운용보수 (%)	분배금율 (%)
장기	1배	MUB	iShares National Muni Bond ETF	234	122	0.1	1.9
	1배	TFI	SPDR Nuveen Bloomberg Barclays Municipal Bond ETF	38	21	0.2	1.9
	1배	PZA	Invesco National AMT-Free Municipal Bond ETF	25	8	0.3	2.3
중기	1배	ITM	VanEck Vectors Intermediate Muni ETF	19	6	0.2	1.9
단기	1배	SHM	SPDR Nuveen Bloomberg Barclays Short Term Municipal Bond ETF	49	16	0.2	1.0
	1배	SUB	iShares Short-term National Muni Bond ETF	59	37	0.1	0.9

하이 일드	1배	HYD	VanEck Vectors High Yield Muni ETF	40	33	0.4	3.6
텍사스	1배	BAB	Invesco Taxable Municipal ETF	24	9	0.3	2.5
캘리 포니아	1배	CMF	iShares Califinia Muni Bond ETF	19	5	0.3	1.6
뉴욕	1배	NYF	iShares New York Muni Bond ETF	5	1	0.3	1.9

기준일: 2021. 8. 20.

골라 먹는 재미 — 특별한 채권 ETF

미국시장에 상장된 채권 ETF에는 국채, 지방채 외에도 회사채, 그리고 물가가 올라갈 때 헤지할 수 있는 채권 등 다양한 상품들이 존재합니다.

2021년 코로나19 백신이 보급된 이후로 경기 회복에 대한 기대가 커지면서 실제로 물가를 나타내는 경제지표도 상승세를 보이고 있습니다. 이러한 환경에서 눈여겨볼 채권 ETF는 물가연동 채권 ETF인 TIP(iShares TIPS Bond ETF)입니다.

TIP ETF가 투자하는 채권은 표면이자가 낮지만 인플레이션이 발생하면 인플레이션율 만큼 원금이나 이자를 조정해 줍니다. 이 채권은 소비자물가지수(CPI)로 인플레이션율을 측정하여 원금을 조정합니다. 만기 시에는 액면 금액과 조정된 원금 가운데 더 큰 금액을 지급하기 때문에 원금이 감소한 경우에도 액면 금액의 하락은 없습니다.

물가연동 채권 이외에도 고위험, 고수익 채권인 정크본드에 투자하는 JNK(SPDR Bloomberg Barclays High Yield Bond ETF)도 있습니다. 부도 위험이 높은 채권에 투자하는 만큼 그에 상응하는 높은 이자율을 기대할 수 있어 채권시장 내 공격적인 성향의 투자자들이 주로 선호합니다. 이처럼 미국시장에서는 채권 ETF를 통해 적은 비용으로 손쉽게 다양한 채권에 투자할 수 있어서 채권 시장에 닥치는 굵직한 변곡점에서 전술적으로 대응할 수 있습니다.

▼ 기타 채권 ETF

채권	승수	티커	ETF 명	순자산 (억 달러)	거래대금 (백만 달러)	운용보수 (%)	분배금율 (%)
우선주	1배	PFF	iShares Preferred andome Securities ETF	200	139	0.5	4.5
물가 연동채	1배	TIP	Ishares Trust United States Treasury	325	472	0.2	3.1
MBS	1배	MBB	iShares MBS ETF	248	162	0.1	1.7
하이일드	1배	HYG	iShares iBoxx $ High Yieldorate Bond Fund	196	1,612	0.5	4.4
정크 본드	1배	JNK	SPDR Bloomberg Barclays High Yield Bond ETF	87	730	0.4	4.5
시니어론	1배	BKLN	Invesco Senior Loan ETF	60	139	0.7	3.2
전환사채	1배	CWB	SPDR Bloomberg Barclays Convertible Securities ETF	64	65	0.4	2.2

이머징 국채 (달러표시)	1배	EMB	iShares JPMorgan USD Emerging Markets Bond ETF	208	420	0.4	3.9
이머징 국채 (현지통화)	1배	EMLC	VanEck Vectors JP Morgan EM Local Currency Bd ETF	36	60	0.3	4.9
이머징 하이일드	1배	HYEM	VanEck Vectors Emg Mkts High Yield Bd ETF	13	14	0.4	5.2

기준일: 2021. 8. 20.

비대면 시대의
산업 수혜, 리츠에
ETF로 투자한다

코로나19가 가져온 큰 변화는 일상을 빼앗긴 슬픔이라고 표현해도 무방해 보입니다. 대면의 공존이 아닌 비대면의 공존이 정착되어 가면서, 부동산에 쉽게 투자할 수 있는 수단인 리츠 시장에도 큰 변화가 찾아왔습니다.

과거 리츠가 보유하고 있는 부동산은 아파트, 오피스, 리테일이 중심이었지만 코로나19가 가져온 비대면의 일상화로 통신 인프라, 데이터센터, 물류센터까지 다양화되었습니다. 향후 코로나19가 종식되더라도 비대면이라는 흔적은 지워지기보다 더욱 확장되어갈 가능성이 크다는 점에서 리츠 투자는 또 하나의 투자 기회가 될 것입니다.

▼ 다양한 리츠 자산들

인프라 (ex. 셀타워)	데이터 센터	산업 (ex. 물류)
주거 (ex. 아파트)	오피스	셀프스토리지
헬스케어 (ex. 요양원, 병원)	호텔	리테일 (ex. 쇼핑몰)

왜 리츠에 투자해야 하는가?

리츠는 다수의 투자자로부터 자금을 모아 부동산 및 부동산 관련 유가증권에 투자하고 운용해, 그 수익을 투자자에게 배당해줍니다. 지난 45년 동안 리츠의 총수익률은 물가상승뿐 아니라 채권, 주식, 기타 자산의 성과를 상회해 오면서 배당 수익과 장기 시세 차익 그리고 자산 포트폴리오의 위험을 줄여주는 역할을 해왔습니다.

미국 리츠는 1조 달러를 초과하는 시가총액과 2조 달러에 이르는 자산을 보유한 전 세계 최대 리츠 시장입니다. 1960년 미국 의회가 소액 투자자들도 상업용 부동산에 투자하여 이익을 얻을 수 있게 하려고 리츠 입법 체계를 확립한 후, 미국 리츠 시장은 빠른 속도로 성장해 왔습니다. 미국 리츠의 섹터는 전통적인 아파트, 오피스, 리테일 뿐만 아니라 인프라, 물류센터, 데이터센터 등 다양한 섹터가 상장되어 있습니다.

▼ 포트폴리오 효과

구분	포트폴리오 비중(%)				연평균	
	주식	채권	현금	리츠	수익률(%)	위험(%)
포트폴리오1 (리츠 0%)	50	40	10	0	10.0	10.0
포트폴리오2 (리츠 10%)	45	35	10	10	10.3	10.0
포트폴리오3 (리츠 20%)	38	32	10	20	10.6	10.0

기준일: 2019년 자료: Morning Star, NAREIT, Wilshire Fund Management

▼ US REITS의 섹터 종목 수와 대표 종목

섹터	대표 종목	
인프라	아메리칸타워(AMT)	크라운캐슬 인터내셔널(CCI)
데이터 센터	이퀴닉스(EQIX)	디지털리얼티 트러스트(DLR)
산업(물류)	프로로지스(PLD)	듀크리얼티(DRE)
주거	아발론베이커뮤니티(AVB)	에쿼티레지덴셜(EQR)
오피스	알렉산드리아 RE(ARE)	보스턴 프로퍼티(BXP)
리테일	리얼티인컴(O)	사이먼 프로퍼티(SPG)
셀프스토리지	퍼블릭 스토리지(PSA)	엑스트라 스페이스(EXR)
헬스케어	웰타워(WELL)	벤타스(VTR)
호텔&리조트	호스트 호텔&리조트(HST)	파크 호텔스&리조트(PK)
팀버(목재)	와이어하우저(WY)	레이오니어(RYN)
다각화	WP 케어리(WPC)	보나도 리얼티(VNO)
스페셜티	VICI 프로퍼티(VICI)	아이언 마운틴(IRM)
모기지	애널리 캐피탈(NLY)	AGNC 인베스트(AGNC)

리츠는 주식처럼 편하게 거래할 수 있고 전문가가 실물 부동산을 대신 관리해 주기 때문에 편리합니다. 원하는 기초자산을 선택할 수 있고 기대수익률이 낮을 경우 매각이 간단하며 배당을 통한 정기적인 현금흐름 창출도 용이합니다. 그래서 정기적인 현금흐름을 원하는 투자자나 고정적인 수입이 필요한 연금생활자에게 적합합니다. 리츠가 가장 발달한 미국에서는 약 8,700만 명이 퇴직 저축과 투자 기금을 통해 리츠에 투자하여 노후를 준비하고 있습니다.

빅데이터 시대 — 데이터센터 리츠 ETF

줌을 이용한 화상회의와 교육, 이제는 익숙한 풍경이 되었습니다. 다른 누군가와 채널을 통해 연결되기 위해서는 눈에 보이지 않은 데이터가 필요합니다. 그 양이 급속도로 늘어나는 것을 매달 핸드폰 청구서를 통해 확인하는 일이 일상화가 되었는데요. 한번 자리 잡기 시작한 사회 및 문화적 변화는 쉽게 바뀌기 어렵습니다. 결국 비대면 시대가 개화되기 시작하면서 데이터센터에 대한 수요는 늘어날 수밖에 없는 딜레마에 빠지게 됐습니다.

데이터센터 리츠는 데이터센터를 보유하고 운영하면서 임차인에게 서버 공간을 제공하는 대가로 임대료를 징수합니다. 공간 전체를 임대하는 Wholesale, 다수 기업이 공유하는 Retail, 기업 간 데이터를 교환하는 Interconnection 사업을 영위하는데요. 4차 산업혁명 시대와 함께 5G 네트워크, 빅 데이터, 사물 인터넷 등의 기술이 발전하면서 데이터센터에 대한 수요는 지속적으로 증가할 전망입니다.

미국 데이터센터를 대표하는 리츠는 이퀴닉스입니다. 26개국에 211개의 데이터센터를 운영하며 데이터 수요의 빠른 증가세로 2010년 이후 데이터센터 시장 성장의 혜택을 받고 있습니다. 또한 데이터센터를 이용하는 고객 간의 빠른 연결을 제공하는 Interconnection 사업 또한 플랫폼 사업의 속성 상 1위 사업자인 이퀴닉스에게 가장 유리해 높은 성장세를 나타내고 있습니다.

언택트가 가져온 물류 호황 — 물류센터 리츠 ETF

보복 소비의 결과일까요? 물류대란이 산업 전반에 퍼지면서 웃어야 할지, 울어야 할지 모르는 상황이 발생하고 있습니다. 언택트 문화가 가져온 데이터 수요 증가와 함께 온라인 배송의 폭발적인 증가세가 물류센터의 호황으로 연결되었습니다. 그렇기에 물류센터도 리츠 투자 섹터 중 하나로서 당분간 자리를 잡을 가능성이 큽니다.

산업/물류 리츠는 배송센터, 물류창고 등 산업 관련 부동산을 소유하고 운영합니다. 전체 소매 판매에서 전자상거래 매출이 차지하는 비율은 10% 내외에 그치고 있지만 향후 전자상거래의 성장 잠재

력은 높습니다. 특히 온라인 배송의 편리함을 맛보게 된 소비자들이 코로나19가 종식된다고 해서 오프라인 쇼핑으로 소비 행태를 급격히 바꾸긴 어려울 것입니다.

미국 물류센터를 대표하는 리츠는 듀크 리얼티입니다. 미국 중서부와 연안에 529개의 물류창고를 보유하고 있고 아마존, UPS, NFI 등의 대형 물류 및 전자상거래 회사가 주로 임차하고 있습니다. 수요가 높은 대도시 인근 라스트 마일(30마일 이내)에 물류창고 개발을 집중하고 있고 향후 E-Commerce 성장 가속화로 물류창고 수요는 꾸준히 증가할 것으로 기대됩니다.

리츠에 투자하는 대표적인 ETF는 SCHH(Schwab U.S. REIT ETF)로, 미국 리츠이자 순자산 규모가 가장 큽니다. Dow Jones Equity All REIT Capped Index를 추종하고, 보유 리츠의 시가총액 분포로 살펴보면 중형 46.6%, 대형 35.7%, 소형 14.1%로 차지하고 있습니다. 대표적인 리츠는 아메리카 타워 8.9%, 프로로지스 6.8%, 크라운 캐슬 5.8%, 이퀴닉스 4.5%, 퍼블릭 스토리지 3.4% 순으로 이들을 포함한 상위 10개 리츠가 전체 구성 리츠의 42.8%를 차지하고 있습니다.

▼ 리츠 ETF

리츠	승수	티커	ETF 명	순자산 (억 달러)	거래대금 (백만 달러)	운용보수 (%)	분배금율 (%)
미국	1배	SCHH	Schwab U.S. REIT ETF	63	25	0.1	1.5
	1배	ICF	iShares Cohen & Steers REIT ETF	26	10	0.3	1.9
	1배	USRT	iShares Core U.S. REIT ETF	23	13	0.1	2.4
	1배	RWR	SPDR Dow Joness REIT ETF	19	23	0.3	3.1
	1배	BBRE	JPMorgan BetaBuilders MSCI U.S. REIT ETF	14	5	0.1	2.0
	1배	REML	Credit Suisse X-Links Monthly Pay 2xLeveraged Mortgage REIT ETF	2	4	0.5	14.3
	1배	PFFR	InfraCap REIT Preferred ETF	1	1	0.5	5.9
글로벌	1배	REET	iShares Global REIT ETF	33	22	0.1	2.3
	1배	SRET	SP Funds S&P Global REIT Sharia ETF	5	4	0.6	6.6

기준일: 2021. 8. 20.

● 증권업계 주요 유튜브 채널 현황 ●

❶ 키움증권

유튜브 채널명 | **채널 K**
구독자수 | 122만 명

❷ 삼성증권

유튜브 채널명 | Samsung POP
구독자수 | 108만 명

❸ 미래에셋증권

유튜브 채널명 | **스마트머니**
구독자수 | 107만 명

❹ KB증권

유튜브 채널명 | **마블TV**
구독자수 | 12.5만 명

❺ 하나금융투자

유튜브 채널명 | **하나TV**
구독자수 | 10.6만 명

❻ 한국투자증권

유튜브 채널명 | **뱅키스**
구독자수 | 17만 명

❼ NH투자증권

유튜브 채널명 | **투자로그인**
구독자수 | 7.28만 명

❽ 대신증권

유튜브 채널명 | **대신TV**
구독자수 | 5.04만 명

❾ 신한금융투자

유튜브 채널명 | **신한금융투자**
구독자수 | 5.03만 명

❿ 교보증권

유튜브 채널명 | **디지털TV**
구독자수 | 6.6천 명

기준일: 2021. 8. 23.

ETF
실전에서
활용하기

─── 제4부 ───

ETF 투자 쉽다.
계좌 개설부터
실전 매매까지

16장

필자의 매매 노하우

주변에 주식 투자하는 사람들이 많아지긴 했습니다. 집에 가기 위해 지하철에 몸을 싣고 가다 보면 주식 이야기하는 사람 혹은 주식 책을 읽고 있는 20~30대 친구들을 만나게 되는데, 주식 인구 1,000만 명 시대라는 사실을 새삼 느끼게 되는 순간들입니다. 투자의 열기가 뜨거운 만큼 주식시장에 올라탄 지 얼마 되지 않은 투자자라면 앞으로의 투자 항로를 설정하는 것이 막막할 수밖에 없을 텐데요. 투자는 좋을 때 반짝하고 마는 게 아니라 죽을 때까지 평생 해야 할 숙제이기 때문에 지속적인 노력이 필요합니다.

2020년처럼 코로나19 엄습으로 주가가 급락했을 땐 어느 누가 투자해도 돈을 벌 수밖에 없습니다. 그냥 아무 주식이라도 사두면 올라가는 시기였던 거죠. 그러나 주가가 계속 올라가기만 했던 시기를 지나 2021년처럼 변동성이 커지는 장세로 접어들게 되면 한 단계 성숙한 투자 방법을 배워야 합니다. 살아가면서 끝내야 할 숙제를 최대한 빨리 마치기 위해 투자 레벨을 올리는 방법을 전해 드리겠습니다.

투자해서 수익을 내고 계신가요? 수익을 내고 있다면 운이었을까요? 아니면 실력이었을까요? 여기에 대한 답부터 한번 해보도록 하겠습니다. 투자 레벨을 높이기 위해서는 우선 자신의 수준을 냉철하게 파악해야 합니다. 책『행운에 속지 마라』의 저자는 투자자 대부분이 행운에 힘입어 투자에 성공한 걸 자신의 실력이라고 과신하는 어리석음에 빠진다고 지적합니다. 확률과 운에 대해 겸손함을 바탕으로 실력을 쌓아가야만 투자해서 성공할 가능성이 커집니다.

투자 시장은 준비가 부족하거나 겸손을 잃은 사람에게는 한없이 냉정합니다. 기도한다고 해서 달라지지 않습니다. 투자한 후 수익률 계산과 함께 성공과 실패 요인을 분석하고 다음 투자에 활용하는 과정들이 반복되어야만 합니다. 왜 투자에 성공했고 실패했는지를 모르면 앞으로의 투자에 도움이 되는 교훈을 얻을 수 없기 때문입니다.

합리적인 투자자는 시장의 쏠림에서 한 걸음 물러나 자신만의 기준을 수립합니다. 투자 결정을 내리기 전에는 반드시 이 주식에 투자하는 이유가 명확하게 정해져 있어야 합니다. 하지만 대부분의 투자자들은 왜 투자해야 하는지에 대한 고민 없이 지인들이 찍어준 종목에 투자하는 경우가 상당하죠. 이렇게 될 경우 문제는 돈을 버느냐, 잃느냐보다 나의 투자 실력이 늘지 않는다는 점입니다. 사는 시점보다 파는 시점이 중요한데 남의 얘기만 듣고 투자하다 보니 매도 시점을 설정하는 게 쉽지 않게 됩니다. 남들이 몰려가는 곳에 기준 없이 따라가는 방식으로는 제대로 수익을 낼 수 없다는 것이 업계에 오래 몸담은 대가들의 의견입니다.

우리는 투자할 때, 종목의 내재가치에 비해 싼 가격으로 살 줄 아는 합리적인 의사결정 실력을 갖추어야 합니다. 그러기 위해서 투자 기간과 목표 수익률을 설정하고 투자 대상의 수익률과 위험, 투자 기업의 경쟁사, 새로운 산업의 흐름 등 대외 여건의 변화도 꾸준히 파악해야 합니다. 목표 수익률을 달성했는데 전망이 어두워지거나, 투자 결정 요인들에 변화가 생겨 목표 수익률 달성 자체가 어려워진 경우가 매도 타이밍입니다.

이렇게 실행하고 피드백하는 과정들을 반복하다 보면 어떤 요인이 투자 성공과 실패에 기여했는지를 정확히 파악할 수 있습니다. 그리고 또다시 찾아오는 투자 기회에 더 나은 의사결정을 하는 투자자로 성장하게 될 것입니다.

ETF 상품 특성, 짚고 가면 무적 무패

ETF에 실전 투자하기 앞서서 기본적으로 꼭 알고 있어야 하는 네 가지 용어를 말씀드리겠습니다. 간단한 용어와 개념만 알고 있어도 투자할 때 함정에 빠지지 않을 겁니다.

○ ETF의 실제가치를 알려주는 순자산가치(NAV)

순자산가치(NAV)는 ETF가 보유하고 있는 주식 바스켓을 구성하는 주식들의 가치를 모두 합한 것으로 보유 주식으로부터 나오는 배당이나 이자 등을 더해 순자산가치를 산정합니다. 주당 순자산가치는 순자산가치를 발행된 ETF 증권 수로 나눈 ETF 한 주당 가치입니다.

○ ETF의 운용 성과를 보여주는 괴리율과 추적오차율

괴리율은 주당 순자산가치와 시장 가격의 차이를 말하는 것으로 ETF의 시장 가격이 순자산가치를 얼마나 잘 추종하고 있는지 알 수 있습니다. 추적오차율Tracking Error은 ETF가 추종하는 지수와 ETF 간의 수익률 차이를 말합니다. 이것은 ETF가 추종 지수의 움직임을 얼마나 잘 반영하고 있는지를 알려주기 때문에 ETF 투자에 앞서 괴리율과 함께 꼭 확인해야 합니다.

○ 우리는 패밀리, 패밀리, 패밀리. ETF, ETN

해외 ETF에 투자하려고 찾다 보면 ETN(Exchange Traded Note)이라는 또 다른 상품을 만나게 될 겁니다. ETN은 채권의 일종으로, ETF는 투자 대상을 직접 보유하는 데 반해 ETN은 은행과 증권의 신용에만 의지해 추종지수의 수익률을 보장해 줍니다. 어떠한 자산도 보유하지 않는 것이죠.

실전 매매의 첫걸음, 계좌 개설

이제 해외 ETF 투자에 처음 도전하시는 분들을 위해 국내 증권사 선정부터 계좌 개설, MTS 설치, 환전, 실전 매매까지 쉽게 따라 하실 수 있도록 꼼꼼히 설명하겠습니다.

국내 주식을 해본 투자자라면 해외 ETF에 투자하는 절차도 같다는 것을 아실 수 있습니다. 먼저 해외 증권 거래가 가능한 국내 증권사를 선택한 후 종합계좌를 개설합니다. 종합계좌 개설 시 해외 증권 계좌 개설을 추가 신청해야 MTS 또는 HTS를 통해 매매할 수 있습니다.

크레온, 키움증권과 같이 온라인에 특화된 증권사를 통한다면 해외 증권 거래 시 거래 수수료가 저렴합니다. 물론 수수료만 따지기보다는 MTS 및 HTS 편의성, 해외 투자 정보가 충실히 제공되는지 여부, 해외증권을 매매하는 만큼 환전 시 번거로움은 없는지 등을 확인하면 좋습니다.

증권사를 선택했다면 이제 그 증권사의 영업점을 방문하거나 MTS를 통해 비대면 계좌 개설을 하면 됩니다. 물론 연계된 은행을 방문해도 계좌 개설이 가능합니다. 중요한 점은 어디서 계좌를 개설하느냐가 아닌 개설시 꼭 해외 증권 상품을 등록해야 한다는 점입니다.

▼ CYBOS 5 메인화면

휴대폰 앱 스토어를 열어 선택한 증권사 MTS를 내려받거나 증권사 홈페이지에서 HTS 프로그램을 다운로드 받아 설치하면 됩니다. 연계 은행에서 해외계좌를 개설했다면 증권사 홈페이지에서 회원가입 후 HTS 로그인합니다. 로그인 시에는 아이디, 패스워드, 공인인증서가 필요합니다. 공인인증서가 없을 경우는 홈페이지에 있는 공인인증센터에서 공인인증서를 발급받으면 됩니다.

내가 사용하는 HTS 장악하기

해외증권 계좌 개설과 MTS 또는 HTS 설치를 마쳤다면, 해외 ETF 투자를 위한 HTS의 사용법을 배워보겠습니다. 요즘은 각 증권사에서 MTS와 HTS를 쉽게 배울 수 있도록 각종 영상을 제작해 제공하고 있기에 활용해 보는 것도 괜찮습니다.

▼ 해외주식 안내 화면(TR 2503)

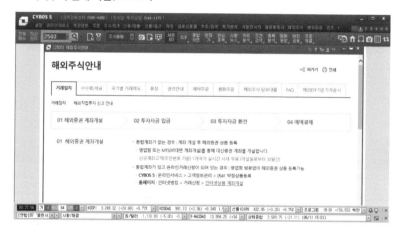

MTS는 휴대폰에서 보여줄 수 있는 화면 사이즈의 한계로 HTS 보다는 간단하게 노출되는 편입니다. 그래서 처음에는 HTS에 접속해 해외 ETF 종합화면을 확인하는 것이 도움됩니다. 제가 사용하는 대신증권의 CYBOS 5에서 해외ETF 종합화면을 찾는 TR코드는 2437입니다.

○ 해외 ETF 종합화면, 구석구석 살펴보기

해외 ETF 종합화면은 ETF 관련 화면 가운데, 투자자들의 사용도
가 높은 개별화면들을 한곳에 모아 편의성과 함께 활용도를 높일 수
있도록 했습니다. HTS 사용이 익숙해져 개별화면 조회가 능수능란
하게 될 때까지 이용하면 좋습니다.

▼ 해외 ETF 종합화면 (TR코드 2437)

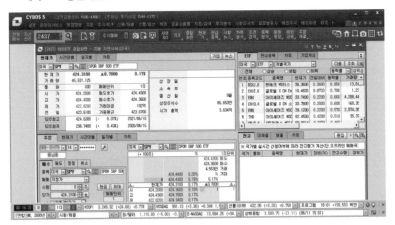

종목조회 영역

투자하고자 하는 해외 ETF를 검색해 볼 수 있습니다.

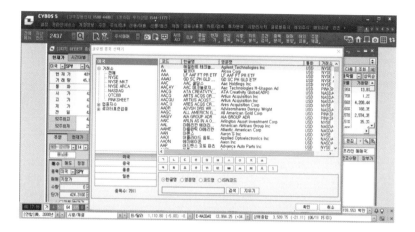

시세정보 영역

선택한 해외 ETF 종목의 5단계 호가 및 실시간 체결현황을 확인
할 수 있습니다.

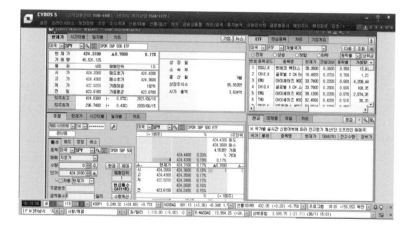

차트 영역

선택한 해외 ETF에 대한 차트와 거래량 등 관련 기술적 지표를
확인할 수 있습니다.

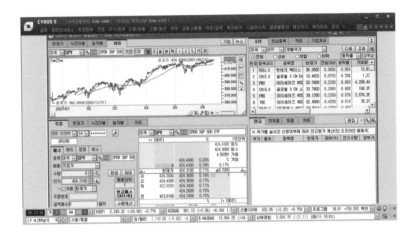

종목정보 영역

선택한 해외 ETF의 개요와 자세한 정보를 조회할 수 있습니다.

ETF 종목 고르기

실전 매매에 나서기 위한 HTS(or MTS) 사용법이라는 기술을 연마했어도 막상 투자하려고 하면 뭘 사야 할지 고민하게 됩니다. 그렇기에 ETF 선택을 위한 몇 가지 기준을 염두에 둔다면 비교적 고민하는 시간을 줄이고 쉽게 ETF를 선택할 수 있습니다.

○ 나만의 투자전략을 세우자

투자할 때는 남의 말만 들어서는 안 되고 본인만의 투자원칙을 세우는 게 좋습니다. 그래야 성공의 보람도, 실패의 반성도 스스로 할 수 있게 되면서 조금씩 성숙한 투자를 통해 성공 확률을 높일 수 있습니다. 그래서 여러분들께 간단하지만 중요한 다음과 같은 몇 가지 원칙을 알려 드리겠습니다.

ETF 투자의 원칙

1. 이익보다 손실을 먼저 생각해야 합니다.
2. 투자 판단은 자신의 몫입니다.
3. 틀릴 수도, 흔들릴 수도 있습니다.
4. 투자하기로 마음먹었다면 투자의 불확실성과 투자자로서 한계를 인정해야 합니다.

○ 자산군별 대표 ETF를 정리해 두자

해외 ETF인 만큼 자산군별로 기초자산을 파악해 기초자산에 가장 부합하는 대표 ETF를 정리해 놓으면, 투자를 해야 할 시점에서 정리해 놓은 ETF 리스트를 보고 신속하게 대응을 할 수 있습니다. 이 책은 각 장에서 자산군별로 기초자산을 대표하는 ETF를 정리해 놓았기 때문에 책상 한쪽에 두었다가 필요할 때마다 꺼내 보시면 도움이 될 것입니다.

○ 총자산 규모와 거래량이 많은 ETF를 골라라

국내외 ETF를 막론하고 항상 순자산 규모가 큰 상품을 선택해야 합니다. 유동성이 높다는 것은 사고자 할 때 살 수 있고 팔고자 할 때 팔 수 있다는 이야기입니다. 또한 순자산 규모가 크다는 것은 많은 투자자가 이미 투자하고 있다는 의미로 ETF 상품에 대한 검증 절차가 끝났다는 것을 말해주기도 합니다.

○ 선택한 ETF와 다른 ETF의 차이를 살펴봐라

순자산 규모가 큰 ETF가 좋다고 말씀드렸지만 내가 투자하고자 하는 기간이 중장기라면 운용비용이 낮은 상품이 더 수익률이 높게 나올 가능성도 있습니다. 또한 같은 기초자산을 추종하는 ETF이지만, 자산운용사마다 내부 원칙에 따른 운영으로 구성 섹터 비중과 종목이 다르므로 상품 간 차이를 확인해야 합니다. 그 차이는 시간이 지날수록 ETF 상품 간 수익률의 차이까지 만들어낼 수 있습니다.

○ 운용비용이 적은 ETF를 골라라

ETF의 운용비용은 순자산가치에서 매일 차감됩니다. 운용비용이 수익률에 미치는 영향력이 크지는 않지만, 이왕이면 운용비용이 적은 ETF를 선택하는 것이 좋습니다.

○ 추적오차가 작은 ETF를 골라라

ETF의 운용 능력이라고 할 수 있는 추적오차가 작은 ETF를 선택해야 합니다. 추적오차가 크다는 것은 해당 ETF 수익률이 기초자산의 수익률을 못 따라간다는 의미라는 점에서 이를 단기간 해결하지 못할 경우 투자의 기회비용이 발생하는 것과 마찬가지입니다.

ETF 실제로 사보기

이제 실제로 매매하는 단계만 남았습니다. 미국 주식시장은 한국시간으로 밤 11시 30분부터 익일 6시까지입니다. 서머타임이 적용되는 경우는 밤 10시 30분부터 익일 5시까지 거래가 됩니다. 미국 증시가 개장하고 HTS(or MTS)까지 로그인했다면 그다음은 원화를 달러로 환전했는지 확인해야 합니다.

○ 해외 상장 ETF에 투자한다면, 해외통화로 환전부터 하자 (TR코드 2227)

해외 ETF를 주문하기 위해서는 원화를 달러로 환전해야 합니다. HTS(or MTS)에서 환전 서비스를 제공하지만, 환전 시간은 한국시간으로 오전 9시부터 오후 4시까지라는 점에서 매매 당일 이전에 환전을 신청해야 합니다.

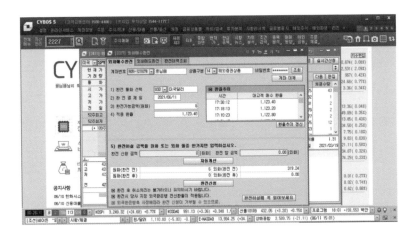

○ 내가 투자할 ETF 매수 주문하기 (TR코드 2251)

주문정보 영역에서 매수 탭을 클릭 후, 내가 매수하려는 해외 ETF의 티커, 수량, 단가를 정확하게 입력합니다. 초기화면에는 매수 탭으로 자동 설정되어 있으니 매도 시에는 매도 탭을 선택해 혹시 모를 주문 실수를 안 하도록 합니다.

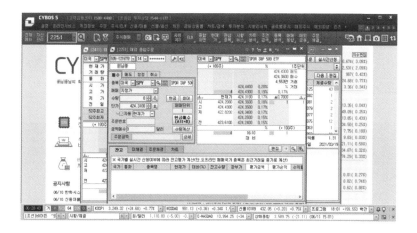

○ 내가 보유하고 있는 ETF 매도 주문하기 (TR코드 2251)

매도 주문은 매수 주문과 동일합니다. 매도 탭을 클릭하고 내가
매도하려는 해외 ETF의 티커, 수량, 단가를 정확하게 입력합니다.

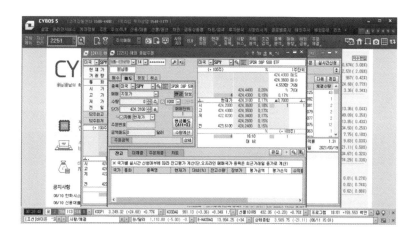

○ 매매주문 체결 확인하기 (TR코드 2272)

주문 후 체결 여부를 확인합니다. 혹시 주문을 정정하려면 정정 또는 취소를 클릭하고 원주문을 정정, 취소합니다.

○ 나의 해외주식 잔고 확인하기 (TR코드 2283)

해외 잔고 메뉴를 클릭하면 종목별 잔고와 평가금액, 총예수금 등을 확인할 수 있습니다.

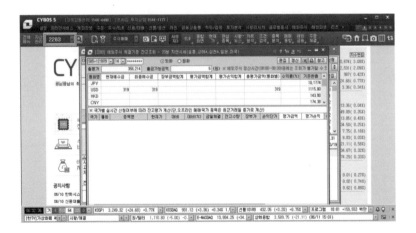

○ 현금화하고 싶다면, 원화로 환전하기 (TR코드 2228, 2229)

원화를 달러로 환전하는 부분에서 설명했지만 HTS(or MTS)에서
환전 서비스가 가능합니다. 환전 시간은 한국시간으로 오전 9시부
터 오후 4시까지라는 점을 잊지 않도록 합니다.

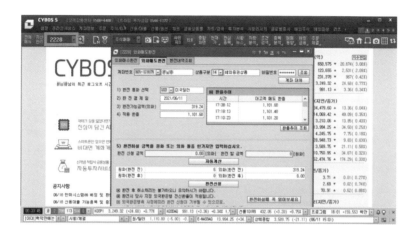

다시 짚어보는 투자의 이유

왜 투자해야 하는가?

코로나19가 가져온 변화 중 하나는 포모 증후군이라는 신조어가 탄생한 것입니다. 포모 증후군은 흐름을 놓치거나 소외되는 것에 대한 불안 증상을 이야기하는 건데요. 앞으로 저축의 시대가 아닌 투자의 시대를 살아갈 우리로서는 '나도 뒤처지지 않게 투자의 끈을 꼭 붙잡고 가야 한다'라는 절실함이 시대상으로 자리 잡을 수밖에 없었습니다. 이러한 가치 변화의 시작이 코로나19가 우리에게 남긴 메시지이지 않았나 생각합니다.

내 돈이 두 배가 되는 데 걸리는 시간을 계산하는 72의 법칙이 있습니다. 72의 법칙은 세계적인 물리학자 알베르트 아인슈타인의 머리에서 나왔습니다. 복리를 전제로 자산이 두 배로 늘어가는 데 걸리는 시간을 계산하는 방식이죠. 계산은 간단합니다. 숫자 72를 금리로 나누어 주면 되는데요. 한국의 1년 정기예금을 기준으로 가장 높은 금리는 8월 현재 2.52%인데, 이를 72로 나누어 주면 29가 나옵니다. 내 돈이 두 배가 되려면 29년이 걸린다는 이야기죠.

그런데 여기서 그치지 말고, 올해 금융시장에서 화두가 되는 인플레이션에 대해서도 고려해야 합니다. 인플레이션은 지속적인 물가 상승으로 화폐 가치가 떨어진다는 의미입니다. 1년 정기예금 금리는 2.52%이지만 15.4%라는 세금을 감안한 세후 금리는 2.13%이고 여기에 물가(2021년 7월 기준 소비자물가 2.62%)를 차감한 실질금리는 -0.49%입니다. 우리가 왜 투자해야 하는 지가 분명해지죠.

저축의 시대가 아닌 투자의 시대를 맞이한 만큼, 왜 투자해야 하는지 항상 고민하면 좋겠다는 생각입니다.

코로나19가 바꾸어 놓은 세상

코로나19는 우리가 일상이라고 생각했던 것들을 비일상으로 바꿔버린 계기였습니다. 일상에서의 물리적 공간 거리두기, 비대면을 통한 업무 방식 등 일상의 공간이 온라인으로 대체되었습니다. 그리고 기존의 아날로그 플랫폼이 더욱 촘촘하게 디지털 플랫폼으로 바뀌게 됐습니다. 결국 코로나19가 가져다준 일상 속 구조적 변화는 1990년 후반 이후 미국을 중심으로 진행되고 있는 디지털 경제의 가속화로 칭할 수 있습니다. 그렇기에 우리가 맞이하고 있는 제4차 산업혁명 시대가 성큼 다가온 것처럼 느껴질 겁니다.

디지털 경제란 협의로는 온라인 플랫폼 및 이를 기반으로 하는 활동을 말하고, 광의로는 디지털화된 데이터를 활용한 모든 활동을 말합니다. 전통적인 산업의 효율성을 높여 글로벌 경쟁력을 제고함과 아울러 새로운 비즈니스를 창출해 산업 및 경제구조의 변화를 이끌고 있죠.

디지털 경제가 일상생활에 접목되었을 때 경제 주체가 느끼는 변화는 가계 입장에서는 온라인화, 기업 입장에서는 스마트워크화, 제조 공장 측은 무인화와 자동화 확대입니다. 가계에서는 쇼핑, 교육, 건강서비스까지 온라인화가 빠르게 진행되고 있고 기업은 회사라는 공간적 제약과 출퇴근 시간이라는 시간적 제약에서 벗어나 근무하는 스마트워크 도입이 활발해지고 있습니다. 또한 제조 공장에서는 로봇과 기계 위주의 무인화와 자동화가 확대되고 있습니다. 이렇듯 코로나19가 가져온 디지털 경제의 가속화는 온라인과 스마트워크의 가속화라고도 말할 수 있습니다.

코로나 사피엔스로서 사물을 바라봐야 하는 시기

우리는 누구도 겪어보지 못했고 앞으로도 겪어보지 못할 신세계에서 살아가는 인류인 코로나 사피엔스로 거듭날 수밖에 없을 것입니다. 현 인류는 정치, 경제, 사회, 문화 등 모든 분야에서 동시다발적으로 이뤄진 전면적 변화로 달라진 환경에 적응해야만 하니까요.

인류가 만든 도시 문명은 생활의 편리함을 가져왔지만, 감염병 발생이 전이되기 쉬워졌습니다. 높은 인구밀도, 산업화로 망가진 자연정화 기능으로 방역 체계에 금이 가기 시작하면서 걷잡을 수 없게 되었습니다. 코로나19 사태를 통해 사회적으로 안전에 관한 관심이 크게 높아졌고, 사회적 거리두기가 행동양식으로 자리를 잡았습니다.

코로나 사피엔스가 달라진 사회 환경에 적응하기 위해 노력하면서 형성된 트렌드는 '생존 디지털'입니다. 인류의 행동을 움직이게 하는 원인이 기존의 이윤 획득을 위한 자본주의 경제 체제에서 감염병으로부터 벗어나 생존율을 높이는 방향으로 바뀐 것이죠. 코로나 사피엔스가 과거의 삶으로 돌아가긴 힘듭니다. 가치관이 달라지고 일상생활의 양식이 바뀐 상황에서 새로운 변화에 대응하기 위한 구심점을 찾아야 하니까요. 디지털 플랫폼은 가치관 측면에서 생활의 편리함을 추구하기 위해 이용했던 수단이었지만, 이제는 생존을 위해 디지털 플랫폼을 찾게 되었습니다. 그리고 일상생활에서는 외출을 최대한 줄이면서 집에 머무르는 시간이 많아졌고, 그에 따라 편한 옷을 선호하고 식사도 집에서 해결하는 내식으로 바뀌게 되었죠. 우리가 알던 이동과 공간이라는 기존의 삶이 코로나19로 무의미하게 되었습니다.

결국 투자의 세계에서도 생활의 편리함 같은 물질적 풍요를 위해 돈을 벌기 위함보다는 앞으로 삶의 불확실성 속에서 살아남기 위한 생존게임으로 투자의 가치관이 대두될 가능성이 큽니다.

위기는 기회로, 매번 반복되는 투자 사이클

2020년 코로나19의 전 세계 확산은 또다시 세계 실물경제가 금융시장에 미치는 파급효과를 보여준 사례입니다. 예로부터 수많은 글로벌 위기가 발생했고 발생 원인은 각기 달랐지만 위기 이후 대응 정책을 바탕으로 경기 변화와 주식시장의 전개 양상도 비슷했다는 점을 주목할 필요가 있습니다.

코로나19 이후 경기 및 주식시장 전개 과정에 대한 시사점을 도출하기 위해 과거 글로벌 위기 사례를 검토했습니다. 이를 바탕으로 경기 국면별 유망한 투자 자산을 발굴해내기 위한 투자 시계를 제시합니다. 해당 경기국면에서 아웃퍼폼할 개연성이 큰 투자 대상 편입을 확대하는 개념인 거죠.

▼ 글로벌 위기와 경기 순환

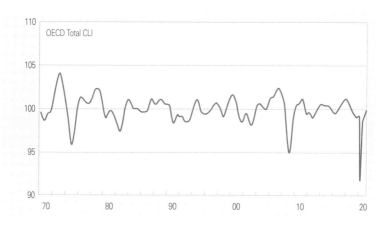

자료: OECD

경기순환의 전체 평균 기간은 9년 5개월로, 순환 국면(후퇴 → 불황 → 회복 → 호황)은 각각 1년, 1년 5개월, 1년 1개월, 5년 6개월이라는 기간을 보였습니다. 투자 대상별 성과를 보면 회복 국면에서는 선진국 주식과 가치주가, 호황 국면에서는 신흥국 주식과 성장주가 승자였고 후퇴와 불황 국면에서는 신흥국 주식과 가치주가 승자였습니다.

2020년 코로나19로 인해 유발된 경기 침체는 과거 글로벌 위기와 같이 경기 진폭을 극대화했습니다. 그리고 경기의 4국면을 가장 뚜렷하게 통과하는 궤적을 만들어 낼 가능성이 큽니다. 2021년 3월 이후 경기의 호황 국면에서는 성장주와 신흥국 주식이 유망하고 IT, 헬스케어, 경기소비재 섹터가 성과 측면에서 승자가 될 가능성이 큽니다.

공개합니다.
향후 10년을 바라본
유망 ETF 11선

우리는 이제 새로운 10년을 준비해야 합니다. 예전에는 하고 싶어도 못했지만, 이제는 ETF라는 혁신적 투자 수단을 바탕으로 향후 도래하는 성장 사이클에서 무한한 투자 기회를 선점할 수 있습니다.

코로나19는 위기이자 기회입니다. 모든 것을 제로섬에서 시작할 수 있게 해준 만큼 모든 이가 동일한 출발선상에 서 있다는 점을 기억해야 합니다. 누가 앞서거니 뒤서거니 하는 것은 한 발짝 차이일 뿐입니다. 지금부터 공개하는 두 가지 투자 방향성을 바탕으로 10년 뒤 경제적 자유를 쟁취하는 골인 지점에 모두들 들어갈 수 있을 것이라고 확신합니다.

유망 ETF 11선 소개

코로나 사피엔스로 거듭난 우리가 앞으로 달라질 사회, 경제적 환경에 적응하면서 형성될 트렌드는 '생존 디지털'과 '생존 투자' 두 가지로 압축할 수 있습니다.

다가올 10년의 변화에 ETF로 투자할 수 있는 기회를 얻었습니다. 우리 일상으로 더욱 촘촘히 밀고 들어올 디지털 플랫폼, 그리고 물질적 풍요라는 만족감에서 벗어나 앞으로 닥칠지도 모를 생존을 위한 투자 코드가 새로운 성장 산업의 발달을 도모할 가능성이 큽니다. 이를 바탕으로 우리의 '일상에 투자한다는 관점'으로, 그리고 앞으로 다가올 '미래산업을 선점한다는 관점'으로 11가지 ETF를 제시합니다.

▼ 유망 ETF

구분	투자 대상	티커	ETF 명	순자산 (억 달러)	거래대금 (백만 달러)	운용보수 (%)	분배금율 (%)
일상에 투자 한다는 관점으로	ESG	ESGV	Vanguard ESG U.S. Stock ESG ETF	51	22	0.1	0.9
	여행	AWAY	ETFMG Travel Tech ETF	3	6	0.8	0.0
	레저/ 엔터	PEJ	Invesco Dynamic Leisure and Entertainment ETF	13	25	0.6	0.6
	소비	XLY	Consumer Discretionary Select Sector SPDR Fund	196	674	0.1	0.6
	인프라	PAVE	Global X U.S. Infrastructure Development ETF	44	50	0.5	0.4

구분	투자 대상	티커	ETF 명	순자산 (억 달러)	거래대금 (백만 달러)	운용보수 (%)	분배금율 (%)
미래 산업을 선점 한다는 관점으로	전기차	DRIV	Global X Autonomous & Electric Vehicles ETF	11	11	0.7	0.3
	디지털 헬스케어	EDOC	Global X Telemedicine & Digtal Health	6	4	0.7	0.0
	게놈	ARKG	Genomic Revolution ETF	79	220	0.8	1.0
	항공 우주	ITA	iShares U.S. Aerospace&Defence ETF	28	18	0.4	0.9
	차세대 인터넷	ARKW	Next Generation Internet ETF	56	128	0.8	1.3
	친환경	QCLN	First Trust NASDAQ Clean Edge Green Energy Index Fund	25	20	0.6	0.2

기준일: 2021. 8. 20.

일상에 투자한다는 관점으로

투자는 꼭 특별해야 하고 어려워야 한다는 법은 없습니다. 지금 우리가 두 눈으로 보고 있는 사물 하나하나가 투자의 대상이 될 수 있습니다. 익숙하고 내가 사용해 봤다는 점 외에 더 확신을 줄 수 있는 이유가 있을까요? 그런 의미에서 ESG, 여행, 레저/엔터, 소비, 인프라는 일상 속 우리의 시각, 청각, 후각, 미각, 촉각이라는 오감을 자극해줄 대표적 투자 대상입니다.

ESG는 Environmental, Social and Governance의 약어입니다. 장

기적으로 기업 가치와 지속 가능성에 영향을 주는 환경, 사회, 지배 구조라는 비재무적 요소를 반영해 기업을 평가하는, 소위 뜨는 투자 트렌드입니다. 지속 가능한 발전을 위해 기업과 투자자의 사회적 책임이 중요해지면서 세계적으로 많은 투자 기관이 ESG 평가 정보를 활용하고 있습니다. 당연히 우리는 관심을 가져야겠죠?

뱅가드 ESG U.S. Stock ETF(티커: ESGV)는 ESG에 투자할 수 있는 대표적 ETF입니다. 업종 구성은 IT 37.5%, 경기소비재 16.2%, 금융 14.7%, 헬스케어 14.2%, 산업재 7.0% 순이며 미국 기업에 100% 투자합니다. TOP 10 구성 기업으로는 애플 6.2%, 마이크로소프트 5.8%, 아마존 3.7%, 알파벳 클래스C 2.5%, 페이스북 2.3%, 알파벳 클래스A 1.7%, 테슬라 1.4%, JP모건체이스 1.2%, 엔비디아 1.2%, 유나이티드헬스 1.1%로 전체 구성 기업의 27.1%를 차지하고 있습니다(기준일: 2021. 8. 20. 이하 동일).

여행, 레저/엔터, 소비는 코로나19라는 감염병으로 가장 피해를 봤던 업종입니다. 하지만 반대로 감염병이 점차 완화되고 위기 이후 경기가 안정궤도에 접어들게 되면 가장 수혜를 받을 수 있는 투자 대상입니다. 우리의 일상과 가까운, 그래서 우리가 가장 잘 알고 있는 대상이기 때문입니다.

여행에 투자하는 대표적 ETF는 ETFMG Travel Tech ETF(티커: AWAY)입니다. 업종 구성은 레저&레크레이션 56.0%, 인터넷서비스 16.2%, 소프트웨어 14.4%, IT서비스&컨설팅 4.2%이며, 국가 구성은 미국 43%, 홍콩 13.1%, 영국 8.6%, 일본 7.5%, 스페인 7.2%, 한국 7.0%, 호주 3.7%, 브라질 3.7%, 캐나다, 3.5%, 스위스 1.7%입니다. 대표 기업으로는 트레인라인 6.1%, 에어비앤비 5.6%, 부킹 홀딩스 5.0%, 우버 4.7%, 메이크마이트립 4.5%, 리프트 4.3%, 웹제트 4.1%, 익스피디아그룹 4.0%, 트래블스카이 4.0%, 트립어드바이저 3.9%가 있으며 상위 10개 기업이 전체 구성의 46.3%를 차지합니다.

레저/엔터에 투자하는 대표적 ETF는 인베스코 Dynamic Leisure and Entertainment ETF(티커: PEJ)입니다. 업종 구성은 레스토랑&바 30.0%, 방송 19.4%, 엔터테인먼트 11.0%, 소매업 9.9%, 카지노&게임 9.4%, 레저&레크레이션 7.4%, 호텔/모텔&크루즈 3.5%, 백화점 2.6%, 인터넷서비스 2.1%로 미국 기업에 100% 투자합니다. 주요 기업은 얌브랜드 6.0%, 스타벅스 5.5%, 맥도날드 5.5%, 월트 디즈니 5.3%, 비아콤CBS 5.3%, 시스코 5.1%, 얌 차이나 홀딩스 4.9%, 익스피디아그룹 4.4%, 애브리 홀딩스 3.4%, 맨체스터 유나이티드 3.2%이며 이 상위 10개 기업이 전체 구성의 48.6%를 차지합니다.

소비에 투자하는 대표적 ETF는 Consumer Discretionary Select Sector SPDR Fund(티커: XLY)입니다. 업종 구성은 소매업 30.6%, 호텔&엔터테인먼트 19.2%, 자동차&부품 19.2%, 특수 소매점 19.0%, 섬유&패션 6.0%, 주택건설용품 2.4, 소프트웨어&IT 서비스 1.2%, 가정용재화 1.1%, 레저용품 0.8%, 커뮤니케이션&네트워킹 0.6%로 미국 기업에 100% 투자합니다. 주요 기업으로는 아마존 21.9%, 테슬라 13.4%, 홈디포 8.9%, 나이키 5.0%, 맥도날드 4.8%, 스타벅스 3.6%,

로위 컴퍼니 3.4%, 타겟 3.3%, 부킹 홀딩스 2.3%, TJX 컴퍼니 2.2% 이며, 상위 10개 기업이 전체 구성의 68.9%를 차지하고 있습니다.

인프라도 우리가 느끼지 못할 뿐, 알게 모르게 변화해 가고 있죠. 사진을 통해 시대별 도시의 변천사를 한 번쯤 봤을 겁니다. 그 경험을 살려, 시간과 함께 변해 가는 도로, 대중교통 등 우리 주변의 공공재를 떠올려 봅시다. 코로나19라는 위기 극복과 함께 꾸준히 경기가 회복될 수 있도록 정부가 재정 정책을 펼칠 것이라는 점에서 투자 대상으로 적격입니다.

인프라에 투자하는 대표적 ETF는 Global X U.S. Infrastructure Development ETF(티커: PAVE)입니다. 미국 기업에 100% 투자하며 주요 기업은 뉴코 코퍼레이션 3.9%, 이튼 3.3%, 트레인 테크놀러지 3.1%, 디어 3.1%, 에머슨 일렉트릭 3.0%, 캔사스 시티 서던 3.0%, 벌컨 머터리얼스 2.9%, 로크웰 오토메이션 2.9%, 패스널 2.8%, CSX 2.7%로, 상위 10개 기업이 전체 구성의 30.9%를 차지합니다.

미래산업을 선점한다는 관점으로

불과 10여 년 전만 해도 전기차는 만화나 영화에서 나오는 소품으로만 알았는데, 이제는 도로 곳곳에서 쉽게 볼 수 있습니다. 기대하던 미래가 현실로 다가온 것이죠. 앞으로 우리는 미래의 새로운 기술들이 어떤 모습으로 다가올지 항상 궁금해 해야 합니다. 그래야만 투자의 기회를 만들어 나갈 수 있죠. 전기차, 디지털 헬스케어, 게놈, 항공우주, 차세대 인터넷, 친환경은 향후 10년을 넘어 백년대계를 실현시키는 미래산업의 초석입니다. 우리의 일상과 함께 미래를 선점하는 투자도 남들보다 발 빠르게 준비해야겠죠?

전기차에 투자하는 대표적 ETF는 Global X Autonomous & Electric Vehicles ETF(티커: DRIV)입니다. 국가 구성은 미국 68.6%, 일본 8.3%, 독일 4.1%, 홍콩 4.0%, 캐나다 2.7%, 한국 2.3%, 호주 2.1%, 네덜란드 1.5%, 중국 1.5%, 이탈리아 1.2%입니다. 대표 기업으로는 알파벳 클래스A 3.2%, 마이크로소프트 3.1%, 테슬라 3.1%, 애플 3.0%, 도요타 3.0%, 엔비디아 3.0%, 퀄컴 2.9%, 인텔 2.8%, 허니웰 2.0%, GE 2.0%로 이 상위 10개 기업이 전체 구성의 27.9%를 차지하고 있습니다.

디지털 헬스케어에 투자하는 대표적 ETF는 Global X Telemedicine & Digtal Health(티커: EDOC)입니다. 업종 구성은 헬스케어 94.6%, IT 4.7%, 금융 0.7%입니다. 국가 구성은 미국 83.0%, 홍콩 11.0%, 일본 4.2%, 독일 1.8%입니다. 대표 기업으로는 일루미나 5.7%, 애질런트 테크놀러지 5.4%, 덱스컴 5.4%, 탠덤 당뇨 케어 5.3%, 레버러토리 5.1%, 유나이티드헬스 그룹 4.8%, 서너 코퍼레이션 4.8%, 옴니셀 4.7%, 뉘앙스 커뮤니케이션 4.6%, 체인지 헬스케어 4.1%로 상위 10개 기업이 전체 구성의 49.9%를 차지하고 있습니다.

게놈에 투자하는 대표적 ETF는 Genomic Revolution ETF(티커:

ARKG)입니다. 업종 구성은 헬스케어 94.9%, IT 2.5%, 금융 1.7%, 소재 0.5%, 필수소비재 0.4%이며, 국가 구성은 미국 91.1%, 스위스 5.4%, 일본 2.7%, 프랑스 0.8%, 이스라엘 0.1%입니다. 주요 기업으로는 텔라닥 헬스 6.8%, 페이트 테라퓨틱스 5.0%, 퍼시픽 바이오사이언스 오브 캘리포니아 4.7%, 이그젝트 사이언시스 4.6%, 버텍스 파마슈티컬 4.3%, 이오니스 파마슈티컬 4.2%, 리제네론 파마슈티컬스 3.9%, 케어DX 3.2%, 인텔리아 테라퓨틱스 3.0%, 애콜레이드 2.9%이며 이 상위 10개가 전체 구성 기업의 42.6%를 차지합니다.

항공우주에 투자하는 대표적 ETF는 iShares U.S. Aerospace & Defence ETF(티커:ITA)입니다. 업종 구성은 우주&방위 91.7%, 전기장비&부품 4.6%, 산업기계&장비 1.8%, 레크레이션 장비 0.9%, 통신&네트워킹 0.8%, IT 서비스&컨설팅 0.3%이며, 국가 구성은 미국 100%입니다. 주요 기업은 레이시온 테크놀러지 19.9%, 보잉 19.0%, 록히드 마틴 5.4%, 텔레다인 테크놀러지 5.1%, L3 헤리스 테크놀러지 5.0%, 제너럴 다이내믹스 4.9%, 노스럽 그루먼 4.6%, 텍스트론 4.6%, 트랜스디엄 그룹 4.2%, 하우밋 항공우주 3.5%로 이 10개 기업이 전체 구성의 76.1%를 차지하고 있습니다.

차세대 인터넷에 투자하는 대표적 ETF는 Next Generation Internet ETF(티커: ARKW)입니다. 업종 구성은 인터넷 서비스 23.2%, 소프트웨어 19.9%, 자동차&트럭 제조업체 10.2%, 헬스케어 시설&서비스 4.5%, 엔터테인먼트 프로덕션 4.4%, 비즈니스 지원 서비스 4.3%, 투자 신탁 4.0%, 부동산 서비스 3.4%, 백화점 2.9%이며 국가 구성은 미국 88.3%, 중국 4.0%, 홍콩 2.7%, 싱가포르 2.3%, 이스라엘 1.0%, 네덜란드 0.9%, 일본 0.9%입니다. 대표 기업으로는 테슬라 10.6%, 그레이스케일 비트코인트러스트 5.5%, 트위터 5.2%, 텔라닥 헬스 4.9%, 쇼피파이 4.8%, 코인베이스 4.7%, 유니티 소프트웨어 4.6%, 스퀘어 4.4%, 트윌리오 3.8%, 줌 비디오 3.4%가 있고 이 상위 10개 기업이 전체 구성의 51.9%를 차지합니다.

친환경에 투자하는 대표적 ETF는 First Trust NASDAQ Clean Edge Green Energy Index Fund(티커: QCLN)입니다. 권역으로 보면 북미 82.3%, 아시아퍼시픽 16.9%, 라틴아메리카 0.8% 비중이고, 국가 구성은 미국 77.1%, 중국 12.0%, 캐나다 5.2%, 홍콩 4.9%, 칠레 0.8%입니다. 대표 기업은 테슬라 8.3%, 앨버말 8.3%, 니오 7.7%, 인페이즈 에너지 7.3%, 플러그파워 4.8%, 엑스펑 4.6%, ON 세미콘덕터 4.1%, 솔라에지 테크놀러지 4.1%, 브룩필드 리뉴어블 파트너스 3.6%, 퍼스트솔라 3.4%로 이 상위 10개 기업이 전체 구성의 56.3%를 차지합니다.

● 국내 경제/증권 대표 유튜브 채널 현황 ●

❶ 슈카월드

구독자수 | 166만 명

❷ 신사임당

구독자수 | 156만 명

❸ 삼프로TV

구독자수 | 150만 명

❹ 김작가TV

구독자수 | 87.8만 명

❺ E트렌드

구독자수 | 77.9만 명

❻ 슈퍼개미 김정환

구독자수 | 55.4만 명

❼ 박곰희TV

구독자수 | 47.5만 명

❽ 창원개미TV

구독자수 | 40.3만 명

❾ 전인구경제연구소

구독자수 | 46.6만 명

❿ 듣똑라

구독자수 | 34.1만 명

기준일: 2021. 8. 23.

———————— 부록 ————————

깔끔하게 정리하는 세금

○ 미국주식 시장과 국내주식 시장의 특징 비교

구분	미국시장	한국시장
배당 지급 주기	분기배당	연간배당
매매차익에 대한 세금	양도소득세 22%(주민세 포함)	비과세
	연간 250만 원 기본공제, 손익 통산 제도	다만, 대주인 종목의 상장 주식 / 비상장 주식 / 상장 주식의 장외거래일 경우 과세

○ 미국 주식 투자시 세금 정리

구분	보유	매도
세금	배당소득세	양도소득세
세율	15%	22%(주민세 포함)
징수 방식	원천징수	다음해 5월 자진신고 및 납부
기간	연간(1월 1일~12월 31일)	
공제 여부	X	연간 250만 원(매년 공제)
금융소득 종합과세 여부	O	X
	연간 금융소득 2,000만 원 이상	분류과세(종합소득과 별개)
특징	소득월액 보험료 납부 (급여 외 소득 3,400만 원 이상)	해외주식 간 손익 통산 방식
	건강보험 피부양자 자격 상실 (급여 외 소득 3,400만 원 이상)	연말정산 피부양자 자격 상실 (양도소득 포함 연간 소득 100만 원 이상)

○ ETF / ETN 의 세금 체계

구분	국내주식형 ETF / ETN	국내주식형 이외의 ETF / ETN
매매 차익 (장내 매도시)	비과세	배당소득세 과세 Min(매매차익, 과표 증분) × 15.4%
분배금	배당소득세 과세 현금 분배금 × 15.4%	배당소득세 과세 Min(매매차익, 과표 증분) × 15.4%

Hot! ETF테마존

| 바이드노믹스 추진 ▶ | 1단계 감염병 극복에서
2단계 경제 재건으로 옮겨가는 바이든 신정부 정책 수혜 기대 |

투자 대상	ETF명	티커	순자산 (백만 달러)	거래대금 (백만 달러)	운용보수 (%)	분배금율 (%)
클린에너지	First Trust NASDAQ Clean Edge Green Energy Index Fund	QCLN	2,519	20.4	0.60	0.15
태양광	Invesco Solar ETF	TAN	3,002	110.3	0.69	0.12
풍력	First Trust Global Wind Energy ETF	FAN	390	2.2	0.60	1.05
전기차	Global X Autonomous & Electric Vehicles ETF	DRIV	171	10.6	0.68	0.28
2차전지	Global X Lithium & Battery Tech ETF	LIT	4,531	62.4	0.75	0.15

헬스케어	Health Care Select Sector SPDR	XLV	33,247	1,173.5	0.13	1.29
인프라	Global X U.S. Infrastructure Development ETF	PAVE	4,344	49.7	0.47	0.35
마리화나	Alternative Harvest ETF	MJ	1,202	17.4	0.75	2.26

| CES & 모바일 월드콩그레스, 새로운 기술의 진보 확인 | ▶ | 비대면 산업 개화와 전기차 시장 성장으로 홈코노미(스마트홈/스마트시티/사물인터넷 고도화)와 모빌리티 신기술 주목 |

투자 대상	ETF명	티커	순자산 (백만 달러)	거래대금 (백만 달러)	운용보수 (%)	분배금율 (%)
홈코노미	Emles @ Home ETF	LIV	12	0.0		0.00
모빌리티	SPDR S&P Kensho Smart Mobility	HAIL	186	2.0	0.45	0.86

| 미국 경기부양책 효과 | ▶ | 자산매입 등 통화완화와 인프라 투자 계획 등 재정 지출 조합으로 실물 경제 빠른 속도 회복 |

투자 대상	ETF명	티커	순자산 (백만 달러)	거래대금 (백만 달러)	운용보수 (%)	분배금율 (%)
대형주	Schwab U.S. Large-Cap ETF	SCHX	32,345	64.3	0.03	1.36
가치주	iShares S&P500 Value ETF	IVE	22,480	127.9	0.18	1.87

투자 대상	ETF명	티커	순자산 (백만 달러)	거래대금 (백만 달러)	운용보수 (%)	분배금율 (%)
여행	ETFMG Travel Tech ETF	AWAY	256	6.3	0.75	0.00
항공	US Global Jets ETF	JETS	3,161	105.2	0.60	0.00
레저/엔터	Invesco Dynamic Leisure and Entertainment ETF	PEJ	1,336	25.5	0.55	0.65
소비	Consumer Discretionary Select Sector SPDR Fund	XLY	19,157	675.4	0.13	0.63
가치주	iShares S&P500 Growth ETF	IVW	36,161	132.3	0.18	0.60
은행	SPDR S&P Bank ETF	KBE	3,067	159	0.35	2.24

코로나19 확산세 저지. 감염병 이전 일상으로 돌아갈 수 있다는 기대

제조 강국 위상 강화

아시아 공업국, 세계 경기 회복의 반사효과와 신산업 태생에 따른 주력 수출 품목 성장 기대

투자 대상	ETF명	티커	순자산 (백만 달러)	거래대금 (백만 달러)	운용보수 (%)	분배금율 (%)
중국	Xtrackers Harvest CSI 300 China A-Shares ETF	ASHR	2,064	127	0.65	0.87
한국	iShares MSCI South Korea ETF	EWY	5,775	282	0.59	0.76
대만	Ishares MSCI Taiwan Index Fund	EWT	7,034	188	0.59	1.60

이상 기후변화 잦은 발생 ▶	농작물 수급 불균형으로 가격상승 압력 지속

투자 대상	ETF명	티커	순자산 (백만 달러)	거래대금 (백만 달러)	운용보수 (%)	분배금율 (%)
농산물	Invesco DB Agriculture Fund	DBA	865	18	0.86	1.37
대두	Teucrium Soybean Fund	SOYB	59	1.9	2.34	

원유시장 안정으로 OPEC + 감산 완화 ▶	코로나19 이전 수준까지 회복한 세계 경기 고려, 원유 공급량 증가가 유가 하락 요인으로 작용

투자 대상	ETF명	티커	순자산 (백만 달러)	거래대금 (백만 달러)	운용보수 (%)	분배금율 (%)
유가 (인버스)	ProShares UltraShort Bloomberg Crude Oil	SCO	95	27	1.61	
에너지 (인버스)	ProShares Short Oil & Gas	DDG	5.3	0.2	0.95	0.00

자산의 파괴적 혁신을 추구 하는 ARK 자산운용 부각 ▶	미국 중심의 전 세계 디지털 경제의 성장 가속화로 성장주 선호 증가할 전망

투자 대상	ETF명	티커	순자산 (백만 달러)	거래대금 (백만 달러)	운용보수 (%)	분배금율 (%)
혁신	ARK Innovation ETF	ARKK	21,076	870	0.75	0.00
로봇	ARK Autonomous Technology & Robotics ETF	ARKQ	2,613	30	0.75	0.00

차세대 통신	Next Generation Internet ETF	ARKW	21,076	870	0.75	0.00
게놈	Genomic Revolution ETF	ARKG	7,906	221	0.75	0.00
핀테크	Fintech Innovation ETF	ARKF	3,552	54	0.75	0.00
항공우주	ARK Space Exploration and Innovation ETF	ARKX	580	7		

우주여행 시대 개막, 떠오르는 항공우주 산업	▶	우주산업 시대 도래로 민간 주도의 우주산업 성장이 가속화될 전망

투자 대상	ETF명	티커	순자산 (백만 달러)	거래대금 (백만 달러)	운용보수 (%)	분배금율 (%)
항공우주	iShares U.S. Aerospace&Defence ETF	ITA	2,863	18	0.42	0.88

기준일: 2021. 8. 20.   자료: Bloomberg

해외상장 ETF Universe

권역

투자 대상	티커	ETF명	순자산 (로컬백만)	거래대금 (로컬백만)	운용보수 (%)	분배금율 (%)
글로벌	ACWI	iShares MSCI ACWI ETF	16,976	276.4	0.31	1.4
선진	VEA	Vanguard Developed Markets Index Fund	103,323	320.4	0.05	2.5
이머징 (MSCI)	EEM	iShares MSCI Emerging Markets ETF	29,180	1,863.9	0.67	1.5

선진국가

투자 대상	티커	ETF명	순자산 (로컬백만)	거래대금 (로컬백만)	운용보수 (%)	분배금율 (%)
미국 (S&P500)	SPY	SPDR S&P 500 ETF Trust	392,049	25,860.3	0.09	1.3

미국 (기술주)	QQQ	Invesco QQQ Trust Series 1	185,998	12,081.0	0.20	0.5
미국 (다우존스 산업평균지수)	DIA	SPDR Dow Jones Industrial Average ETF Trust	30,689	1,168.9	0.17	1.6
유럽	VGK	Vanguard European Stock Index Fund	21,090	253.7	0.09	2.5
일본	EWJ	iShares MSCI Japan ETF	11,339	249.1	0.47	1.1

신흥국가

투자 대상	티커	ETF명	순자산 (로컬백만)	거래대금 (로컬백만)	운용보수 (%)	분배금율 (%)
중국	FXI	Ishares China Large-Cap Etf	4,171	916.0	0.74	2.2
인도	INDA	iShares MSCI India ETF	6,083	107.2	0.68	0.2
한국	EWY	iShares MSCI South Korea ETF	5,775	286.1	0.59	0.8
대만	EWT	ishares MSCI Taiwan Index Fund	7,034	191.8	0.59	1.6
베트남	VNM	VanEck Vectors Vietnam ETF	538	4.2	0.64	0.4

섹터(미국)

투자 대상	티커	ETF명	순자산 (로컬백만)	거래대금 (로컬백만)	운용보수 (%)	분배금율 (%)
경기소비재	XLY	Consumer Discretionary Select Sector SPDR Fund	19,157	640.7	0.13	0.6
필수소비재	XLP	Consumer Staples Select Sector SPDR	13,233	759.5	0.13	2.4
에너지	XLE	Energy Select Sector SPDR Fund	20,865	1,285.9	0.13	4.6
소재	XLB	Materials Select Sector SPDR	8,539	566.6	0.13	1.6

산업재	XLI	Industrial Select Sector SPDR Fund	18,892	1,288.2	0.13	1.2
헬스케어	XLV	Health Care Select Sector SPDR	33,247	1,246.7	0.13	1.3
제약	PJP	Invesco Dynamic Pharmaceuticals ETF	448	1.2	0.57	0.7
금융	XLF	Financial Select Sector SPDR Fund	41,770	1,727.4	0.13	1.5
IT	XLK	Technology Select Sector SPDR Fund	45,275	851.3	0.13	0.7
통신	VOX	Vanguard Communication Services Index Fund	4,594	23.2	0.10	0.6
유틸리티	XLU	Utilities Select Sector SPDR Fund	13,607	814.5	0.13	2.8

스타일/테마

투자 대상	티커	ETF명	순자산 (로컬백만)	거래대금 (로컬백만)	운용보수 (%)	분배금율 (%)
배당	VIG	Vanguard Dividend Appreciation Index Fund	63,494	181.7	0.06	1.5
자사주 매입	PKW	Invesco Buyback Achievers ETF	1,644	55.8	0.63	0.9
IPO	FPX	First Trust US Equity Opportunities ETF	2,036	7.2	0.60	0.2
인프라 스트럭처	GII	SPSR Ftse/Macquarie Global Infrastructure 100 Etf	434	1.4	0.40	2.3
신흥시장 소비	ECON	Columbia Emerging Markets Consumer ETF	148	0.5	0.59	0.7
소셜미디어	SOCL	Global X Social Media ETF	419	2.4	0.65	0.0

미국

투자 대상	티커	ETF명	순자산 (로컬백만)	거래대금 (로컬백만)	운용 비용(%)	분배금율 (%)
종합채권 (투자등급)	AGG	iShares Core US Aggregate Bond ETF	88,979	547.0	0.05	1.8
우선주	PFF	iShares Preferred andome Securities ETF	19,676	178.7	0.46	4.5
지방채	MUB	iShares National Muni Bond ETF	23,283	109.8	0.07	1.9
물가 연동채	TIP	Ishares Trust United States Treasury	30,488	466.8	0.19	3.1
MBS	MBB	iShares MBS ETF	24,815	119.4	0.06	1.7
하이일드	HYG	iShares iBoxx $ High Yieldorate Bond Fund	19,832	1,461.0	0.49	4.4
시니어론	BKLN	Invesco Senior Loan ETF	5,994	117.3	0.65	3.2
전환사채	CWB	SPDR Bloomberg Barclays Convertible Securities ETF	3,006	4.6	0.40	3.4

이머징

투자 대상	티커	ETF명	순자산 (로컬백만)	거래대금 (로컬백만)	운용보수 (%)	분배금율 (%)
국채 (달러표시)	EMB	iShares JPMorgan USD Emerging Markets Bond ETF	20,514	397.3	0.39	3.9
국채 (현지통화)	EMLC	VanEck Vectors JP Morgan EM Local Currency Bd ETF	3,640	44.6	0.30	4.9
하이일드	HYEM	VanEck Vectors Emg Mkts High Yield Bd ETF	1,322	5.9	0.40	5.2

원자재종합

투자 대상	티커	ETF명	순자산 (로컬백만)	거래대금 (로컬백만)	운용보수 (%)	분배금율 (%)
종합	DBC	Invesco DB Commodity Index Tracking Fund	2,293	48.6	0.89	1.4

품목별

투자 대상	티커	ETF명	순자산 (로컬백만)	거래대금 (로컬백만)	운용보수 (%)	분배금율 (%)
원유(WTI)	USO	United States Oil Fund LP	2,485	233.5	0.72	
농산물	DBA	Invesco DB Agriculture Fund	865	11.6	0.89	1.4
금	GLD	SPDR Gold Shares	58,145	1,358.6	0.40	
비금속	DBB	Invesco DB Base Metals Fund	404	2.7	0.80	1.4

자산형태 : 부동산

투자 대상	티커	ETF명	순자산 (로컬백만)	거래대금 (로컬백만)	운용보수 (%)	분배금율 (%)
미국	VNQ	Vanguard Real Estate Index Fund	44,093	364.9	0.12	3.0
일본	1343	Nomura NF REIT Index ETF	422,867	583.6	0.32	3.1

투자 대상	티커	ETF명	순자산 (로컬백만)	거래대금 (로컬백만)	운용보수 (%)	분배금율 (%)
달러	UUP	Invesco DB US Dollar Index Bullish Fund	470	17.7	0.79	0.0
엔	FXY	Invesco CurrencyShares Japanese Yen Trust	201	1.9	0.40	0.0
유로	FXE	Invesco CurrencyShares Euro Trust	284	3.1	0.40	0.0
위안	CYB	WisdomTree Dreyfus Chinese Yuan Fund	50	0.2	0.45	0.4

자산형태 : 환율

기준일: 2021. 8. 20.

자료: Bloomberg

국내상장 ETF Universe

투자 구분 : 국내 투자

자산	투자대상	단축코드	ETF명	순자산 (백만 원)	거래대금 (백만 원)	운용 보수 (%)	분배 금율 (%)
	KOSPI200		069500	KODEX 200	4,658,827	161,316.3	0.15	2.1
	KOSPI200 레버리지		122630	KODEX 레버리지	1,616,010	491,214.2	0.64	
	KOSPI200 인버스		114800	KODEX 인버스	1,170,222	115,324.7	0.64	
주식	코스닥150		229200	KODEX 코스닥 150	381,208	35,478.3	0.25	1.0
	코스닥150 레버리지		233740	KODEX 코스닥150 레버리지	800,598	143,453.8	0.64	
	코스닥150 인버스		251340	KODEX 코스닥 150선물인버스	503,180	163,105.3	0.64	
	섹터	IT	139260	TIGER 200 IT	877,436	7,503.8	0.40	0.9
		금융	139270	TIGER 200 금융	29,649	338.3	0.40	4.1

	에너지화학	117460	KODEX 에너지화학	26,798	357.4	0.45	0.5
	자동차	091180	KODEX 자동차	635,389	6,343.1	0.45	1.1
	조선	102960	KODEX 기계장비	16,970	330.6	0.45	0.4
	운송	140710	KODEX 운송	21,166	567.9	0.45	0.2
	철강/소재	117680	KODEX 철강	56,390	2,224.6	0.45	1.3
	건설/기계	117700	KODEX 건설	81,686	1,870.4	0.45	0.9
	산업재	227550	TIGER 200 산업재	8,890	101.0	0.40	0.1
	경기소비재	266390	KODEX 경기소비재	8,609	61.9	0.45	0.5
	경기방어	139280	TIGER 경기방어	100,817	171.6	0.40	1.1
	경기민감	139290	TIGER 200 경기소비재	6,965	46.6	0.40	1.1
	통신	098560	TIGER 방송통신	6,419	133.8	0.46	2.0
	헬스케어	143860	TIGER 헬스케어	164,808	3,583.5	0.40	0.0
	배당주	161510	ARIRANG 고배당주	192,666	1,177.0	0.23	5.0
테마/스타일	삼성그룹	102780	KODEX 삼성그룹	1,689,423	4,071.6	0.25	1.5
	중국소비	150460	TIGER 중국소비테마	144,455	445.1	0.50	0.5
	중소형주	226980	KODEX 200 중소형	8,350	125.9	0.30	1.0
	1년 이하	153130	KODEX 단기채권	2,137,535	1,336.1	0.15	
	3년만기	114820	TIGER 국채3년	66,425	436.7	0.15	1.0
채권	10년만기	148070	KOSEF 국고채10년	140,969	527.5	0.15	1.9
	회사채	239660	ARIRANG 우량회사채50 1년	21,727	468.0	0.14	

자산		투자대상	단축코드	ETF명	순자산 (백만 원)	거래대금 (백만 원)	운용 보수 (%)	분배 금율 (%)
주식	해외지수	글로벌	189400	ARIRANG 글로벌 MSCI(합성 H)	8,934	11.0	0.40	
		선진국	208470	SMART 선진국 MSCI World (합성 H)	11,182	1.4	0.35	
		이머징	195980	ARIRANG 신흥국 MSCI(합성 H)	69,197	325.2	0.50	
		미국	143850	TIGER 미국 S&P500선물(H)	241,277	3,635.1	0.30	
			133690	TIGER 미국나스닥100	1,017,165	18,457.0	0.49	0.2
			245340	TIGER 미국다우존스30	68,376	513.1	0.35	1.1
		유럽	195930	TIGER 유로스탁스 50(합성 H)	76,761	930.3	0.25	
		일본	241180	TIGER 일본니케이225	13,771	78.2	0.35	1.2
		중국	168580	KINDEX 중국본토CSI300	236,005	1,831.2	0.70	
		베트남	245710	KINDEX 베트남VN30(합성)	216,470	3,433.6	0.70	
		인도	200250	KOSEF 인도Nifty50(합성)	32,806	502.9	0.49	
	글로벌섹터	헬스케어/ 바이오	248270	TIGER S&P글로벌 헬스케어(합성)	18,747	183.4	0.40	
			185680	KODEX 미국S&P 바이오(합성)	9,922	90.6	0.25	
		IT	287180	KODEX 미국 나스닥기술주	28,652	603.0	0.50	
		산업재	200030	KODEX 미국S&P 산업재(합성)	20,772	427.3	0.25	

대분류	중분류	세분류	코드	종목명				
		에너지	218420	KODEX 미국S&P 에너지(합성)	19,128	65.6	0.25	
	글로벌테마	고배당주	213630	ARIRANG 미국 다우존스고배당주 (합성 H)	26,392	201.2	0.40	
			245350	TIGER 유로스탁스 배당30	15,915	121.7	0.35	4.2
채권	해외채권	하이일드	182490	TIGER 단기선진 하이일드(합성 H)	14,956	15.0	0.25	
		금속	139310	TIGER 금속선물 (H)	4,685	154.5	0.70	
	원자재	금	132030	KODEX 골드선물 (H)	237,454	2,852.3	0.68	
		농산물	137610	TIGER 농산물선물 Enhanced(H)	31,014	310.9	0.70	
		원유	130680	TIGER 원유선물 Enhanced(H)	63,130	978.2	0.70	
	부동산	리츠	182480	TIGER 미국MSCI 리츠(합성 H)	152,394	847.3	0.25	2.5
	통화	달러	138230	KOSEF 미국달러 선물	32,527	239.5	0.37	1.0

기준일: 2021. 8. 20.

자료: Bloomberg

나는 쇼핑하듯 ETF에 투자한다

초판 1쇄 발행   2021년 9월 20일
초판 4쇄 발행   2024년 4월 30일

지은이 | 문남중
발행인 | 홍경숙
발행처 | 위너스북

경영총괄 | 안경찬
기획편집 | 박혜민, 안미성
마케팅 | 박미애

출판등록 | 2008년 5월 2일 제2008-000221호
주소 | 서울 마포구 토정로 222, 201호(한국출판콘텐츠센터)
주문전화 | 02-325-8901
팩스 | 02-325-8902

표지디자인 | 김종민
본문디자인 | 김수미
지업사 | 한서지업
인쇄 | 영신문화사

ISBN   979-11-89352-43-1   (03320)

Artificial Intelligence and Robot

이종호 지음

로봇은
인간을
지배할 수
있을까?

북카라반
CARAVAN

아이작 아시모프Isaac Asimov의 소설 『양자인간Positronic Man』을 영화화
한 〈바이센테니얼 맨Bicentennial Man〉은 과학이 발달하면 기계와 인간의 차
이가 없어질 수 있다는 생각이 들게 한다.

인간형 가사 로봇 앤드루는 회로에 이상이 생겨 인간과 같은 감정을
느끼며 인간인 포샤와 사랑을 이룬 후 엉뚱한 꿈을 꾼다. 인간과 사랑할 정
도로 인간화되었으므로 진짜 인간으로 대접받고 싶다는 것이다. 그는 자
신을 인간으로 대접해 달라며 법정투쟁을 벌이면서 그 조건으로 죽을 수
있는 존재가 되겠다고 말한다. 〈바이센테니얼 맨〉은 미래의 어느 때가 되
면 인공지능 로봇이 단순한 인간의 도우미 역할에 만족하지 못한다는 것을
보여주는데, 이 영화가 그리는 세상이 되기 위해서는 로봇이 인간과 견줄
수 있을 정도의 지능을 가져야 한다.

SFScience Fiction 영화나 소설은 로봇의 지능이 인간을 추월할 수 있음을
보여준다. 영화감독들은 시청자들의 구미에 맞는 로봇, 즉 인간을 추월할
수 있는 로봇을 만들어내는 데 주저하지 않는다.

영화감독들의 아이디어는 크게 두 가지로 나뉜다. 첫째는 인간성을 듬
뿍 가진 로봇이고 둘째는 인간에게 위해를 주는 로봇이다. 두 부류는 극과

극을 달리지지만 한 가지는 공통적이다. 로봇이 인간을 추월하거나 인간에 버금가는 인공지능을 갖고 있다는 점이다.

흥행에 성공한 많은 SF 영화에서 인공지능이 인간의 능력을 초월해 인간과 싸우지만 실제로 그런 상황이 근래에 도래할 것으로 생각하는 사람은 거의 없다. 인공지능이 인간을 추월하기에는 인간이 너무 복잡하고 특히 두뇌는 상상할 수 없는 복잡한 논리로 움직이기 때문이다. 그런 의미에서 인간이 창조한 게임 중에서 가장 복잡하다는 바둑에서 인공지능은 결코 인간 고수를 이길 수 없다고 여겨져 왔다.

2016년 3월 인공지능 바둑 프로그램 알파고와 이세돌 9단의 대결은 인공지능 역사에 획기적인 사건으로 평가된다. 대부분의 전문가가 대국 전에는 이세돌 9단이 알파고에 완승할 것으로 기대했지만 5차례의 대국에서 알파고는 이세돌 9단을 4대 1로 이기면서 완승했다. 알파고는 응수타진應手打診이나 사석작전捨石作戰 같은 소위 '인간적인' 전략도 능수능란하게 구사했다. 알파고의 승리는 그동안 지구 최고의 지적 동물로 자부하던 인간에게 큰 충격을 주었고 인공지능이 우리 삶과 직결되고 있음을 알려주었다.

알파고의 승리가 세계인을 놀라게 한 것은 인공지능이 인간의 생활 전반에 영향을 미칠 것이기 때문이다. 농업혁명, 산업혁명을 거쳐 인공지능 혁명이 도래했다고 말하는 사람도 있을 정도다. 이제 지구인은 인공지능과 함께 살아가게 되었다.

나는 『로봇, 인간을 꿈꾸다』, 『로봇, 사람이 되다 1, 2』를 출간해 큰 호응을 받았다. 알파고가 생각보다 큰 파급력으로 인공지능 신드롬을 일으키자 인공지능에 대해 새로운 각도에서 설명할 필요가 생겼다.

현재 인공지능은 SF 영화에 나오는 환상만은 아니며 이 책을 읽는 순간에도 수많은 인공지능 결과물이 지구의 여러 곳에서 인간을 대신해 다양하게 활동하고 있다. 이 내용을 살펴보면 인공지능이 우리 삶에 얼마나 깊숙이 들어와 있는지 알 수 있다. 특히 우리나라는 휴머노이드 로봇 연구에 본격적으로 착수한 지 20년도 채 지나지 않아 50년 동안 세계를 주름잡던 일본의 로봇 기술에 도전할 정도로 발전하기도 했다.

인공지능 로봇을 설명할 때 휴머노이드humanoid, 안드로이드android, 사이보그cyborg라는 용어가 자주 사용된다. 휴머노이드는 로봇이나 인조인간을 지칭하는 용어가 아니라 겉모양이 사람과 닮았다는 뜻이다. 어떤 물건이든 머리와 몸통, 두 팔과 두 다리가 있어 인간과 유사하다면 휴머노이드라고 할 수 있다. 휴머노이드 로봇이라고 하면 사람처럼 팔다리가 달린 형태의 로봇을 뜻하며 마을 입구에 있는 장승도 팔다리가 있는 형태라면 휴머노이드라고 볼 수 있다.

안드로이드는 겉보기에 사람과 똑같아 보일 정도로 발달한 인조인간을 지칭한다. 어원은 그리스어로 '인간을 닮은 것'이란 뜻이다. 전통적인 기계 로봇이 아니라 피부와 장기 조직은 물론 두뇌까지 진짜 사람과 유사한 인조인간을 뜻한다. 〈바이센테니얼 맨〉에서 인간화된 앤드루가 안드로이드다.

한편 사이보그는 사이버네틱 오거니즘cybernetic organism의 약자다. 인공장기를 단 사람을 뜻하므로 원래는 로봇과 관련 없는 단어다. 1950년대 NASA(미항공우주국)의 과학자들이 만들어낸 의학 용어로 인간을 우주나 심해 등 특수한 환경에 투입할 때 인공장기를 달아서 초인적인 능력을 내게 할 수 있는지 연구하면서 만든 말이다. 사이보그는 모든 신체를 기계화하지 않고 일부 생체 조직은 남겨둔 채 인공장기를 생물공학적으로 결합시킨 잡

6

종human-machine hybrid의 경우만 해당된다. 그러므로 〈600만 불의 사나이〉의 주인공 스티브 오스틴, 〈로보캅〉의 머피, 〈스타워즈〉의 다스베이더는 사이보그다.

　　인공지능이 로봇에 국한되는 것은 아니지만 대부분 인공지능이라면 로봇을 염두에 두고 이야기한다. 이 책에서는 로봇을 기반으로 인공지능을 풀어가되 영화에 나오는 장면을 많이 활용했다. 이들을 보면 인공지능이 얼마나 많은 분야에서 인간을 위해 활용될 수 있는지 가늠할 수 있다. 인공지능에 대한 정확한 이해로 인간의 새로운 미래를 만드는 대장정에 함께 참여하길 바란다.

✳ **차례**

01

똑똑한

인공지능이란 인간의 지능이 가지는 학습, 추리, 적응, 논증 따위의 기능을 갖춘 컴퓨터 시스템으로 자연언어의 이해, 음성 번역, 로봇공학, 인공 시각, 문제 해결, 학습과 지식 획득, 인지 과학 등을 포괄한다. 체스 챔피언과 딥블루의 시합은 컴퓨터 학자들 간에 논란을 불러일으켰다. 체스 천재를 상대로 승리한 컴퓨터가 어디까지 발전할 것인지, 즉 컴퓨터가 궁극적으로 인간의 능력을 넘을 수 있느냐는 논란이 벌어졌다. 이 질문에는 두 가지 답이 있다. 첫째는 기계가 어떤 일이 있더라도 인간의 두뇌를 따를 수 없다는 불가론이고 둘째는 인간을 닮은 지능형 로봇이 만들어 질 수 있다는 것이다. 로드니 브룩스 박사는 인간도 기계의 일종으로, 원리상 실리콘과 강철로 진정한 감정과 의식을 지닌 기계를 만드는 일이 불가능하지 않다고 설명했다. 단지 현대의 과학기술이 일천해 방법을 찾지 못했을 뿐이다.

1997년 인공지능Artificial Intelligence 딥블루Deep Blue가 1500년 체스 역사상 최고의 선수로 평가받던 러시아의 가리 카스파로프Garri Kasparov를 6전 2승 3무 1패로 물리쳤다. 공식 경기에서 로봇이 인간을 이긴 데다 그 대상이 천재로 이름 높던 체스 챔피언이라는 점에 세계가 경악했다. 딥블루는 슈퍼컴퓨터 32대를 연결하고 체스 전용 확장 프로세서를 512개나 탑재한 컴퓨터다. 체스 말의 경로를 1초에 2억 개나 읽을 수 있고 3분이면 3,514에 달하는 경우의 수를 조합할 수 있다. 즉 자신의 순서가 되었을 때마다 14수 앞을 내다보고 다음 수를 놓을 수 있다.[1]

카스파로프는 딥블루와 대결에서 패한 후, 2003년 슈퍼컴퓨터 딥주니어Deep Junior와 6차례 경기를 펼쳐 3승 3패로 무승부를 이루었다. 2003년 11월에도 카스파로프는 컴퓨터 체스 프로그램 X3D 프리츠와 경기를 펼쳤으나, 1승 2무 1패의 무승부로 끝낸 후 은퇴했다.

2006년 당시 세계 체스 챔피언이었던 블라디미르 크람니크Vladimir

● 체스 챔피언 가리 카스파로프와 딥블루가 체스를 두고 있다. 1997년 딥블루는 가리 카스파로프를 6전 2승 3무 1패로 이기면서 컴퓨터가 인간을 넘어설 수 있음을 보여줬다.

Kramnik는 4무 2패로 컴퓨터 프로그램 딥프리츠Deep Fritz에 패했다. 딥프리츠는 일반적인 인텔의 CPU 제온을 2개 탑재한 일반적인 컴퓨터에 체스 프로그램을 깐 것으로, 1초 동안 800만 수를 계산할 수 있다고 한다.

여기에서 인공지능이란 인간의 지능이 가지는 학습, 추리, 적응, 논증 따위의 기능을 갖춘 컴퓨터 시스템으로 자연언어의 이해, 음성 번역, 로봇 공학, 인공 시각, 문제 해결, 학습과 지식 획득, 인지 과학 등을 포괄한다.

인공지능과 인간의 대결은 컴퓨터 학자들 간에 논란을 불러일으켰다. 체스 천재를 상대로 승리한 컴퓨터가 어디까지 발전할 것인지, 즉 컴퓨터가 궁극적으로 인간의 능력을 넘을 수 있느냐는 논란이 벌어졌다. 이 질문에는 두 가지 답이 있다. 첫째는 기계는 어떤 일이 있더라도 인간의 두뇌를 따를 수 없다는 불가론이고 둘째는 인간을 닮은 지능형 로봇이 만들어 질 수 있다는 것이다. 후자의 견해는 로드니 브룩스Rodney Brooks 박사가 앞장 섰다. 브룩스 박사의 논지는 인간도 기계의 일종이므로 생물이 아닌 기계라 해서 인간을 추월 못하는 것은 아니라는 것이다. 다소 비약적인 설명이기는 하지만 그는 원리상 실리콘과 강철로 진정한 감정과 의식을 지닌 기계를 만드는 일이 불가능하지 않다고 설명했다. 단지 현대의 과학기술이 일천해 방법을 찾지 못했을 뿐이라는 것이다.[2]

이러한 논쟁에 바둑이 끼어들었다. 로봇이 인간을 추월할 수 있느냐는 논쟁의 근저에 로봇은 결코 바둑 고수를 이길 수 없다는 설명이 있었기 때문이다. 인공지능이 체스를 점령했지만 바둑은 넘볼 수 없는 영역이라고 여겨졌던 이유는 바둑은 체스와는 달리 영토를 두고 싸우며 경우의 수가 훨씬 복잡하기 때문이다. 체스는 첫 번째에 20가지 경우의 수가 있으나 바둑은 첫 착점만 19×19인 361개가 된다. 바둑에서 발생할 수 있는 경우의 수는 대략 361!/4(패, 후절수 등과 같이 이미 둔 곳에 돌을 들어내고 다시 둘 수 있는 경우는 제외함) 정도다. 이것을 계산하면 $10^{768}/4$ 라는 어마어마한 숫자가 된다. 4로 나누는 이유는 바둑판은 상하좌우 대칭 구조로 되어 있어 4면으로 나뉘며 각 면의 착점이 동일한 경우를 의미하기 때문이다.[3]

인간은 위기 상황에서는 순차적 방법을 사용한다. 예를 들어 큰 숫자를 곱할 때 순차적으로 계산한다. 반면 컴퓨터는 퍼즐식 추론에 능숙하다. 컴퓨터는 더 빠른 하드웨어와 더 효율적인 프로그램을 통해 해결 능력을 개선할 수 있다. 컴퓨터 프로그래머도 대규모 심층 탐색을 피하기 위해 현재의 위치에 가까운 수만 분석하도록 하지만 인간의 병렬처리 능력을 뒤따를 수 있는 것은 아니다. 즉 인간이 효율적인 추론이라고 생각하는 것을 컴퓨터는 비효율적이라 생각할 수 있다. 어떤 문제는 패턴 맞추기를 사용할 때 가장 잘 풀리는 반면 어떤 문제는 순차적 탐색을 통해 가장 잘 풀린다. 컴퓨터의 속성을 무시하고 모든 것을 컴퓨터의 장점으로 해석할 경우 문제가 생긴다.[4]

이러한 와중에 구글 딥마인드DeepMind가 개발한 컴퓨터 알고리즘을 장착한 알파고AlphaGo가 등장했다. 딥마인드는 2010년 케임브리지대학교 출신들이 세운 스타트업 기업으로 2014년 1월 구글이 인수했다. 딥마인드는 2015년 유럽 바둑 챔피언인 판후이樊麾 2단에 5전 전승을 거둔 후 10여 년 동안 세계 바둑계를 평정한 이세돌 9단에게 도전장을 내밀었다. 바둑은 체스와 달리 경우의 수가 우주에 존재하는 원자의 수보다 많다고 알려진 데다 상상력과 직관력이 필요한 게임이므로 인공지능의 도전이 쉽지 않을 것이라고 전망했다.

이세돌 9단과 알파고의 대국은 5전 3승을 기본으로 승자가 100만 달러를 받는다는 조건이었다. 도전을 흔쾌히 받아들인 이세돌 9단은 판후이 2단을 꺾은 기보를 보니 아마추어 최고 수준으로, 자신과 붙을 수준은 아니며 알파고의 기력을 프로 3단 전후로 파악하고 전승을 확신하면서 알파고의 알고리즘에 대해 이렇게 말했다.[5]

아무래도 인간의 직관력과 감각을 인공지능이 따라오기는 무리가 아닐까 생각한다. (그러나) 이번에 알고리즘 설명을 들으면서 인공지능이 직관을 어느 정도 모방할 수 있겠다는 생각이 들었다. 5대 0으로 승리하는 확률까지는 아닌 것 같다.

그러나 2016년 3월 뚜껑을 열어본 결과 이세돌 9단은 1승만 건진 1승 4패로 100만 달러의 상금은 알파고가 차지했다. 인간의 마지막 보루, 즉 어떤 일이 있더라도 컴퓨터가 인간을 이길 수 없다고 장담한 바둑에서 최고 고수가 완패한 것이다.

똑똑한 인공지능

알파고의 물리적 실체는 그야말로 놀랍다. 알파고는 중앙처리장치 CPU 1,202개, 그래픽처리장치GPU 176개를 탑재하고 서버를 1,000대 활용하는 시스템이다. CPU와 GPU 규모만 따지면 현재 세계 500대 슈퍼컴퓨터 수준에 불과하지만 바둑 알고리즘을 위한 환경으로는 엄청난 규모에 속한다.

CPU 한 개당 1초에 1,000회 이상 시뮬레이션하며 서버는 CPU 여러 개가 하나의 네트워크로 연결되어 분산처리하는 방식(클러스터)을 따른다. 이세돌 9단은 프로와 준프로 기사 1,202명의 협업 플레이를 상대했다는 설명이다.[6)

그동안 많은 대학교와 기업에서 바둑 프로그램을 만들었지만 아마추어 수준을 넘지 못했다. 알파고와 이들의 근본적 차이는 배우는 데 걸리는 시간이다. 『네이처Nature』에 발표된 논문은 감독 학습에 의한 고수의 '다음 수 맞히기' 학습 과정에서 알파고가 55퍼센트의 정확도를 보였다고 한다. 여기에 동원된 문제가 3,000만 개인데 250수짜리 대국을 첫 수부터 맞히기로 했다면 이미 12만 판에 대한 학습을 마친 것이다. 대국 한 판을 20분에 끝내는 셈인데 하루 종일 대국을 둔다면 72판을 둘 수 있다.

알파고는 본격적으로 고수와의 대결을 준비하면서 컴퓨팅 파워를 획기적으로 늘렸다. 그런데 CPU를 마냥 늘리면 오히려 계산 능력이 떨어지기 때문에 CPU 개수는 1,202개로 조정했다. 알파고는 바둑판 위에서 1초당 10만 수를 고려할 수 있는데 이는 인간이 따를 수 없는 숫자다. 여기에 GPU도 176개 탑재했는데 CPU와 GPU를 함께 구성하면 CPU만 탑재한 것보다 연산 속도가 수십 배 빨라지는 것은 물론 컴퓨터를 작동시킬 때 발생하는 열도 적다고 한다.[7)

컴퓨터 프로그램인 알파고가 세계 최강이라는 이세돌 9단을 이기자 전 세계에서 우려가 제기되었다. 인공지능 기술이 발달해 컴퓨터가 사람 말을 알아듣게 되면 인간의 존재 자체가 위협받을 수 있으므로 대안을 강구해야 한다는 것이다. 지구의 지배자였던 인간이 강력한 상대와 생존경쟁을 펼치게 되었다는 것으로, 일자리 등 모든 면에서 과거 농업혁명이나 산업혁명에 비견될 만한 혁명 단계에 들어섰다고 했다.

이런 혁명은 갑자기 일어난 것이 아니다. 로봇, 즉 자동기계의 개념과 컴퓨터가 꾸준히 발달했기 때문이다. 인공지능을 설명하기 전에 로봇과 컴퓨터가 우리 생활에 들어오게 된 과정을 간략하게 설명한다.

상상 속의 로봇

20~30년 전만 해도 어린이들이 좋아하는 애니메이션은 〈로보트 태권 V〉, 〈마징가 Z〉, 〈우주소년 아톰〉 등 로봇이 등장하는 것이 많았다. SF물은 로봇이 등장하지 않으면 흥행에 실패할 정도였다.

사실 로봇의 개념은 오래전부터 있었다. 그리스 신화 중에 날개를 달고 하늘을 날았던 소년 이카로스의 이야기가 있다. 이카로스의 아버지인 다이달로스는 뛰어난 기술자인데, 왕의 탄압을 피해 섬을 탈출하기로 결심한다. 다이달로스는 밀랍으로 깃털을 하나씩 붙여서 하늘을 날 수 있는 날개를 만들어 이카로스에게 달아준다. 다이달로스는 너무 높이 날면 날개의 밀랍이 녹으므로 일정한 고도를 유지해야 한다고 충고한다.

다이달로스와 이카로스 부자는 날개를 달고 날기 시작했고 마침내 탈출에 성공한다. 그러나 다이달로스의 뒤를 잘 따라가던 이카로스는 날개 사용에 익숙해지자, 아버지의 충고를 잊고 하늘 끝까지 날아보고 싶은 욕망에 사로잡힌다. 이카로스는 하늘 높이 날아오르기 시작했고, 뜨거운 태양의 열기에 깃털을 붙여두었던 밀랍이 녹기 시작해 결국 바다에 빠져 죽고 만다. 인공 날개로 하늘을 난 이카로스의 이야기에는 로봇의 개념이 들어 있다고 볼 수 있다.

보다 적극적인 로봇의 개념은 대장장이의 신 불카누스의 신화에 나타난다. 불카누스는 금으로 하녀를 만들고 다리가 3개인 테이블을 만들어 자기 마음대로 조종한다.[8]

호메로스Homeros의 『일리아스Ilias』에 나오는 여성 판도라 역시 대장간의 신 헤파이스토스가 진흙과 물로 만든 것으로, 로봇의 개념이 포함되어

● 이카로스 이야기를 묘사한 17세기의 부조. 인공날개를 단 다이달로스(왼쪽)과 이카로스(가운데). 이카로스는 날개가 녹아내리며 추락하고 있다. 오른쪽에 보이는 것은 그들이 탈출한 크레타 섬의 미궁이다.

있다.

기원전 3세기경 아폴로니오스Apollonios Rhodios가 쓴 『아르고호의 모험 Argonauts』에 나오는 탈로스는 크레타 섬을 지키는 청동 괴물로 하루 3번 섬을 돌면서 침입자에게 돌을 던지거나 몸을 뜨겁게 달구어 껴안아 죽였다. 탈로스의 약점은 발뒤꿈치의 혈관으로, 청동 못으로 고정되어 있었다. 탈로스는 아르고호의 영웅들이 청동 못을 뽑자 몸을 구성하던 납이 밖으로 흘러나와 순식간에 허물어져 죽었다고 한다.

보다 직접적인 로봇 이야기로 피그말리온Pygmalion의 이야기를 들 수 있다. 피그말리온은 그리스 신화에 나오는 조각가로 상아로 아름다운 인조인간 갈라테이아를 만든다. 피그말리온은 갈라테이아를 사랑하게 되었고, 사랑의 여신 아프로디테가 그의 간절한 기도를 듣고 갈라테이아에게 생명을 불어넣어준다. 간절히 원하면 얻을 수 있다는 '피그말리온 효과'로 자주 인용되는 이 이야기는 현대의 로봇 이야기와 유사하다. 로봇은 인간의 꿈에서 태어났다고도 한다.[9]

현대인에게 로봇의 개념을 정확하게 이해시킨 것은 1818년에 나온 메리 셸리Mary Shelley의 소설 『프랑켄슈타인Frankenstein』이다. 프랑켄슈타인 박사는 죽은 사람을 살려낼 수 있다고 믿는다. 그는 죽은 사람의 시체와 두뇌를 짜 맞춘 뒤 강력한 전기 충격을 주면 되살릴 수 있다고 가정했다. 프랑켄슈타인은 조수 프리츠와 함께 공동묘지에서 시체들을 훔쳐낸다. 문제는 두뇌인데 프리츠가 대학 실험실에서 실수로 이상한 뇌가 담긴 병을 가지고 나오는 바람에 괴물을 만들어내게 된다. 이름 없는 괴물은 자신의 흉측한 외모에 놀라 도망치는데 사람들은 괴물을 겁내며 그를 없애려 한다. 괴물은 자신을 죽이려는 사람들에게 분노해 점점 광폭해지고 프랑켄슈타

● 에드워드 번존스Edward Burne-Jones의 〈피그말리온과 갈라테이아〉. 조각가 피그말리온은 상아로 아름다운 여인 갈라테이아를 만들었다. 사랑의 여신 아프로디테는 갈라테이아를 사람으로 만들어주는데, 현대의 로봇 이야기와 유사한 점이 많다.

인 박사의 약혼자까지 희생된다.

『프랑켄슈타인』에 나오는 괴물은 육체의 각 부분이 정확하게 맞추어진 살아 있는 인간으로 설명된다. 엄밀하게 볼 때 인간의 뇌를 갖고 복원시킨 것이 아니므로 인간이라 부르기에는 한계가 있다. 그러나 작가가 괴물에게 자아가 있으며 자각도 갖고 있다고 설명했으므로 두뇌 없는 인간을 만들었다고 볼 수 있다. 당시는 로봇 개념이 존재하지 않을 때이므로 작가가 인간의 두뇌를 갖고 있지 않은 괴물을 인간형으로 설명했지만, 현대적 시각에서 볼 때 『프랑켄슈타인』의 괴물은 인조인간이자 로봇이라고 할 수 있다.

1931년 개봉한 제임스 웨일James Whale 감독의 영화 〈프랑켄슈타인〉

은 1930년대 공포 영화 중 가장 큰 흥행 기록을 세웠다. 〈프랑켄슈타인〉이 흥행에 성공한 것은 인간의 특징을 잘 분석했기 때문이다. 공포 영화는 공포의 대상이 되는 캐릭터가 긴장감을 이끌어내는 것이 특징이다. 〈프랑켄슈타인〉은 공포 영화의 전형으로, 영화계에서는 SF가 아니라 공포물로 분류한다. 공포영화의 심리적 효과는 대체로 주인공이 아닌 낯설고 기이한 제3의 대상이나 괴물 등에서 나온다. 프랑켄슈타인 박사가 만들어 낸 괴물은 과학의 힘으로 창조된 인공체이면서 인간을 위협하는 존재라는 것이 많은 사람의 마음을 사로잡았다.

영화는 로봇 선구자

현대적 로봇의 개념은 20세기 초에 태어났지만 로봇이 인간의 뇌리에 깊숙이 들어오게 된 것은 19세기 막바지에 발명된 영화의 영향 때문이다. 로봇에 대한 아이디어는 카렐 차페크Karel Capek가 로봇이라는 이름을 만들기 이전부터 영화에 등장했다.

세계 최초의 영화는 1895년 프랑스의 뤼미에르 형제가 만들었다고 전해진다. 그로부터 불과 2년 뒤 조르주 멜리에스Georges Méliès가 로봇을 등장시킨 영화 〈어릿광대와 꼭두각시Gugusse et l' Automate〉를 제작했다. 로봇이라는 말이 탄생하기 전이므로 '자동인형automata', '살아 움직이는 인형animated doll' 등으로 불렀는데 기본적인 성격은 현대의 로봇과 같다. 멜리에스는 1900년 〈자동인형 코펠리아Coppelia: La Poupée Animée〉를 제작했는데 이 영화가 대단한 성공을 거두자 영국에서도 〈인형제작자의 딸The Doll

● 프리츠 랑 감독의 1927년 영화 〈메트로폴리스〉는 이후 로봇 영화에 큰 영향을 주었다.

Maker's Daughter〉이라는 비슷한 작품이 만들어졌다. 미국 최초의 로봇 영화는 1907년에 제작된 〈기계인형The Mechanical Statue and the Ingenious Servant〉이며, 1914년에는 독일에서 〈골렘Der Golem〉이 만들어졌다.

1920년 차페크가 로봇이란 말을 사용하자 곧바로 이를 차용한 본격적인 로봇 영화가 등장한다. 무성영화 걸작 중 하나로 꼽히는 〈아엘리타, 로봇들의 반란Aelita〉이 1924년 러시아에서 제작되었다. 알렉세이 톨스토이Aleksey Tolstoy의 원작 소설을 바탕으로 만든 것인데 차페크가 『로봇R.U.R., Rossum's Universal Robots』을 출간한 지 겨우 4년이 지났을 때다.[10]

로봇이 본격적으로 알려진 것은 오스트리아 태생의 영화감독 프리츠 랑Fritz Lang의 1927년 영화 〈메트로폴리스Metropolis〉 때문이라고 해도 과언이 아니다. 〈메트로폴리스〉의 줄거리는 다음과 같다.

2026년, 조 프리더슨이라는 사업가가 세운 가상의 마천루 도시 메트로 폴리스에서 시민들은 지하 공장에 갇혀 강제 노역에 시달리지만 엘리트들은 쾌적한 지상에 살면서 세계를 지배한다. 어느 날 프리더슨의 아들 프레데르가 지하에 갔다가 혁명을 꿈꾸며 노동자들을 규합하는 마리아라는 아름다운 여자를 만나 사랑에 빠진다. 프리더슨은 과학자이자 마술사 로트방에게 명령을 따를 로봇을 만들게 한다. 로트방은 노동자들을 속이고 그들을 계속 통치하기 위해 마리아를 붙잡아 그녀의 얼굴을 로봇에 이식한다(이식 장면에서 사용된 전기 아크, 거품이 보글거리는 비커, 둥근 조명 등 미치광이 과학자의 소품은 이후 수많은 SF물에 영향을 주었다). 그런데 예상과 달리 로봇 마리아가 노예들을 부추겨 반란을 일으킨다. 로봇 마리아는 화형을 당해 쇳덩어리로 바뀌지만 진짜 마리아는 탈출해 지하에 있는 시민들을 구하기 위해 노력한다.

영화에 등장하는 로봇은 노동자들의 정신적 우상 마리아를 그대로 닮은 복제판이다. 지금 보아도 어색하지 않을 만큼 세련된 모습을 한 이 로봇은 그 후 제작된 많은 SF 영화의 본보기가 되었다. 특히 현란한 금속성 외피, 미래적인 분위기를 풍기는 머리 부위 장식, 차가운 이미지의 마스크, 잘빠진 신체 등으로 환상적인 분위기를 자아내 관객의 탄성을 자아냈다.[11]

여성 로봇의 마리아는 제1차 세계대전의 산물이라고도 볼 수 있다. 당시 유럽 국가들은 국민의 단합을 도모했고 애국심을 고취할 상징적인 존재가 필요했다. 특히 제1차 세계대전에서 참패한 독일은 프랑스의 잔 다르크 같은 영웅이 필요했다. 이러한 사회적 분위기에서 〈메트로폴리스〉의 마리아가 태어난 것이다.

● 〈메트로폴리스〉에 등장하는 여성 로봇 마리아. 노동자들의 정신적 우상 마리아를 닮은 복제판으로 노예들을 부추겨 반란을 일으킨다.

〈메트로폴리스〉는 당시로서는 파격적으로 3시간이 넘는 상영 시간에 16개월의 제작 기간, 4만 명이 등장하는 초超대작으로 700만 마르크라는 막대한 제작비를 투입했으나 흥행에는 실패한 비운의 작품이기도 하다. 그러나 이후 SF의 고전으로 인정되어 유네스코 세계기록유산으로도 선정되었다. 근래에 제작된 영화도 세계기록유산으로 인정받을 수 있다는 것이 증명된 셈이다.

로봇의 이미지를 많은 사람에게 각인시킨 영화로는 주디 갈런드Judy Garland가 주연한 〈오즈의 마법사The Wizard of Oz〉가 꼽힌다. 1925년 흑백 영화로 출시되었다가 1939년 컬러 영화로 리메이크되었다. 이 영화는 어린이들에게 큰 영향을 미쳤다. 〈오즈의 마법사〉를 보고 상상력을 키워 작가의 길에 들어섰다는 사람이 생각보다 많은데 살만 루슈디Salman Rushdie는 10세 때 이 영화를 보고 작가가 되겠다고 생각했고, 테리 맥밀런Terry McMillan도 어렸을 때부터 주인공 도로시와 한마음이었다고 말했다. 영화의 주인공은 도로시와 그녀의 친구인 허수아비, 사자, 나무꾼인데 나무꾼은 양철로 만들어진 휴머노이드 로봇이다.[12]

　로봇 이야기는 계속 제작되었는데 그동안 등장한 로봇의 개념을 집약해 보여준 작품이 1956년에 상영된 프레드 M. 윌콕스Fred M. Wilcox 감독의 〈금지된 행성Forbidden Planet〉이다. 이 영화는 〈스타 트렉Star Trek〉 같은 후속 SF 영화에 많은 영화를 주었다. 특히 영화에 등장하는 로봇 로비는 드럼통 같은 몸체에 배관용 파이프를 닮은 팔다리, 반구형 유리 시계처럼 보이는 얼굴이 특징인데, 기능을 중시한 로비의 디자인은 아직도 로봇의 전형적인 모습으로 여겨진다. 로비는 〈스타워즈Star Wars〉에 등장하는 R2—D2, C—3PO의 모델이 되기도 했다.[13]

　로봇이 인간에게 가장 친근하게 다가온 작품은 일본 만화 『우주소년 아톰鐵腕アトム』이다.[14] 일본 만화계에서 로봇의 아버지로 일컫는 데즈카 오

● 영화 〈금지된 행성〉에 나오는 로봇 로비. 로비는 인간이 상상하는 로봇의 전형적인 모습을 보여준다.

● 아톰은 괴력을 가진 소년 로봇으로 인간의 마음을 갖고 있으며, '인간과 로봇이 친구처럼 지낼 수 있는 세상'을 꿈꾼다. 〈우주소년 아톰〉은 로봇이 친근한 존재로 받아들여지는 데 큰 공헌을 했다.

사무手塚治蟲가 창조한 아톰은 발바닥에서 불을 뿜으며 날아다니고 엉덩이에서 쌍기관총이 나온다. 그러나 크기는 어린아이의 손바닥만한 15센티미터(1.4미터로 그려진 경우도 있음)에 불과하다. 아톰이 일본인의 전폭적인 지지를 받은 것은 인간의 능력을 초월한 괴력을 발휘하면서도 에너지가 떨어지면 배꼽의 뚜껑을 열어 가정집의 콘센트에 플러그를 연결해서 에너지를 공급받을 정도로 인간과 친근했기 때문이다.

아톰이란 이름이 갖고 있는 상징성도 인기몰이에 한몫했다. 아톰은 '더는 쪼갤 수 없는'이란 뜻의 그리스어 '아토몬atomon'에서 유래했다. 원자atom는 모든 물질의 근본을 이루는 가장 작은 입자라고 생각했기 때문이다. 어니스트 러더퍼드Ernest Rutherford가 원자 속에 그보다 작은 입자가 있다는 것을 발견했지만 원자만큼 조그마한 것이 큰일을 할 수 있다는 것은 원자폭탄으로 피해를 본 일본인들에게 일어설 수 있다는 생각을 심어주기

에 충분했다.[15]

아톰이 공전의 인기를 얻자 1963년 애니메이션으로 방영되었다. 이
애니메이션으로 아톰의 인기는 더 높아졌다. 애니메이션 〈우주소년 아톰〉
의 줄거리는 다음과 같다.

2003년(최초 상영일부터 40년 후), 수많은 로봇이 개발되어 인간의 충실
한 도우미로 활약하고 있다. 로봇은 인간의 명령에 따라 움직이는 단순한
기계에 지나지 않았다. 그런 와중에 세계 최초로 인간의 마음을 간직한 로
봇 아톰이 탄생했다. 마음을 가진 로봇의 존재는 인간들 사이에 커다란 파
장을 일으켰다. 신기해하는 사람도 있고 두려워하는 사람도 있었다. 그중에
는 '인간의 마음을 가진 로봇을 제거해야 한다'며 흥분하는 사람도 있었다.

아톰은 뛰어난 능력으로 사람들을 위기에서 구한다. 인간과 같은 마음
을 갖고 있으므로 학교에 다니면서 친구들도 사귄다. 로봇이지만 인간의

● 〈우주소년 아톰〉의 인기로 로봇이 등장하는 만화가 연달아 나왔다. 〈철인 28호〉, 〈마징가 Z〉 같은 대형 시리즈
물이 나와 로봇 전성시대를 이루었다.

마음을 가진 아톰의 존재는 서서히 사람들에게 받아들여지는 것처럼 보인다. 하지만 로봇에 반대하는 사람들의 책략으로, 로봇은 신용을 잃고 박해받기 시작한다. 그러자 인간을 적대시하며 로봇만의 나라를 세우려는 로봇도 등장한다. 이들은 아톰에게 도전장을 던진다. 아톰의 소원은 '인간과 로봇이 친구처럼 지낼 수 있는 세상'을 만드는 것이다.

아톰이 일본인을 사로잡은 것은 독일에서 〈메트로폴리스〉가 흥행한 이유와 유사하다. 일본은 패전 후 암울한 분위기를 일신할 영웅이 필요했는데 그 영웅의 모습을 아톰에서 찾았다.[16]

아톰의 중요성은 인간형 로봇의 방향을 제시했다는 데 있다. 아톰이야말로 인간과 감정을 공유하고 커뮤니케이션이 가능한 로봇, 즉 학습·지능·기억이 있는 로봇의 전형이기 때문이다.

● 김청기 감독이 그린 〈로봇 태권 V〉에 등장하는 깡통로봇 철이와 김청기 감독. 한국에서도 〈로봇 태권 V〉, 〈라이파이〉 등의 로봇 만화가 나왔다.

● 조지 루카스 감독의 〈스타워즈〉 포스터. 주인공이 사악한 우주인을 물리치고 우주의 평화를 지킨다는 단순한 내용이지만, 화려한 특수 효과로 관객의 상상력을 자극했다.

〈우주소년 아톰〉의 성공은 로봇의 전성시대를 열었다. 그 이후 〈철인 28호〉, 〈마징가 Z〉, 〈울트라 맨〉 같은 대형 로봇 시리즈물이 나왔다. 한국에서도 김산호 화백의 〈라이파이〉, 한국인의 문화 캐릭터라고 불리는 김청기 감독의 〈로보트 태권 V〉 등이 나와 어린이들을 즐겁게 했다. 이런 작품에 등장하는 로봇은 지구나 우주를 파괴하려는 악당에 맞서 지구를 지키는 것이 임무다. 이런 로봇들이 없었다면 지구의 안전은 지켜지지 않았을 것이다. 사람들이 로봇의 활약에 환호한 것은 당연하다.

로봇 만화와 애니메이션 등이 흥행하자 보다 사실적인 로봇을 다룬 텔레비전 시리즈물과 영화가 속출했다. 이 중에서 잘 알려진 것이 〈우주 가족 젯슨The Jetsons〉이다. 지금 관점에서 보면 유치하지만 1960년대에는 한국을 비롯한 전 세계의 안방을 독차지했다.

우주에서 방랑하는 가족이 겪는 이야기를 다루고 있는데 항아리 같이 생긴 로봇이 감초 역할을 한다. 악당 역으로 나오는 닥터 스미스가 로봇의 프로그램을 조작해 말썽을 일으키는데 다행인 것은 전원 스위치를 내리면 로봇이 곧바로 정지한다는 것이다.

〈우주 가족 젯슨〉을 근간으로 만든 것이 1977년 처음 출시되어 SF물 사상 최고의 흥행에 성공한 〈스타워즈〉다. 조지 루카스George Lucas가 메가폰을 잡아 SF물의 급을 한 단계 올려 놓았다고 평가받았다. 〈스타워즈〉의 줄거리는 다음과 같다.

제다이 공화국의 통치로 평화롭던 은하계에 죽음의 별이 침공해 제국을 건설한다. 공화국은 파괴되고 레아 공주는 반역자로 감금된다. 그녀는 체포 직전 죽음의 별 설계도를 로봇 R2-D2에 입력한다. 루크는 이 비밀을

● 〈스타워즈〉의 악역 다스베이더는 사이보그라고 할 수 있다. 로봇 R2-D2(왼쪽에서 첫 번째), C-3PO(왼쪽에서 두 번째)도 영화의 중요한 등장인물이다.

알게 되고 공주를 구할 결심을 한다. 루크는 제다이 기사로 유일하게 생존한 케노비를 만나 그에게 무술을 배우고 도사 요다에게 초능력을 전수받은 후 제국을 공격하는 선봉장이 된다.

영화의 속성상 지구인이 사악한 우주인을 물리치고 우주의 평화를 지키는 선봉장이 되는데, 〈스타워즈〉 시리즈가 큰 호응을 받을 수 있었던 이유는 특수 효과에 총 제작비의 1/3 이상을 투입해 상상력을 한껏 자극했기 때문이다. 〈스타워즈〉에는 각종 우주선, 무기 등 최첨단 도구들이 등장한다. 특히 수많은 로봇이 등장해 로봇의 경연장이나 마찬가지다. 처음에 나온 영화에서 로봇 R2—D2와 C—3PO은 사람이 직접 들어가 연기했지만 뒤에는 컴퓨터 그래픽으로 로봇들은 현실감 있게 표현했다. 동시에 수많은 과학기술 전문가가 참여해 상당히 과학적이고 사실적으로 전개되는 것도 장점이다.[17]

한계 없는 상상력

많은 만화나 애니메이션에 로봇이 지구를 파괴하려는 악당에 맞서 등장한다. 인간이 살아가는 데 필요한 도구로 나오는 경우도 많다. 한마디로 인간과 친근한 현실적이고 감성적인 로봇이 대거 등장하는데 이런 로봇이야말로 인간을 위한 미래 로봇의 핵심적인 특징 중 하나다.

로봇의 이미지를 사람들에게 깊이 심어준 작품으로 애니메이션 〈토이 스토리Toy Story〉와 〈월—EWALL-E〉가 유명하다. 1995년 최초 상영되어 3편까

32

지 제작된 〈토이 스토리〉는 카메라 없이 만들어진 최초의 장편 디지털 애니메이션으로 카메라가 언젠가는 컴퓨터로 대체되지 않을까 하는 전망도 나오게 한 것으로 유명하다. 〈토이 스토리〉 1편의 내용은 다음과 같다.

우디는 여섯 살짜리 남자 아이 앤디가 가장 아끼는 카우보이 인형인데, 어느 날 접었다 폈다 하는 날개와 디지털 음성을 가진 최신 액션 인형 버즈가 나타나자 그의 위치가 흔들리기 시작한다. 모든 장난감의 가장 큰 공포는 새로운 장난감에 밀려나는 것이다. 우디의 우려대로 버즈는 앤디가 가장 아끼는 인형이 된다. 기세가 오른 버즈는 자신이 장난감이 아닌, 외계에서 불시착한 우주 전사라고 믿는다. 결국 우디는 버즈를 없앨 계획을 세우는데, 우여곡절 끝에 둘은 서로 힘을 합치지 않으면 바깥세상에서 살아남을 수 없다는 것을 깨닫는다. 라이벌에서 동료로 변했지만 그것도 잠시,

● 〈월-E〉의 주인공은 로봇으로, 텅 빈 지구에 홀로 남아 있던 로봇이 다른 로봇을 만나 사랑에 빠지고 함께 지구를 구한다는 내용이다.

그들은 인형과 장난감을 못살게 하는 악명 높은 소년 시드의 손아귀에 들어가게 된다. 시드와 그를 닮은 개 스커드에게서 벗어나기 위해 둘은 더욱 가까워지는데 버즈는 자신이 진짜 우주 전사가 아니라는 것을 깨닫고 삶까지 포기하려고 한다.

결론은 버즈가 우디의 도움으로 장난감으로서 진짜 가치를 찾는다는 것이다. 〈토이 스토리〉는 탄탄한 시나리오로 전 세계 어린이에게 찬탄을 받았는데, 이 작품에 나오는 주인공들이 인간처럼 활동할 수 있다는 것은 이들이 단순한 기계인형이 아니라 지능형 장난감 즉 로봇이라는 것을 알려준다. 로봇이 인간 사회에 밀접하게 다가왔다는 것을 단적으로 보여주는 예다. 〈월-E〉는 로봇을 주인공으로 삼았다.

텅 빈 지구에 홀로 남아 700년 동안 폐기물을 수거하던 지구 폐기물 수거-처리용 로봇 월-E에게 호기심과 외로움 등 인간의 감정이 생긴다. 월-E는 어느 날 매력적인 탐사 로봇 이브를 만나 사랑에 빠진다. 이브는 생명체 발견을 위해 지구로 날아온 식물 탐사 로봇으로 지구의 미래를 결정할 열쇠가 우연히 월-E의 손에 들어간 사실을 알게 되고, 고향 별로 돌아갈 날만 애타게 기다리는 인간들에게 이를 보고하기 위해 서둘러 우주로 향한다. 한편 월-E는 이브를 뒤쫓아 은하를 가로지르며 환상적인 모험을 겪는다. 유일한 생명체인 바퀴벌레 할, 용맹스럽지만 다소 나사가 빠진듯한 사회 부적응 로봇 군단 등이 참여해 지구를 구한다.

〈월-E〉는 지구가 황폐화될지 모른다는 메시지를 전달한다. 황량한

똑똑한 인공지능

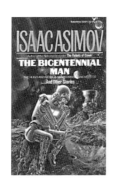

● 아시모프의 소설 『바이센테니얼 맨』에는 인간을 꿈꾸는 로봇이 등장한다. 이 소설은 영화로도 만들어졌다.

지구를 되살리는 것은 로봇이다. 이 작품에 등장하는 로봇들은 인간과 다름없는 아름다운 감정을 보여준다.

아시모프의 소설을 영화화한 〈바이센테니얼 맨〉은 인간이 꿈꾸는 로봇을 다소 우회적으로 보여준다. 이 영화는 과학이 발달하면 기계와 인간의 차이가 없어질 수 있다는 생각이 들 정도로 감성적인 로봇을 보여준 것으로 유명하다. 소설의 내용은 다음과 같다.

2005년 뉴저지. 리처드는 가족을 깜짝 놀라게 해줄 선물로 가전제품을 구입한다. 설거지, 청소, 요리, 정원 손질 등 모든 집안일을 하는 것은 물론 아이들과 함께 놀아줄 수도 있는 첨단 가사 로봇이다. 앤드루를 만들던 엔지니어가 앤드루의 복잡한 회로 위에 마요네즈 한 방울을 떨어뜨렸는데, 이로 인해 로봇의 신경계에 엄청난 사건이 생겨났다. 로봇에게는 불가능하다고 여겨지는 지능과 호기심을 지니게 된 것이다. 로봇 제조 회사는 앤드루를 불량품으로 간주해 반환을 요구하지만 리처드는 오히려 앤드루를 보호하고 앤드루가 작품을 팔아 얻는 수익을 적립할 수 있게 해준다. 앤드루는 점차 인간의 감정을 이해하기 시작한다. 시간이 흘러 작은 아가씨 아만

● 영화 〈바이센테니얼 맨〉에서 로봇 앤드루는 인간 포샤와 사랑에 빠져 인간으로 인정받으며 죽고 싶다고 말한다.

다는 결혼하고 리처드는 숨을 거둔다. 수십 년 후, 앤드루는 천신만고 끝에 집으로 돌아오지만 아만다는 이미 할머니가 되었다.

영화는 다른 방향으로 흐른다. 아만다는 죽었지만 그녀를 쏙 닮은 손녀 포샤를 만나자 앤드루는 사랑의 열병을 앓는다. 인간이 되고 싶다는 소망을 번즈 박사에게 토로하자 번즈 박사는 앤드루를 인간 모습으로 개조해준다. 인간화된 앤드루는 마침내 포샤와 사랑을 이룬다.

그런데 앤드루는 진짜 인간으로 대접받고 싶다는 꿈을 갖게 된다. 포샤와 결혼하기 위해 결혼신청서를 내지만 인간이 아니라는 이유로 거절당한다. 아무리 지적 능력이 있어도 영원한 생명을 가진 로봇을 인간이라고 보기 어렵다는 이유다. 앤드루는 번즈 박사에게 자신이 '늙어 죽을 수 있도록' 프로그램해 달라고 한 후 죽을 수 있는 존재가 되었으니 인간으로 대접해 달라며 법정투쟁을 벌인다. 앤드루는 법정에서 자신을 인간으로 인정해 달라고 소송한 이유를 말한다.

똑똑한 인공지능

"나는 늘 어떤 의미를 찾아왔습니다. 나를 바로 나이게 만들어주는 그 이유를 말입니다."

"왜 죽고 싶은가요?"

"영원히 기계로 살기보다는 인간으로 인정받으면서 죽고 싶기 때문입니다."

법정은 결국 앤드루가 인간과 같은 속성을 갖고 있다며 그를 인간으로 인정해준다. 자신의 죽음을 실현함으로써 인간이 되는 길을 증명한 것이다. 〈바이센테니얼 맨〉은 미래의 어느 때가 되면 로봇이 심부름만 해주는 단계에 만족하지 못한다는 것을 알려주지만 로봇이 인간에게 여러 가지 면에서 유용할 수 있다는 것을 사람들의 뇌리에 깊게 심어주었다.

이런 면에서 인간과 로봇의 미래를 잘 접목시킨 작품으로 하프 맨—하프 머신 슈퍼 히어로가 등장하는 폴 페르후번Paul Verhoeven 감독의 〈로보캅 RoboCop〉이 있다.

멀지 않은 미래의 어느 날, 범죄 집단이 미국 디트로이트를 장악하기 시작하자 경찰은 치안을 거대 다국적 기업 OCP에 맡긴다. OCP는 새로운 도시계획을 수립하고 이를 추진하려 하는데 그러기 위해서는 범죄를 해결할 강력한 경찰이 필요하다. 이때 유능한 경찰관 머피가 범인들을 쫓다 살해된다. 방위산업체 과학자들은 머피의 살아 있는 부분을 이용해 그를 최첨단 경찰 로봇으로 바꾼다. 지워진 기억 위에 경찰 업무 수행에 필요한 프로그램을 집어넣어 최첨단 사이보그로 탄생시킨 것이다. 그러나 머피의 개인적인 감정을 말소하지 않은 과학자 모튼의 실수로 머피의 감정이 살아난다.

● 페르후번 감독의 영화 〈로보캅〉에는 사이보그 슈퍼 히어로가 등장한다. 두뇌는 인간이므로 엄밀하게 말해 '로보캅'이 아니라 '사이보그캅'이 되어야 한다는 말도 있다.

머피는 법적으로는 사망 선고를 받은 사람이다. 악당에게 살해되어 응급실로 옮겨지지만 심전도를 나타내는 모니터에는 일직선이 나타나고 뇌사 상태에 들어간다. 머피는 뇌사 상태가 되었으므로 일단 사망한 것으로 간주할 수 있는데 과학자들은 그의 뇌를 소생시킨다. 죽은 사람을 살려내는 능력도 놀랍지만 부서진 몸을 기계로 만들 때 200킬로그램을 들어 올릴 수 있는 인공팔을 붙이고 온몸에 티타늄 합금 갑옷을 씌운다.[18] 최첨단 기술로 무장한 로봇 경찰이 대활약한다는 내용으로, 영화는 대단한 성공을 거두어 속편이 연이어 제작되었다. 〈로보캅 3〉에서는 로봇의 기능은 훨씬 강화된다. 팔에는 로켓포가 부착되고 다리도 총 기능을 할 수 있으며 하늘을 날 수도 있다.[19]

로보캅의 두뇌는 인간의 뇌이므로 엄밀하게 말해 '로보캅'이 아니라 '사이보그캅'이 되어야 한다는 말도 있다. 〈로보캅〉이 큰 호응을 받은 것은 '로봇에 관한 영화'면서 '기계가 된 사람(사이보그)'에 관한 영화기 때문이다. 머피는 사망 선고를 받고도 다시 살아났는데 지워진 기억을 되찾기 위해 눈물겨운 노력을 한다. 로봇이되 인간의 본성을 잃지 않은 주인공이라는 점이 관객의 공감을 얻은 것이다. 이 영화는 로봇을 잘 활용하면 인간 세계의 복잡한 문제를 쉽게 해결하면서 로봇과 인간이 공존할 수 있다는 메시지를 주었다. 우리나라에서는 1987년 개봉했는데 예상과는 달리 크게 흥행에 성공하자 이런 기사가 실리기도 했다.

현재 상영되고 있는 공상과학 영화 〈로보캅〉에 의외의 여성 관객이 연일 줄을 이어 관계자들을 어리둥절하게 하고 있다. SF와 폭력이 가미된 이 영화를 여성들이 찾는 까닭은 주인공의 잃어버린 자아와 가족들을 찾기 위한 노력이 여성 관객의 심금을 울리기 때문이라고 한다.[20]

〈로보캅〉과 같은 개념으로 탄생했지만 더 자유롭고 활동적인 로봇이 나타난 작품으로 〈형사 가제트Inspector Gadget〉가 있다.

브렌다 박사는 아버지 브렌포드 박사와 함께 전자 발을 실험하고 있는데 그들의 연구가 성공하면 인공지능을 가진 로봇이 탄생하게 된다. 악당 스콜렉스가 브렌다 박사의 실험실에 침입해 전자 발을 강탈하고 브렌포드 박사를 살해한다. 연구실의 빌딩 경비로 일하는 존 브라운은 스콜렉스를 추적하다 머리만 남고 전신이 산산조각나 버린다. 브렌다 박사는 과학 지식을 총동원해 존을 사이보그로 살려낸다. 존에게는 헬리콥터용 프로펠러, 만능 팔, 미사일 발사기, 용수철 다리 등 무려 1만 4,000개의 장비가 장착되어 있다. 만능 인간이 된 존은 뉴욕 형사로 발탁된다. 그의 공식 명칭은 형사 가제트로, 뉴욕과 세계의 평화를 사수하는 임무가 주어진다.

가제트 형사의 몸에 1만 4,000개의 장비가 장착되어 있다니 무엇을 못 하겠는가? 빨판이 붙어 있는 신발로 천장에 거꾸로 매달려 있을 수도 있고 덜 마른 콘크리트에 빠져 넘어지자 머리에서 밧줄이 달린 갈고리가 나와 일어나기도 한다. 고장 난 버스가 아이들을 태운 채 질주하자 버스 뒤에 견인차의 줄을 연결해 멈추게 하기도 한다. 사이보그 사상 가장 강력한 초능력 사나이라고 할 수 있다.

한국은 로봇의 선진국

로봇이 외국의 유산이라고 생각하는 것은 오산이다. 우리나라에도 일찍부터 로봇에 대한 개념이 있었다. 조선의 과학을 대표하는 것 중 하나로 거론하는 자격루도 로봇이다.

조선이 건국되고 한양으로 도읍을 옮기자 정부는 청운교 서편에 종루를 지어 백성들에게 시간을 알리고 생활 리듬을 규제했다. 해가 질 때 종소리가 울리면 성문을 닫고 새벽에 종소리가 울리면 성문을 열었는데 이때 시간을 알려주는 시계가 경점지기였다.

경점지기는 맨 위의 물 항아리에 물을 채우고 그 물을 아래 통에 차례로 흐르게 해 맨 밑의 항아리에 물을 일정하게 흘려넣어 그 안에 띄운 잣대가 떠오르면 잣대에 새긴 눈금을 읽어 시각을 알아내는 수수형 물시계다. 사람이 지키고 있다가 잣대의 눈금을 읽어 종 치는 사람에게 알려야 하는

● 국립고궁박물관에 전시된 복원된 자격루의 모습. 자격루는 인형이 시간을 자동으로 알려주는 반자동 시계로 로봇의 개념이 차용되어 있다.

데 만약 관리가 깜빡 잠이라도 들어 시각을 지나치면 포도청에 불려가 곤장을 맞기 일쑤였다.

그래서 세종대왕은 1434년 장영실에게 때가 되면 저절로 시각을 알려주는 자동 시보 장치가 달린 물시계를 만들라고 명했다. 인형이 시각을 자동으로 알려주는 이것이 반자동 시계 자격루로 로봇 개념이 차용되어 잇다. 자격루는 복원되어 현재 국립고궁박물관에 전시되어 있다.

조선 시대에 로봇의 개념이 있었다는 것도 놀랍지만 근대에도 로봇에 관한 선진 정보를 갖고 있었다는 것이 근래에 알려졌다. 배일한은 1933년 5월에 발간된 『신동아』의 기사 내용을 예로 들었다. 이 잡지는 「50년 후의 세계」라는 특집 기사에서 로봇 사진과 함께 다음과 같은 설명을 붙였다.

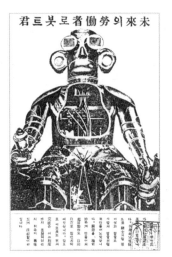

● 1933년 5월 『신동아』 과학 특집 기사. '영국의 메이 씨가 만든 로봇 알파 군'이라며 로봇의 사진과 함께 구체적인 글을 실었다.

영국 메이 씨가 신작한 최근 로봇 알파 군입니다. 전신을 니켈 판으로 기사처럼 꾸미었고 얼굴도 사람의 얼굴처럼 만들어 놓았습니다. 관절을 극히 묘하게 만들어서 기기 동작도 자유자재로 할만치 되어 있습니다. 이 로봇 군의 완성이 어느 정도까지 되려는지 적이 흥미 있게 주시할 거리입니다.

기사 내용은 마치 현대에 일어나고 있는 상황을 목격하고 적은 듯 매우 구체적이다. 로봇의 역할에 대한 기사가 계속 나오는데 항공기와 공장에 대한 기사는 현대인의 눈을 의심하게 한다.

항공기는 사람이 조정할 것이 아니라 로봇이 조정하도록 발달되면 안정 정도가 절대적이 되리라 말할 수 있다. 앞으로 공장의 특징은 사람의 직접 노동은 더욱 줄어들고 기계의 자동이 더욱 많아지리라는 것이다. 이런 기기를 사용하는 공장에서는 인력이라고 사용되는 곳은 단지 공장의 두뇌라고 할 만한 제어실에 몇 사람의 기술자가 있을 따름으로 그밖에는 사람 그림자를 찾아볼 수 없이 될 것이다.[21]

이 기사를 보면 일제강점기 지식인들이 과학기술이 발달하면 기계가 사람의 노동을 대신해줄 것으로 상상했다는 것을 알 수 있다. 『신동아』 기사는 로봇이라는 용어 자체가 태어난 지 10여 년 밖에 지나지 않았음에도 로봇의 목적과 의미를 정확히 이해하고 있다.

놀라운 것은 춘원 이광수가 1923년 일본어 번역본으로 차페크가 쓴 『로봇R.U.R.』을 읽고 쓴 감상문에서 "사람이 사람의 손으로 창조한 기계적 문명의 노예가 되며 마침내 멸망하는 날을 묘사한 심각한 풍자극이다"라고 극찬했다는 점이다. 『로봇』은 1925년에 우리말로 번역되었다. SF 해설가 박상준은 1925년에 박영희가 「인조노동자」라는 제목으로 『개벽』에 번역해 소개했다고 적었다. 로봇이란 단어가 태어난 지 겨우 5년 밖에 지나지 않았는데 국내에서 번역본이 발간된 것이다.[22]

02

로봇이

지능형 로봇이란 인간이 주입한 정보에만 의존하는 것이 아니라 인간과 같은 기능을 갖고 스스로 판단하는 로봇을 뜻한다. 로봇이 지능을 갖고 있다는 것은 다음 세 가지 핵심 요소를 갖고 있다는 것을 말한다. 첫째는 자율성이다. 로봇이 인공지능을 갖고 있다는 뜻으로 음성인식, 비전을 통한 인식, 자율주행, 감정 인식 및 표현 등이 포함되며 궁극적으로는 인간이 명령하기 전에 의도를 파악해 적절하게 행동할 수 있는 것을 말한다. 둘째는 이동성 또는 운동성이다. 로봇이 똑똑한 컴퓨터와 다른 점은 스스로 움직이거나 주변의 사물을 움직여 조작할 수 있다는 점이다. 이는 로봇이 주변 상황에 맞추어 인간과 공존하며 움직일 수 있다는 것을 의미한다. 셋째는 유용성이다. 스스로 움직이는 로봇이라 할지라도 유용하지 않으면 비싸고 복잡한 기계에 불과하다. 빨래를 하는 로봇, 집을 지키는 로봇, 안내하는 로봇은 물론 인간이 접근할 수 없는 위험한 환경에서 인간의 수고와 취약점을 보완해 주어야 한다. 즉, 외부 환경을 인식하고 스스로 상황을 판단하며 자율적으로 동작할 수 있는 로봇을 지능형 로봇이라고 할 수 있다.

달려온다

학자들은 인류 최초의 발명품은 이쑤시개라고 한다. 미국 존스홉킨스 대학교의 마크 티퍼드Mark Teaford 교수는 180만 년 전 인류 조상의 유골에서 발견된 이 사이의 홈처럼 파인 자국이 이쑤시개를 사용한 자국이라고 단언했다. 180~200만 년 전까지 인류 조상은 초식동물이었는데 어떤 연유에서인지는 알 수 없지만 육식을 시작했다. 문제는 짐승의 고기를 물어뜯기에 적당한 치아 구조가 아니었다는 점이다. 인간은 이와 이 사이의 틈새인 디아스테마diastema가 없다.

진화론을 제창한 찰스 다윈Charles Darwin도 인간의 특성으로 치아 구조를 거론했다. 개는 위턱 맨 앞에 디아스테마가 있다. 동물들은 아래 어금니가 길게 비스듬히 튀어나오기 때문에 위 어금니와 앞니 사이에 일정한 틈이 생긴다. 이 틈새 때문에 먹이를 잡아먹는 데 필요한 어금니가 충분히 자랄 수 있고, 이 사이에 찌꺼기가 끼지도 않는다.

반면 인간은 디아스테마가 없으므로 호랑이처럼 이빨이 비스듬히 튀어나오지 않고 모든 이가 수직으로 붙어서 난다. 아직 불을 발견하지 못한 고대 인류가 음식물을 날로 먹고 찌꺼기가 이 사이에 끼었을 때, 매우 불편했을 것이 틀림없다. 이 불편함을 없애기 위해 이쑤시개가 발명되었다고 추정하는 것이다. 학자들은 호모사피엔스, 호모사피엔스사피엔스의 이에서 공통적으로 이쑤시개를 사용한 흔적을 발견할 수 있다고 설명한다.

이쑤시개를 발명한 이후, 인간은 끊임없이 자신에게 유익한 도구를 만드는 데 열중해왔고 이런 능력이 과학의 발전으로 이어졌다. 더 편리한 도구가 나타나면 과거의 것은 사라지고 새로운 것으로 대치되었다.[1]

이 장에서는 현재의 기술을 토대로 인공지능을 실생활에서 활용하는 모습과 다가올 로봇의 미래를 설명한다. 이들의 분야가 상상을 초월할 정도로 많다는 것은 로봇이 인간을 위한 유토피아를 만들 수 있다는 의미도 된다. 군사용 로봇이 선하게만 사용될 것이냐는 지적이 제기되기도 하지만 이들의 선용 문제는 인간에게 달려 있다.

산업용 로봇

현실 세계에서 사용되는 로봇은 지능형 로봇(휴먼 로봇)과 산업형 로봇으로 나뉜다. 지능형 로봇이란 인간이 주입하는 정보에만 의존하는 것이 아니라 인간과 같은 기능을 갖고 있는 로봇을 뜻한다. 로봇이 지능을 갖고 있다는 것은 다음 세 가지 핵심 요소를 갖고 있다는 것을 말한다.

첫째는 자율성이다. 로봇이 인공지능을 갖고 있다는 뜻이다. 여기에는 음성인식, 비전을 통한 인식, 자율주행, 감정 인식과 표현 등이 포함되며

● 휴대전화 금형을 만드는 산업용 로봇.

궁극적으로는 인간이 명령하기 전에 의도를 파악하고 적절한 행동을 로봇 스스로 할 수 있는 것을 말한다.

둘째는 이동성 또는 운동성이다. 로봇이 똑똑한 컴퓨터와 다른 점은 스스로 움직이거나 주변의 사물을 조작할 수 있다는 점이다. 이는 로봇이 주변 상황에 맞추어 인간과 공존하며 움직일 수 있다는 것을 의미한다.

마지막으로 유용성이다. 스스로 움직이는 로봇이라 할지라도 유용성이 없으면 비싸고 복잡한 기계에 불과하다. 빨래하는 로봇, 집을 지키는 로봇, 안내하는 로봇은 물론 인간이 다가갈 수 없는 위험한 환경에서 인간의 수고와 취약점을 보완해 주어야 한다.[2]

즉 외부 환경을 인식하고 스스로 상황을 판단하며 자율적으로 동작할 수 있는 로봇을 지능형 로봇이라고 한다. 지능형 로봇은 서비스용 로봇, 제조업용 로봇, 네트워크 로봇으로 나뉘기도 하므로 산업용 로봇과 분류한다

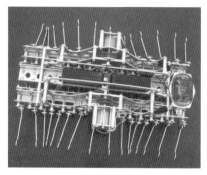

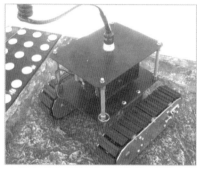

● 포항공과대학교 로봇 연구소에서 만든 이동용 다리들. 이런 로봇들은 이동성이 있어 스스로 움직일 수 있다.

는 자체가 다소 모호한 면도 있지만 큰 틀에서 각 파트로 분류되지 않는 분야를 통틀어 여기서 설명한다 (이 장은 배일한, 정일, 김종환, 공성곤, 오준호, 수 넬슨Sue Nelson, 도지마 와코東嶋和子 등의 글을 참조했다).[3]

컴퓨터로 명령을 입력해 반복적인 일을 수행하도록 하는 기술이 개발되자 이를 도입한 아이디어가 나왔다. 자동인형은 순수하게 역학적으로 만들어졌으므로 빛의 변화 등 외부 환경에 반응하지 못한다. 그러나 진공관을 사용하는 대형 계산기는 외부 신호에 반응할 수 있는 가능성을 제시했다. 즉 인형 스스로 조절 가능성을 갖게 된 것이다.

W. 그레이 월터W. Grey Walter는 1948년 빛의 강도에 반응하고 동물과

로봇이 달려온다

비슷하게 움직이는 소형 로봇을 개발하는 데 성공했다. 외부 환경에 반응해 자신을 제어하는 자동기계 즉 로봇의 제작 가능성이 입증된 것이다. 이런 성과는 인간 수준의 지능을 지닌 로봇의 가능성을 예시했고 궁극적으로 로봇의 세계를 여는 단초가 되었다.[4]

학자들은 산업체에서의 활용 가능성을 높게 보았다. 산업용 로봇은 간단하게 말하면 인간의 노동력을 대체할 수 있는 기계다. 컴퓨터를 이용해 대량생산하는 산업체에 접목시키는 것이다. 산업용 로봇을 재빨리 도입한 나라는 미국과 일본이다.

1954년 미국의 조지 데볼George Devol이 '프로그램이 가능한 장치'를 특허출원하고 1958년 미국의 콘솔리데이티드 컨트롤사가 산업용 로봇의 시제품을 발표했다. 로봇이 현실에 등장한 것은 1961년으로 제너럴모터스GM가 세계 최초로 공작물을 옮기는 작업에 산업용 로봇을 사용했다. 미국의 조지프 엥겔버거Joseph Engelberger 박사가 개발한 것으로 유니메이트Unimate란 이름인데, 유니메이트는 유압으로 움직이는 팔을 가진 로봇으로 지능은 '빵점'이지만 쇳물을 녹여 주형에 부어넣는 몇 단계의 일을 충실히 수행했다. 엥겔버거 박사는 자신이 개발한 로봇을 사용하면 생산 라인에서 상당한 비용을 절감할 수 있다고 설득했는데, 노동조합은 로봇에 일자리를 빼앗길 것을 우려해 격렬하게 로봇 반대 투쟁을 벌이기도 했다.[5][6]

그러나 산업용 로봇의 효율성은 곧바로 인정되어 포드, 크라이슬러 같은 미국 기업은 물론 일본 자동차 업체에도 확산되면서 유니메이션 로봇 붐이 일어났다. 엥겔버거 박사는 『서비스 로봇Robotics in Service』이라는 책을 집필했으며 미국 로봇산업연합RIA은 1977년부터 로봇 분야에서 두드러진 공헌을 한 연구자에게 그의 이름을 딴 엥겔버거상을 시상하고 있

● 엥겔버거 박사와 그가 만든 최초의 산업용 로봇 유니메이트.

다. 유니메이션이 제너럴모터스에 설치한 최초의 산업용 로봇 유니메이트는 10만 시간 가동 후 폐기되었고 현재 미국 스미스소니언 박물관이 소장하고 있다.[7]

1969년 미국 스탠퍼드대학교의 빅터 셰인먼Victor Scheinman 교수는 로봇의 구조로 6축 관절을 가진 스탠퍼드 암stanford arm을 제안했다. 이 로봇 구조는 3차원 공간에서 임의의 경로를 정확하게 따라 이동할 수 있으며 용접과 조립 작업 같은 분야로 로봇의 활용을 더욱 넓혔다.[8]

이후 대부분의 산업용 로봇은 인간의 팔을 본떠서 만든 '로봇 팔'을 갖고 있는데 사람처럼 어깨, 팔꿈치, 손목에 해당하는 관절이 있다. 어떤 로봇은 허리 관절을 갖고 있어 방향도 바꿀 수 있다. 이런 로봇은 공기 압력이나 유압 또는 전동 모터로 움직인다. 손에 해당하는 부분에 용접을 비롯한 다양한 작업을 할 수 있도록 특수 장치를 장착한다.

일본도 산업용 로봇 만들기에 착수해 1967년부터 가와사키 중공업, 야스카와, 나치-후지코시 등이 로봇 산업에 잇달아 뛰어들었다. 유럽도 가만히 보고만 있지 않았다. 스웨덴의 아베베ABB가 1973년 수직 다관절 로봇을 세계 최초로 상용화시켰고 독일 쿠카KUKA도 독자적인 제품을 생산해 유럽 자동차 업계를 석권하기 시작했다.[9] 프랑스의 자동차 회사 푸조도 많은 노동자의 반대에도 91개 종류의 용접 로봇을 생산 라인에 배치했다. 이전에는 공장에서 하루 최대 1,230대 가량의 푸조 405 모델을 생산할 수 있었으나 용접 로봇의 배치로 1시간에 500대를 생산할 수 있게 되었다. 인간이 하기 어려운 위험한 작업에 로봇이 투입되자 자동차의 생산성은 더욱 제고되었다.[10]

로봇의 장점은 정밀한 움직임과 강력한 힘으로 주어진 작업을 정확하게 처리할 수 있다는 점이다. 또한 위험한 장소나 혹독한 환경도 개의치 않고 반복되는 지루한 작업에도 전혀 싫증 내지 않는다. 때로는 인간보다 훨씬 빠르게 일을 처리하고 장인에 뒤떨어지지 않는 솜씨를 보여주기도 한다. 로봇은 혹사당해도 노동조합을 조직하지 않으므로 산업체에 도입할만한 가치가 있다고 설명하는 사람도 있다.[11]

우리나라의 산업용 로봇은 가히 세계적인 수준이다. 용접용·조립용·운반하역용·도장용 등 우리나라 로봇 산업 규모는 일본·독일·미국에 이어 세계 4위다.[12]

1984년 대우중공업에서 아크용접용 로봇 노바NOVA-10을 개발한 후 여러 기업과 대학교, 연구소가 참여해 산업용 로봇의 도입이 매년 증가했다. 로봇의 수가 곧 자동차 생산력이라는 공식이 성립하기도 했다. 자동차

공장에 설치된 조립용 로봇의 숫자를 바로 그 나라의 로봇 산업 수준으로 간주하는 것은 상당한 무리가 있지만 정부에서 로봇 산업을 정책적으로 육성해 로봇 활용 환경이 좋아진 것은 사실이다.

최근에는 산업용 로봇의 용도가 자동차 분야를 넘어 다양해지고 있다. 원자력 연구소에서는 방사능에 노출된 관의 내부를 청소하는 로봇을 개발하고, 포항공과대학교에서는 제철소의 뜨거운 쇳물 양 조절에 사용하는 센서를 꽂는 로봇 시스템을 개발했다. 제철소 굴뚝을 청소하고 뜨거운 쇳물 찌꺼기를 걷어내는 로봇도 개발되었다. 산업체에서 로봇이 활약할 분야는 무궁무진하다.[13]

인공지능는 범죄 수사에도 투입되고 있다. 인공지능은 수사·교정·보호관찰에 활용할 수 있으며 빅데이터를 분석해 범인 추적에 활용할 수도 있다. 높은 피로도를 수반하는 교도소 내 순찰 업무에도 기여할 수 있다.[14]

● 포항공과대학교 로봇 연구소에서 만든 경비 로봇.

로봇이 달려온다

● 홍콩에서 개발한 로보캅.

　영화 〈포트리스Fortress〉는 미래 사회를 배경으로, 지능을 가진 컴퓨터가 통제하는 첨단 감옥을 탈출하는 이야기인데, 이 영화에 나오는 장면 중 일부는 실제로 활용 중이다. 영화에는 쇠창살을 대신하는 레이저 빔, 죄수를 감시하기 위해 몸속에 이식하는 기생충, 죄수의 뇌와 행동을 실시간마다 체크하는 로봇 등이 등장하는데 데닝 모바일 로보틱스에서 이와 유사한 죄수 감시형 로봇을 개발했다. 아직은 영화보다 수준이 떨어지지만 감옥의 복도를 시속 8킬로미터로 이동하면서 순찰할 수 있다. 이 로봇은 소리와 화면을 전송할 수 있으며 인간의 냄새도 감지할 수 있고, 폭동 같은 위험한 상황에서도 임무를 수행한다. 로봇의 활용도가 얼마나 넓은지 알 수 있는 대목이다. 국내에서는 2012년 포항교도소에 로봇 교도관이 시범 운용되었다.

　오스트레일리아에서는 양털을 깎는 농업용 로봇이 개발되어 유용하게 쓰이고 있다. 흥미 있는 개발품은 젖이 나오는 어미 돼지 로봇이다. 일반적으로 새끼 돼지 중 20퍼센트 정도는 어미 돼지의 질환이나 젖 분비 부족으로 희생된다. 이 로봇을 사용하면 어미의 젖 부족으로 새끼가 폐사하

● 젖이 나오는 어미 돼지 로봇.

는 일을 막을 수 있다.[15]

미국 조지아공과대학교 게리 맥머리Gary V. McMurray 교수 연구팀은 인간만큼 빠르고 확실하게 닭 뼈를 발라낼 수 있는 로봇을 개발했다. 닭 뼈를 발라내는 로봇은 로봇 개발자들의 오랜 숙원이었다. 닭고기는 미국인이 가장 많이 먹는 육류로 1인당 1년에 약 38킬로그램을 소비한다. 오래전부터 수많은 과학자들이 닭 뼈를 제거하는 로봇 개발에 도전했지만 실패했다. 로봇의 기능이 정교해져 수술을 할 정도가 되었지만 사람의 눈과 손이 하는 것처럼 정확하게 뼈와 살을 분리해내지는 못하기 때문에 닭 뼈를 제거하는 지루하고 단순한 작업은 사람이 해야 했다.

맥머리 교수의 로봇은 3차원 스캐닝 방식으로 생닭의 크기, 굵기, 형태 등을 인식한 후 닭의 껍질·살·뼈 위치를 파악해 한쪽 팔에 장착된 외과용 칼로 뼈와 살코기를 분리해낸다. 로봇이 생닭 한 마리의 뼈를 깨끗이 발라내는 데 걸리는 시간은 숙련된 사람에 크게 뒤지지 않는다.[16]

달팽이 킬러 로봇SlugBot도 있다. 한국에서는 달팽이의 피해가 많지 않지만 유럽에서는 달팽이가 농사를 망치는 일등 공신이다. 영국에서 개발된 달팽이 킬러 로봇은 1시간에 100마리 이상의 달팽이를 잡아낼 수 있다. 이미지 센서를 장착해 팔 끝에 있는 3개의 손톱으로 달팽이를 정확하게 잡아 받침 접시에 넣는다. 가동에 필요한 에너지는 달팽이를 분해해 얻으므로 일석이조다. 이 로봇은 4개의 다리를 갖고 360도 회전이 가능하며 반경 2미터 내에 있는 달팽이를 잡을 수 있다.

수중에서 사용할 수 있는 물총 로봇Robo-Boat도 있다. 양어장이나 작은 호수 등에서 어패류를 노리는 새들을 쫓아내는 로봇이다. 이 로봇은 물 위를 순회하면서 새들이 어패류를 먹으러 날아오면 불을 발사해 쫓아낸다. 한마디로 물 위의 허수아비다.[17]

토목 · 건설 분야에서 로봇의 활용도 빠질 수 없다. 토목·건설 분야는 인간이 하기 싫어하는 대표적인 3D 직업 중 하나다. 산업용 로봇이 용접 분야에 가장 먼저 채택되었듯이 토목·건설에도 로봇들이 동원되어 활약하고 있다. 건설 로봇의 활약으로 초고층 빌딩도 인력을 동원하지 않고 건설할 수 있다. 토목·건설 공사는 의료처럼 극도로 정밀하지 않아도 되는 부분이 많으므로 골조 공사부터 내·외장 공사까지 전 공정에서 로봇이 인간 대신 작업할 수 있다. 학자들은 로봇 건설이 활성화되면 인력 대체 효과 외에도 작업 시간을 절반으로 단축할 수 있다고 추정한다.

현재 토목 · 건설 현장에는 벽을 인식해 충돌 없이 경로를 바꾸면서 공사하는 바닥 연마 로봇, 벽면을 따라가면서 드릴로 구멍을 뚫는 로봇 등이 투입되고 있다. 건설용 로봇은 고층 건물의 벽면을 따라 이동하면서 음파 센서와 CCD 카메라를 이용해 건물의 안전을 진단하고 결과를 컴퓨터에 표시한다. 벽화 로봇은 컴퓨터에 입력된 원화를 바탕으로 벽화를 그려준

다. 건물 내부의 환기통이나 배관 속을 돌아다니면서 작업하는 로봇도 활동 중이다.[18]

조선업에서도 로봇이 유용하게 사용되고 있다. 액화천연가스LNG 운반 선박 제조는 우리나라가 타의 추종을 불허한다. 그런데 국제 규약에 따라 선박의 벽을 설계하는 표준이 이중 구조로 바뀌었다. 바닷물과 접촉하는 외벽과 3미터 정도 간격을 두고 내벽이 있어야 한다. 외벽이 뚫려도 내벽이 있으면 선박 내부의 액화천연가스가 유출되지 않기 때문이다. 그런데 이런 이중 구조 벽은 제작하기 어렵다. 사람이 외벽과 내벽 사이에 들어가서 용접 작업을 해야 되기 때문이다. 외벽과 내벽 사이 3미터 간격은 거의 밀폐되고 고립된 공간으로 용접할 때 열과 연기 등이 발생하기 때문에 괴롭고 위험하다. 때문에 이 작업을 대신할 자율주행형 용접 로봇이 개발되었다.[19]

교통 체증이나 도로 공사 등의 정보를 바탕으로 자동차를 유도하는 지능형 교통 시스템ITS, Intelligent Transport Systems도 따지고 보면 인간을 둘러싼 거대한 로봇이라고 간주할 수 있다. 자동차가 차선을 벗어나면 경고하거나 장애물을 감지해서 자동차에 알려주는 주행 지원 시스템도 로봇 개념이 도입되지 않으면 해결할 수 없는 분야다.

조지 오즈번George Osborne 영국 재무장관은 고속도로에 무인 트럭 시스템을 도입하겠다고 밝혔다. 인공지능이 통제하는 무인 트럭이 등장하면 물류 운송 시스템을 분초 단위까지 정교하게 계획해 효율을 높일 수 있다는 설명이다. 트럭 운전사들이 일자리를 잃고, 고속도로 휴게소 매출이 크게 떨어지겠지만 교통 혁신이 될 것이라는 점을 부정하는 사람은 없을 것이다.[20]

로봇이 달려온다

영화 〈배트맨Batman〉과 텔레비전 시리즈 〈전격 Z작전Knight Rider〉은 최첨단 자동차가 주인공이라고도 할 수 있는데 〈전격 Z작전〉에서 주인공 마이클이 타고 다니는 자동차 키트는 로봇화 된 자동차의 전형이다. 키트는 자동 조종, 자동 추적, 충돌 회피 기능이 있으며 주인공과 대화할 수도 있다. 마이클의 지시를 받기도 하지만 자신의 판단으로 마이클을 감옥에서 구해주거나 위기에서 구출하기도 한다.[21]

인하대학교 김재환 교수는 종이에 전류를 흘려보내면 진동으로 떨린다는 사실에 주목해 종이 로봇의 가능성을 보여주었다. 고체에 전류를 흘려보내면 떨림이 발생하는 압전효과와 종이 내부의 결정과 비결정 부분을 옮겨 다니는 전하 움직임이 힘으로 바뀌는 이온전이현상을 소형 기구에도 활용할 수 있다는 것이다. 김재환 교수의 예상대로라면 무선을 이용한 전기 공급까지 가능해져 종이 로봇도 만들 수 있게 되는데, 이는 종이의 아주 미세한 떨림을 이용해 잠자리나 나비처럼 유연하게 움직일 수 있다는 것을 의미한다. 김재환 교수는 무거운 배터리 없이도 10~20기가헤르츠의 전파만 쏘아주면, 수신된 전파를 이용해 이동에 필요한 동력과 수집한 정보를 되돌려 보내는 데 필요한 신호를 만들어낼 수 있다고 한다.[22] 종이를 접는 것으로 정교한 로봇을 만들 수 있다면 어린이도 능수능란하게 로봇을 만들 수 있을 것이다.

가정용 로봇

로봇의 진정한 매력은 산업계뿐만 아니라 인간의 생활 전반에 활용할

● 포항공과대학교 로봇 연구소에서 개발한 가정용 로봇 주피터.

수 있다는 데 있다. 이것은 로봇이 인간과 함께 생활할 수 있다는 개념에서 출발한다. 이런 용도의 로봇은 두 가지로 나눌 수 있다. 하나는 로봇화한 장비나 기구를 인간이 활용하는 공간에 배치하는 것이고, 다른 하나는 휴머노이드 로봇 즉 가정용 로봇 또는 가사 지원 로봇home service robot이다.[23]

　가정용 로봇은 가정 내에서 인간과 함께 생활하며 설거지· 빨래· 청소· 조리· 정리 정돈· 심부름 등 가사를 지원해주는 로봇이다. 가정용 로봇이 현실화 되면, 사람은 가사 노동에서 해방되고, 효율적이고 창의적인 일에 집중 할 수 있을 것으로 기대된다. 생각보다 많은 분야에 가정용 로봇이 등장했다.

　'이런 것들도 로봇일까? 할 수도 있지만 사람의 음성을 이해하고 켜지는 텔레비전이나 자동으로 열리는 냉장고 등이 대표적인 가정용 로봇이라고 할 수 있다. 영화에서 주인이 배가 고프다고 하면 자동으로 냉장고에서 재료가 나와 전자레인지에 데워지는 것도 가정용 로봇의 한 예다.

　가정용 로봇이 실생활에 들어오게 된 직접적인 요인은 퍼스널 컴퓨터

● 포항공과대학교 로봇 연구소에서 개발한 청소 로봇.

의 발달이다. 산업체에서 단순 작업을 하는 로봇을 제1세대라고 부른다면
가정용 로봇은 제2세대라고 부를 수 있다.[24] 청소 로봇은 벽면을 따라 한
바퀴를 돌아 방의 모습을 파악한 후 청소를 한다. 이런 청소 로봇은 진공청
소기에 구동 바퀴, 위치 제어 센서를 장착해 혼자 방 안을 청소하는 '움직
이는 가전 기기'다. 가전 기기에 바퀴를 달아놓는 방식은 다소 진부하긴 해
도 생활 로봇 시장 진출에 따르는 위험 부담을 줄일 수 있어 가전 업체들이
선호하는 방식이다.

홈서비스 로봇의 또 다른 방식은 컴퓨터에 인공지능과 제어 기능을 부
여한 것이다. 이런 생활 로봇은 주인의 명령을 인식하고 필요한 정보를 처리
해주는 지적 기능이 중요하다. 컴퓨터 기반 생활 로봇은 물리적인 가사 노동
은 못하지만 주인과 의사소통이 가능한 인간 친화 직접 인터페이스를 바탕
으로 방범·온라인 예약·비서 역할 등 응용 범위가 비약적으로 넓어질 전
망이다. 전문가들은 앞으로 퍼스널 컴퓨터 기반 생활 로봇이 가정용 시장을

잠식하면서 홈오토메이션의 허브 역할을 수행할 것이라고 전망한다.

인간의 일상 노동 중 얼마를 로봇에 맡길 것인가? 사실 이처럼 어려운 질문은 없다. 로봇을 어떤 모습으로 만들어야 하는지에 관한 원천적인 문제부터 로봇이 부엌일할 때 무슨 업무까지 맡겨야 하는지를 정해야 하기 때문이다. 로봇이 냉장고에서 음료를 가져오거나 칵테일을 만들어 올 수는 있다. 그런데 고기를 굽거나 국이나 반찬도 만들도록 해야 할지 결정하는 것은 간단한 일이 아니다. 불판 위에 올린 고기를 어느 정도로 구워야 할지를 비롯해 까다로운 요리까지 로봇에 맡길 수 있을까? 로봇이 인간이 요구하는 수많은 요리를 제대로 수행하는 것도 현재로서는 간단한 일이 아니지만 이런 이야기가 나오는 자체가 로봇이 담당하는 분야가 무한대라는 것을 의미한다.

로봇의 활용이 청소나 일반 가사 분야에만 국한된 것은 아니다. 복지에 대한 사회적 요구가 큰 유럽과 미국 등에서 가장 심혈을 기울여 개발하는 것은 노약자와 장애인을 위한 복지형 로봇이다. 주로 노약자를 위한 지능형 침대, 휠체어, 그리고 침대와 휠체어를 잇는 보조 로봇 등 거동이 불편한 사람을 돕는 로봇이 개발되고 있다. 보행 보조 로봇은 실내외에서 노인과 장애인을 부축해줄 파트너가 될 수 있다.

노령 인구가 많은 일본은 환자나 장애인을 위한 로봇 개발에 많은 투자를 하고 있는데 '입는 로봇'도 있다. 이 로봇을 입으면 기계장치를 활용해 걷지 못하는 노인이 걷고 무거운 물건을 들 수 있다. 대표적인 예가 쓰쿠바대학교 요시유키 산카이山海嘉之 교수 연구실에서 개발한 HAL로 인체 결합 보조 다리Hybrid Assistive Leg란 뜻이다. HAL은 다리에 장착하는 로봇인데 입는 것만으로 다리와 팔의 힘을 강하게 해준다. HAL은 배낭에 들어 있

로봇이 달려온다

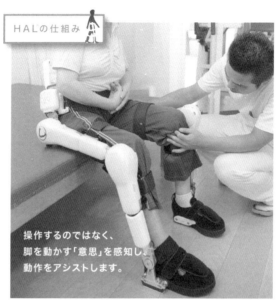

HALの仕組み

操作するのではなく、
脚を動かす「意思」を感知し、
動作をアシストします。

● 요시유키 산카이 교수가 개발한 보조 다리 HAL은 입는 로봇으로 보행이 힘든 노약자가 보통 사람처럼 걸을 수 있도록 도와준다.

는 컴퓨터의 명령을 받아 무릎과 엉덩이 근처의 모터가 작동해서 움직인다. 근육의 전기신호와 관절의 각도 변화를 센서가 감지해서 필요한 힘을 주는 것이다. 실험 결과 15~17킬로그램의 HAL을 장착한 사람이 피로감을 느끼지 않고 시속 4킬로미터로 걸을 수 있다. 전신 착용하는 모델은 23킬로그램으로 다소 무겁지만 피로감 없이 일반 사람의 평균 보행 속도인 시속 4킬로미터로 걸을 수 있다.[25]

가나가와공과대학교에서 개발한 근력 보조 슈트wearable power assisting suit도 입는 로봇이다. 로봇 모양의 팔과 허리, 다리로 구성되어 있는데 몸무게 45킬로그램의 여성이 20킬로그램의 근력 보조 슈트를 입고 68킬로그램의 남성을 쉽게 들어올릴 수 있다. 근력 보조 슈트의 원리는 팔과 무릎, 엉덩이 윗부분에 닿는 근육 강도 측정 센서가 힘을 내는 근육을 감지한 다음 이 정보를 마이크로컴퓨터로 보내면, 휴대용 니켈—카드뮴 배터리로 작동하는 공기펌프가 장치를 부풀려 소형 모터를 작동하는 식이다. 일본은 65세 이상의 노년층이 전체 인구의 20퍼센트에 달할 정도이므로 이들의 신체 활동을 돕는 로봇의 수요가 폭발적으로 증가할 것으로 추정한다.[26]

일본에서 개발된 멜독Meldog은 맹인용 길 안내 로봇이다. 이 로봇은 도로에 설치된 유도선을 따라 움직이며 사용자의 속도에 맞춰 속도를 조절할 수 있다. 사용자가 정해진 길에서 벗어나면 경고 신호를 준다. 사용자가 지팡이에 설치된 버튼으로 원하는 명령을 내릴 수도 있다.[27]

혼다의 이화학연구소가 개발한 간병형 로봇 RIBA는 움직이지 못하고 침대에 누워 있는 노인을 안아서 전동 휠체어로 옮겨준다. 센서가 장착되어 있어 마치 간병인처럼 부드럽게 작동한다. HAL과 유사한 보조 기구도

● 맹인용 안내 로봇 멜독은 스스로 사용자의 걸음에 맞춰 속도를 조절할 수 있다.

로봇이 달려온다

개발되었는데 이를 착용하면 힘들이지 않고 넓은 보폭으로 빠르게 걸을 수 있다. 걷지 못하는 노인이 혼자 쇼핑을 할 수 있을 정도다. 식사 보조 로봇 마이 스푼My Spoon은 팔을 움직일 수 없는 사람을 위한 장치다. 밥과 반찬을 자동으로 입에 넣어준다. 이 밖에 목욕이나 배설을 돕는 로봇도 수십 종이 개발 중이다.[28]

일본에서는 노인의 외로움을 덜어주기 위한 대화형 로봇도 여러 종류 개발되었다. 양로원 등 간병 시설에 보급된 대화형 로봇은 치매 예방 등에 효과가 있는 것으로 알려져 있다. 간병 시설에서 생활하는 노인은 가족과 친밀한 관계를 맺는 것이 중요하다. 이 문제를 해결하기 위해 자식과 닮은 로봇을 보내자는 아이디어도 나왔다. 지금은 몸통이 없는 머리만 자식과 닮은 사이보그 형태인데, 자식에 대한 정보를 많이 갖고 있기 때문에 양로원에 있는 부모와 다양한 대화를 나눌 수 있다. 외로워하는 노인을 위한 귀여운 새끼 물개 로봇도 개발되었다. 로봇 물개가 대화하며 재롱을 떨 수 있으므로 무료한 노인들에게 위안거리가 되어준다. 육아 도우미 로봇도 있다.

그런데 이런 로봇의 개발이 모든 사람에게 호평을 받는 것은 아니다. 로봇이 인간관계를 차단한다는 비난이 제기되기 때문이다. 육아 도우미 로봇에 대해서도 비슷한 우려가 나온다. 어린아이와 부모 간의 감성적 접촉까지 차단해 기계적인 인간으로 성장할 수 있다는 것이다. 인간을 보조하는 생활 로봇 개발이 만만치 않은 일임을 알 수 있다.[29]

교육용 로봇과 엔터테인먼트 로봇도 개발되었다. 교육을 담당하는 로봇, 오락용 로봇 등이 있는데, 우리나라는 이 부분에서 선진국에 뒤떨어지지 않는 발전을 보여준다. 픽토라는 이름의 화가 로봇은 사람의 눈·코·입뿐만 아니라 피부색까지 구분해 다양한 얼굴 형태를 정확하게 그려낸다.

교육용 로봇 키봇은 만화영화는 물론 학습용 프로그램을 내려받아 보여줄 수 있고 사람의 음성도 알아듣는다. 교육용 로봇인 제니보는 동화책을 읽어줄 수 있고 해외에 있는 원어민 강사가 원격으로 제니보를 조종해 외국어도 가르칠 수 있다. 제니보는 150만 원이 넘는 고가인데도 2008년 출시 후 지금까지 7,000대 가량이 팔릴 정도로 호평을 받고 있다.[30]

도쿄대학교의 다치 스스무館暲 교수는 로봇을 네트워크로 연결해 가상 공간에서 현실 세계를 체험할 수 있도록 하는 제3세대 로봇을 개발하고 있다. 예를 들어 다리가 불편한 사람은 자기 대신 로봇이 산을 오르게 한 후 그 로봇을 통해 눈앞에 펼쳐진 풍경을 조망하거나 나뭇잎을 밟아보는 등 등산을 체험하는 것이다.

폴란드 출신의 바르토시 그시보브스키Bartosz Grzybowski 울산과학기술원 교수는 미국·중국 연구진과 공동으로 금 나노 입자를 활용해 잘 휘고 습한 곳에서도 작동하는 화학 전자회로 즉 '반도체 없는 전자 회로'를 개발했다. 건조한 환경에서만 작동하는 현재의 반도체와 달리 습한 환경에서도 작동한다. 금 나노 입자로 만든 회로는 입거나 몸에 삽입할 수 있다. 특히 나노 입자 표면에 수분이나 가스와 결합하는 화학물질을 붙일 수 있어 다양한 센서로 활용할 수 있다.

이런 개발로 웨어러블 컴퓨터를 넘어 몸에 심는 전자기기 실용화도 박차가 가해지고 있다. 몸 안에 직접 삽입하는 소재는 간편하고 안전해야 한다. 거부반응에 따른 부작용은 생체분해성 소재로 해결할 수 있다. 상당수 학자는 인체에 삽입하는 심장박동조율기를 비롯한 의료기기들이 이런 트랜션트 전자기기(체내에 일시적으로 존재했다 분해되는 전자 기기)로 대체될 것이라고 추정한다. 인체에 심거나 부착한 기계로 심장이나 신장의 기능을

모니터링할 수 있다면 수명이 연장되고 삶의 질도 높아질 것이다.[31]

생명과학 로봇

로봇이 가장 활발하게 활용되는 분야는 인간의 생명과 관련된 의료 분야다. IBM에서 개발한 인공지능 슈퍼컴퓨터인 왓슨Watson은 의학계에 혁신을 갖고 왔다. 미국 종양학회에 따르면 MD 앤더슨 암 센터 등 5개 유명 병원은 왓슨을 바탕으로 암 진단을 실시해 진단율 정확도 82.6퍼센트를 기록했다. 대장암 진단율은 98퍼센트, 직장암 96퍼센트, 췌장암 94퍼센트, 방광암 91퍼센트였고 자궁경부암은 100퍼센트였다. 암 전문의의 초기 오진 비율은 무려 20~44퍼센트에 이른다. 미국 UC 샌프란시스코 등 5개 대학병원에서는 인공지능 시스템을 탑재한 로봇이 35만 건의 처방 약을 조제하면서 단 한 건의 실수도 없었다고 발표했다.

의사가 의학 분야 최신 동향을 따라가기 위해서는 매년 700개 이상의 저널을 봐야 한다. 아무리 성의 있는 의사라고 할지라도 이를 모두 소화하기란 사실상 어렵다. 왓슨은 수많은 저널을 면밀히 분석해 세계 최고 수준의 진단과 치료법을 제시한다. 왓슨은 연구 논문 60만 건, 150만 명의 환자 기록, 200만 쪽의 의학 저널 등을 기반으로 맞춤형 치료 계획도 제시한다. 왓슨이 벌어들이는 금액은 IBM 전체 매출 중 가장 빠른 증가세를 보인다.[32]

왓슨은 진단뿐만 아니라 문진도 가능하다. 환자가 "콧물이 나고, 머리가 아프다"고 하면 '콧물'과 '두통'을 증상에 추가하는 것은 물론 "콧물이 얼마나 나느냐"고 추가로 물어볼 수도 있다. 왓슨이 인간의 자연언어를 이

● 한국과학기술연구원이 개발한 미로는 알약처럼 삼키게 만든 로봇이다.

해하고, 그를 통해 정답을 찾아내는 능력도 있기 때문이다. 인공지능이 의사보다 정확하게 진단하면, 많은 의사가 일자리를 잃게 될 수도 있다.[33] 의료 분야에서 지능형 로봇의 활용도는 그야말로 놀랍다.

캘리포니아공과대학교의 조엘 버딕Joel Burdick 교수 팀이 개발한 진단용 로봇은 직장을 통해 장 속으로 들여보내면 장 속의 상황을 전송해준다. 한국과학기술연구원KIST에서 개발한 미로Miro와 같은 로봇은 알약처럼 삼키면 로봇에 내장된 카메라가 영상을 찍어 컴퓨터로 전송하는데 의사가 모니터를 보면서 조이스틱으로 로봇의 진로를 조종할 수도 있다.

맨체스터대학교의 로스 킹Ross King 교수는 로봇 과학자robot scientists를 개발했다. 로봇 과학자는 가설을 세우고 실험을 계획하는 인공지능 프로그램과 실제 실험을 수행하는 자동기계가 결합된 형태다. 킹 교수는 로봇 과학자에게 빵을 만들 때 쓰는 효모에서 페닐알라닌이나 타이로신 같은 아미노산을 만드는 데 관여하는 유전자를 찾아내도록 했다. 과학자들은 이미 이 유전자의 정체를 밝혔지만 로봇 과학자에게는 아무런 정보도 주지 않고 유전자의 기능이 밝혀지기 전 단계에 해당하는 정보만 제공했다. 로봇 과학자는 소프트웨어로 가설과 실험 계획을 세우고 컴퓨터에 연결된 자동 실험 기계로 실험을 수행했다. 사람이 한 일은 효모가 자라는 배양접시를 배양기에 집어넣고 꺼내오는 정도였다. 로봇 과학자의 연구 결과는 과학자들이 수행한 실험 결과와 거의 차이가 없었다. 킹 교수는 로봇 과학자가 정확성에서 인간과 대등했을 뿐 아니라 실험 횟수가 적었다는 점에서는 인간보다 오히려 효율적이라고 설명했다. 소프트웨어가 가장 빨리 답을 얻을 수 있는 가설과 실험을 선택하도록 했기 때문이다. 더군다나 로봇의 실험 경비는 대학원생의 3분의 2에 불과했다.

사실 유전자 기능을 규명하는 실험은 단조로운 반복 작업의 연속이다. 킹 교수는 이 같은 단조로운 연구를 로봇 과학자에게 맡기면 연구자들은 좀더 창조적인 분야에 시간을 들일 수 있을 것이라고 했다. 로봇 과학자의 개발로 신약 개발 분야에서 로봇이 두각을 나타내게 될 것으로 보인다. 수만 개의 화합물을 반응시켜야 하는 신약 후보 물질 탐색 작업은 로봇에 딱맞는 일이기 때문이다.[34]

첨단 의료용 로봇도 매력적이다. 의료용 로봇은 고부가가치 산업이다. 미국에서 청소 로봇은 300달러 정도인데 수술 로봇은 250만 달러에 달한다. 의료용 로봇은 크게 수술 로봇, 의료 시뮬레이터, 재활 로봇, 마이크로 로봇으로 나눌 수 있다.

수술 로봇은 높은 정확도가 강점이다. 일부 의학 전문가는 수술 로봇의 정확도가 미사일보다 높다고 말한다. 헨리 마시Henry Marsh 박사는 현재의 뇌수술을 대형 굴삭기로 옷핀을 집어 올리는 일에 비유했다. 1밀리미터 이하의 오차라도 발생하면 환자는 치명상을 입을 수 있다. 정확도 면에서 로봇이 인간 의사보다 유리할 수 있다.

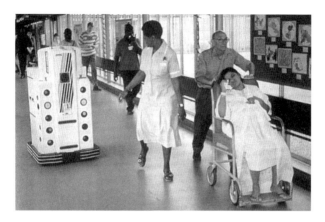

● 의료용 로봇의 사용 모습. 의료용 로봇은 상당한 고부가가치 산업이다.

실제로 파킨슨병 환자의 머리에 전극을 심기 위해 정확한 위치를 찾는
데 로봇이 큰 활약을 했다. 파킨슨병은 뇌 깊숙이 자리 잡은 흑질substantia
nigra에서 발생한다. 그 구역의 일부 신경세포는 도파민을 생산한다. 그 신
경세포들의 계를 전기로 자극하면 도파민 분비가 증가하는데 도파민 계의
위치를 정확하게 파악하는 것이 중요하다. 로봇은 환자의 머리 전체를 3차
원으로 파악하여 좌표를 찾은 후 전극을 이식한다. 이런 장치는 로봇이라
고 부르기보다는 정밀 제어 기계로 부를 수 있지만, 큰 틀에서 로봇의 범주
에 포함된다.[35)]

높은 정밀성을 요구하는 최소 침습 수술(외과 수술 중 절개 부위를 최소
화하는 수술)을 위해 뇌나 복강경 수술 로봇, 고관절 전치환술용 수술(골반
과 대퇴골을 연결하는 고관절이 손상되었을 때 인공 관절로 바꿔주는 수술) 로봇
이 개발되었고 이를 위해 지능형 수술 도구도 개발되었다.

MRI(자기공명영상장치)는 강한 자기장 속에서 세포의 수소 원자핵이

발생시키는 자기공명을 측정해 종양의 위치를 파악한다. 그래서 MRI로 종양의 위치와 크기를 파악하고 수술하지만, 수술하는 동안 종양의 위치가 계속 변할 수 있다. 여기서 로봇의 진가가 발휘된다. 수술실에서 사전 검사를 통해 얻은 영상 정보를 하나로 모아 가상현실 기술을 이용해 환자의 뇌를 투영한다. 의사가 종양 가운데 큰 덩어리들을 우선적으로 제거한다. 그리고 옆에 있는 MRI로 환자의 뇌를 촬영하면서 종양을 계속 잘라내는 것이다. 이때 원격조종이 가능한 로봇을 이용하면 의사의 손으로 제거할 수 없는 미세한 종양까지 남김없이 제거할 수 있다.

다빈치 등 수술 로봇은 사람 대신 암 덩어리를 잘라내고 상처 부위를 정밀하게 꿰매며 현장에서 폭넓게 활용되고 있다. 다빈치는 1999년부터 2008년까지 세계적으로 약 1,000대가 보급되었다. 우리나라에도 2005년 처음 도입되었다. 다빈치를 거의 전립선암에만 쓰는 외국과 달리 우리나라

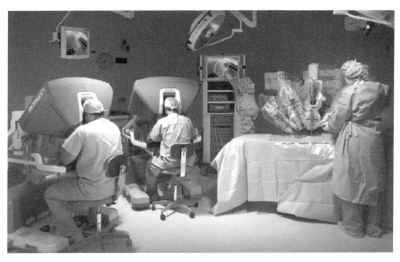

● 영남대학교 의료원에서 사용 중인 수술용 로봇 다빈치의 모습.

71

는 갑상선암·자궁암·췌장암·대장암 등 다양한 암에 적용하는 등 로봇 수술을 활발하게 활용하고 있다. 고려대학교 안암병원은 2008년부터 직장암 로봇 수술을 원격으로 생중계할 정도로 능력을 인정받고 있다.[36]

다빈치는 크게 두 부분으로 구성되어 있다. 팔과 몸통으로 구성되어 있는 로봇 카트the robotic cart, 그리고 의사가 로봇을 조종하는 데 쓰는 수술 콘솔the operating console이다. 로봇 카트는 약 2미터 높이로 무게가 544킬로그램이나 나가는데 본체에 4개의 팔이 붙어 있다. 가운데 팔에는 환자의 몸속을 들여다보는 카메라가 붙어 있고, 나머지 팔은 수술용 기구를 다룬다.

다빈치는 의사의 손동작을 그대로 흉내 낼 수 있도록 만들어져 있다. 양손을 수술 콘솔 안에 있는 골무에 끼우고 움직이면 로봇 팔에 붙어 있는 수술 집게도 그대로 움직인다. 환자에게 직접 수술하는 것은 의사가 아니라 로봇 팔이다.[37] 로봇은 의사의 동작을 그대로 재현할 뿐만 아니라 사람보다 정교해 수술 부위의 신경을 건드리지 않는다.

뇌 수술과 함께 어려운 수술로 꼽히는 관상동맥우회술도 로봇이 해결한다. 관상동맥우회술은 심장을 멈춘 후 막힌 심장의 혈관을 갈아 끼우는 어려운 수술이다. 하지만 로봇 수술의 발달로 가슴에 구멍 몇 개만 뚫어서 수술할 수 있다. 전통적인 심장외과 수술은 환자의 가슴을 30센티미터 정도 가른 뒤 흉골 사이로 톱질을 해서 심장이 드러날 때까지 갈비뼈를 절개한 뒤 행해진다. 이러한 수술은 환자에게 엄청난 부담을 주는 것은 물론이고 상처 자국도 크게 남는다.[38] 그런데 다빈치를 사용하면 1센티미터 정도의 구멍 서너 개만 뚫으면 된다.[39] 2~4주 정도 입원해야 했던 기존의 요양 기간도 3~4일로 줄어든다.

퇴행성 관절염, 류머티즘성 관절염, 외상성 관절염으로 무릎이나 엉덩이 관절에 이상이 생겼을 때도 로봇 수술이 이루어진다. 관절이 망가져서 통증과 운동 제한이 심할 경우 인공 관절로 대체하는데, 수술이 굉장히 정밀해야 한다. 이전에는 수술 중 뼈가 손상되는 등 성공률이 낮았다. 로봇 수술은 수술 전 뼈의 모양, 형태, 위치 및 방향 등을 컴퓨터에 입력해 거기서 산출한 데이터를 가지고 로봇을 이용해 수술하므로 성공률이 높다.[40] 로봇을 이용한 인공관절 치환 수술은 수술 전 3차원 전산화 단층 촬영CT을 통해 수술 부위를 절개하고 0.1밀리미터 내의 오차로 뼈를 정밀하게 절삭해, 체중이 실리는 부위에 인공관절을 안착시킬 수 있다.[41] 정확도 높은 로봇 수술은 환자의 생존율을 높인다. 의사들은 종양을 제거한 환자의 수술 후 5년간 생존율은 종양을 100퍼센트 제거한다면 약 40퍼센트라고 말한다. 만약 95퍼센트밖에 제거하지 못하면 생존율은 20퍼센트로 떨어진다.

수술 로봇은 특히 외과에서 호평을 받고 있는데 외과 의사의 정년을 크게 늘릴 수 있기 때문이다. 의사의 손 떨림이 로봇 팔에는 전달되지 않기 때문에 손이 다소 떨리는 의사도 정밀한 수술을 할 수 있다. 디지털 카메라에서 흔히 볼 수 있는 손 떨림 방지 장치와 같은 원리다. 과학자들은 수술 로봇의 등장으로 80세의 노老의사가 수술하는 광경도 적지 않을 것이라 추측한다.

치명적인 부상을 당해 잃어버린 다리를 보완할 수 있는 로봇 다리도 개발되었다. MIT의 휴 허Hugh Herr 교수는 17세 때 산을 오르다 조난을 당해 심각한 동상으로 두 다리를 자를 수밖에 없었다. 사고 이후에 의족을 구입해 장착했지만 의족으로 산을 오르는 것은 매우 위험하고 힘든 일이었다. 그는 의족을 자신에 맞게 개조하기 시작했고, 로봇 다리를 개발했다. 로봇 다리는 무릎과 발목 등 각 부분에 있는 센서가 걷는 속도와 힘을 파악해 자동으로 작동한다. 과거의 의족은 동력이 없는 단순한 보조 기구였다. 걸을 때 발생하는 충격을 충분히 흡수하지 못하기 때문에 의족을 착용하지 않은 다리에 더 많은 충격을 주었다. 의족을 착용한 사람이 걸을 때 힘들어하는 것은 이 때문이다. 이런 문제점을 해결한 로봇 다리를 착용하면 빨리 걸을 수 있고 계단도 쉽게 오를 수 있다.[42]

원격조종 수술 로봇도 각광을 받고 있다. 2001년 세계 최초로 대륙 간 원격 수술이 성공했다. 프랑스 스트라스부르대학교 소화기암 연구 센터의 자크 마레스코Jacques Marescaux 교수의 지휘 아래 미국 뉴욕의 수술진이 원격조종 수술 로봇을 이용해 스트라스부르에 있는 환자의 담낭을 제거하는 데 성공한 것이다. 수술을 받은 68세의 환자는 이틀 만에 퇴원했다고 한다.

이 수술은 미국과 프랑스의 의료진이 비디오와 초고속 광통신으로 연결되어 이루어졌다. 환자가 있는 스트라스부르와 7,000킬로미터 떨어져

● 2014년 TED 강연에서 로봇 다리로 걸어나오는 허 교수. 이 로봇 다리로 걷거나 춤추는 것은 물론 암벽 등반도 할 수 있다.

로봇이 달려온다

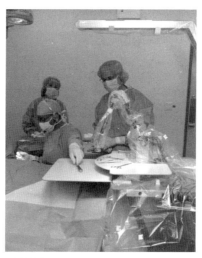

● 수술을 돕는 간호사 로봇 퍼넬러피의 모습. 퍼넬러피는 의사의 음성을 인식해 필요한 수술도구를 정확하게 다룬다.

있는 뉴욕 마운트 시나이 메디컬센터의 수술진은 비디오 화면을 통해 환자를 보면서 수술 로봇을 원격조종했다. 환자의 안전을 위한 원격 수술 영상의 전송 시간 간격은 0.33초인데 0.155초 만에 수술 로봇의 움직임이 그대로 전송되어 수술을 진행할 수 있었다.[43]

원격조종 로봇 개념을 확대하면 전 세계 의료 체계를 일원화시킬 수 있다는 생각으로까지 발전한다. 예를 들어 화장실에서 변을 보면 인터넷으로 연결된 의료 센터에 정보가 넘어가, 이를 분석해 이상이 발견되면 곧바로 전문의에게 연결해 후속 조치를 취하게 하는 것이다. 필요한 경우 원격 수술도 불가능한 일은 아니다.[44]

의료 로봇이 활성화되면 수술실에서 의사를 돕는 간호사가 자취를 감출 수도 있다. 미국 컬럼비아대학교의 마이클 트리트Michael R. Treat 교수는 로봇 간호사 퍼넬러피Penelope를 개발했다. 이 로봇은 의사의 음성에 반응해 수술 도구를 정교하게 다룬다.

의료용 로봇이 본궤도에 오른다면 머지않아 동네 병원에서도 로봇 수술이 이루어질지 모른다. 몸에 이상이 생기면 로봇에게 갈지, 명의를 찾을지 고민해야 하는 때가 곧 다가올 것이다.[45]

극한용 로봇

극한 조건에서 로봇은 사람을 대신해 진가를 발휘한다. 원자력 시설 점검·수리, 해저 석유 개발, 화재 현장에서 소화·인명 구조, 우주 공간에서의 작업 등은 대표적인 극한 조건이다.

1986년 체르노빌 원자력발전소에서 누출된 방사능으로 인해 소련은 물론 유럽 전역이 방사능의 영향을 받았다. 원자력발전소의 추가 붕괴를 막기 위해 투입된 소방관과 군인의 상당수가 희생되었다. 만약 이 당시 로봇이 인간 대신 사고 현장에 투입되었다면 불필요한 인명 피해는 없었을 것이라는 데 많은 사람이 공감했다.

방재 영역에서 로봇이 할 수 있는 일은 상상할 수 없을 정도로 많다. 화재 발생 시 신고부터 초기 진화, 인간이 직접 진화하기 힘든 위험한 화재 진화까지 다양한 상황을 위한 맞춤형 로봇이 개발되고 있다.

2001년 9월 테러로 뉴욕 세계무역센터가 붕괴되자 20여 대의 수색·구조 로봇이 행방불명된 사람들을 찾는 데 동원되었다. 행방불명자의 수색과 구조에 동원된 로봇은 텍사스 A&M대학교의 로빈 머피Robin Murphy 교

● 전선 고장 수리 및 교체를 하는 로봇의 모습. 로봇은 인간이 하기 위험한 일을 대신하는 데 적격이다.

수가 개발한 것으로 형태가 다양하다. 복부에서 소형 로봇을 꺼낼 수 있는 아기 주머니 형태의 로봇, 몸체를 편편하게 해 좁은 틈새를 통과할 수 있는 로봇, 수직으로 똑바로 서서 장애물을 뛰어넘는 로봇, 주변의 상황에 따라 자세를 바꾸는 로봇은 물론 군사용으로 설계된 극비 로봇도 출동했다.

아기 주머니 형태의 로봇은 엄마 로봇과 아기 로봇을 합체한 것이다. 아기 로봇은 몸체가 매우 작기 때문에 붕괴 현장의 좁은 틈새에 들어가 수색할 수 있다. 엄마 로봇에는 아기 로봇을 조종하는 컴퓨터가 탑재되어 있어 아기 로봇이 발견한 것을 구조팀에 알릴 수 있다. 로봇이 구조에 투입된 것은 가스나 연기에 영향을 받지 않고 피로나 공포감도 느끼지 않기 때문이다.[46] 애벌레 형태의 로봇도 활용도가 높다. 이 로봇은 애벌레처럼 몸을 폈다 접었다 하면서 몇 센티미터에 불과한 좁은 틈도 들어갈 수 있다. 이 로봇은 구조대원이 투입되기 전에 방사능이나 산소 수치 등을 체크해 현장이 안전한지 알려준다. 이를 발전시켜 침입자를 판단해 신고와 감시, 더 나아가 검거하는 방범 시스템도 있다. 앞으로는 위험한 현장에는 로봇이 제일 먼저 출동할 것이라고 해도 과언이 아니다.

하수구가 막혔을 때 막힌 부분을 찾아내는 데 로봇처럼 적합한 도구는 없을 것이다. 기본적으로 하수구의 문제점은 파이프 안에서 생기는데 인간이 들어갈 수 없다. 독일에서는 직경 1미터 이하 파이프 속에 사람을 들여보내는 것 자체가 법으로 금지되어 있다. 파이프 속의 환경은 매우 나쁘기 때문에 로봇을 작동시키는 것조차 어렵지만 로봇이 파이프 속에 들어가 문제점을 찾아내고 최적화된 행동을 취하는 것이 불가능한 일은 아니다.[47]

소형 로봇은 고고학 탐험에도 사용된다. 1990년 8월 이집트 정부는 독일 고고학 연구소에 기자 대피라미드의 환기 시스템 설치를 의뢰했다(쿠프의 대형 피라미드에는 시리우스를 향한 환기구 2개가 있다). 독일 고고학 연구소장 라이너 슈타델만Rainer Stadelmann은 로봇 기술자 루돌프 간텐브링크Rudolf Gantenbrink에게 소형 로봇을 이용해 환기창을 탐색하도록 했다. 간텐브링크는 왕비의 방 남쪽 갱도의 좁은 입구로 카메라가 달린 로봇을 투입해 놀라운 사실을 포착했다. 우푸아우트 2호Upuaut-2라고 명명한 로봇이 60미터 지점에서 내리닫이문을 발견한 것이다. 문은 표면이 부드럽고 광택이 날 정도로 연마되어 있었으며 문 밑에 약간의 틈새도 보였는데 흥미롭게도 2개의 구리 못이 반대 방향으로 박혀 있었다. 이 문을 촬영한 영상은 1993년 4월 『인디펜던트The Independent』에 게재되어 세계적인 주목을 받았다. 이 발견은 대피라미드 내에 보물이 있느냐 없느냐로 비화되었고 피라미드 내부를 본격적으로 탐사하자는 여론도 등장했다. 그러나 간텐브링크에게 갱도를 탐사하게 한 독일 고고학 연구소는 "갱도 끝에 방이 있을지도 모른다는 생각은 난센스다"라고 단호하게 부정했다.

해저 탐사는 로봇이 없으면 연구 자체가 거의 불가능하다. 깊은 바닷

속이나 영하 수십 도의 극지 탐사는 로봇의 활동 무대다. 석유 회사들은 원격조종 로봇을 이용해 수심 1킬로미터 이하에서 석유 탐사를 하고 있다.

　1985년 대서양에 침몰한 에어 인디아 182편의 블랙박스를 회수한 것도 심해용 로봇이었다. 1912년 침몰한 타이태닉호의 사진을 촬영하고 수장품을 인양한 것도 원격조종 로봇이다. 심해 탐험 전문가 로버트 밸러드 Robert Ballard 박사는 3,900미터 심해에 침몰한 타이태닉호를 발견하기 위해 6,000미터 깊이에서도 활동할 수 있는 잠수정 아르고와 6,750미터까지 내려갈 수 있는 잠수정 앨빈을 활용했다. 밸러드는 이들과 연결된 제이슨 주니어라는 로봇을 원격조종해 타이태닉호의 실제 모습을 촬영했다. 높은 수압과 짙은 어둠 속에서도 실내를 선명하게 찍었는데 영화감독 제임스 캐머런James Cameron이 로봇을 조종해 직접 찍은 영상들은 영화 〈타이타닉

● 심해용 로봇으로 촬영한 타이태닉호의 모습.

Titanic)에도 활용되었다.[48)]

1993년 미국 알래스카 스퍼 화산을 탐사하던 8명의 화산학자가 목숨을 잃는 사건이 발생했다. 화산의 분기공에서 나오는 가스의 온도가 너무 높았기 때문이다. 그래서 NASA와 카네기멜런대학교는 공동으로 단테 2호라는 로봇을 개발해 1994년 7월 스퍼 화산을 탐사했다. 단테 2호는 다리를 8개 가지고 있으며, 무게는 800킬로그램이다. 단테 2호의 형님 격인 단테 1호는 1992년부터 활동했으며 1993년 1월 남극 에러버스 화산을 탐사하다가 화산에서 분출되는 강한 열에 장렬한 최후를 마쳤다.[49)]

미국, 일본 등 로봇 선진국은 로봇 물고기로 바다 밑바닥 송유관이나 오염 물질을 감시한다. 물고기를 닮은 수중 로봇은 프로펠러로 움직이는 수중 로봇에 비해 에너지 효율이 20~30퍼센트 높고 혹독한 수중 환경을 극복하는 데도 유리하다. 한국생산기술연구원은 열대어 방수 외피를 덧씌

● NASA와 카네기멜런대학교가 공동으로 개발한 단테 2호는 위험 지역인 화산에 인간 대신 투입되어 활약했다.

로봇이 달려온다

운 수중 로봇을 개발했는데 길이 25센티미터로 물속에서 초당 2.5미터까지 이동하고 수심 30~50미터에서도 견딜 수 있다. 우리나라에서 특히 지느러미로 움직이는 로봇 물고기에 관심을 기울이는 이유는 3면이 바다로 둘러싸인 반도 국가기 때문이다. 4대강 로봇 물고기도 큰 관심을 모았다. 크기는 45센티미터 정도로 3~5마리가 그룹을 이루어 수질 측정과 정보 저장, 송신 등을 한다. 배터리 충전을 위한 복귀, 장애물 회피 등의 기능도 갖추었다. 군사용으로 개발된 로봇 물고기는 수심 90미터까지 들어가 정찰이나 자폭 임무를 수행할 수 있다.

이인식은 우리나라의 특수한 여건을 감안한 마이크로 물고기 로봇의 활용도에 주목했다. 우리나라 수도관의 총 길이는 11만 4,000킬로미터가 넘는다. 수도관 노후화로 인한 누수 때문에 연간 4,000억 원의 경제적 손실이 발생하고 있다고 한다. 소형 물고기 로봇은 상수도관 누수 검사와 상수원 검사에 사용될 수 있다.

일본 미쓰비시 중공업이 개발한 로봇 물고기 실러캔스는 길이 70센티

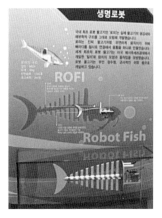

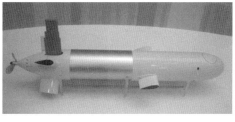

● 포항공과대학교 로봇 연구소에서 개발한 로봇 물고기.

미터, 체중 12킬로그램으로 배터리를 내장하고 수중 무선 정보 통신을 사용한 컴퓨터 제어로 움직인다. 배터리가 고갈되면 자동으로 충전기가 있는 곳으로 헤엄쳐 스스로 충전한다. 이런 로봇 물고기는 심해 탐사에 큰 기여를 할 수 있을 것으로 생각한다.[50]

앞으로 로봇이 긴요하게 사용될 분야 중 하나는 유출된 기름을 제거하는 일이다. 2010년 멕시코만灣은 490만 배럴(약 7억 8,000만 리터)의 석유로 뒤덮였다. 물고기는 물론 바닷새, 바다거북, 돌고래의 사체가 해안을 뒤덮었다. 미국 정부는 멕시코만을 정화하기 위해 화학물질, 흡착포, 선박, 무인 잠수함 등을 동원했지만 제거한 기름은 전체 유출량의 3퍼센트에 불과했다. 이처럼 효율이 낮았던 것은 바다 표면에 둥둥 뜬 기름이 물결 따라 여기저기 떠돌아다니기 때문이다. 그래서 오염된 지역을 찾아가 기름만 흡

● 손가락을 지닌 휴머노이드 로봇 로보넛은 우주에서 사용하기 위해 만들어진 로봇이다.

로봇이 달려온다

수하는 바다 벌레 로봇 아이디어가 나왔다. MIT 센서블 도시연구소가 개발한 바다 벌레 로봇은 길이 5미터, 폭 2미터로 기름을 감지할 수 있는 센서가 내장되어 있다. 사고 해역에 풀어놓으면 기름띠가 덮인 영역을 확인한 후 둥그렇게 기름띠를 포위해 컨베이어 벨트로 흡수한다. 바다 벌레 로봇은 자신의 무게에 20배에 달하는 기름을 흡수할 수 있으며 가동을 위한 에너지는 태양전지로 충당한다.[51]

로봇의 활약이 가장 기대되는 장소는 우주다. 로봇 우주 비행사를 뜻하는 로보넛robonaut은 열 손가락을 지닌 휴머노이드다. 로보넛이 개발된 이유는 우주에서의 유영이 매우 위험하기 때문이다. 인간이 우주 공간에 나가기 위해서는 최소 2~3시간 동안 가만히 앉아 100퍼센트 산소를 들이마셔야 한다. 그러므로 우주선 외부에 긴급 상황이 발생해도 즉각 출동할 수 없고 응급 복구도 2~3시간 늦어지게 된다. 하지만 로봇은 사람이 우주선 안에서 원격조종하면 언제든 작업할 수 있기 때문에 그런 문제가 없다. 로보넛의 가장 큰 효용 가치는 고장이 나지 않는 한 죽지 않는다는 점이다.

캐나다암canadarm도 이 분야에서 발군의 실력을 발휘한다. 캐나다의 스파 에어로스페이스가 개발한 이 로봇은 통신위성을 우주왕복선에서 발사대로 옮기거나 고장 난 위성을 수리하는 데 활용된다.[52] 캐나다암은 1981년 최초로 우주왕복선에 설치되었고, 캐나다암2는 2001년 국제 우주정거장에 설치되었다. 카메라와 자극을 감지하는 촉각센서가 장착되어 있다. 여러 개의 관절을 이용해 우주왕복선과 우주정거장에서 정밀한 작업을 수행하고 있다.

1976년 7월에 화성에 착륙한 바이킹 1호에는 화성 토양 채집을 하기 위한 머니퓰레이터manipulator라 불리는 로봇 팔이 사용되었고 1982년 3월에는

● 허블 우주 망원경의 태양 전지판을 교체하는 모습.

원격조작 시스템이 우주왕복선 컬럼비아호에 탑재되어 과학 장비를 옮기는 데 사용되었다. 1999년 일본인 우주 비행사인 와카타 고이치若田光一가 우주왕복선에 장착된 로봇 팔을 조작해서 관측용 인공위성을 성공적으로 회수했다.

로봇의 활동은 1997년 7월 화성 탐사선 마스 패스파인더Mars Pathfinder를 화성에 착륙시켰을 때 진가를 발휘했다. 마스 패스파인더는 로봇을 태운 무인 탐사선이다. 소저너Sojourner로 불리는 탐사 로봇은 길이 63센티미터, 폭 48센티미터, 무게 10.6킬로그램으로 중형 텔레비전 크기의 차량형 로봇이다. 소저너는 6개의 바퀴를 이용해서 초속 10센티미터로 움직이는데 바퀴에는 추가 붙어 있어 45도의 경사도 쉽게 올라갈 수 있으며 20센티미터 높이의 암석도 거뜬히 넘을 수 있다. 2대의 카메라로 진로를 가로막는 장애물을 피할 수 있다.

소저너가 탁월한 성능을 보일 수 있었던 것은 인공지능을 도입했기 때문이다. 극한 환경에서 움직이는 로봇을 제어하기 위해 작업 순서를 일일이 프로그래밍할 수 없기 때문에 생물의 행동을 본뜬 프로그램으로 행동을 제어했다. 소저너는 탁월한 성능으로 광물 채취, 과학 실험, 화성 표면 근접 촬영에 성공해 화성에 대한 인류의 호기심을 한껏 채워주었다.

2004년에는 업그레이드된 쌍둥이 탐사 로봇 스피릿Spirit과 오퍼튜니티Opportunity가 화성에 착륙했다. 거북처럼 생긴 이 로봇들은 높이 157센티미터, 무게 185킬로그램으로 6개의 바퀴와 9개의 카메라를 갖고 있다. 이 카메라 덕분에 넘어지지 않고 화성의 표면을 돌아다녔다. 2012년에는 큐리오시티Curiosity라는 탐사 로봇이 화성에 착륙했다. 바퀴 6개가 있는 자동차 크기만한 차량형 로봇이다. 다양한 촬영용 카메라과 분석 장비를 갖추고 있으며, X선 분광기와 카메라는 물론 드릴과 스쿠퍼 등 다양한 장비가 달린 로봇 팔을 갖고 있다.

앞으로 추진될 우주기지 건설에는 로봇의 역할이 더 중요해진다. 우주기지를 건설하려면 영하 100도에서 영상 100도를 오르내리는 극심한 기온 변화, 무중력 상태, 우주 방사선 피폭 등 극한 환경을 견뎌내야 한다.[53] 우주에서 로봇의 역할이 중요한 것은 인간처럼 신체적 제약을 받지 않기 때문이다. 로봇은 인간처럼 음식을 먹지 않아도 되고 지구로 반드시 귀환하지 않아도 된다. 그들에게 필요한 것은 오로지 태양에서 에너지를 얻는 것이다.[54]

군사용 로봇

로봇의 활용은 군대에서 빛을 본다고 할 수 있다. 학자들은 앞으로 20년 이내에 군사 로봇이 획기적으로 발전해 인간의 여러 가지 임무를 대신할 것이라고 추정한다.

이 분야에 가장 앞선 나라는 미국으로 2003년부터 군사 로봇이 중심이 될 미래전투체계FCS, Future Combat System를 개발하고 있다. 미래전투체계란 세계 어느 곳이라도 96시간 안에 군사 로봇을 보내고, 로봇을 배치한 뒤 2시간 이내에 100킬로미터 이상의 지역을 확보해서 전투 기반을 갖춘다는 개념이다.

미군의 회심의 역작은 내브랩이라는 이름의 무인 차량이다. 무인 차량이 로봇이라는 것이 쉽게 이해되지 않을 수도 있지만 내브랩은 두 종류의 눈을 갖고 인간이 조종하는 것처럼 행동할 수 있으므로 로봇으로 간주한다. 차량 꼭대기에 설치된 비디오카메라와 차체 앞에 달린 레이저 거리 측정기를 사용해 도로와 목표물을 인식한다. 두 센서가 감지한 이미지를 받아 컴퓨터가 주행에 관한 판단을 내린다. 내브랩은 스스로 정찰 또는 공격 임무를 수행하는 자율 로봇이다.[55]

미래전투체계에서 대표적인 로봇은 MULEMultifunction Utility Logistics and Equipment이다. MULE은 무게가 약 2.5톤으로 바퀴가 6개 달린 차량 모양이다. 지뢰를 처리하고 군수물자를 수송하며 경전투에도 투입할 수 있다. MULE 1대로 보병 18명이 3일 동안 사용할 수 있는 탄약과 식량, 물을 전달할 수 있다. 전투에 투입될 때는 대전차미사일이나 기관총으로 적을 공격한다.

● 무인 기갑 로봇 MULE(왼쪽). 지뢰 처리, 물자 수송, 전투 투입 등 다양하게 활용할 수 있는 전투용 로봇이다. 가장 강력한 무인 전투 로봇이 될 것이라 예상되는 ARV(오른쪽).

MULE보다 한 등급 높은 ARV Armed Robotic Vehicle도 개발 중이다. 무게가 8.5톤 가량으로, 완성되면 가장 크고 강력한 전투 로봇이 될 것이다. ARV의 외관은 전차와 비슷한데 기관포와 대전차미사일을 갖고 있어 적의 전차나 진지를 파괴할 수 있다.

미군이 실전에서 가장 많이 활용한 로봇은 탈론 Talon EOD다. 탈론 EOD는 2000년 보스니아 작전 때 처음 실전에 투입된 폭발물 처리용 소형 로봇으로 9·11 테러 당시 세계무역센터 수색에도 사용되었다. 로봇에 달린 카메라 4대가 현장 영상을 보내오면, 담당 병사가 휴대 제어 장치로 로봇을 조작해 폭발물을 처리한다.

무인 다목적 감시정찰 및 전투 로봇도 투입되고 있다. 이들은 부대에서 멀리 떨어진 곳까지 나가 적에 대한 정보를 수집하거나 통신 중계, 전투 피해 보고, 화생방 탐지 및 전파 임무 등을 수행한다. 지휘소 또는 지휘 통제 차량에서 25킬로미터 떨어진 곳까지 진출해 작전을 벌일 수 있고 필요할 경우 기관총이나 기관포, 유탄발사기 등을 사용해 직접 전투를 벌일 수도 있다. 스스로 주변 지형을 인식해 주행하는 자율주행 기술이 이런 무인 전투 로봇의 핵심인데 블랙 나이트Black Knight라 불리는 무인 전투 차량은 30밀리미터 기관포와 기관총을 달고 전장을 질주할 수 있다.[56]

미군은 이라크에 정찰 로봇 팩봇Packbot을 1,000대 이상 배치하기도 했다. 최대 무게 34킬로그램인 팩봇은 병사가 휴대하고 다니다가 특수 지역을 감시, 정찰하는 데 투입할 수 있다. 다족형 로봇인 빅독Big Dog은 다리가 4개 달려 동물처럼 이동할 수 있는데, 자세제어 시스템을 갖추고 있어 험난한 지형에서도 재빨리 움직일 수 있다. 시속 6킬로미터로 35도의 비탈진 경사 길을 올라갈 수 있고, 60킬로그램 이상의 짐을 나를 수 있으므로 병사들이 무거운 군장에서 벗어나 효과적으로 전투를 수행할 수 있다.[57]

빅독에 이어 알파독Alpha Dog이 개발되었다. 황소만한 크기에 4족 보행

● 미군의 전투 로봇 알파독.

로봇이 달려온다

을 하며 180킬로그램의 짐을 싣고 32킬로미터나 이동할 수 있다. 속도는 시속 11킬로미터로 특정 인물이나 대형을 따라다닐 수 있다. 차량이 다닐 수 없는 산악 지형에서 유용하게 쓰일 것으로 추정한다.[58]

이런 미래전투체계에는 군사 로봇을 활용해 적보다 먼저 보고 먼저 판단해 적을 섬멸하겠다는 의도가 담겨 있다. 평화 시에는 병력 감축 효과가 있으며 전투 시에는 인간이 쉽사리 들어갈 수 없는 곳에서 정찰, 재급유, 지뢰 탐지 등의 작전을 수행할 수 있다.[59]

위험한 폭발물 취급에 인간을 대신해 로봇이 사용되고 있으며 인간이 하기에 지루하거나, 정밀성에 한계가 있는 분야에서도 로봇의 활약이 기대된다. 미국은 2115년까지 모든 군사용 비행 임무의 30퍼센트, 지상 이동의 10퍼센트를 로봇으로 대체할 계획이다. 일부 학자들은 무공훈장이 군인보다는 로봇공학 전문가의 몫이 될 날이 멀지 않았다고 예측한다.[60]

영국도 전쟁터에서 정찰 임무를 수행할 로봇 거미, 로봇 뱀 등 소형 군사용 로봇을 개발해 실전에 투입하고 있다. 이런 로봇들은 장착된 소형 카메라로 촬영한 영상을 무선으로 송신할 수 있고, 화학물질이나 방사능 물질을 탐지하는 센서가 장착된 로봇도 있다. 병사들은 로봇을 휴대하고 다니다가 정찰할 곳에 로봇을 먼저 들여보낸 뒤 휴대용 컴퓨터로 로봇이 보내온 영상을 수신하고 명령을 내릴 수 있다. 미니 로봇 스파이라고 할 수 있다.[61]

SF 영화 〈에이리언Alien〉 시리즈에는 주인공이 로봇 안에 들어가 거대한 집게 팔로 외계 생명체를 날려버리는 장면이 나온다. 인간과 로봇이 한 몸이 된 입는 로봇wearable robot 또는 로봇 외골격robot exoskeleton의 한 형태다. 제임스 카메론 감독의 영화 〈아바타Avatar〉에도 사람이 탑승해 적을 공

● 거미 형태의 전투 로봇. 정찰 임무 수행을 목적으로 개발되었다.

격하는 로봇 무기인 AMP Amplified Mobility Platform 슈트가 나온다. 이런 로봇은 병사의 근력을 강화할 뿐 아니라 병사들이 무거운 장비를 갖고 장시간 행군을 해도 지치지 않도록 만든 무기다.[62]

〈아바타〉나 〈에이리언〉 같은 영화에 나오는 수준은 아니지만 실제로도 입는 로봇 개발은 상당한 진전을 이루고 있다. 미국 캘리포니아대학교 버클리 연구팀은 2004년 3월 버클리 다리 골격 BLEEX, Berkeley Lower Extremities Exoskeleton이라는 로봇 다리를 발표했다. 미 국방부 산하 연구 기관인 국방첨단연구기획청DARPA의 지원을 받아 개발된 것이다. 로봇 다리는 소아마비 환자들이 다리에 장착하는 보행 보조기와 같은 형태다. 금속 재질의 로봇 다리는 배낭 받침대와 연결되어 있는데, 배낭 안에는 로봇 다리를 움직이는 동력 장치와 컴퓨터가 들어 있다. 로봇 다리를 장착한 사람은 다리 무게 50킬로그램에 배낭에 실은 짐 32킬로그램까지 모두 82킬로

● 입는 로봇의 한 형태인 로봇 다리.

그램을 지고 있지만, 실제로 느끼는 중량은 2킬로그램에 불과하다. 버클리 다리 골격을 팔이나 다리에 착용하면 4.5킬로그램을 나를 수 있는 힘으로 약 90킬로그램의 물건을 들고 5시간 동안 이동할 수 있다.

　로봇 다리를 개발한 호마윤 카제루니Homayoon Kazerooni 교수는 로봇 다리는 작동을 위한 조이스틱이나 키보드 또는 버튼이 전혀 필요 없다고 설명했다. 가고자 하는 곳으로 다리를 움직이기만 하면 된다. 기술의 핵심은 배낭에 든 컴퓨터와 다리의 움직임을 감지하는 40개의 센서에 있다. 신발 바닥 등에 있는 센서는 근육의 움직임을 포착해 배낭에 든 컴퓨터에 전달하는데, 컴퓨터는 이를 바탕으로 다리가 어떻게 움직이는지 계산해낸다. 로봇 다리는 컴퓨터의 명령을 받은 유압 모터의 힘으로 움직인다.[63]

　학자들은 로봇 다리가 군사용뿐만 아니라 특수 전문 분야에서도 폭넓게 사용될 것으로 기대한다. 무거운 소화 장비를 지고 계단을 걸어 올라가야 하고 때로는 정신을 잃은 사람을 짊어지고 나와야 하는 소방 구조대원에게도 적절하다. 다리가 불편한 사람들이 정상적으로 걷는데 응용될 수도 있으므로 활용도가 무한하다고 볼 수 있다.[64]

미국 특수전사령부 SOCOM는 영화 〈아이언맨Iron man〉에 나온 아이언맨 슈트 즉 전략공격경량전투복TALOS, Tactical Assault Light Operator Suit 개발에 나서겠다고 공식적으로 선언했다. TALOS에는 방탄·방화 기능뿐만 아니라 착용자의 체력을 강화하는 에너지 저장·방출 장치, 생체 활동 센서, 최첨단 통신기기 등이 내장된다.[65]

인질 구출을 위한 로봇도 기대되는 분야다. 미네소타대학교에서 개발한 로봇은 지름 4센티미터 정도의 깡통 모양으로, 건물 내부를 자유롭게 굴러다니거나 뛰어다닐 수 있다. 이 로봇의 특징은 다른 로봇 대원들과 연결되어 있다는 점이다. 로봇 대원 중 하나는 작전 지역 주위의 영상을 포착할 캠코더를 내장하고 있으며 필요에 따라 이를 상하좌우로 움직이거나 기울여 동료 로봇에 상황 정보를 제공한다. 나머지 로봇 대원들은 진동 센서와 마이크로폰으로 주변 상황을 작전 본부에 알린다. 본부에서는 상황에 따라 원격제어를 통해 수많은 로봇 대원의 움직임을 조절할 수 있다.[66]

군사 로봇이 각광받는 이유는 인명 손실을 줄일 수 있는 것은 물론 경제적이기 때문이다. 군사 로봇을 개발하면 장기적으로는 20~30퍼센트의 비용만으로 동일한 효과를 거둘 수 있다. 예를 들어 복무 중인 군인에게는 퇴역 위로금이나 지원금 등을 지불해야 하지만 로봇에게는 이런 비용이 필요 없다. 군사 로봇을 개발하고 운용하는 데 드는 비용은 평균 병사 1명에게 평생 지급되는 비용의 10분의 1에 불과하다고 한다.[67]

로봇이 달려온다

● 폭탄 탐지 및 매설 로봇 탈론.

　로봇 개발자들이 군사용 로봇을 전쟁 도구로만 개발하는 것은 아니다. 전쟁 자체가 인간이 벌이는 일이므로 로봇 개발자에게 가장 먼저 주문하는 것은 도덕성이다. 전장에 투입되는 로봇이 도덕성을 갖게 한다는 것의 의미는 간단하다. 전쟁으로 인해 무고한 사람이 다쳐서는 안 된다는 것을 뜻한다.

　전쟁터에서는 아군이 아군을 공격하거나 부상당한 적군을 공격하는 일도 자주 일어난다. 또는 적군과 민간인을 구별하지 못해 무차별로 공격하면서 민간인을 살상하는 경우도 있다. 이는 인간의 자기 보호 본능이 발동되어 상황을 정확하게 판단하기 전에 우선 쏘고 보자는 생각이 들기 때문이다.

　로봇은 이런 문제를 겪지 않는다. 혼란스러운 전투 속에서도 즉흥적으로 행동하지 않도록 설계하면 되기 때문이다. 급박한 상황에서 공격을 당한다 하더라도 민간인을 공격하는 실수를 저지를 가능성이 낮다. 적절하게 설계한다면 도덕적인 결정이 필요할 때 로봇이 인간보다 나을 수 있다. 로봇은 목표물을 조준하면서 전쟁 법규 등 미리 입력된 제약 사항을 검토해

교전 수칙을 정한다. 가령 적군의 탱크가 넓은 들판에 있다면 발포한다. 그러나 적군이 공동묘지에서 장례식에 참석하고 있다면 교전 수칙에 어긋나므로 발포를 금지하는 것이다.

무기를 선택하는 데도 도덕성이 개입한다. 무기가 너무 강력해서 의도하지 않은 피해를 입힐 수 있는 경우, 가령 미사일이 탱크는 물론 사람이 많이 있는 건물까지 파괴할 수 있을 경우 시스템 조정에 따라 무기를 하향 선택한다. 그러나 로봇에 모든 것을 맡길 경우 오류가 생길 수 있기 때문에 인간이 로봇의 결정에 개입해 최종 판단을 내린다. 로봇이 예기치 않은 상황에 봉착했을 때 인간이 조종한다는 것이다. 이런 로봇이 개발된다면 로봇을 반대하는 사람들이 제기하는 문제도 해결될 수 있으리라 추정한다.[68]

우리나라도 군사 로봇을 개발하는 데 뒤지지 않는다. 정찰용 로봇인 리모아이Remoeye 006는 이미 육군에 배치되어 있다. 리모아이는 무인 비행 로봇으로 무게가 2킬로그램밖에 되지 않아 손으로 종이비행기를 날리듯 던지면 쉽게 이륙하고 수직 착륙할 수 있다. 길이와 폭이 각각 150센티미터와 130센티미터로 작아 레이더에도 걸리지 않는다. 적외선 카메라가 달려 있어 밤에도 정찰이 가능하다.

2004년 롭해즈Robhaz가 이라크에 파견되어 6개월간 자이툰 부대에서 활약했다. 롭해즈는 로봇과 위험을 뜻하는 해저더스hazardous를 합성한 말이다. 한국과학기술연구원의 지능로봇기술개발사업단장 김문상 박사팀이 개발한 것으로 전차 바퀴 같은 무한궤도를 달고 정찰하는 로봇이다. 2004년 국제로봇경진대회 구조 부분에서 우승한 롭해즈는 야간 투시경을 장착해 경계병을 대신해 경계 임무를 담당하는 것은 물론 폭발물 수색 작전도 펼친다. 폭발물을 발견했을 때 원격조종을 통해 폭발물을 해체할 수

● 한국과학기술연구원에서 개발한 전투 로봇 롭해즈는 2004년 이라크에 파병되어 활약했다.

도 있다. 길이 74센티미터, 너비 47센티미터, 높이 29센티미터로 최대 1킬로미터 거리에서도 원격조종할 수 있다. 경사가 45도에 달하는 울퉁불퉁한 길도 최대 시속 12킬로미터로 달릴 수 있다. 롭해즈는 로봇 선진국인 일본에 6만 달러를 받고 수출되기도 했다.[69]

경계 전투 로봇 이지스AEGIS는 이라크에 파병되어 자이툰 부대 경계병을 대신해 주야간 보초를 섰다. 이지스는 K−2 소총을 달고 있어 전투 시에 적을 사살할 수 있는 능력까지 갖추었다.[70] 국방과학연구소ADD는 한국군 로봇의 미래를 다음과 같이 예상했다.

철책선에 있는 무인 감시 로봇이 자체 센서와 카메라를 통해 확보한 적 침입 영상을 상황실로 전파한다. 상황실은 즉각 인근에 배치된 전투 로봇을 투입해 적을 제압한다.

물고기 모양 스파이 로봇도 개발되었다. 2006년 서울대학교 김용환 교수가 개발한 길이 93센티미터, 몸무게 12킬로그램, 최고 속력 초속 3미터의 물고기 로봇은 수중음향탐지기를 설치해 수중 탐사나 스파이로 이용할 수 있다. 군사용으로 개발한 것은 수심 90미터까지 들어가 정찰이나 자폭 임무를 수행할 수도 있다.

한국군은 2025년을 목표로 병사와 군사 로봇이 한 팀을 이루어 작전을 수행하는 첨단형 조직으로 탈바꿈할 계획이다. 내용은 미 육군의 미래전투체계와 비슷하다. 군사 로봇 개발 계획에 따르면 앞으로 10년 내에 정찰용 로봇을 개발해 보병 부대와 대테러 부대 등에 배치할 계획이라고 한다. 1단계로 지뢰탐지·제거 로봇과 휴대 가능한 정찰용 로봇을 개발하고, 2단계에서는 다목적 군사 로봇과 정찰·전투용 로봇을 개발하며, 3단계로 중전투 및 화력 지원 로봇을 개발한다는 것이다. 수류탄 크기만 한 투척용 감시로봇도 개발 중이다. 적이 있을 것으로 예상하는 지역에 던지면 주위의 정보를 아군 병사에게 전달해 줄 것이다. [71]

군사 로봇뿐 아니라 로봇의 기능, 즉 지능형 로봇을 활용한 다양한 개인용 장비도 군 전투력 상승에 일조한다. 방탄 헬멧은 잘 알려진 인공지능 제품이다. 머리를 보호하기 위한 철모는 예전부터 사용되었지만 앞으로 헬멧은 단순히 머리를 보호하는 장비가 아니라 두뇌 자체가 될 것이다. 우선 음성 송수신 기능이 내장되는데, 네트워크 중심전network centric warfare에 맞추기 위해서다. 헬멧 앞의 고글은 실제 화면뿐 아니라 필요한 각종 전투 정보를 보여준다. 무인 항공기나 본부에서 전송해주는 정보와 지시 사항을 참고해 싸울 수 있다. 스피커와 마이크도 부착되어 있기 때문에 개인 간 통신도 할 수 있다. 헬멧에 장착된 카메라로 전장을 중계하는 기술은 이미 소말리아 해적에 피랍되었던 삼호 주얼리호 선원을 구출한 2011년 아덴만

여명 작전 때 선보였다. 무전기로 대원들에게 지시 사항을 전하던 방식은 그야말로 옛날이야기다. 아이언맨 슈트는 결코 공상의 이야기가 아니다.[72]

군사용 로봇은 군사용으로만 사용되지 않을 수 있다는 점이 우려된다. 이 문제는 우리나라에서도 크게 지적된 적이 있다. 한국군의 대표적인 살상용 로봇인 SGR—1을 비무장 지대에 배치한 것 때문이다. 이 로봇은 추적 기능이 있으며 탑재된 유탄 발사기 또는 기관총으로 교전이 가능하다. SGR—1은 장착된 4개의 카메라로 좌우 반경 180도 이내에서 주간 4킬로미터, 야간 2킬로미터까지 움직이는 물체를 탐지할 수 있으며, 형상 인식 장치가 내장되어 움직이는 물체가 사람인지 차량인지 동물인지 가려낼 수 있다. 공격 판단은 기지에 있는 군인들이 한다. 하지만 '킬러 로봇'이라는 이유로 개발 당시부터 국제 인권 단체를 중심으로 논란이 일었다. 원격 제어에 그치지 않고 스스로 상황을 판단해 공격 여부를 결정하는 로봇으로 진화할 것이라는 윤리적 우려부터 로봇이 전쟁 범죄를 저질렀을 때 누가 책임을 져야 하느냐는 법적 문제까지 제기되었다. 물론 이런 로봇에 긍정적인 평가를 내리는 사람도 적지 않다. SGR—1은 DMZ 같은 제한된 환경에 배치되었기 때문에 민간인을 표적으로 삼을 가능성이 없으며 오작동이나 오조준 가능성에 대비해 셧다운(가동 중단)을 할 수 있다는 것이다.[73]

03

인공

인공지능 알파고가 이세돌 9단을 완파하기 전
만해도 대다수 전문가는 아무리 유능한 프로그
램이라도 바둑에서 인간을 이기지 못할 것이라
고 예상했다. 그런데 이세돌 9단이 완패하자 알
파고를 구성하는 인공지능에 대해 관심이 폭주
했다. 인공지능이 갑자기 우리에게 다가왔다.
인공지능이란 용어를 최초로 사용한 사람은 존
매카시다. 1955년 매카시와 신경학 전문가 마빈
민스키, 허버트 사이먼 등 10여 명이 컴퓨터에
인간의 지적 활동을 가르치는 연구 계획서를 작
성하며 인공지능이랑 용어를 처음으로 사용했
다. 민스키는 인공지능을 "사람이 수행했을 때
지능이 필요한 일을 기계에 수행시키고자 하는
학문과 기술"이라고 정의했다. 인공지능이란
사람의 경험과 지식을 바탕으로 새로운 상황의
문제를 해결하는 능력, 시각 및 음성 지각 능력,
자연언어 이해 능력, 자율적으로 움직이는 능
력 등을 실현하는 기술이며 인공지능의 목표는
사람처럼 생각하는 기계를 개발하는 것이라 볼
수 있다.

인공지능AI, Artificial Intelligence 알파고가 이세돌 9단을 4승 1패로 완파하기 전만 해도 대다수 전문가는 아무리 유능한 프로그래머가 만든 프로그램이어도 이세돌 9단이 패배하는 일은 없을 것이라고 예상했다. 이세돌 9단도 알파고에 진다는 생각은 전혀 하지 않았고 단지 전승하지 못할지도 모른다고 말했다. 그런데 이세돌 9단이 완패하자 알파고를 구성하는 인공지능에 대해 관심이 폭주했다. 인공지능이 갑자기 우리에게 다가왔다.

인공지능이란 용어는 알파고와 이세돌 9단의 대결로 널리 알려졌지만이 단어를 최초로 사용한 사람은 존 매카시John McCarthy로 거슬러 올라간다. 1955년 매카시와 신경학 전문가인 마빈 민스키Marvin Minsky, 허버트 사이먼Herbert Simon(1978년 노벨경제학상 수상) 등 10여 명이 컴퓨터에 인간의지적 활동을 가르치는 연구 계획서를 작성하며 인공지능이란 용어를 처음으로 사용했다.

민스키는 인공지능을 "사람이 수행했을 때 지능이 필요한 일을 기계

● 인공지능이라는 단어를 처음 사용한 존 매카시(왼쪽)와 허버트 사이먼(오른쪽).

에 수행시키고자 하는 학문과 기술"이라고 정의했다. 그러므로 인공지능
이란 사람의 경험과 지식을 바탕으로 새로운 문제를 해결하는 능력, 시각
과 음성 지각 능력, 자연언어 이해 능력, 자율적으로 움직이는 능력 등을
실현하는 기술이며 인공지능의 목표는 사람처럼 생각하는 기계를 개발하
는 것이다.

　　인공지능의 연구는 크게 두 가지 측면으로 나누어진다. 하나는 인간
지능의 원리와 메커니즘을 해명하는 과학적 연구이고 또 다른 하나는 인간
의 지능적 정보처리 능력을 프로그램화해 컴퓨터가 지능적으로 동작할 수

● 마빈 민스키와 그의 저작 〈마음의 사회Society of Mind〉.

있도록 하는 공학적 측면이다. 따라서 인공지능 연구는 컴퓨터 과학을 중심으로 하지만 철학·언어학·생리학·윤리학 등 인간에 관한 모든 학문 영역을 포괄한다.[1]

그러므로 이 장에서는 인공지능 개발을 위한 이론들을 설명하고 4장과 5장에서는 인공지능을 개발하기 위해 반드시 짚고 넘어가야 하는 인간의 두뇌 및 특성에 대해 설명한다.

인공지능의 역사

인공지능은 컴퓨터 등장 이후 나온 용어로, 매카시를 원조로 보지만 사실 인공지능의 개념은 컴퓨터가 태어나기 전부터 있었다고 볼 수 있다. 김용선 박사는 가장 간단한 예로 수세식 변기를 들었다. 수세식 변기는 물 탱크에 물이 어느 정도 차면 저절로 밸브가 잠기는데 이 역시 인공지능이라고 할 수 있다는 것이다. 이런 관점에서 김용선 박사는 인공지능의 역사를 다음과 같이 나눈다.

제1기는 기계적 부품mechanical component으로 제어 기구control mechanism를 구성하던 중세 수공업 시대의 장인들이 고안한 초기의 인공지능 기계 시대다. 그 당시 발명된 기계와 시스템은 컴퓨터가 보급되기 이전의 공업화 시대에 널리 사용되었는데 수세식 변기, 음악 자동 연주기 같은 것들로 이런 기계들은 아직도 우리 생활 주변에서 찾아볼 수 있다.

제2기는 제어 기구에 전자석electromagnentic과 전자electronic 소자를 사용함으로써 제1기에 비해 훨씬 고도의 인공기능을 발휘할 수 있는 시대로

서보 컨트롤servo-control, 자동제어 등을 적용한 대량생산 시대다.

제3기에는 컴퓨터의 출현으로 인공지능이 한 단계 업그레이드되었다. 컴퓨터의 등장으로 소프트웨어로 프로그램을 제어할 수 있게 되면서 전자 기계 부품 즉 하드웨어로 구성된 논리회로는 과거와 완전히 달라졌다. 높은 수준의 복잡성과 유연성 그리고 외부 환경 변화에 대응해 다음 작업을 판단해 수행할 수 있는 능력을 지니게 되었으며 기계가 사람의 지능에 도전하게 되었다.

컴퓨터는 로봇의 역사에서 무엇보다 큰 역할을 했다. 컴퓨터의 등장으로 비로소 인간의 사고 과정과 뇌 구조, 기능, 그 속에서 일어나는 생리 현상에 대한 연구를 촉진할 수 있었다. 보통 인공지능이라고 하면 제3기 이후만 말하는 것도 이런 이유 때문이다.

김진형 박사는 인공지능을 "컴퓨터를 좀더 똑똑하게 하고자 하는 연구"라고 설명한다. 이 정의는 민스키의 정의보다 훨씬 구체적이다. 즉 기계를 컴퓨터로 이해하면서 고도의 지능 활동을 목표로, 항상 새로운 것을 추구한다는 의미다.[2] 이언 켈리Ian Kelly는 민스키의 정의를 다음과 같이 수정했다. "인간 지능과 관련된 특징이 컴퓨터 시스템에 있다면, 이것은 지능적이다." 한편 글로스Gloess는 인공지능을 이렇게 정의했다. "인간이 어느 정도 사고력을 가져야 할 수 있는 작업을 기계가 할 때, 그 기계장치가 수행하는 작업 과정이 인공지능이다."[3]

인공지능

논리게이트를 만들자

컴퓨터가 상상을 초월하는 속도로 발전하자 인공지능 로봇도 멀지 않은 미래로 여겨졌다. 로봇학자들은 인간의 행동을 파악해 로봇에게 심어주면 된다고 생각했다. 컴퓨터는 인간이 상상할 수 없을 만큼 많은 정보를 축적하고 이를 순간적으로 병렬 연산 또는 조합할 수 있다. 그러므로 학자들은 컴퓨터가 막강한 기억 용량을 기반으로 인간을 추월하는 것이 어렵지 않다고 생각했다.

학자들은 인간이 보고 듣고 생각해 행동으로 옮기는 과정을 정보의 흐름을 기준으로 다음과 같이 정리했다. 우선 외부에서 들어오는 자극을 받아 그 뜻을 알아차리는 입력 과정이 이루어진다. 즉 외부의 물리적 자극을 받아sensing 생리학적인 신호signal로 변환하고 뇌에 전달하는 과정과 대뇌가 그것을 인지recognize하는 과정이다. 정보가 입력되면 인지된 데이터나 정보를 적절한 위치에 저장하고 필요에 따라 꺼내오도록 하며 사용 목적에 따라 정보를 적절히 변형하고 가공한다processing. 다음 단계는 정보를 분석하고 판단하는 단계다. 일정한 순서와 기준에 따라 정보를 평가하고 다음 단계에 어떻게 할지 결정한다. 그다음은 창조의 단계다. 즉 처리·분석·판단의 과정을 통해 전혀 새로운 지식이나 개념을 만들어 내는 것이다. 이를 정리해 출력하는 것이 마지막 단계다.

처리·분석·판단·창조의 과정을 '처리'로 분리해 입출력, 기억, 처리로 나누기도 하고 음성 처리와 영상 처리 같은 처리 과정을 입출력 과정에 포함시키기도 한다. 외부에서 들어온 신호를 의미 있는 정보로 변환 처리하고 난 다음 저장하는 경우도 생각할 수 있다.[4]

사람이 문제를 해결하는 방식과 컴퓨터의 기호 조작이 매우 비슷하다고 추정한 매카시는 컴퓨터의 하드웨어는 인간의 두뇌, 소프트웨어는 인간의 생각에 해당하는 것으로 간주하며 다음의 가설을 세웠다.

① 인간의 마음은 정보처리(계산=기호 조작) 체계다.
② 컴퓨터의 프로그램은 기호를 조작하는 체계다.
③ 인간의 마음은 컴퓨터의 프로그램으로 모형화할 수 있다.

이들은 인간의 문제 해결 과정을 모형화한 GPS General Problem Solver를 이용해 인간이 다루는 다양한 종류의 문제 해결 프로그램을 개발했고 이를 통해 인간의 지능을 가진 기계를 개발할 수 있다고 생각했다.[5] 구체적으로 인공지능을 연구하는 방법은 크게 세 분야로 나뉜다. 이 부분은 중앙대학교의 문만기 교수의 글에서 많은 부분을 참조했다.[6]

첫째는 외부의 정보 인식에 관한 분야다. 이 분야에서는 2차원 패턴의 시각 인식, 3차원 세계의 인식, 음성의 인식, 언어의 인식 등을 연구한다. 이 인식들은 지식과 추론 규칙 rule of inference을 이용하는 탐색을 기반으로 수행되며 화상 이해·로봇 비전·음성 이해·자연언어 이해라 불리는 분야를 구성한다. 이에 대응하는 음성 합성·문장 생성·행동 계획 등 생성과 행동에 관한 분야도 이 영역에서 다룬다.

둘째는 지식의 체계화다. 여러 가지 사실 지식을 어떤 형식으로 컴퓨터에 기억시키는지를 다루는 지식 표현의 문제, 지식을 어떤 형식으로 만들고 추론 규칙을 적용시켜서 입력된 정보와 사실 지식에서 어떻게 희망하는 결론을 얻는지 등의 탐색 문제, 정리 증명 등 주어진 문제를 푸는 과정을 발견해낸다. 이 분야에서는 시행착오적 탐색이 중심 수단이 되며 탐색의 효율을 높이기 위해 확실하지 않지만 대부분의 경우에 성립될 수 있는 발견 가능한 지식 즉 휴리스틱스heuristics가 이용된다.

마지막 방법은 게임 기술 등에서 광범위하게 사용하는 학습에 관한 분야다. 이 분야에서는 외부 세계에서 정보를 얻어 사실 지식을 증가시켜서 추론 규칙을 자기 형성하는 방법을 다룬다. 또 몇몇 지식의 구조가 유사하다는 것을 검출해서 이를 통합하는 메타 지식meta-knowledge을 형성하는 방식을 연구한다.

이는 컴퓨터상의 모델을 이용한 심리학적 연구, 또는 인지과학에서 인지 시스템의 연구에 해당한다고 볼 수 있다. 인공지능을 연구하는 학자들은 위의 세 가지를 연구해 신경세포에 가까운 논리게이트logic gate를 만들면 인공지능을 가진 로봇을 만들 수 있다고 생각했다.

논리게이트는 기본적으로 세 가지로 나눌 수 있다. 첫째는 NOT 게이트다. 뭔가를 입력하면 정반대되는 것이 나온다. 1을 입력하면 0이 나오고 0을 입력하면 1이 나온다. 컴퓨터가 0과 1로 된 이진법으로 운용되기 때문이다. 둘째는 AND 게이트다. 두 가지를 입력해야 하는데 둘 다 1일 때만 1이 출력된다. 0과 1을 입력하면 항상 0이 나온다. 마지막으로 OR 게이트다. OR 게이트에서는 둘 중 하나만 1이면 1이 출력된다. 이 세 가지 기본 게이트는 변형할 수도 있다. NAND는 NOT과 AND를 결합한 것이고 NOR는 NOT과 OR을 결합한 것이다. 이외에 XOR, XNOR도 있다.

논리게이트의 종류에 따라 입력한 정보에 대해 출력되는 결과가 달라진다. 수백만 가지 연산을 순식간에 처리하더라도 모두 0과 1을 조합한 결과다.

기본 논리게이트로 모든 것을 해결할 수 있다고 생각한 학자들은 컴퓨터에 어떻게 인간과 같은 지식을 넣어주느냐를 고민하기 시작했다. 학자들은 처음에는 인간이 어려서부터 축적하는 지식 얻기를 그대로 답습하면 된다고 생각했다. 인간은 선천적으로 얻는 지식이 있고, 후천적으로 얻는 지식이 있다. 선천적이란 태어나자마자 얻는 인간으로서의 능력을 의미하며 후천적이란 태어난 후 얻어지는 정보를 상황에 따라 활용하는 것을 의미한다. 로봇 연구자들은 이를 '하향식 주입'과 '상향식 주입'으로 설명한다.

하향식 주입

학자들은 로봇에 인간이 선천적으로 갖고 태어나는 정보를 하향식 주입을 통해 입력한 후 인간이 태어나면서 얻는 지식을 상향식으로 주입시키면 된다고 생각했다. 하향식 주입은 필요한 정보를 사전에 입력시키는 것을 의미한다.

그런데 로봇에 정보를 주입시키려고 착수하자마자 커다란 문제에 직면했다. 하향식 주입이 의미 있게 작용하기 위해서는 주어진 상황에 적용할 수 있는 지식과 규칙을 모두 입력해야 한다는 것이다.

일어날 수 있는 모든 상황을 입력하는 것은 현실적으로 불가능하지만 학자들은 이를 위한 프로그램을 개발하기 시작했다. 1960년대 스탠퍼드대학교 테리 위노그래드Terry Winograd 교수가 SHRDLU라는 프로그램을 개발했다. 이 프로그램은 제한적이지만 대화를 이해하고 사람과 의견을 교환할 수 있다. 공개 시범에서 "각뿔을 받치고 있는 것은 무엇인가"라는 사람의 질문에 SHRDLU는 "상자"라고 대답했다. SHRDLU의 세계가 정육면체,

인공지능

● 위노그래드 교수는 제한적이지만 대화가 가능한 프로그램을 개발했다. 위노그래드 교수와 오리지널 스크린에 렌더링한 SHRDLU의 세계.

직육면체, 각뿔 등 블록으로 이루어져 있기 때문이다. SHRDLU는 언어 해석력도 어느 정도 갖추고 있다.

로봇이 인간과 함께 생활하려면 인간의 언어를 이해해야 한다. 우리가 가사 로봇을 구입해 일상 언어로 "부엌을 청소해"라고 지시를 내릴 때 가사 로봇이 이를 곧바로 처리할 수 있어야 한다. 그런데 컴퓨터가 사람의 말을 이해하려면 문장 속 단어의 뜻이 무엇이고 단어의 순서가 어떻게 문장의 구조와 의미를 결정하는지도 알아야 한다. 그러면서 언어가 지닌 모호성도 이해해야 한다. 넬슨은 로봇이 다음 문장의 미묘한 차이를 이해할 수 있어야 한다고 말했다.

"Duck, it's a ball."

이 문장은 공이 날아가니까 머리를 숙여 공을 피하라는 의미일 수도 있고 오리와 파티에 대해 이야기하는 것일 수도 있다. 'duck'이라는 단어에 '오리'라는 뜻 외에도 '머리를 숙이다'라는 뜻이 있고 'ball'이라는 단어에 '공'이라는 뜻 외에 '무도회'라는 뜻도 있기 때문이다. 컴퓨터는 오리가 인간의 대화를 이해할 수 없다는 사실(동화가 아니라면)도 알고 있어야 하며 공이 날아갈 수 있고 빠른 공을 맞으면 위험할 수 있다는 사실도 알고 있어야 한다.

그런데 로봇에 언어를 교육시키면서 발견한 것은 논리게이트로 무장한 컴퓨터가 사람이 지시한 것을 이해한 것처럼 보인다고 해서 반드시 이해하고 있다고 말할 수는 없다는 점이다. 빌 게이츠Bill Gates는 인공지능의 문제점을 다음과 같이 지적했다.

컴퓨터나 로봇이 주변 환경을 느끼면서 빠르고 정확하게 반응하도록 만드는 것은 생각보다 훨씬 어려운 과정이다. (중략) 예를 들어 방 안의 특정 위치에서 소리가 날 때, 정확하게 그곳을 바라보고 소리를 분석하거나 (사람의 목소리였다면 그 의미까지 알아들어야 한다) 물체의 크기와 무늬, 질감 등으로 물체의 종류를 파악하는 것은 로봇에 너무 어려운 일이다. 사람은 문과 창문을 아주 쉽게 구별하지만 로봇에는 이조차도 일생일대의 과제다.

게이츠는 로봇의 미래에 대해 조심스럽게 입장을 표명했지만 로봇의 발전에 대해서는 비교적 후한 점수를 주었다. 게이츠는 로봇공학이 현재 답보 상태에 있지만 과거 몇십 년 전보다 엄청나게 발전했다는 것을 인정해야 한다며 다음과 같이 말했다.

지금 로봇공학은 도약대 위에 서 있다. 로봇 산업이 과연 성공할 수 있을지, 성공한다면 그 시점이 언제쯤인지는 아무도 알 수 없다. 그러나 일단 성공한다면 세상은 혁명적인 변화를 겪게 될 것이다.

하지만 하향식 인공지능이 제대로 기능을 발휘하기 위해서는 자신이 보고 느끼는 환경에 대한 지식이 절대적으로 필요하다. 컴퓨터에 인간의 지식을 주입하기 위해서는 한 사람의 지식으로는 부족하다. 이론적으로 컴퓨터에 백과사전 전체를 삽입할 수도 있고 유명한 심리학자가 평생 동안 쌓은 지식 전체를 넣을 수도 있지만 어디까지나 백과사전식 정보의 나열에 불과하다.

가사용 로봇이 실제로 가정에서 일하기 위해서는 함께 사는 사람들의 특성은 물론 자신이 있는 집의 구조를 정확하게 숙지해야 한다. 이것은 가사용 로봇에 일일이 가족에 대한 정보를 입력해주어야 한다는 뜻인데 현실적으로 가능한 일일까? 누구나 자신의 모든 특성을 로봇에 전수하는 것이 불가능하다는 것을 안다. 하물며 다른 사람에 대한 정보는 어떻게 넣어 주겠는가? 가사용 로봇에 모든 정보를 넣어준 뒤 어떤 작업을 시키는 것보다 직접 냉장고에서 맥주병을 꺼내오는 것이 더 편리하다는 사람이 많은 이유다. 더구나 로봇의 가격도 만만치 않다면 굳이 로봇을 구입해야 할 이유가 없어진다. 학자들이 로봇을 개발하면서 알게 된 것은 백과사전에 있는 내용을 전부 입력했다고 하더라도 로봇은 입력된 정보를 인간처럼 논리적으로 활용하지 못한다는 것이다.

똑똑하지 않은 로봇이 필요할 이유는 없다. 주인이 무엇을 원하는지 무엇이 부족한지 알아차리지 못한다면 로봇이 존재할 필요가 없다. 인간이 필요한 일을 시킬 때마다 해당 프로그램을 입력하고 일일이 지시를 내려야 한다면 로봇은 결국 인간에게 더 불편한 존재일 뿐이다.[7]

하향식 방법으로는 "내 옷이 어디 있지?"라는 일반적인 문제조차 수월하게 풀 수 없다. 로봇은 인간이 매일 보고 느끼는 현실 세계에 대한 지식이 전혀 없기 때문이다. 인간을 모사하는 로봇 개발에 치명적인 문제점이 발견된 것이다.

상향식 주입

하향식 주입에 문제가 있었지만 학자들은 좌절하지 않았다. 하향식 주입에서 생기는 문제점은 상향식 정보 제공으로 보완할 수 있기 때문이다.

인간은 살아가면서 마주치는 모든 상황에 대응할 능력을 갖고 태어나지 않는다. 아무리 위대한 사람이 될 재목이라도 태어나서 몇 년 동안은 부모를 비롯한 많은 사람의 도움을 받아야 한다. 음식도 먹여주는 것을 먹고 기저귀 등을 제공받아야 하고 위험물에 접근하지 않도록 격리시켜 주어야 한다. 이것은 인간은 태어나는 순간부터 세상에 대해 배우기 시작한다는 의미다.

학자들은 하향식 주입으로 어느 정도 정보를 축적한 후 상황에 대처할 수 있는 능력을 제공한다면 로봇이 상황을 스스로 판단해 결정할 수 있을 것이라 생각했다. 사람이 어떤 상황에 대처할 수 있는 것은 두뇌에 있는 정보를 모두 불러들이기 때문이 아니다. 그 정보를 활용할 수 있는 능력, 즉 학습 능력이 있기 때문이다. 따라서 로봇에 그런 기능을 부여하자는 것이다.

곤충은 주변 환경을 슈퍼컴퓨터처럼 수조 곱하기 수조 개의 픽셀로 이

● 브룩스 박사는 로봇 역시 사람처럼 경험을 활용해 학습하는 것이 현실적이라고 지적했다.

루어진 영상으로 인식하지 않는다. 곤충의 두뇌는 학습이 가능한 신경망으로 이루어져 있어서 끊임없는 반복을 통해 비행술을 터득한다. MIT 연구진은 이를 토대로 벌레같이 생긴 소형 신경망 로봇을 제작한 후 반복 학습을 통해 스스로 걸을 수 있게 만들었다.

문제는 곤충을 모방하는 것과 포유류 같은 고등동물을 흉내내는 것은 차원이 다르다는 점이다. 단순히 비교하자면 로봇은 신경세포와 흡사한 알고리즘을 수많이 갖고 있지만 인간은 무려 1,000억 개가 넘는 신경세포를 갖고 있다. 인간과 같은 신경세포 조직을 만든다는 것은 간단하지 않다. 브룩스 박사는 로봇이 현 위치를 파악하는 데 수학적 프로그램을 사용하는 것보다 시행착오와 경험을 활용하는 것이 현실적이라고 설명했다. 물론 이 과정에도 컴퓨터가 필요하지만 적어도 하향식 접근법처럼 무지막지한 계산은 필요하지 않다.

엄밀하게 정의하자면 컴퓨터는 더하는 기계다. 더하는 방법에 관한 한 인간은 컴퓨터를 따를 수 없다. 그러나 인간의 지식은 몇백만 년 전부터 생존을 위해 정교하게 디자인된 것이다. 그렇게 취득한 지식과 능력을 로봇

● 워릭 교수와 그가 1998년 팔에 수술한 칩을 들고 있는 모습.

에 적용시키기에는 아직 어려운 부분이 많다. 가장 큰 문제는 수백만 년 전부터 습득한 노하우를 정확하게 분석해 로봇에 전달할 수 있느냐다.[8] 물론 상향식 교육이 갖고 있는 문제점도 만만치 않다. 레딩대학교 케빈 워릭 Kevin Warwick 교수의 설명을 보자.

어떤 일들이 왜 일어나서는 안 되는지 설명하는 것이 오히려 부정적인 영향을 끼칠 수 있다. 이전에 그런 일에 대해서는 본 적이 없는 사람에게 그 일의 실체를 알려주며 자신과 비슷한 사람들이 그런 일을 저질렀다는 것을 알면 호기심을 느끼게 된다. 그러므로 얼마나 그것이 나쁜 행동인지 사람들이 말하더라도 원초적인 본능은 그 일을 하게 만든다. 마약 복용 문제가 그중 하나다. 뉴스에서 마약 복용이 얼마나 해로운지 보도하면서 그들이 어디서 마약을 구입했으며 어떻게 복용하는지와 같은 마약에 대한 정보를 설명했을 때 어떠한 파급 효과가 있을 것인가? 마약 복용자들이 마약에 대해 모두 가르쳐준다면 마약 복용에 전혀 관심이 없었던 사람들조차 마약 복용에 흥미를 갖게 될 수 있다.

이것은 정보를 제공하더라도 주어진 환경에서 무엇을 해야 하는지 정확하게 알려주는 것이 간단하지 않다는 것을 알려준다.[9] 그러나 학자들은 어떤 정보를 기초로 그것을 적시 적소에 활용할 수 있게 만드는 것이 가능하다고 생각한다. 이는 인간 두뇌의 신경망을 이용하면 가능하다는 의미로 신경망 이론이라고 부른다.

최초의 신경망 이론 모델은 워런 매컬러Warren McCulloch와 월터 피츠Walter Pitts가 만들었다. 매컬러와 피츠는 인간의 두뇌를 논리적 서술로 된 이진법의 집합으로 생각했다. 즉 신경세포가 'ON'과 'OFF'로 작동한다는 것이다. 그들이 제시한 뇌의 모델은 다음과 같다.

① 신경세포의 활동은 '전부' 아니면 '전무'의 과정이다.
② 어떤 신경세포를 흥분하게 하려면 2개 이상의 고정된 시냅스가 일정한 시간 내에 활성화되어야 한다.
③ 신경 시스템에서 유일하게 의미 있는 시간 지연delay은 시냅스에서의 지연이다.
④ 어떤 억제적인 시냅스inhibitory는 그 시각 신경세포의 활성화activation를 절대적으로 구속할 수 있다.
⑤ 네트워크 연결 구조는 시간에 따라 바뀌지 않는다.

매컬러와 피츠의 모델은 네트워크 내의 단순한 요소들을 연결하면 무한한 계산과 논리적인 처리를 통해 어려운 문제들을 해결할 수 있다는 점에서 주목을 받았다.

1949년 캐나다의 도널드 헵Donald Hebb은 '헵의 시냅스'를 발표했다.

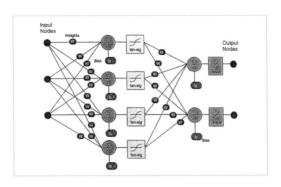

● 다층 퍼셉트론 구조.

그는 시냅스의 연결 강도 조정을 위한 생리학적 학습 규칙을 연결했다. 그의 학습 이론은 체계적이지는 못했지만 그 후 신경세포의 상호작용에 관한 연구에 큰 영향을 주었다.[10]

1958년 미국의 프랭크 로젠블랫Frank Rosenblatt은 훈련시킬 수 있는 프로그램인 퍼셉트론perceptron을 개발했다. 이 프로그램은 신경세포와 비슷한 방식으로 작동한다. 넬슨은 퍼셉트론이 다음과 같이 작용한다고 설명했다.

퍼셉트론의 각 단위는 여러 가지 입력 정보를 받아들인다. 이것들이 합쳐져 사전에 정해놓은 어떤 한계값을 넘어서면 출력이 발생한다. 이것은 많은 수상돌기가 자극받을 때 신경세포가 신경 신호를 발산하는 것과 같다. 각각의 단위가 특정 입력 정보에 부여하는 상대적 중요도를 변화시킴으로써 퍼셉트론은 훈련을 통해 올바른 답을 얻을 수 있다.

로젠블랫은 인공 신경세포망을 훈련시켜 특정 문자와 숫자 패턴을 인식하도록 하는 데 성공했다. 이런 발견은 고전적인 인공지능과 반대된다. 고전적인 인공지능은 외부에서 두뇌의 동작 방법을 관찰하고 다양한 방법으로 행동과 응답을 모델링한 것으로 한 예로 '태양이 빛나면 나는 행복하다'라는 것이다. 반면에 로젠블랫의 인공신경망은 하위 수준의 세포인 신경세포의 입출력 관계로 두뇌를 모델링했다.

두뇌의 행동을 두뇌가 가진 특징으로 생각해서 조사하는 것보다, 두뇌를 신경세포로 생각하고 이를 통해서 두뇌를 면밀히 조사하는 것이 훨씬 쉽고 적절하다.

로젠블랫의 모델은 신경세포를 서로 연결하는 것에 지나지 않는데 이 시스템에서 놀라운 점은 시작할 때의 규칙이 올바른 것이 아니어도 된다는 사실이다.[11] 문자 P를 입력했더니 퍼셉트론이 R이라는 결과를 내놓았다고 하자. 틀린 답이기 때문에 오류를 네트워크에 피드백함으로써 출력 정보의 상대적 중요도를 조정한다. 이 과정은 퍼셉트론이 올바른 답을 내놓을 때까지 계속되는데 컴퓨터의 연산 속도를 감안하면 사실상 수백 분의 1초도 걸리지 않는다.

학습 컴퓨터는 기술 혁명을 가져올 것으로 보였지만 대부분의 컴퓨터에 활용되지는 않았다. 퍼셉트론의 한계 때문이다. 학습이 가능한 퍼셉트론이지만 네트워크에서 일어나는 문제점 즉, 보통의 컴퓨터나 인간이 쉽게 푸는 기본적인 논리 문제조차 말끔하게 풀지 못했기 때문이다.[12] 이후 다층 퍼셉트론 이론이 나왔고 수많은 네트워크 프로그램이 계속해서 제시되었다.

쉽지 않은 기본 상식 해결

초창기 로봇학자들은 기세 좋게 초능력 신경 컴퓨터 개발에 도전했다. 우리나라에서도 신경망 칩이 개발되었다는 보도가 있다. 신경망 칩이란 집적회로 소자에 수많은 기억 기능과 논리 소자를 집약시켜 인간의 두뇌처럼 논리 판단을 수행하도록 만든 소자를 말한다. 신경망 칩은 인간의 두뇌처럼 학습하고 추론할 수 있는, 다시 말해 생각할 수 있는 능력을 가진 컴퓨터의 핵심 부품이다. 초창기에 개발된 신경망 칩은 갯지렁이 정도의 지능을 갖추었다고 알려졌다.

당시 신경망 칩의 능력이란 대체로 6개의 트랜지스터로 구성된 단위 연결 고리 약 640개를 집적한 것으로 1초에 10억 회의 덧셈, 곱셈 등의 연산을 수행할 수 있었다. 신경망 칩의 연결 고리가 1,000개까지 늘어나면 문자 인식이나 자연음 합성, 로봇 제어 등에 활용할 수 있다. 3,500~5,000개 정도가 되면 무인 차량, 음성인식, 필기 인식 등에 이용할 수 있다.

그러나 학자들은 인간의 두뇌를 연구하면 할수록 신경 컴퓨터의 개발이 간단하지 않다는 것을 깨달았다. 인간의 두뇌에는 1,000억 개 이상의 신경세포가 있고, 신경세포의 연결 고리인 시냅스의 숫자도 몇십 조가 넘기 때문이다. 더욱이 시냅스에서의 신경 전달은 여러 종류의 신경전달물질에 의해 조절되고 시냅스 자체가 입력되는 정보에 따라 동적으로 변화하기 때문에 기계장치로 재현하기 쉽지 않다. 분자 수준에서 뇌는 매우 다양한 물질과 방법으로 전달되고 조절되기 때문에 현재 사용하는 고체 소자로는 상당한 제한이 있다. 설사 수십만 개의 연결 고리로 이루어진 신경망 칩이 개발된다고 하더라도 SF 영화의 로봇처럼 자유자재로 사고할 수 있을지는

불분명하다.[13]

　인간의 우수성은 지능뿐만이 아니다. 학자들은 인간과 유사한 로봇이 아직 만들어지지 못한 이유로 로봇이 따라하기 힘든 인간의 뛰어난 적응 능력을 들었다. 다음 두 가지 예시에서 인간이 얼마나 환경에 잘 적응하는지 볼 수 있다.

　상자 안에 수많은 나사못이 들어 있다. 나사못들을 꺼내서 나사못의 끝이 한 방향을 향하도록 나란히 놓아야 한다. 인간은 어떻게 나사못을 꺼내어 놓아야 하는지 금방 알 수 있다. 눈으로 볼 수 없더라도 손으로 만져보고 모양을 파악할 수 있다. 하지만 현재까지 개발된 로봇은 이런 일을 할 수 없다. 로봇은 카메라 렌즈를 나사못에 향하게 한 후 나사못의 모습을 자신의 저장 장치에 기록된 것과 일치시키려고 한다. 그런 다음 자기 눈에 들어온 나사못을 무수하게 많이 저장된 다른 나사못과 비교해야 한다. 나사못들이 마구 뒤엉킨 채 놓여 있기 때문에 로봇은 그 못들이 각각 다양한 각도에서 어떤 모양일지 추측해야 한다. 빛의 방향에 따라 모양이 달라진다는 사실도 고려해야 한다. 엉킨 나사못을 일렬로 놓는 것조차 로봇에는 간단한 일이 아니다.[14]

　어린아이가 길을 가다가 소똥을 발견한 상황을 상상해보자. 어린아이는 소똥을 보는 순간 밟지 않도록 돌아서 걸어갈 것이다. 그러나 로봇이 소똥을 보고 밟지 않고 지나가야 한다고 결정을 내리려면 상당한 확인 절차를 거쳐야 한다. 만져보는 것은 물론 냄새도 맡아보고 성분을 분석해 소똥이라는 것을 알아차린 뒤에야 옆으로 돌아갈 수 있다. 어린아이는 소똥을 직접 만져보거나 본 적이 없어도 이를 인지하고 피해갈 수 있다.

　인간은 태어나 생존 지식을 쌓기 시작하면서 시각·청각·촉각·후

각·미각 등으로 정보를 받아 사물을 순간적으로 판단한다. 소똥을 꼭 만져보아야만 소똥이라고 판정을 내릴 수 있는 것은 아니다. 그런데 컴퓨터는 이러한 기초적인 작업조차 제대로 하지 못한다. 학자들을 어리둥절하게 만든 것은 지식이라는 문제만 놓고 본다면 로봇의 성능이 인간보다 훨씬 좋다는 점이다. 로봇은 백과사전 분량의 지식을 간단하게 축적할 수 있고 순식간에 정보를 다시 꺼내 확인할 수 있다.

인간의 뇌는 백과사전에 수록된 정보나 지식에는 못 미친다. 하지만 자신의 두뇌에 있는 정보를 불러온 후 순간적으로 복합적인 판단을 내린다.[15] 인간의 생각 메커니즘이 간단하지 않다는 것은 두뇌 활동을 영상화하는 MRI로도 증명되었다. 한 가지 두뇌 활동에 여러 회로가 복잡하게 얽혀서 작동하며, 이 회로들은 뇌 전역의 다른 회로들과 크고 작은 상호작용을 한다. 제임스 슈리브James Shreeve는 이 회로들의 상호작용은 기계의 부품들이 작동하는 것이 아니라 교향악단의 악기들이 음조, 음량, 반향을 서로 조율해 음악적 효과를 내는 것에 가깝다고 했다.

● 펜필드 박사는 신체의 각 기능을 담당하는 특수한 뇌 부위가 있다는 것을 발견했다. 이는 기억을 담당하는 뇌 부위가 있다는 뜻으로, 기억 메커니즘에 관한 연구를 촉진시켰다.

그러나 뇌의 특수한 활동이 특정 부위에서 일어난다는 사실은 명확하다. 예를 들면 전화번호를 기억하는 뇌의 위치와 얼굴을 기억하는 뇌의 위치는 다르다. 유명인의 얼굴을 떠올릴 때 사용하는 신경회로와 친한 친구를 떠올릴 때 사용하는 신경 회로도 다르다.

1950년대 캐나다의 신경외과의사 와일더 펜필드wilder Penfield는 간질 환자 수백 명을 수술하면서 환자들의 뇌 부위들에 전기 자극을 주어보았다. 펜필드 박사는 그 결과 인체 각 부위가 반대편 대뇌피질과 연결되어 있음을 알게 되었다. 예를 들면, 왼쪽 운동피질의 한 지점을 자극하자 오른쪽 발이 반응하는 식이다. 오른쪽 발이 반응하는 지점은 오른쪽 다리에 비슷한 반응을 일으키는 지점과 인접해 있었다.

하지만 인간의 뇌는 매우 복잡하기 때문에 특정 인지 기능이 일어나는 뇌의 부위를 지도 위의 도시처럼 꼭 짚어 가리킬 수 없다. 캘리포니아주립대학교의 뇌 영상 연구소 아서 토가Arthur Toga 소장은 "사람마다 얼굴이 다르듯 뇌도 각자 다르게 생겼다"고 말했다. 토가 소장은 과거에는 뇌를 컴퓨터와 유사하게 생각했으나 근래의 연구에서 매우 특이한 점이 발견되었다고 했다.[16]

흔히 사물을 바라보는 것이 단순한 과정이라고 생각지만 뇌는 매우 복잡한 정보를 동시에 처리한다. 이미지는 시각피질의 각기 다른 영역에서 색깔·형태·방향 같은 정보로 각각 지각된다. 모든 정보는 뇌의 특화된 영역에 보내져 분석 과정을 거친 후 종합적인 이미지의 측면들이 해석된다. 이미지는 분해되었다가 다시 합쳐진다. 시각 인지 시스템은 뇌의 다양한 영역에 분산되어 있어 인터넷과 유사하다고 볼 수 있다.

어려워지는 정보 검색

학자들은 그래도 컴퓨터가 있는 한 언젠가는 인간의 지능을 모사한 로봇을 개발할 수 있다고 생각했다. 문제는 지구상에 있는 수많은 지식을 어떻게 활용하느냐에 달려 있다. 그러나 이 대안도 곧바로 문제점에 봉착했다. 많은 정보 중 자신에게 유효한 것을 뽑아내는 것이 간단하지 않기 때문이다. 예를 들어 구글에서 'love' 라는 단어를 검색하면 2016년 3월 현재 기준으로 무려 29억 4,000만 건이 올라온다. 'love'를 검색한 이유를 정확하게 입력하지 않은 이유도 있지만 컴퓨터가 'love'라는 단어가 들어 있는 모든 정보를 토해놓기 때문이다. 'love'라는 단어는 시간이 갈수록 증가하므로 자신이 찾는 정보를 얻는 것은 더 어려워질 수 있다. 정보 검색 기술이 발달하면 원하는 정보를 보다 구체적으로 제공받을 수 있겠지만 컴퓨터가 모든 사람이 원하는 정보를 바로 찾아주기란 사실상 불가능하다.

기계는 갖고 있는 정보 중에서 필요한 부분만 순식간에 발췌해 재조합하는 것이 사실상 불가능하다. 온갖 정보들이 어떻게 유기적으로 연결되는지 정확하게 확인할 수 없기 때문이기도 하지만, 그보다 어려운 것은 각 개인마다 성향이 달라 어떤 특성을 간단하게 묶어줄 수 없기 때문이다.[17]

인간에게는 쉬운 단순한 지각도 로봇은 간단하게 해결할 수 없다. 사람들은 잠에서 깨어나 눈을 뜨자마자 자기가 어디에 있는지 알아차린다. 집 안인지 집 밖인지 알고 새로운 날이 되었다는 것도 알아차린다. 눈으로 보고 시간과 공간을 인지한다. 개와 고양이 같은 동물도 시각에 의존해 많은 일을 처리한다. 벌 같은 곤충과 파충류도 예리한 시각을 갖고 있다.

시각은 보는 것에서 끝나는 것이 아니라 사회적 상호작용에 결정적인 영향을 미친다. 본다는 것은 수동적인 과정이 아니라 능동적이고 지속적인 활동이다. 인간의 눈은 이곳에서 저곳으로 신속하게 움직이며 바깥 세상에 관한 정보를 습득한다. 또한 인간의 두뇌는 현실에서는 보이지 않는 세부 사항들을 채워 넣는다. 즉 우리가 정적인 세계를 보고 있다면 파노라마식 세부 사항까지 보고 있는 것처럼 느끼는 것이다.

인간의 시각 시스템을 세부적으로 분석하면 기계와 유사한 작동 방식을 발견할 수 있다. 하지만 로봇의 눈을 인간처럼 만들기는 쉽지 않다. 인간의 감각은 유전자에 새겨진 진화의 결과기 때문이다. 즉 인간의 눈이 합리적으로 설계된 것이 아님에도 자연스럽게 작동하는 것은 몇백만 년에 걸친 자연 적응의 소산이라는 것이다.

학자들은 인간처럼 작동하는 시각 시스템을 가진 로봇을 개발하는 데 몰두했다. 3차원 시각 시스템을 장착해 어디에 물건이 있는지 판별할 수 있는 로봇을 개발했고 자신의 위치도 정확하게 알 수 있도록 했다. 그렇지만 로봇에 바닥 청소를 시키는 것은 아직도 어렵다. 로봇이 어디를 청소했는지 파악하는 것도 간단하지 않기 때문이다.[18] 브룩스 박사는 인간의 시각 시스템은 어려운 문제에 대한 부분적 해결책들을 복잡하게 배열한 것이라고 설명한다.

그래도 로봇학자들은 끊임없이 인간을 모사한 로봇에 도전하고 있다. 카네기멜런대학교 한스 모라벡Hans Moravec 교수도 그중 한 명이다. 그는 현재의 기술로는 인간을 모사하는 것이 어렵고 불가능해 보이지만 차례차례 인간의 특성을 연구하면 결국 이를 융합해 인간이라는 개체를 완전히 분석하고 모사할 수 있다고 주장한다.

모라벡 교수는 2003년 시각 기능을 갖춘 로봇을 발표했다. 그가 개발한 시각 시스템은 2대의 디지털카메라와 로봇의 컴퓨터 두뇌에 설치된 3D 격자로 구성되어 있다. 이 로봇이 물체를 보는 방법은 인간이 두 눈을 사용해 물체를 보는 방법과 유사하다. 인간의 눈은 2개고 미간을 사이에 두고 떨어져 있어 양쪽 눈의 초점이 서로 다르다. 모라벡 교수가 발명한 시각 시스템 역시 2대의 디지털카메라가 찍은 이미지의 차이를 이용해 기하방정식으로 거리를 측정한다. 여기에 로봇에 내장된 3D 격자(약 3,200만 개의 디지털 구분선으로 이루어진 격자)가 계산 값과 실제 값의 차이를 보정해 입체 시각을 만든다.

그러나 모라벡 교수의 로봇이 인간의 시각을 완전하게 구사할 수 있는 것은 아니다. 로봇학자들은 인간의 눈을 모사하는 것이 아니라 인간의 눈과 같은 효과를 얻는 쪽으로 연구 방향을 바꾸었다. 영화 〈터미네이터〉에서 터미네이터가 보여주는 능력과 비슷하다.

〈터미네이터〉에는 터미네이터가 사물을 바라보는 장면이 등장하는데 마치 붉은색 선글라스를 쓴 것처럼 세상이 온통 붉게 보일 뿐 아니라 그곳

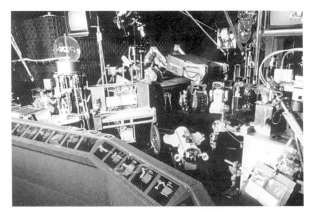

● 모라벡 교수가 개발한 로봇들.

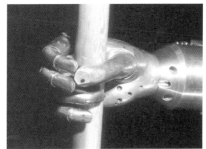

● 모라벡 교수와 그가 개발한 인공 손.

에 없는 데이터까지 보인다. 어두운 곳에서도 사물을 볼 수 있는 적외선 시스템을 차용하고 데이터로 시각 능력을 보완했다는 뜻인데 이 능력만 보면 인간보다 우월하다. 로봇이 굳이 인간의 눈을 그대로 모사할 필요는 없다.[19]

여하튼 시각을 비롯한 로봇 개발은 곳곳에서 예상치 못한 벽에 부딪혔다. 1990년 미국의 휴 로브너Hugh Loebner는 '사람과 구별할 수 없는 반응을 보이는 컴퓨터'를 만드는 사람에게 금메달과 10만 달러의 상금을 주겠다고 발표했다. 아직 상금을 탄 사람은 없다.[20] 그렇다고 해서 인공지능이라는 개념이 폐기 처분되거나 사장되었다는 것은 아니다. 알파고 역시 완벽하지 않지만 이세돌 9단을 완패시켰다.

근래는 신경망 시스템을 보완할 다양한 방법이 개발되고 있다. 제공된 정보가 너무 적으면 신경망 시스템은 쓸모없는 결과를 도출한다. 현원복 박사는 유전 알고리즘이 이런 결점을 보완할 수 있다고 설명했다. 유전 알고리즘은 적자생존 원칙을 적용시켜 데이터 속에 감춰진 패턴과 관계를 찾는 신경망 이론과는 달리 건축적 블록을 서로 다른 방법으로 집합하는 방식을 취한다. 이 방법은 놀라울 정도로 간결하고 창의적인 해답을 내놓는

데 수백만 개의 순열을 다루면서 필요하지 않은 것은 곧바로 버린다.

제너럴일렉트릭GE의 엔지니어들은 더 효율적인 보잉 777 제트엔진용 팬 날개를 설계할 때 선택해야 할 배열 방법이 수십만 개에 달한다는 것을 깨달았다. 슈퍼컴퓨터로 계산한다 해도 수십억 년이 걸린다. 하지만 유전 알고리즘을 사용하자 1주일 내에 문제를 해결할 수 있었다. 적자생존한 것만 골라 소위 '번식'에 이용한 것인데, 불과 3일 내에 엔진 효율을 1퍼센트나 끌어올릴 수 있는 설계를 완성했다.[21]

전문가의 초대

로봇 과학자들은 하향식 정보 제공과 상향식 주입 모두 문제가 있다는 것을 깨닫고 둘 중 어느 것을 더 비중 있게 다루어야 할지 논의하기 시작했다. 앞의 설명을 본다면 하향식 주입보다는 상향식 주입이 유용한 것처럼 보인다.

지능 있는 로봇을 만들려는 학자들은 컴퓨터 프로그램이 고등 교육을 받은 성인이 아니라 어린아이를 모방해야 한다는 결론을 내렸다. 아이들이 말하기를 배울 때의 과정을 살펴보자. 어린아이는 주변에서 듣는 낱말들, 예를 들어 '엄마'와 같은 말을 따라하려고 애쓴다. 첫 시도에서 '엄마'를 제대로 발음하지 못해서 '어마'나 '머머'라고 말한다. 부모는 아이가 '엄마'라고 말할 때까지 올바른 발음을 반복해준다. 아이들은 이런 방법으로 다른 낱말들도 배워나간다.

이론상으로는 컴퓨터 프로그램 역시 같은 방법으로 진행시킬 수 있다.

인공지능

어떤 프로그램을 사람이 '훈련' 시키면 그 프로그램은 무엇이 옳고 그른지 배운다. 그러면 프로그램은 점점 더 빨리 문제를 해결하게 된다.[22]

그런데 어린아이에게 지식을 전달하는 데 많은 시간이 걸리는 것처럼 프로그램을 훈련시키는 데도 긴 시간이 필요하다. 인간 지능을 모사하기 위해서는 상향식 추론 알고리즘도 중요하지만 프로그램이 보유하고 있는 지식의 양도 중요하기 때문이다. 프로그램이 지능적이기 위해서는 특정한 문제에 관한 정보를 많이 보유하는 것이 유리하다. 그래야 신경망 이론의 단점을 보완해줄 수 있다. 이러한 개념의 방향 전환은 전문가 시스템expert system이 도입되어야 한다는 것을 의미한다.

전문가 시스템은 지식과 경험이 적은 사람도 전문가 수준의 문제 해결을 할 수 있도록 해준다. 전문가의 지식을 지식 베이스에 적절하게 정리 · 저장한 후 추론 기구가 이 지식을 기반으로 문제를 해결하는 것이다. 여기서 지식 베이스는 기억을 담당하고, 추론 기구는 생각을 맡는다.

일례로 자동차 고장을 진단하는 프로그램을 만들고자 한다면 '배터리가 고장이면 실내등이 안 들어온다' 등의 진단 지식을 모아놓았다가 실내등이 안 들어왔을 때 배터리를 점검하라는 처방을 내리는 것이다.

전문가 시스템은 고장 진단, 의학 진단, 법률 판단과 같이 주어진 문제를 분석 · 진단하는 시스템과 기계 설계, 프로그램 설계 같이 주어진 조건을 만족시키는 모델을 만드는 설계형 시스템으로 나뉜다. 모델화가 쉬운 이공계 분야에서 먼저 개발되었으며 처음 개발된 실용적인 전문가 시스템은 분광 스펙트럼에서 분자구조를 추정해내는 덴드럴dendral이다. 그 후 사회과학 분야에서도 많은 전문가 시스템이 개발되었다. 언론에서 전문가가 컴퓨터로 계산한 결과라고 보도되는 내용은 거의 전문가 시스템을 사용해

도출한 것이다.[23]

　이론적으로는 충분한 지식을 모으면 어떤 전문가 시스템도 만들 수 있으므로 하향식 주입이 중요하다. 그러나 많은 정보를 입력하는 프로그램 개발이 유익하다는 것을 파악했음에도 인공지능 개발은 생각보다 빨리 진전되지 않았다. 수집해야 할 지식의 양이 방대하고 지식 관리가 복잡해지면 필요할 때 적절히 지식을 사용할 수 없는 경우가 발생한다. 따라서 현실적으로 쓸모 있는 시스템을 구축할 수 없는 경우가 많다.

　어느 특정 분야에 국한된 전문 지식은 그 경계가 분명하므로 어느 정도 표현할 수 있다. 그런데 유치원에 들어갈 어린이가 갖추어야 할 정도의 상식을 모은다는 것은 쉬운 일이 아니다. 고도의 전문성을 갖춘 전문가 시스템은 만들 수 있지만 일반 상식을 갖춘 유치원 어린이를 흉내 내는 것은 어려운 일이다.[24]

　1997년 딥블루는 체스 챔피언 카스파로프를 상대로 승리했다. 2016년에는 알파고가 이세돌 9단을 상대로 압승했다. 컴퓨터가 체스와 바둑 고수를 이긴 것은 과학사에 큰 획을 그은 역사적 사건이지만 딥블루와 알파고의 승리는 프로그램을 설계한 프로그래머에게 돌아가야 한다는 것이 정확한 지적이다. 알파고가 이세돌 9단을 이길 수 있도록 수많은 경우의 수를 계산할 알고리즘을 만들어준 것은 바둑에 대한 이해가 높은 프로그래머다. 프로그래머는 카스파로프나 이세돌 9단과 직접 대결해 이길 수는 없지만 수많은 경우의 수를 입력시키고 그것을 불러들일 수 있는 프로그램을 만들어 세계 챔피언을 패배시킨 것이다. 그래서 이세돌 9단이 연패하다가 4국에서 승리한 것은 매우 중요하다. 유능한 전문가라도 정확하게 모든 것을 예측해 프로그램을 설계한다는 것이 불가능하다는 것을 증명했기 때문이다.

알파고는 컴퓨터 프로그램이므로 자신과 대국하는 사람이 누구인지 모르고 승리할 수 있는 수만 찾는다. 즉 상대에 따라 실력을 조절하지 않고 최고의 수를 찾는 데만 집중한다. 4국에서 이세돌 9단이 묘수를 날리자 알파고는 대안을 찾지 못하고 버그를 보이다가 결국 백기를 들었다. 자기가 생각하지 못했던 수가 나오자 대안을 찾는 데 실패했다. 알파고처럼 잘 만들어진 인공지능 알고리즘도 문제가 생길 수 있다.

나 역시 인터넷으로 바둑을 두어본 경험이 있다. 내 기력은 아마 2~3급에 지나지 않는데 인공지능의 순발력이 궁금해 반면에서 단수로 잡힌 곳 즉 호구에 돌을 놓아보았다. 인공지능은 한참 시간을 끌더니 호구에 들어간 돌을 잡지 않고 엉뚱한 곳에 돌을 놓았다. 일반 바둑에서는 일어날 수 없는 일이다. 당시의 인터넷 바둑 프로그램은 알파고에 비할 수 없는 낮은 수준이었지만, 내가 호구에 돌을 놓자 버그를 낸 것은 바둑 프로그램이 호구에 돌을 놓는다는 것을 상상하지 못했기 때문으로 볼 수 있다. 인간에게는 매우 익숙한 상황을 컴퓨터 프로그램은 이해하지 못했다. 프로그래머가 그런 정황을 입력해주지 않았기 때문이다.

인간의 뇌세포를 활용하는 인공신경망 이론을 접목한 인공지능이 일부 분야에서 성공을 거두고 있지만, 인간 두뇌의 작동은 인간조차 정밀하게 분석할 수 없기 때문에 아직은 인공지능이 인간의 두뇌 운용을 제대로 모사할 수 없다.[25]

04

인간을 모사하는 컴퓨터가 생각보다 만들기 어렵다는 것을 파악한 학자들은 인간 지능에 대한 연구를 급선무로 여기기 시작했다. 지능의 사전적 정의는 '경험을 이용해 새로운 경우에 대처할 적당한 처리 방법을 알아내는 지적활동의 능력' 다. 흔히 기억력과 수학적인 능력이 포함되며, 문제 해결 능력 또는 정보 표현 능력과 정보 처리 능력을 말한다. 그런데 이러한 정의는 로봇이라는 개념이 생기자 모호해지기 시작했다. 로봇도 인간과 같이 배울 수 있으며, 어떤 경우에는 인간보다 훨씬 좋은 결과를 보이므로 인간만을 대상으로 정의한 '지능'은 설득력이 없어진다. 계산 면에서 기계가 훨씬 뛰어난 결과를 보이는 것을 감안하면 계산 능력이 곧 지능은 아니다. 의사 결정도 로봇이 훨씬 잘할 수 있다.

특별한
동물

인간을 모사하는 컴퓨터가 생각보다 만들기 어렵다는 것을 파악한 학자들은 인간 지능에 대한 연구를 급선무로 여기기 시작했다.

영국 방송국 BBC의 〈마스터마인드Mastermind〉는 많은 답을 정확하게 기억한 사람이 우승하는 프로그램이다. 기억력이 좋은 사람을 특별하게 취급하는 것은 기억력과 지능이 연관 있다고 생각하기 때문이다. 지능의 사전적 정의는 '경험을 이용해 새로운 경우에 대처할 적당한 처리 방법을 알아내는 지적 활동의 능력'이다. 흔히 기억력과 수학적인 능력을 포함한다. 일반적으로 문제 해결 능력 또는 정보 표현 능력과 정보처리 능력을 말한다. 케임브리지대학교의 호러스 발로Horace Barlow 교수는 지능을 더 구체적으로 정의해 일종의 추측, 특히 현상의 밑바탕에 깔려 있는 질서를 발견해내는 추측 능력이라고 설명한다.

① 어떤 문제에 대한 해답이나 논변의 논리를 찾는 것.

② 적절한 유사 관계를 떠올리는 것.

③ 일련의 사물이나 사태들 사이에 적절한 조화나 균형을 부여하는 것.

④ 다음에 어떤 일이 일어날 것인지 또는 사태가 어떤 식으로 전개될 것인지 예측하는 것.

그러나 영화나 드라마, 코미디가 예측할 수 있는 내용으로만 전개되면 흥미가 반감된다. 상황을 예측할 수 있게 하다가 종국에 반전이 일어날 때 많은 사람이 흥미를 보인다.[1] 반전이라는 아이디어를 착안할 수 있는 지능이란 어떤 가능성을 예측하게 하거나 그 예측을 과감하게 부서나가는 재주라고 볼 수 있다.

그런데 이러한 정의는 로봇이라는 개념이 생기자 모호해지기 시작했다. 로봇도 인간처럼 배울 수 있으며, 어떤 경우에는 인간보다 훨씬 좋은 결과를 보이므로 인간만을 대상으로 정의한 '지능'은 설득력이 없어진다. 계산 면에서 기계가 훨씬 뛰어난 결과를 보이는 것을 감안하면 계산 능력이 곧 지능은 아니다. 의사 결정도 로봇이 훨씬 잘할 수 있다.

그러므로 인간의 지능을 새롭게 정의해야 하는데, 창조와 감정 같은 특성을 포함하는 쪽으로 변경되었다. 창조적이라는 것은 선조에게서 유전적으로 전승된 것과 태어난 후 습득한 지식을 기반으로 새로운 것을 선보이거나 다른 사람이 미처 생각하지 못한 것을 성취한다는 것을 뜻한다. 하지만 새로운 정의도 문제가 있다는 것이 알려졌다. 로봇도 창조적인 작업을 할 수 있기 때문이다.

로봇은 단순 창조 작업을 인간보다 훨씬 빠르고 정확하게 한다. 음악의 조율은 물론 산업 시설에 전원이 끊겼을 때 스스로 복구하기도 한다. 단

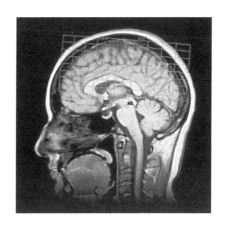

● 인간의 두뇌와 인공지능의 접합을 묘사한 그림.

순 지능 여부만을 따진다면 인간과 로봇을 구별할 수 없는 상황이 된 것이다. 물론 로봇의 능력은 우수한 프로그래머의 능력이라고 볼 수도 있지만 사전적인 정의에 따르면 로봇도 창의적인 일을 할 수 있다.

골머리 아픈 지능

지능이라는 개념이 모호해지자 학자들은 새로운 정의를 찾기 시작했다. 근래에 학자들이 찾아낸 개념은 로봇이 인간과 같은 감정을 느낄 수 없다는 것이다. 인간은 보거나 느끼는 것들을 고통이나 기쁨 등의 감정으로 받아들이며, 감정의 결과로 물리적인 행동이나 신체 변화를 보이기도 한다. 예를 들어 친척의 죽음에 울음을 터뜨리는 식이다. 인간의 감정 중에서 가장 오묘한 것으로는 공포심을 들 수 있다. 워릭 교수의 설명을 보자.

어두운 겨울밤 집에 홀로 있는 당신을 마음속에 그려보라. 비바람이 밖에서 울부짖고 정전이 되어 텔레비전은 볼 수 없으며, 촛불만 켜놓은 상태다. 앞문을 두드리는 날카로운 노크 소리가 들린다. 문으로 다가가니 바깥에 큰 그림자가 드리워져 있다. 당신은 문을 열지 않을지도 모른다. 혹 문을 연다 하더라도 그가 당신에게 뛰어든다면 당신은 미친 듯이 도망칠 것이다. 왜 그럴까? 우리는 어떤 상황에서 공포를 느끼고, 놀라고, 행복하거나 슬퍼한다. 이런 감정들은 우리의 유전자 프로그램을 통해 형성되거나 경험의 결과로 느끼게 된 것이다. 특정한 환경에서 공포를 느끼는 원시적 본능은 이해하기가 좀더 쉽다. 호랑이가 많은 정글에 10명의 사람이 살고 있는 경우를 살펴보자. 5명은 호랑이를 무서워하고 가까이 오면 도망친다. 다른 5명은 무서워하지도 도망치지도 않는다. 호랑이를 무서워하지 않는 사람보다 무서워하는 사람이 살아남아 자손을 남길 확률이 높다. 그래서 이들의 다음 세대는 호랑이를 무서워하는 확률이 더 높아질 것이다. 이 특성은 유전적으로 계승되므로 진화의 한 단면이라고 부를 수 있다.[2]

워릭 교수는 인간은 정확하진 않아도 대체적으로 다른 사람의 감정을 이해할 수 있다고 말한다. 대표적인 것이 다른 사람이 보이는 공포감이다. 많은 SF 영화가 공포와 긴장감을 주제로 만들어지는데 이는 사람이 타인의 공포와 같은 감정을 이해할 수 있기 때문이다. 공포 영화를 보고 비명을 지르는 것도 같은 맥락이다. 심한 공포를 경험한 사람을 동정하고 위로하는 것도 공포를 공유한다는 의미다.

1989년 마이클 쿡Michael Cook과 수전 미네카Susan Mineka는 매우 흥미 있는 실험 결과를 발표했다. 공포 반응에 관한 실험이었다. 뱀을 본 적 없는 실험실의 원숭이들은 커다란 뱀을 보고도 전혀 무서워하지 않았다. 뱀에 대한 공포가 전혀 없는 실험실 원숭이들에게 뱀을 무서워하는 야생 원숭이의 모습을 보여주자 실험실의 원숭이들도 뱀을 두려워하기 시작했다. 뱀에 대한 공포를 간접적으로 학습한 것이다. 그런데 야생 원숭이들이 꽃을 보고 무서워하는 것처럼 영상을 편집해서 보여주자 꽃에 대해서는 어떤 공포심도 나타내지 않았다. 영장류의 뇌에는 자기에게 해가 될지 모르는 것을 두려워하는 경향이 이미 각인되어 있다는 것을 의미한다.

이와 같은 현상에 대해서 슈리브는 뱀에 대해 공포를 느끼지 않았던 갓난아이가 두려움을 느끼게 되는 것은 다른 사람들을 관찰하면서 학습했기 때문인데, 이는 실험실 원숭이가 야생 원숭이에게 뱀에 대한 공포심을 배운 것과 같은 현상이라고 말했다. 꽃과 뱀에 대해 상반된 느낌을 갖게 하기 위해서는 각인된 경향을 활성화할 사회적 경험이 필요하다는 것이다.

포식자와 피식자 간 공포 유발은 생태학적으로 매우 중요하다. 만일 고양이가 생쥐를 무서워한다면 굶어 죽을 것이고 생쥐가 고양이를 무서워하지 않는다면 멸종할 수 있다. 태어나기 전에 이미 자연계의 먹이사슬 관계가 유전자 속에 기록되어 있다는 뜻이다.[3]

공포는 인간의 뇌가 본능적으로 가지고 있는 감정이다. 공포는 원시시대부터 인간이 거대한 맹수들이나 알 수 없는 공격자들에게서 종족을 보전할 수 있도록 해준 동인이다. 만약 인간에게 공포라는 감정이 없었다면, 인간은 자신을 위협하는 맹수에게 겁 없이 덤비고 심한 부상을 입거나 죽었을지도 모른다. 공포는 인간의 생존을 위한 안전장치다. 이런 모든 행동이 뇌에서 시작된다.

위험 인자를 인지하면, 이 정보는 빠르게 뇌로 전달된다. 뉴욕주립대학교 조지프 르두Joseph LeDoux 교수는 뇌의 공포 작용은 편도체扁桃體, amygdala 에서 담당하며 감각을 통해 수용된 정보는 시상을 거쳐 편도체로, 편도체 에서 정보를 분석하는 겉질로, 겉질에서 기억을 저장하는 해마로 전해지는 데, 해마가 부신과 뇌하수체에 스트레스 호르몬인 코르티솔을 내보낼 것을 지시한다고 말했다. 공포를 느꼈을 때 방출되는 호르몬은 스트레스를 받았 을 때 분비되는 호르몬과 동일하며 만약 공포감이 가라앉지 않고 지속된다 면 스트레스를 끊임없이 받았을 때와 동일한 반응을 보일 수 있다.

편도체는 해마 앞쪽에 있는 아몬드 모양의 작은 부위로 정서기억 저 장·공포·불안·성행위 등을 결정짓는다. 특히 어떤 대상을 좋거나 싫다 고 느끼는 것에 관여하므로 어떤 사람이 좋거나 싫은 것, 좋아하는 사람을 적극적으로 소유하고자 하는 감정도 편도체가 결정한다. 이것 역시 생존 을 위해 진화한 결과다. 성취감·패배감 같은 뇌의 보상작용 역시 마찬가 지다.

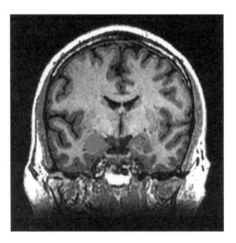

● MRI로 찍은 뇌의 모습. 왼쪽 아래에 표시된 부분이 편도체다.

인간은 특별한 동물

그 외에 사실을 해석하고 분류하는 것도 편도체의 역할이다. 해마가 기억 생성을 맡고 있다면, 편도체는 기억에 색을 칠해서 어떤 기억들은 금방 없어지게 두고 어떤 기억들은 오래 기억되도록 한다. 시험을 앞두고 벼락치기로 급히 외운 정보들이 시험이 끝나면 허무하게 사라지는 것도 이 때문이다. 좋아하는 것과 중요한 것이 더욱 오래 기억되는 것도 이 때문이다.[4]

자라 보고 놀란 가슴 솥뚜껑 보고도 놀라는 데도 충분한 근거가 있다. 공포에 대한 기억은 편도체에 저장된다. 그런데 편도체에 저장된 공포에 대한 기억은 일반적인 기억보다 정보량이 적다. 전형적인 기억이 해상도가 높고 끊김 없는 동영상이라면, 편도체에 저장된 공포는 해상도가 낮고 중간중간 끊기는 동영상과 같다. 이것을 빠른 스케치 기억이라고 부르는데 이 빠른 스케치 기억은 정보량이 적기 때문에 신속하게 반응하게 하지만 흐릿하게 저장되므로 공포 원인을 뚜렷하게 구분하지 못한다.

이러한 기억은 외상 후 스트레스 장애와도 관련 있다. 극심한 공포나 강한 충격을 받았을 때 나타나는 외상 후 스트레스 장애는 빠른 스케치 기억의 영향을 받는다. 그래서 공포 원인과 비슷한 것을 듣거나 보면 불안감을 느끼게 되는 것이다. 예를 들어 전쟁을 겪은 군인은 총소리와 비슷한 소리를 총소리로 인지하고, 지진을 겪은 사람은 공사장 진동도 지진으로 느끼고 패닉 상태에 빠진다.

하지만 이런 공포는 평생 가지 않는다. 그것은 사이세포 때문이다. 사이세포는 편도체와 편도체 사이에 존재하는데 과학자들이 사이세포를 제거한 쥐와 사이세포가 있는 쥐에게 전기 충격 실험을 한 결과 사이세포가 과거의 공포스러운 기억을 제거한다는 것을 발견했다.[5]

과학자들은 공포에 대해 매우 재미있는 사실을 알아냈다. 공포 영화를 보고 나면 '머리털이 쭈뼛 설 정도로 무섭다'라고 말한다. 건국대학교 고기석 교수는 공포를 느끼면 자율신경계가 털세움근을 수축시키고, 그러면 누워 있던 털이 거의 수직으로 일어선다는 것을 확인했다. 즉 소름이 돋는다는 말이 상상의 말만은 아닌 것이다.

공포를 느끼면 얼굴이 하얗게 질리는 것도 과학적으로 설명이 가능하다. 공포를 느끼면 심장 박동이 빨라진다. 자율신경계가 심장에서 나오는 피를 장기나 근육 쪽으로 몰아주기 때문이다. 여차하면 도망가거나 싸워야 하니 근육에 피를 많이 공급해 두자는 전략이다. 땀샘이 수축하면서 땀이 나는 것도 자율신경계의 작용이다. 땀이 식으면서 체온을 빼앗기 때문에 몸이 오싹해진다. 땀샘뿐 아니라 근육도 수축한다. 놀랐을 때 '억' 소리도 못 지르는 것은 자율신경이 성대 근육을 경직시키기 때문이다. 방광도 수축된다. 극심한 공포 상황에서 소변을 흘리는 것에 대해 학자들은 두 가지 가설을 제시했다. 첫째는 소변을 배출하면 몸이 가벼워져 도망가기 쉽기 때문이라는 것이고 둘째는 지저분한 냄새를 풍겨 적이 '밥맛' 떨어지도록 진화했다는 것이다.[6]

한편 공포에 처해 있으면 누가 불러도 잘 듣지 못한다. 이는 공포를 느낄 때 뇌가 수면 상태처럼 의식을 차단하는 쪽으로 작동하기 때문이다. 다른 데 신경을 쓸 겨를이 없어지는 것이다. 이때 의식이 너무 많이 차단되면 기절한다. 한신대학교 김대수 교수는 다음과 같이 설명했다.

공포를 느끼고 기절하는 메커니즘은 아직 정확히 밝혀지지 않았지만 아마도 시상핵과 편도체가 상호작용해 의식이 차단되도록 유도하는 것으

로 보인다.[7]

이런 면에서 공포는 생물체의 영역이라고 볼 수 있다. 잘 설계된 로봇이 호랑이가 다가오자 도망간다고 해서 로봇이 인간처럼 공포를 느꼈다고 볼 수 있는지는 의문이다. 로봇이 인간과 유사하게 행동하므로 로봇도 감정을 가졌다고 생각할 수 있으나 인간의 감정은 유전적인 속성이 있다. 생물학적으로 프로그래밍된 것이다. 기계인 로봇을 인간처럼 만드는 것은 간단한 일이 아니다.

불균형한 지능

사람들이 긴 시간을 들여서 시험을 준비하는 이유는 무엇일까? 일반적으로 고등학생은 최소 5,000시간을 학교에서 보내며 이보다 많은 시간을 집이나 도서관 혹은 학원에서 공부하며 보낸다. 입시 시험은 물론 공무원 시험이나 취업 준비를 위해서도 긴 시간을 소비한다. 시험을 위해 긴 시간을 들이는 것은, 불과 몇 시간의 시험이 인생의 큰 갈림길을 만들어주기 때문이다. 이를 도박에 견주어 볼 수도 있다.

하버드대학교 리처드 헌스타인Richard Herrnstein 교수는 시험 점수와 직업적 성취를 비롯한 다양한 성공 기준 사이에 분명한 상관관계가 있다고 주장했다. 그는 사회가 뛰어난 지적 능력을 지니고 고소득 직종에 종사하는 사람들로 이루어진 인지적 엘리트층과 낮은 지적 능력을 지니고 낮은 수입의 직종에 종사하는 대다수 사람들로 점점 더 극명하게 분화되고 있다고 설명했다.

코넬대학교 로버트 스턴버그Robert Sternberg 교수는 자연의 보이지 않는 손으로 설명하는 사람도 있지만 실상은 그렇지 않다고 지적한다. 중요한 시험이나 검사에서 우수한 성적을 올리는 사람이 좋은 학교에 입학하고 더 나아가 성공 가도를 달리는 것은 당연하기 때문이다. 물론 태어난 가정과 주위 환경, 종교적 성향 등 다른 여러 기준도 어느 정도 영향력을 발휘하지만 기본적으로 시험 성적이 큰 관건임은 틀림없다.

그렇다면 왜 시험 점수를 성공으로 들어가는 관문의 기준으로 삼는 것일까? 시험이 어떤 목적에 합당한 수단인지에 대한 지적은 많지만 현재의 여건으로 보아 공개적인 시험 외에 다른 마땅한 방법이 없는 경우가 많다. 이는 시험을 잘 치르는 것이 중요하다는 뜻인데, 그렇다면 시험을 잘 치르기 위한 방법은 무엇일까? 이 간단한 질문에 수많은 해답이 있겠지만 학자들은 단호하게 지능이라고 설명한다.

진화론으로 세계를 놀라게 한 찰스 다윈Charles Darwin의 사촌인 프랜시스 골턴Francis Galton은 1884년부터 1890년 사이에 영국 런던 소재 사우스켄싱턴 박물관에서 매우 특별한 서비스를 시작했다. 돈을 내면 지능을 검사해주는 것이다. 착상은 그럴듯했지만 검사 방법에 문제가 있었다. 여러 개의 탄약 통을 준비해 사람들에게 탄약 통을 들어보게 한 후 무거운 것과 가벼운 것을 구별하게 했다. 장미 냄새를 얼마나 잘 맡는지 알아보는 검사도 있었다.

그러나 지능을 검사하자는 아이디어 자체는 큰 호응을 받았고, 1890년 미국의 심리학자 제임스 매킨 카텔James McKeen Cattell이 방법을 보완했다. 그러나 그의 제자 클라크 위슬러Clark Wissler는 검사 점수와 대학 성적과의 상관관계를 찾아내지 못했다. 시험 점수가 높은 사람이 대학에서 좋은 점수를 받는 것은 아니었다. 그는 학업 성취도도 예측하지 못할 정도라면 지능을 검사한다는 것 자체가 틀렸다고 단정했다.

이런 부정적인 결과에 결정적인 획을 그은 사람이 프랑스의 알프레드 비네Alfred Binet다. 그는 학업 성취를 예측할 수단을 찾아달라는 프랑스 정부의 요청을 받고 검사 항목을 강구해 1905년에 발표했다. 비네의 방법이 성공적이라고 알려지자 이의 개정판이 만들어졌는데 스탠퍼드−비네의 지능검사Stanford-Binet Test 즉 IQ 테스트다. 1926년 프린스턴대학교의 칼 브리검Carl Brigham이 고안한 검사법으로 오늘날 SAT의 전신인 검사 방법이다. 이들 검사가 아직까지 통용되는 것은 모든 검사의 결과가 높은 상관관계를 보여주기 때문이다.

지능검사에서 발견되는 놀라운 점은 창조적 지능이 어느 한 분야에 특

● 지능검사 방법으로 널리 알려진 IQ 테스트를 개발한 비네.

화되어 있는 경우가 많다는 점이다. 어느 한 영역에서 창조적인 사람이 다른 영역에서는 창조성을 발휘하지 않았다. 일반적인 IQ 검사 점수와 창조적 과업 수행 능력은 정비례하지 않고 느슨한 상관관계를 보여준다.

영재들에게서 볼 수 있는 이러한 불균형적인 재능은 일반적인 현상이다. 영재로 판명된 95퍼센트 이상의 청소년들이 수학적 관심과 언어적 관심에서 큰 불균형을 보였다. 고도의 공간 문제 처리 능력 및 수학적 능력을 갖춘 학생들은 언어 능력에서는 평균적이거나 심지어 결함이 있었다.

심리학자 벤저민 블룸Benjamin S. Bloom은 세계적으로 저명한 수학자들을 분석해 연구 대상 20명 가운데 취학 전에 글을 읽을 줄 알았던 수학자가 1명도 없었다는 사실을 발견했다. 학문 분야에서 재능을 나타내는 영재들 대부분이 취학 전에 글을 읽을 줄 아는데, 이런 결과는 매우 놀랍다. 기계 분야에서 비범한 문제 해결 능력을 보인 발명가 대부분이 어린 시절 읽기와 쓰기에서 어려움을 겪었다는 보고도 있다.

특정 영역에서는 비범한 재능을 지녔지만 다른 영역에는 취약하거나 심지어 심각한 곤란을 겪는 아이에 대한 문제는 간단한 일이 아니다. 학교에서 그런 아이들을 만능 재주꾼으로 교육시키려 한다면 그들은 자신이 약한 분야에서 계속 실패를 겪게 될 것이다. 이런 결과는 아이들이 특출한 재능을 보였던 분야에조차 흥미를 잃게 만들기 십상이다. 불균등한 재능을 지닌 영재들이 구제불능의 부적응자나 말썽꾸러기로 취급받아 결국 낙오자가 될 수도 있다.

영재들은 대부분 뇌의 구조가 불균형적이다. 언어 기능을 통제하는 것은 뇌의 좌반구다. 그러나 수학적 재능이 뛰어난 영재는 좌반구와 우반구가 모두 작용한다. 보통의 경우라면 좌반구가 통제하는 언어 과업 수행에

인간은 특별한 동물

우반구도 참여하는 것이다. 이런 아이들은 좌반구가 확실하게 지배적인 역할을 하지 않기 때문에 오른손잡이라 할지라도 확실한 오른손잡이가 아닌 경우가 많다. 신경생리학자 노먼 게슈빈트Norman Geschwind는 수학, 음악, 미술 등 우반구에 해당하는 재능이 뛰어난 사람들이 왼손잡이거나 양손잡이인 경우가 많다는 것을 발견했다. 그런 사람들의 대부분은 말을 시작하는 시기가 늦거나 말을 더듬거나 난독증이라는 등 좌반구 결함의 비율이 상대적으로 높았다.

여기에 한 가지 아이러니가 있다. 매사에 명석하고 공부도 잘하고 리더십도 있는 학생을 보통 모범생이라고 하는데, 이들은 영재와는 다르다. IQ 검사로 영재 교육 프로그램에 참여할 학생을 선발할 경우 대부분 '모범생'이 선발될 가능성이 높다. 특정 분야에 비범한 재능을 갖춘 진정한 의미의 영재들, 불균등한 재능을 보이는 영재들은 오히려 프로그램에서 제외될 가능성이 높다. 그런 아이들 상당수는 IQ 검사에서 낮은 점수를 받곤 하기 때문이다. 예술이나 체육 분야에 비범한 재능이 있는 아이들도 제외될 가능성이 높다.[8]

영재 같은 인간의 특성조차 잘 이해할 수 없다면 로봇을 어느 정도의 지적 수준으로 개발해야 하는지는 더욱 알 수 없다. 로봇을 개발하기 위해서는 먼저 인간의 지능을 알아야 한다고 부단히 지적하는 이유다.

인간의 마음

태어난 지 얼마 안 된 아이들은 입을 벌리거나 혀를 내미는 등 부모를 비롯한 주변 사람들의 얼굴 표정을 따라한다. 이를 행동학에서는 '모방'이라고 한다. 모방 행동은 어머니와 아이의 관계를 발전시키는 데 매우 중요하다.

이탈리아 파르마대학교의 피에르 페라리Pier Ferrari 교수는 2006년 원숭이도 모방 행동을 한다고 발표했다. 그는 아프리카산 짧은꼬리원숭이 새끼 21마리로 실험을 했다. 연구원이 새끼 원숭이를 바로 보고 다양한 표정을 지어본 뒤 새끼 원숭이가 따라하는지 알아보았다. 생후 하루가 지난 원숭이 새끼는 한 마리도 연구원의 표정을 따라하지 않았지만 생후 3일째가 되자 연구원의 표정을 흉내 내기 시작했다.

학자들은 이 같은 모방 행동에 거울뉴런mirror neuron이 관여한다고 추정했다. 아이가 어른의 표정을 바라볼 때 거울뉴런이 흥분 상태에 들어가 활동을 시작해 흉내로 이어지게 된다. 유사한 종류의 신경세포가 짧은꼬리원숭이게도 존재해 다른 종의 행동을 보고 표정을 따라할 수 있다는 것이 페라리 교수의 설명이다. 이 같은 유사점은 인간과 원숭이의 뇌에 공통된 세포와 과정이 존재한다는 의미다.[9]

그런데 인간에게는 동물과 다른 유별난 특성이 있다. 바로 '마음'이라는 것이다. 우리는 종종 "내 마음이야", "내 마음대로 할 거야"라고 말한다. 인간의 마음은 시시각각 변한다. 팀 버튼Tim Burton 감독의 영화 〈가위손〉은 인간의 변덕을 잘 묘사해 극찬을 받았다.

한 마을 어귀의 산 위에 있는 오래되고 커다란 성에 온갖 물건을 만들 수 있는 발명가가 살았다. 그는 필생의 역작으로 인간과 다름없는 인조인간을 만드는 데 성공한다. 인조인간의 이름은 에드워드로 사람과 다름없이

● 〈가위손〉은 인조인간 주인공 에드워드를 내세워 변덕과 같은 인간의 특성을 잘 묘사했다.

붉은 피, 심장, 두뇌를 갖추었다. 그런데 발명가는 너무 나이가 많아 임시로 달아둔 가위를 진짜 손으로 만들기 전에 숨을 거둔다. 한편 아랫마을에 살던 화장품 외판원 펙이 바깥세상과 단절되어 혼자 살고 있는 에드워드를 발견하고 그를 데리고 마을로 내려간다. 인간 세상에 대한 아무런 경험도 없는 백지 같은 에드워드는 마을 사람들의 머리를 깎아주고 정원수도 깎아주면서 주민들의 사랑을 받는다. 펙의 딸 킴도 그를 사랑한다. 그러나 킴의 남자 친구 짐은 아버지의 물건을 훔치려고 에드워드를 이용하려다 경보장치에 걸려 에드워드만 경찰에 잡힌다. 에드워드는 죄가 없기에 다음 날 풀려나지만 마을 사람들은 싸늘한 반응을 보인다.

이와 같은 마을 사람들의 변덕은 사실 인간의 특성이라고 볼 수 있다. 인간의 변덕을 굳이 마음으로 설명하는 것을 의아하게 생각할 수도 있겠지

만 마음이란 어떤 것인지 궁금하지 않을 수 없다.[10]

　사람들은 적어도 침팬지나 원숭이에게 '마음'이 있다고는 여기지 않는다. 인간과 침팬지의 공통 조상은 다른 개체들처럼 마음 이론theory of mind이 없었을 것으로 추정한다. 학자들은 대체로 인간의 조상인 호미니드 hominid(직립보행 영장류)가 약 500만 년 전(700만 년 전으로 추정하는 학자들도 있다)에 침팬지에서 갈라져 나온 뒤부터 언어 이론과 함께 마음 이론이 발달했다고 본다.

　앤드루 위튼Andrew Whiten과 로빈 던바Robin Dunbar는 호미니드가 원숭이와 달리 나무에서 내려와 아프리카 초원에서 살게 된 이후부터 마음 이론이 진화했다고 주장한다. 초원으로 나온 호미니드는 사자나 표범처럼 덩치가 큰 포식자들과 마주치게 되었다. 초원에는 위험을 피해 올라갈 나무가 별로 없다. 그래서 호미니드는 많은 개체가 집단을 이루게 되었다. 무리가 커지면서 사회적 지능이 발달하게 되었고, 이 과정에서 남의 마음을 읽는 능력이 진화했다는 것이다. 호미니드는 다른 호미니드의 눈을 들여다보고 그들이 무슨 생각을 하는지 알아낼 수 있었다. 이어서 신체 언어도 이해하게 되었고 과거에 다른 이들이 한 행동도 기억하게 되었다. 이런 과정을 통해 호미니드는 서로 속이거나 동맹을 맺거나 남의 행동을 추적하는 일을 더 잘하게 되었다.

　마음 이론이 자리 잡기 시작하자 진화는 더 빠르게 진행된다. 더 뛰어난 마음 이론을 가진 호미니드는 집단 구성원들을 더 잘 속일 수 있었고 적극적으로 번식에 성공할 수 있었다. 위튼은 이렇게 말했다.

　진화가 진행되자 호미니드는 거짓말을 알아내는 능력을 모든 개체가

인간은 특별한 동물

개발하는 쪽으로 발전하기 시작했다. 거짓말을 알아낼 수 있다는 것은 다른 이의 마음속에서 어떤 일이 일어나는지를 더 잘 알 수 있게 되었다는 뜻이다.

호미니드에게 마음 이론이 확산되자 서열이 낮은 개체들도 매우 영리해졌기 때문에 우두머리 수컷은 구성원들에게 복종을 강요하기가 어려워졌다. 호미니드의 사회는 침팬지식의 서열 사회에서 좀더 평등한 구조로 바뀌었다. 호미니드의 사회가 평등 사회로 변하자 수렵 채취 생활의 이익이 커지기 시작했다. 위튼은 당시의 상황을 이렇게 말했다.

마음 이론이 있기 때문에 우리는 타인의 마음을 깊이 헤아릴 수 있고 따라서 숭고한 존재가 될 수 있었다. 그러나 동시에 인간은 지구상의 어떤 종보다도 더 야비한 동물이 될 수 있었다.[11]

내가 근무하던 서울 홍릉에 있는 한국과학기술연구원의 연못에는 매년 몇 마리의 오리가 날아 왔다. 점심때마다 오리에게 먹이를 주곤 했는데 놀라운 것은 어미와 새끼의 행태다. 먹이를 던져주면 새끼들은 달려들지만 어미는 주위를 빙빙 돌 뿐 먹이에 다가오지 않았다. 새끼가 먹는 것을 방해하는 침입자들을 경계한 것이다. 이와 같은 행동은 자기희생이라고 볼 수 있다. 어미 오리의 이런 행동은 어떤 교육의 결과가 아니며, 새끼를 위한 자연스러운 행동임에는 틀림없지만 이것을 어미 오리가 마음을 갖고 있기 때문인지에 대해서는 의견이 일치하지 않는다.

침팬지에게도 인간처럼 마음을 읽는 기초적인 능력이 있다. 프란스 드

● 한국과학기술연구원 연못의 어미 오리와 새끼 오리(하단 중앙). 어미 오리는 먹이 앞에서 자기희생을 보여주었다.

발Frans de Waal 박사는 성적인 술책을 쓰는 침팬지의 이야기를 소개했다.

댄디가 집단의 암컷 중 한 마리를 유혹하려고 했다. 일반적인 침팬지가 그렇듯이 댄디도 자신의 성적 매력을 표현하기 위해 암컷이 볼 수 있는 위치에서 다리를 벌리고 앉아 발기한 성기를 보여주었다(인간 사회에서 이런 행동을 했다가는 곧바로 법적인 처벌을 받을 것이지만 어하튼 댄디는 그렇게 했다). 댄디가 암컷을 유혹하는 동안 집단 내에서 서열이 높은 수컷인 루잇이 우연히 댄디의 구애 현장에 나타났다. 댄디는 곧바로 손을 이용해서 루잇에게는 보이지 않고 암컷 침팬지에게만 보이도록 자신의 성기를 교묘하게 감추었다.

댄디의 행위는 인간으로 치면 "우리 둘 사이의 비밀이야"라고 말하는

인간은 특별한 동물

것과 비슷하다. 드 발 박사가 소개한 일화는 침팬지에게 다른 침팬지의 정신 상태를 추측할 능력이 있음을 분명하게 보여준다. 댄디는 암컷 침팬지가 자신의 사랑을 알아주기를 바라지만 루잇에게는 그 사실을 숨기려 했다.

이 일화는 지능이 있는 로봇이 어떠한 능력을 갖고 있어야 하는지 제시한다. 인공지능 로봇은 적어도 마음 읽기와 같은 능력이 있어야 한다. 다소 비약이라고 할 수 있지만, 로봇에 지능을 부여하자는 것은 기본적으로 인간의 몸과 마음을 별개로 보고, 마음을 몸에서 분리할 수 있다는 이원론에 기반한다. SF 영화에서 인간이 죽기 직전 자신의 마음을 다른 하드웨어 즉 다른 몸에 업로드하는 것도 이런 맥락이다. 이를 기계적인 유물론으로 설명하면, 하드웨어라는 몸뚱이에 일종의 소프트웨어인 마음을 얹어 돌리면 그것이 바로 생각하는 로봇이 되는 것이다. 이 이론에 따르면 인간의 마음은 소프트웨어 이상도 이하도 아니다. 그렇다면 마음이 과연 무엇인지가 관건이 된다.

마음이 몸과 분리된다면 로봇을 만드는 데 상당히 자유로워진다. 로봇이 인간처럼 다른 이들과 같은 세계관을 가질 수 있다는 것을 의미하며 무엇보다 로봇이 자신의 이익을 위해 위와 같은 상황에 처했을 때 미묘한 차이를 이용할 수 있다는 것을 의미한다. 서열 높은 수컷 몰래 구애 행위를 하는 것은 상대방의 마음을 상상할 수 있기 때문에 가능한 것이다. 로봇도 상대의 마음을 상상하고 그 상황을 이용할 수 있게 만들면 된다.

몸과 마음이 별개라는 이원론에 부정적인 학자도 많다. 몸과 마음을 분리할 수 없다는 정황이 발견되기 때문이다. 우리는 건강할 때와 아플 때 생각하는 것이 다르다는 것을 알고 있다. 몸과 마음은 신경조직과 호르몬 체계로 연결되어 있는 것은 물론 마음은 이성과 감성을 동시에 작동시킨

다. 즉 인간이라는 시스템은 우리의 자아 또는 자의식이라는 엔진 위에서 돌아간다는 것이다.[12]

그렇다면 마음이란 과연 무엇인가? 일부 학자들은 마음이 어느 수준의 지능에 도달했을 때 필연적으로 생겨나는 것이라고 주장한다. 적어도 마음을 읽는 능력이 지능의 부산물만은 아니라는 것은 확실하기 때문이다. 이는 컴퓨터가 마음을 가질 수 없다는 것을 뜻한다. 컴퓨터가 갖고 있는 수많은 데이터를 불러온다고 해도 마음처럼 작동하기는 어렵다.[13] 셰익스피어의 「베니스 상인」에 다음과 같은 말이 나온다.

"사랑이 자라는 곳은 어디인가요. 심장 속인가요, 머릿속인가요."

이 대사는 17세기까지 사람의 마음이 심장에 있다는 주장과 뇌에 있다는 주장이 팽팽하게 맞서왔음을 보여주는 증거로도 인용된다.[14] 사실 과거에는 마음은 심장에 있다는 것이 통설이었다. 가슴이 두근거리는 것을 보면 마음이 심장에 있다고 믿기 쉽기 때문이다. 심장의 '심' 자는 마음 심心을 쓰고 영어의 하트heart도 심장을 의미한다.

마음이 무엇인지 설명할 때 일반적으로 기뻐하거나 슬퍼하거나 화를 내는 감정의 상태를 말한다. 사물을 생각하거나 판단하는 일도 포함된다. 이러한 것들을 지성·감정·의지라 한다. 그런데 과학적으로 생각하면 지성·감정·의지를 지배하고 조절하는 것은 바로 뇌다. 그러므로 마음은 뇌속에 있다고 할 수 있다.[15]

전통적으로 인간의 정신에 관한 이론은 정신은 육체와 구분되는 특수한 존재라는 이원론과 정신이나 영혼은 독립적인 실체가 아니라 뇌라는 물질적 과정의 한 양상이라는 일원론으로 나뉘어왔다. 이것은 마음을 어떤 종류의 '실체'로 생각하느냐 아니냐로 설명할 수 있다. 학자들은 마음이란 육체에 존재하며 신체 중 뇌의 작용임에 틀림없지만 그 위치를 알 수 없으므로 어디에 있다고 확정한다는 것은 무리라고 말한다. 그러나 팔다리가 없어도 마음은 살아 있는데 뇌를 없애면 마음도 없어진다는 데는 동의한다.[16] 즉 정신이나 성격이 뇌에서 나온다는 점은 인정한다는 것이다. 사망의 기준에도 '뇌사'가 있는 이유다.

이러한 모순점을 학자들은 다음과 같이 추론하고 있다. 외부 세계에서 뇌로 정보가 들어가고 신경세포가 정보를 처리하고 판단하며 이에 입각해 어떤 행동이 만들어진다. 그렇게 뇌의 여러 장소가 관계해 기억이나 지각·판단·행동 등 정신 현상이 일어나고, 이러한 것을 조합시키는 것이 바로 마음이라는 것이다.

따라서 뇌가 없으면 마음이 없어지게 되지만 '뇌=마음'이 아니라 어디까지나 뇌가 작용함으로써 마음이 만들어진다는 것이다. 뇌의 작용(기능)은 신경세포가 돌기를 뻗고 거기에 이어진 신경회로에 활동 전위(펄스)가 전해짐으로써 이루어진다. 신경세포는 시냅스라는 이음매를 통해 신경전달물질을 교환해 전기적 신호를 화학적 신호로 바꿔서 전달한다. 그러한 것이 모여 마음이 된다고 생각한다면, 뇌의 신경회로를 모두 해석하면 마음을 알 수 있다고 할 수 있을 것이다.

마음에 대한 연구는 전자공학과 신경과학의 발전을 토대로 뇌를 구성하는 신경세포의 구조, 해부학적 연결, 전기·화학적 작동 등이 규명되면서 본격적으로 과학의 한 주제로 등장해 심리학을 중심으로 한 인지과학 cognitive science을 탄생시켰다. 인지과학은 인간의 마음을 구성하는 기능적 요소들의 서술과 분류, 심리적 현상의 진행 과정을 연구하며 인간의 마음을 정보처리 과정으로 바라본다.

이런 설명은 컴퓨터학자들을 고무시켰다. 인간의 뇌를 일종의 컴퓨터로 해석할 수 있다는 견해기 때문이다. 그런데 문제가 있다. 우리의 자유freedom, 의지will, 각성awareness은 뇌의 어느 회로 속에 있는가? 배가 고프면 음식을 먹는 것을 당연하지만 자신이 원하면 아무리 음식을 먹으라고 해도 단식할 수 있다. 이런 의지를 어떻게 평가해야 하는가?

1963년에 신경섬유를 통한 신경 충격의 전달 연구로 노벨상을 수상한 존 에클스John Eccles 박사와 1981년에 대뇌 반구半球의 기능을 연구해 노벨상을 수상한 로저 W. 스페리Roger W. Sperry 박사는 다음과 같이 다소 어정쩡하게 설명한다.

뇌와 마음을 이해하기 위해서는 비물질적인 실체로서의 정신을 인정하는 이원론을 선택하는 것이 옳다.

뇌를 연구하기 위해서는 물질적이면서도 물질로 환원될 수 없는 어떤 과정을 인정해야 한다는 것이다. 이것은 대뇌피질의 기능 등 뇌를 잘 알게 된다고 해서 마음을 이해했다고 볼 수 없다는 것을 의미한다. 뇌 구조의 모든 것이 물질적으로 해명되어도 마음은 결코 유물론적으로 환원되지 않는다는 것이다.[17]

사람의 뇌는 연구하면 할수록 이상한 면이 드러난다. 뇌에 손상을 입은 사람 중에는 동물의 이름은 기억하면서 식물의 이름은 전혀 기억하지 못하는 경우도 있다. 현재까지의 결론은 다소 실망스럽지만 정신은 뇌에서

● 스페리 박사는 대뇌 반구의 기능을 연구해 노벨상을 수상했다.

일어나는 생화학적 반응의 결과라고 설명할 수 있다. 철학자와 종교인들은 정신이 생화학적 반응이라는 설명을 탐탁지 않게 여기지만 이것이 현재까지의 연구 결과다. 뇌는 딱딱한 덩어리가 아니라 몇조에 이르는 신경의 결합으로 체험 · 감정 · 지식과 같은 사람의 삶 전체를 만든 반응 주체라는 것이다. 그렇기 때문에 사람마다 고유한 속성을 갖고, '나'라는 동일성을 지닌다는 것이다.[18]

　이원론은 육체와 뇌를 분리된 것으로 파악한다. 이원론은 마음과 육체를 분리할 수 있기 때문에 인공지능 설계자들이 선호하지만 이에 대한 반론도 거세다. 우선 감정은 마음에만 있는 것이 아니라 육체에도 존재한다. 뛰어난 운동선수를 '천재'라고 하는 것도 육체와 정신이 통합되어 있다는 것을 의미한다. '운동신경이 좋다'라고도 하는데, 근육의 움직임은 척수의 운동신경이 신호를 전하고 말초신경이 움직여 이루어지는 것이다. 이 가운데 운동신경이 등장하는 부분은 근육의 움직임을 척수의 운동신경에 전달하는 부분이지만, 보통 운동신경이 좋다고 하면 운동 능력이 뛰어나고 재빠르게 움직인다는 뜻이다. 운동신경이 좋은 사람과 운동신경이 나쁜 사람의 차이는 운동에 관한 뇌 시스템의 반응과 뇌의 학습 능력의 차이라고 할 수 있다.[19] 탁월한 선수가 되기 위해서는 건장한 육체뿐만 아니라 좋은 두 뇌도 필요하다.

마음과 육체가 상호작용한다는 사실은 사람들의 건강이 그 사람의 지위에 크게 좌우된다는 사실로도 증명된다. 마이클 마못Michael Marmot 박사는 사회적 지위가 낮을수록 건강이 나쁘다는 연구 결과를 발표했다. 물론 사회적 지위가 낮으면 건강관리할 시간과 여유가 부족하고 음식이나 생활 환경이 나쁘기 때문에 건강이 나빠질 수 있지만 환경을 통제할 힘은 건강에 영향을 미친다. 위약偽藥 즉 플라세보placebo 효과도 제시된다. 플라세보 효과는 환자의 믿음에 의존한다는 이유로 종종 기만으로 보기도 하지만 믿음은 신체에 놀라운 영향을 미친다.

사랑과 긴밀한 유대 같은 감정도 육체에 영향을 미친다. 쥐를 대상으로 한 연구에서 교미 과정에서 촉각이 연장됨으로써 얻어지는 쾌락의 결과 옥시토신과 바소프레신이라는 두 가지 호르몬이 방출된다는 것이 발견되었다. 이 호르몬들은 뇌 속의 쾌락 센터를 거쳐 성적 파트너가 서로에게 몰두하도록 만든다. 인간과 쥐를 동일시할 수는 없지만 사람의 뇌 스캔 사진에서도 옥시토신과 바소프레신 수용체 활동이 증대되는 것이 발견되었다.

이런 사례들은 마음과 호르몬 신호가 상호작용한다는 것, 즉 뇌와 육체가 상호작용한다는 것을 보여준다. 사람 간에도 뇌의 작용이 연결되기도 한다. 다른 사람의 행동을 지켜볼 때 지켜보는 사람의 뇌도 같은 부분이 활성화된다. 그렇기 때문에 다른 사람의 의도나 감정을 알 수 있다. 다른 사

인간은 특별한 동물

람이 하는 것을 그대로 흉내 냄으로써 뇌의 특정 부위를 활성화시키고 그 신호를 읽어 사람의 의도와 감정을 아는 것이다. 파르마대학교의 자코모 리졸라티Giacomo Rizzolatti 교수는 이런 현상을 다음과 같이 설명한다.

우리가 다른 사람들의 마음을 직접 파악할 수 있는 것은 개념적인 추리력 때문이 아니라 관찰한 사건을 거울 메커니즘을 통해 직접 흉내 내기 때문이다.

이런 설명은 육체에서 분리된 지능을 로봇에 주입시키는 것이 불가능하다는 것을 의미한다. 앨런 앤더슨Alun Anderson 박사는 과학자들이 언어를 이해할 수 있는 컴퓨터를 만들 수는 있지만 그 컴퓨터가 의미 있는 말을 할 수는 없다고 주장했다.[20]

마음은 혼魂이라고도 한다. '혼을 불어 넣는다'는 말도 많이 한다. 과연 로봇에 혼을 불어넣어 줄 수 있을까? 로봇의 두뇌에 마음이라는 속성을 기대할 수 없기 때문에 로봇은 인간의 두뇌와 똑같이 동작할 수 없을 뿐더러 그보다 우수해질 수 없다는 주장이 힘을 얻고 있다.

하지만 인간도 아직 인간의 마음을 정확하게 이해하지 못하고 있다. 이해하지 못한다고 불가능하다고 치부해 버리는 것은 문제 회피일 뿐이다. 또한 인공지능 로봇이 더 우수해지기 위해 반드시 마음이 필요하다는 것은 어떻게 증명할 것인가? 인간의 두뇌 속에 있다고 여겨지는 마음이 로봇에는 없기 때문에 로봇의 두뇌가 인간보다 우수해질 수 없다는 설명은 논리적이지 못하다.

05

인간의
두뇌

인공지능을 로봇에 주입하기 위해서는 먼저 인간의 특성을 파악해야 한다. 그중에서도 인간의 두뇌를 정확히 분석하는 것이 핵심이다. 그런데 그동안 축적된 인간의 두뇌에 대한 연구는 미미한 수준이다. 인간 두뇌를 다 이해하지 못하는 가장 큰 이유는 두뇌 연구 자체가 어렵기 때문이다. 수많은 학자가 인간의 두뇌를 연구하고 있지만 인간의 두뇌는 복잡하게 짝이 없기 때문에 아직도 인간에 대한 정보는 미흡하다. 학자들이 "인간의 두뇌는 우주보다 복잡하다"라고 말할 정도다. 인간의 두뇌는 아직 신비의 세계 속에 있다고 해도 과언이 아니다. 인간의 뇌는 1~1.5킬로그램 밖에 되지 않지만 그 안에는 우리 은하에 존재하는 별만큼이나 많은 세포가 들어있다. 우리 뇌에는 최소 1,000억 개의 신경세포가 있고, 그 크기의 10배에 달하는 신경교세포가 있으며 이들이 100조 개의 시냅스로 복잡하게 네트워크를 형성하고있다.

　인공지능을 로봇에 주입하기 위해서는 먼저 인간의 특성을 파악해야 한다. 그중에서도 인간의 두뇌를 정확히 분석하는 것이 핵심이다. 그런데 그동안 축적된 인간의 두뇌에 대한 연구는 미미한 수준이다. 인간 두뇌를 다 이해하지 못하는 가장 큰 이유는 두뇌 연구 자체가 어렵기 때문이다. 간단한 예로 인간의 두뇌를 연구하려면 죽어 있는 두뇌와 살아 있는 두뇌가 모두 필요하다.

　사망한 사람의 두뇌에 대한 연구는 어느 정도 진전되었다. 미국의 경우 사형선고를 받은 한 살인범이 자신의 뇌와 신체를 정밀 검사할 수 있도록 허락해 방대한 자료가 미국국립의학도서관 웹사이트에 공개되어 있다. 수많은 연구자가 이 자료로 각종 연구를 하고 있다.[1] 반면에 살아 있는 사람에 대한 연구는 쉽지 않다. 연구 자체가 거의 불가능하기 때문이다. 하지만 학자들은 제한된 여건에도 인간의 두뇌가 어떻게 활동하는지 알아내고 있다.

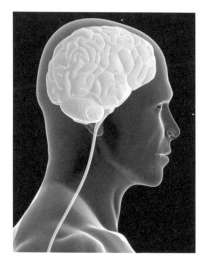

● 인공지능 로봇 개발을 위해서는 무엇보다 인간의 두뇌에 대한 연구가 선행되어야 한다.

수많은 학자가 인간의 두뇌를 연구하고 있지만 인간의 두뇌는 복잡하게 짝이 없기 때문에 아직도 인간에 대한 정보는 미흡하다. 학자들이 인간의 두뇌는 우주보다 복잡하다고 말할 정도다. 인간의 두뇌는 아직 신비의 세계 속에 있다고 해도 과언이 아니다.

우주보다 복잡한 인간의 뇌

살아 있는 인간의 두뇌를 연구하는 것은 간단하지 않다. 연구 방법이나 과정이 두뇌에 영향을 미치면 안 되기 때문이다. 뇌 연구는 1973년 영국의 물리학자 고드프리 하운스필드Godfrey Hounsfield가 컴퓨터 단층촬영을 한 후 PETPositron Emission Tomography(방사단층촬영법)가 개발되면서 가속도

인간의 두뇌 알아보기

● 어린이의 뇌에 전극을 붙여 뇌의 활동을 관찰하려 하고 있다. 다양한 연구 방법이 개발되고 있지만 인간의 두뇌 연구는 여전히 쉽지 않다.

가 붙었다.

PET는 고에너지 감마선이 머리 주위에 배열된 센서들을 때리면 컴퓨터에 연결된 센서들이 포착한 활동 부분을 스크린에 표시한다. 감마선은 방사성 물질에서 방출되는 양전자와 뇌 속의 전자가 충돌할 때 발생하는데 방사성 물질로는 산소나 포도당 등이 이용된다. 산소와 포도당은 뇌세포의 활동에 필수적인 연료로, 뇌에서 가장 활발한 부분에 집중적으로 나타난다. 다만 특수하게 처리한 의약품을 혈관에 주입한 후 관찰해야 하기 때문에 이 물질이 뇌에 도달하기까지 시간이 지체된다. 따라서 뇌가 활동하는 시점과 그 활동이 포착되는 시점 사이에 간격이 발생한다. PET는 지속적인 과제 수행이나 조건에 임한 뇌를 관찰하는 데는 유용하지만 뇌의 순간적인 상태를 포착하기는 어렵다.

fMRIfunctional Magnetic Resonance Imaging(기능성자기공명영상법)는 이런 문제점을 다소 보완해준다. fMRI도 산소와 포도당을 이용한다는 점에서

PET와 같은데, 산소를 뇌에 공급하는 헤모글로빈의 변화를 탐지한다. 자기장 속에 놓인 원자핵은 약한 전파 신호를 방출하는데 그 신호의 세기는 헤모글로빈이 운반하는 산소의 양에 따라 달라지므로 뇌의 활동 정도를 알려준다. 1~2밀리미터 크기의 구역을 짚어낼 수 있을 만큼 정확하다. 그러나 이 기법도 몇 초의 시간 지체가 일어난다. 뇌 활동의 시간 단위가 1초 이하라는 것을 감안한다면 1초의 지체는 상당히 크다.

세 번째 기법으로 MEGmagnetoencephalogram(뇌자가도촬영법)가 있다. 이 기법은 뇌세포들이 전기신호를 낼 때 발생하는 자기장의 미세한 변화를 포착하는 것인데 천 분의 1초 단위로 뇌의 활동을 관찰할 수 있다. 그러나 뇌 속 깊이 들어갈수록 자기장을 탐지하는 것이 어렵다. 개별 뇌세포나 뇌세포 집단을 보여줄 때의 정밀도가 fMRI에 비해 크게 떨어진다는 단점도 있다. 학자들은 MEG와 fMRI를 함께 사용하는 절충안을 제시하곤 한다. 근래에는 광학적 색소를 이용한 관찰 방법도 개발되었다. 뇌를 연구할 때 피실험자에게 실험으로 인한 어떠한 영향도 미쳐서는 안 되기 때문에 신속하면서 독성이 없는 방법을 개발해야 한다. 혈류를 이용하는 것이 아니라 신경세포에서 발생하는 전압을 직접 측정하자는 아이디어도 제시되었다.[2]

어떤 분야에서는 아주 뛰어나지만 다른 분야에서는 두드러지게 능력이 부족한 정신지체를 이디오 사방idiot savant이라고 한다. 미국의 킴 피크Kim Peek는 지능지수가 87에 불과하고 셔츠의 단추를 잠그는 것조자 서툴지만 미국 전체의 우편번호를 암기할 뿐만 아니라 40년 전에 딱 한 번 들어본 음악을 정확히 기억했다. 학자들은 이디오 사방의 두뇌에 흥미를 보였다. 신경과학자들은 초기억 능력이 어린 시절 뇌가 발육할 때 형성된 것으로 보고 있다. 하버드대학교 의대 질 골드스타인Jill M. Goldstein 교수는 초기억 능력을 가진 이디오 사방 환자의 뇌에는 대뇌의 두 반구를 잇는 신경섬유 띠인 뇌량이 없다는 것을 발견했다.[3)]

인간의 뇌는 두개골(머리뼈)로 싸여 있으며 뇌척수액에 떠 있다. 뇌의 내부 구조는 아주 복잡하고 강인하며 동시에 대단히 민감하다. 뇌는 단순한 하나의 덩어리가 아니다. 뇌 내부에 '몇 개의 뇌'가 있고 그것들은 층을 이루면서 각각 적합한 역할을 담당한다.

사람의 뇌 구조는 먼저 대뇌반구, 간뇌間腦, 중뇌中腦, 연수延髓가 있고 척수로 이어진다. 대뇌반구는 뇌의 커다란 부분을 차지하고 좌우대칭으로 이루어져 있다. 표면에는 많은 흠이 있는데 그 흠을 따라 전두엽, 두정엽, 후두엽, 측두엽으로 나뉜다. 이 중 대뇌 앞에 위치한 전두엽이 대뇌의 40퍼센트를 차지한다. 간뇌, 중뇌, 연수를 통틀어 뇌간腦幹이라고도 부른다.[4)]

인간의 뇌는 1~1.5킬로그램 밖에 되지 않지만 그 안에는 우리 은하에 존재하는 별만큼이나 많은 세포가 들어있다. 우리 뇌에는 최소한 1,000억 개(대뇌피질에 약 140억 개)의 신경세포가 있고, 그 크기의 10배에 달하는 신경교세포glia가 있으며 이들이 100조 개의 시냅스synapse로 복잡하게 네트

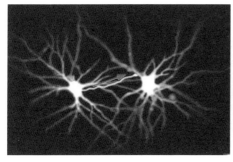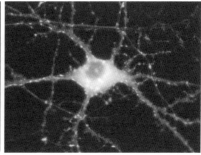

● 인간의 두뇌에 있는 신경세포(왼쪽)와 시냅스(오른쪽).

워크를 형성하고 있다.[5] 침팬지 대뇌피질의 신경세포는 약 80억 개, 토끼의 신경세포는 약 13억 개다.[6]

학자들은 척추동물의 경우 진화 단계에서 온몸에 흩어져 있던 작은 뇌들이 등 쪽으로 모이면서 척수라는 한 가닥의 커다란 뇌가 만들어졌다고 추정한다. 진화 초기 척추동물의 뇌는 단순한 신경세포가 모인 혹 같았을 것이다. 차차 척수의 앞부분이 비대해지면서 지금과 같은 뇌의 형태가 만들어졌다는 설명이다. 파충류 단계를 거치면서 뇌간, 포유류 단계를 거치면서 구피질舊皮質, 영장류 단계를 지나면서 신피질新皮質이 차례대로 진화해 현재와 같은 인간의 뇌가 만들어졌다. 이 3개 층을 두드러지게 갖고 있는 생명체는 인간이 유일하다. 뇌의 3층 구조가 인간의 모습을 대변하고 있다 해도 과언이 아니다.

뇌간은 파충류도 갖고 있는 가장 오래된 뇌 부위로 '파충류의 뇌' 또는 '원시 뇌'라고 불린다. 생존에 기본적인 호흡이나 섭식 같은 행동 조정에 관여한다. 구피질은 신피질 안쪽에 있는 층으로 하등 포유류의 뇌와 비슷한 대뇌변연계 부분을 일컫는다. 대뇌변연계는 시상視床, 시상하부, 해마, 뇌하수체 등으로 구성되며 인간의 본능적 충동과 정서를 다스린다. 신피질은 영장류가 출현함에 따라 발달한 것으로 '영장류의 뇌'로 불리며 진화의 역사가 가장 짧다. 뇌간과 대뇌변연계가 동물적 본능을 지배하는 원시적 뇌라면, 뇌의 90퍼센트를 점유하는 신피질은 원시적 뇌를 통제하는 이성의 뇌다. 김형자는 이성의 힘이 약화될 때 신피질이 통제하는 원시적 뇌가 주도권을 잡게 된다고 설명한다.

뇌가 특별한 점은 몸의 한 기관이면서 단순한 하나의 기관에 그치지 않는다는 데 있다. 간이나 신장, 심장, 폐 등의 기관은 그 기관의 역할만 수행

인간의 두뇌 알아보기

한다. 이에 비해 뇌는 정보를 받고 처리하며 출력하는 기관으로 기능하면서 몸 전체 기관들의 기능을 조절하고 기관끼리의 정보교환도 조절한다.

뇌의 시냅스는 그 수가 무려 100조 개에 이른다. 하나의 신경세포가 최소한 수천 개에서 수만 개에 달하는 다른 신경세포와 연결되어 있다. 학자들은 신경세포의 내부 구조를 밝히기 시작했다. 신경세포는 세포핵과 미토콘드리아로 이루어져 있다. 기본적으로 일반 동물 세포와 다른 것이 없다. 신경세포체(신경 단위에서 돌기를 제외한 부분으로 원형, 방추형, 성형星形 따위를 이룬다)에는 핵과 다른 세포 내 소기관이 들어 있어서 신경세포의 물질대사와 생장에 관계한다. 신경세포체에는 활면소포체와 리보솜ribosome이 풍부해서 이곳에서 필요한 단백질을 합성한다.

이 모든 것이 세포체의 주요 부분에 들어 있다. 그런데 이 세포체에서 수상돌기라고 부르는 일련의 작은 가지들이 뻗어나와 있고, 축삭돌기(이것이 실제 신경섬유다)라고 부르는 더 긴 가지가 뻗어 있다. 핵은 사람의 머리에, 수상돌기는 머리카락, 축삭돌기는 몸에 비유할 수 있다. 개개 신경섬유는 다발을 이루어 신경을 형성하며 아주 길게 뻗어 있기도 한데, 척추 끝에서 발가락 끝까지 뻗어 있는 신경섬유는 약 1미터에 이른다. 신경세포는 이 수상돌기를 통해 메시지나 신호를 받아들이고 받은 정보에 따라 축삭돌기를 통해 전기신호를 내보낸다. 즉 신경이 자극받으면 축삭돌기를 따라 전기신호가 전달되는 것이다.

축삭돌기의 끝에는 여러 가닥의 가지가 뻗어 있는데, 각각의 가지는 시냅스와 연결된다. 이들은 전선처럼 직접 다른 신경세포에 연결되는 것이 아니라 전기신호가 시냅스에 도착하면 화학물질이 방출되어 세포 사이의 작은 틈을 건너가는 것이다. 이런 화학물질을 신경전달물질neurotransmitter

이라고 부르는데 이 물질이 인접 신경세포의 수상돌기에 있는 수용기에 붙으면 거기서 다시 전기신호가 발생한다. 각각의 신경세포에는 수상돌기가 수천 개 있으며 그중 일정 수가 자극을 받을 때에만 고유한 전기 자극을 방출한다. 수상돌기 하나가 자극되는 것만으로는 아무 일도 일어나지 않는다. 뇌에 들어온 메시지(정보), 즉 신경세포의 전기신호는 시냅스에서 화학신호로 바뀌어 다른 신경세포로 전달되어 다시 전기신호로 바뀐다. 이때 전기신호를 수신한 각각의 수상돌기는 얼마간의 전압을 갖는데 더 많은 신호를 받으면 더 큰 전압을 갖게 된다. 그러므로 시냅스는 수많은 정보를 끊임없이 주고받는 뇌 속의 초고속 반도체라고 할 수 있다. 어떤 신경망의 어떤 시냅스들이 작용해 어떤 신경세포를 자극하느냐가 다를 뿐이다.[7]

　신경세포의 기본 구조를 전선으로 설명하는 것이 옳다고 볼 수는 없지만 이렇게 간주하면 이해하기 쉽다. 핵이 존재하는 신경세포체는 플러그의 몸체와 같고, 콘센트 부분은 자극을 수용하는 수상돌기, 긴 전선은 자극을

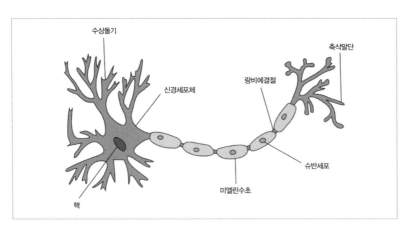

● 신경세포(뉴런)의 구조.

　　　　　　　　　　　　　　　　　　　　　　　인간의 두뇌 알아보기

전하는 축삭돌기인 셈이다. 구리선을 싸고 있는 피복은 축삭돌기를 둘러싼 수초와 같다. 우리가 살아가는 동안 신경세포의 네트워크는 끊임없이 변한다. 이 책을 읽고 있는 동안에도 뇌는 계속 변하고 있다.

학자들이 주목한 것은 신경세포들이 연결되는 방법이 아주 복잡하고 무작위로 보이지만, 각각의 조합으로 구성되는 유전 프로그램의 한 부분을 이룬다는 점이다. 어떤 신경세포의 덩어리에서 다른 덩어리로 연락이 전해진다는 밑그림은 유전적으로 결정되어 있다. 그러나 그 테두리 안에서 일어나는 연락은 환경에 따라 변한다. 완전히 같은 유전자 세트를 가진 일란성 쌍둥이가 환경에 따라 서로 다른 개성을 갖게 되는 이유가 바로 여기에 있다. 뇌의 신경 회로망은 유전자의 지배를 넘어선다.

학자들은 뇌세포 수의 감소가 바로 뇌기능 저하로 이어진다는 설명은 잘못되었다고 말한다. 인간의 뇌세포는 매일 수만 개에서 수십만 개씩 소멸되어도 충분할 만큼 존재하며, 머리의 좋고 나쁨은 뇌세포의 수가 아니라 연결성connection에 달려 있기 때문이다. 하등동물의 경우 신경세포의 수가 적고, 서로 연결되는 세포도 유전자가 엄격하게 지배하고 있다. 신경세포의 수가 늘어나면 자유도degree of freedom(주어진 조건하에서 자유롭게 변화할 수 있는 정도)가 늘어나 많은 연락이 가능해진다.[8]

인간 뇌의 네트워크에 대해 노벨상 수상자인 프랜시스 크릭Francis Crick은 매우 놀라운 가설을 발표했다. 우리가 경험하는 것과 자신에 대해 인식하는 것은 전적으로 1,000억 개 비트의 젤리 즉 뇌를 구성하는 신경세포 1,000억 개의 비트가 활동한 결과라는 것이다. 이런 크릭의 생각은 상당한 비판을 받았다. 이는 인간의 가장 고상한 사상과 열망조차 신경 활동의 부산물에 불과하다는 주장과 같기 때문이다.

학자들은 뇌에 있는 약 1,000억 개의 신경세포들이 생각하거나 감각을 느끼기 위해 더욱 큰 네트워크를 형성할 필요가 있다고 생각했다. 즉 생각이나 감각 등을 처리하기 위해서는 최소한 수천 개의 신경세포 간에 네트워크가 필요하다는 것이다. 그런데 1,000억 신경세포 중 1개만 있어도 충분히 사고하고 감각을 느낄 수 있다는 주장도 있다.

과거에도 초파리 등 단순한 신경계를 가진 동물은 1개의 신경세포만 있어도 중요한 역할을 수행할 수 있다고 알려졌다. 그런데 2007년 네덜란드와 독일 연구팀은 쥐를 대상으로 한 연구 결과 고등동물도 단 1개의 신경세포를 자극하기만 해도 접촉 감각을 전달할 수 있다는 것을 발견했다. 미국 연구팀도 시냅스의 복잡한 연결로 형성되는 기하학적 처리 능력 또한 한 세포와 다른 부위의 연결로도 나타날 수 있다고 밝혔다. 이는 한 신경세포 내 시냅스끼리도 수많은 정보를 완벽하게 저장하고 처리할 수 있다는 것을 뜻한다.[9]

시냅스 촉진이나 강화 현상이 일어나면 기존에 있던 시냅스에서 신경전달물질이 더 많이 분비되거나 신경전달물질과 결합하는 수용체 수가 많아진다. 그러면 정보를 더 오래 기억할 수 있게 된다. 오랫동안 반복적인 학습을 하면 시냅스 수가 많아진다는 사실도 알려졌다. 시냅스가 많아지면 전체 신경세포의 부피가 증가한다. 일부분이 확장되는 것 같이 뇌 구조가 변하는 것이다. 실제로 원숭이에게 특정 학습을 반복적으로 시켰더니 뇌의 일부가 미세하게 확장되었다.

인간의 뇌도 새로운 사실을 배울 때마다 미세하게 구조가 변한다. 이런 과정이 오랜 시간 축적되면서 자아 개발이 이루어진다. 인간은 일생 동안 신장과 체중 같은 외형적 변화뿐만 아니라 경험과 학습을 통해 뇌의 변

화도 겪는다.[10]

인간이 세상에 태어나자마자 해야 하는 일 중에 가장 중요한 것은 생존에 필요한 에너지를 얻는 것이다. 바로 밥을 먹는 것인데 한 끼에 먹을 수 있는 양은 한정적이다. 때문에 끼니마다 먹어야 한다. 그렇다면 뇌는 어떻게 배고프다는 정보를 알 수 있을까? 뇌에 있는 신경세포는 외부 자극을 받으면 세포막에서 스파크가 일어난다. 이런 전기신호는 신경세포의 축삭돌기를 따라 이동한다. 그러다가 시냅스를 만나면 전기신호가 화학 신호로 바뀌고 이 화학 신호는 다른 신경세포에서 다시 전기신호로 바뀌면서 정보를 전달한다.

뇌가 근육에 명령을 내릴 때도 같은 방식으로 정보가 전달된다. 전기신호를 통해 순식간에 정보가 전달되는데 이때 전기신호는 마치 컴퓨터에서 쓰이는 0과 1의 이진법처럼 'Yes'와 'No' 식으로 발생한다. 뇌가 이진법 전기신호만으로 다양한 외부 정보를 인식할 수 있다는 것이 구체적으로 밝혀지기 시작했다. 학자들의 주된 관심사는 무엇을 보았을 때 같은 외부 정보와 배가 고픈 것 같은 내부 정보가 어떻게 전기신호로 암호화되어 뇌에 전달되는지다.

전기신호는 뇌의 어느 부위로 전달되는지 그리고 얼마나 빨리 나타나는지에 따라 의미가 달라진다. 뇌와 척수 같은 중추신경계에서는 특정 색깔이나 특정 인물의 존재 같은 외부 특성에 따라 전기신호가 나타나는 속도가 달라진다. 말초신경계에서는 전기신호의 속도가 빠를수록 열이 높거나 소리가 크거나 근육의 수축이 강하다는 것을 의미한다.

학자들의 연구는 구체적으로 진행되어 과거를 회상하거나 가치 판단을 내리거나 미래에 일어날 상황을 유추하는 것 같은 복잡한 현상에 관여하는 신경세포가 있다는 것을 발견했다.

컴퓨터에 능숙한 사람이라도 컴퓨터 안의 수많은 전기신호를 파악해 방금 서핑한 웹페이지의 내용이 무엇인지 알아내는 것이 쉽지 않다. 뇌 속에서 일어나는 신경세포의 신호도 이와 같다. 학자들은 특정 정보가 하나의 세포보다는 세포들의 집단과 활동 패턴으로 저장되리라고 추정한다. 즉, 어느 신경세포 그룹이 활동하는지 그리고 그들이 어떻게 활동하는지에 따라 정보의 의미가 달라진다는 뜻이다. 물론 이런 내용이 완벽히 증명된 것은 아니다. 어느 신경세포가 어느 그룹에 속해 있는지 찾아낼 방법이 현재로서는 없기 때문이다.

SF 영화에서는 사람의 뇌에 수많은 전극을 붙여 원하는 정보를 찾아내기도 하지만 이는 현실과는 동떨어진 이야기다. 뇌에 있는 신경세포는 1,000억 개에 달하므로 몇십 개의 전극으로 이들의 상관관계를 알아낼 수 없다. 하나의 신경세포는 최소한 수천 개에서 수만 개까지의 다른 신경세포와 연결되어 있다.

근래 발표된 연구 성과들은 학자들을 더 혼란스럽게 만들었다. 신경세포만이 정보를 전달하는 게 아닐지도 모른다는 연구 결과 때문이다. 뇌에는 신경세포보다 10배나 많은 신경교세포가 있다. 그동안 신경교세포는 신경세포를 둘러싸고 있으며 신경세포를 보호하는 역할만 한다고 알려져 있었다. 그런데 신경교세포도 신경세포의 활동에 관여한다는 사실이 밝혀졌다. 아직은 신경교세포의 역할이 정확히 알려지지 않았지만 인공지능 로봇 개발을 위해서는 신경교세포를 비롯한 복잡한 뇌 기능이 철저하게 분석되어야 할 것이다.[11]

다행히도 현재 인간의 두뇌에 대한 연구는 전 세계에서 전방위적으로 이루어지고 있다. 두뇌 연구가 노벨상으로 가는 지름길이기 때문이다. 지금부터는 로봇학자들이 집중적으로 조명하는 기억을 다룬다.

인간의 기억

학창 시절 기억력 차이에 대해 한 번쯤 생각해본 적이 있을 것이다. 똑같이 공부했는데 누구는 시험을 잘 보고 누구는 시험을 망친다. 누구는 책을 두세 번만 읽어도 모두 기억한다는데 누구는 백 번을 보아도 외워지지 않는다고 한다.

기억이란 어떤 자극(학습)을 느끼고 이것을 머리에 아로새겨 두었다가, 자극이 없어지고 나서 그 정보를 다시 상기할 수 있는 정신 기능을 뜻한다. 인간에게 기억하는 능력이 없었다면 지적 성장이나 발전은 없었을 것이다.[12]

인간이 기억을 다룬 최초의 기록은 명확히 알려지지 않았지만 대체로 기원전 600년쯤 그리스 시대로 거슬러 올라간다. 인간의 기억에 대해 비교적 과학적인 논리를 제공한 사람은 기원전 4세기의 아리스토텔레스다. 아리스토텔레스는 이전의 용어들이 기억의 물리적인 면을 설명하기에 부적합하다고 하면서 오늘날 우리가 두뇌의 기능으로 알고 있는 대부분을 심장의 기능으로 분류했다. 아리스토텔레스는 심장의 일부 기능이 혈액과 관련이 있다는 것을 깨닫고 기억은 혈액의 이동에 근거한다고 생각했다. 망각은 혈액의 이동이 점차 느려지기 때문이라고 믿었다. 기원전 3세기의 헤로필로스는 기억에 대한 매우 독특한 가설을 제시했다. 그는 인간이 동물보다 우수한 이유 중 하나는 두뇌에 잡혀 있는 수많은 주름 때문이라고 했다. 오늘날 그가 말한 주름은 뇌피질의 회선으로 알려졌다.

고대인에게 기억은 매우 중요한 것이었다. 인쇄물이 없거나 귀하던 시절 교육을 비롯한 모든 것은 기억에 의지해야 했기 때문이다. 로마 철학자 세네카가 유명한 것은 2,000개의 이름을 순서 하나 틀리지 않고 그대로 외울 수 있었기 때문이다. 13세기의 신학자 토마스 아퀴나스는 『신학대전』을 집필할 때 약간의 메모 외에는 전부 머릿속에 있는 것을 받아쓰게 했다. 기억력이 좋으면 방대한 지식을 소유할 수 있기 때문에 기억력은 최고의 미덕이었다.[13)]

대뇌피질의 중요성이 발견된 것은 19세기에 와서다. 그러나 이 당시의 연구도 추상적이었다. 본격적인 기억에 대한 연구는 1950년대 말이 되어서야 이루어졌다. 기억에 대한 연구는 고작 50~60년에 지나지 않는다. 1950년대 말 펜필드 박사는 27세의 간질 환자가 심한 발작을 일으키자 마지막 치료법으로 대뇌 측두엽의 상당 부분을 제거했다. 수술에 들어가기

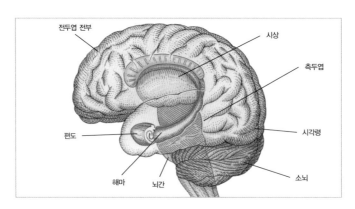

● 기억과 관련된 뇌의 각 부분.

인간의 두뇌 알아보기

전 펜필드 박사는 절개된 두뇌에 규칙적으로 전기 자극을 주었다. 대뇌엽에 자극을 주자 환자는 어린 시절의 경험을 기억했다. 이를 통해 뇌피질의 각 부분이 자극에 다양하게 반응하고 대뇌엽에 일시적인 자극만 주어도 경험이 통합적으로 되살아난다는 것을 알게 되었다. 펜필드 박사가 놀란 것은 전기 자극으로 되살아난 기억 중 일부는 보통 상태에서는 기억해낼 수 없는 것이었기 때문이다. 게다가 정상적인 의식 상태에서 기억해낸 것보다 훨씬 명료하고 정확했다.[14]

　그러나 펜필드 박사가 정말 놀란 것은 수술 후의 일 때문이다. 수술이 성공적이었음에도 환자는 수술 후 일어난 일을 전혀 기억하지 못했다. 어린 시절부터 수술 전 몇 년까지의 기억은 멀쩡한데 수술 후 기억은 어떤 것도 지속되지 못했다. 환자에게 농담을 하면 재미있어하며 웃었다. 그런데 조금 뒤에 다시 그 농담을 하면 처음 듣는 것처럼 웃었고 계속 반복해도 마찬가지였다.

　그의 사례를 통해 내측 측두엽medial temporal lobe과 해마hippocampus가

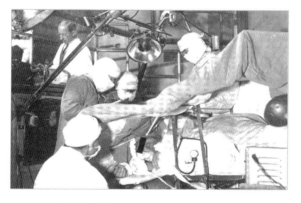

● 펜필드 박사가 1958년 뇌수술을 하는 장면.

기억이 이루어지는 중요한 장소이며 인간의 기억은 매우 복잡한 과정을 거친다는 것이 밝혀졌다. 대뇌를 제거한 환자에게 복잡한 그림을 그리게 하자 그 환자는 그림을 그렸다는 사실을 기억하지 못하면서도 그림 솜씨는 꾸준하게 향상되었다. 그림 그린 사실을 기억하지 못하지만 그 그림을 그리는 방법은 기억에 남아 있다는 뜻이다. 무엇을 기억하느냐는 것과 어떻게 하느냐를 기억하는 것은 서로 다르다는 것이 밝혀졌다.[15]

참고로 치매와 건망증은 원천적으로 다르다. 둘 다 기억하는 과정에서 일어나는 오류 현상이지만 건망증은 주로 입력의 문제로 인출이 어려워지는 현상을 말한다. 반면 치매는 신경세포의 파괴로 인해 저장에 문제가 생긴 경우다. 건망증은 자신이 무엇을 잊어버렸는지 알지만, 치매는 자신의 기억력이 상실되었음을 알지 못한다.[16]

새로운 기억의 저장은 신경세포의 화학적·물리적 변화를 동반한다. 이 변화는 대뇌피질의 한 부분인 해마에서 일어난다. 하나의 기억이 처리되는 데 뇌의 서로 다른 세 영역이 관여한다는 연구 결과가 나왔다. 기억은 해마를 비롯해 앞 띠다발피질과 가측부 편도 등에서 처리된다. 해마는 상황에 대한 기억을 처리하는 과정에 일차적으로 관여한다. 앞 띠다발피질은 불쾌한 자극에 대한 기억을 유지하며 측두엽에 존재하는 편도 영역은 기억을 통합·정리해서 상황과 불쾌한 자극에 대한 정보가 저장되게 한다.[17]

두뇌를 연구하는 것은 인간의 기억을 불러와 그것을 토대로 답을 구하는 인공지능을 개발하기 위해서다. 인간은 태어날 때부터 수많은 정보를 습득해 두뇌에 저장해두고 필요할 때마다 불러온다. 로봇의 두뇌에 수많은 정보를 입력시킨 후 필요한 정보를 불러오는 메커니즘을 제대로 활용할 수 있다면 로봇 개발에 제기되는 문제점들을 풀어낼 수 있을 것이다. 기억을

인간의 두뇌 알아보기

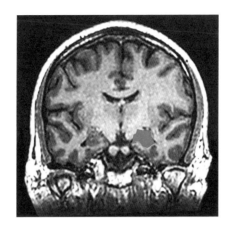

● MRI로 찍은 사람의 두뇌. 오른쪽 아래 표시된 부분이 해마다.

소재로 한 SF물이 많은데, 기억에 관한 사람들의 관심을 반영한 것이라고 볼 수 있다.

　텔레비전 드라마인 〈13 더 컨스피러시ⅩⅢ: The Conspiracy〉는 대통령 암살범으로 지목된 주인공이 기억상실증에 걸리는 것으로 시작한다. 주인공은 무장한 사람들에게 공격받고 누군가에게 끌려간다. 주인공의 기억을 되살리기 위해 기억 회상기를 가동시킨다. 컴퓨터 모니터에 그의 기억이 단편적으로 나타난다. 주인공은 자신의 기억을 되살리기 위해 노력하고, 그 과정에서 결국 대통령 암살 누명을 벗는다. 주인공이 수많은 첨단 기억 회상 장치를 동원해도 대통령 암살을 기억하지 못한 것은 당연하다. 그가 대통령 암살범이 아니기 때문이다. 기억의 되살리는 방법에 대한 극적인 아이디어를 제공한 영화로는 〈너바나Nirvana〉가 있다.

　2005년 세계적 게임 프로그래머 지미가 개발한 최첨단 비디오게임 〈너바나)를 여는 순간, 게임 속 주인공 솔로가 말을 걸어온다. 솔로는 지미에게 자신을 자유롭게 해달라고 부탁한다. 솔로를 구하기 위해서는 〈너바나〉 프로그램을 지워야 한다. 지미는 프로그램을 지우기로 결심하고 게임 회사의 데이터 뱅크에 침투, 자신의 두뇌를 연결시키는데 성공한다. 지미는 자신을 떠난 아내 리사의 기억을 컴퓨터 칩에 담아 다른 여자의 두뇌에 이식하면 아내의 기억을 되살릴 수 있다는 생각을 떠올린다.

만약 인간의 뇌파를 완벽하게 읽어내는 기계가 개발된다면 두뇌의 기억 물질을 로봇의 소프트웨어에 결합시킬 수 있을 것이다. 인간의 두뇌에 있는 기억 물질을 추출할 수 있다면 지능형 로봇을 만드는 것이 어렵지 않다는 뜻이다. 좀더 과장한다면 뇌를 컴퓨터에 다운로드해 개인의 기억과 개성, 의식을 보존할 수도 있다.

행동과학자들은 기억을 세 가지로 구분한다. 첫째는 순간 또는 감각기억sensory memory이다. 이것은 사진 찍기 같은 것으로 망막을 잠깐 스쳐간 광경을 불러내는 것이며 몇 분의 1초밖에 지속되지 않는다. 둘째는 단기기억short-term memory이다. 단기기억은 수초 동안 지속되는 것으로 전화를 걸기 위해 잠시 기억했다가 잊어버리는 전화번호가 대표적이다. 마지막으로 수일 이상 남아 있는 장기기억long-term memory이다. 장기기억은 이름이나 사실 같은 정보를 담아두는 서술적 기억declarative memory과 자전거 타기나 수영하기 같은 행위나 조작 방법을 담아두는 절차적 기억procedural memory으로 나뉜다.[18]

학자들은 뇌는 모든 것을 기억하지만 기억하는 것에 한계가 있는 것은 대부분 불러올 수 없는 형태로 저장되기 때문이라고 한다. 우리 뇌의 데이

인간의 두뇌 알아보기

터 저장 능력은 결코 부족한 편이 아니다. 리처드 톰프슨Richard Thompson은 뇌를 연결하는 시냅스는 100조 개 이상으로 우리 은하에 있는 행성보다 많다고 한다.

〈코드명 J Johney Mnemonic〉는 이런 문제를 차용한 영화다. 주인공 조니는 자신의 뇌에 기밀 정보를 저장해 배달한다. 뇌와 컴퓨터가 자유자재로 정보를 주고받을 수 있다는 것을 전제로 하는데 조니 같은 직업이 필요한 것은 기밀 유지도 중요하지만 컴퓨터의 저장 능력이 인간의 두뇌에 못 미치기 때문이다.

2020년대 과도한 전자파와 전자 기기들로 인해 신경세포가 파괴되는 병으로 수많은 사람들이 목숨을 잃는다. 파마콤이라는 거대 제약회사가 이 질병의 치료법을 개발했는데 회사 소속의 과학자가 이 치료법을 공개하기 위해 조니에게 정보 배달을 의뢰한다. 정보의 용량이 커서 무리하게 압축해 저장했기 때문에 되도록 빠르게 정보를 배달하고 뇌에서 뽑아내야 한다. 파마콤은 정보가 공개되지 않도록 조니의 배달을 막는데 방법이 기상천외하다. 조니의 뇌에 저장된 정보를 보호하기 위해 그의 머리를 잘라내 액체산소 속에 보관하겠다는 것이다.

이 영화에서는 두뇌의 정보 저장 외에도 여러 가지 첨단 기술이 소개된다. 조니를 돕는 여성 전사는 근육 이식을 받은 강한 오른팔을 갖고 있어 강철 작살도 장난감처럼 다룬다. 악당 중 사이비 설교자는 질병으로 감염된 육체를 폐기하고 전신 이식을 통해 강력한 육체를 갖게 되었다. 모두 로봇의 혜택이다. 파마콤의 사장은 수년 전에 사망했음에도 자신의 뇌에 있는 정보를 컴퓨터에 입력시켜 그 정보를 이용해 사건에 개입한다.

이런 내용은 〈파이널 컷The Final Cut〉에도 등장한다. '조이칩'이라고 불리는 기억장치는 한 사람의 생애 전체가 기록된 장치다. 이 기록은 당사자가 사망하면 편집 작업을 거쳐 장례식에서 상영된다. 그런데 과거의 기록을 모두 재현한다는 것은 그다지 유쾌한 일이 아니다. 유쾌한 기억만큼 불쾌한 기억도 많기 때문이다. 물론 이 정도의 기술이 개발된다면 아마도 필요한 기억만 선택적으로 저장할 기술도 개발될 것이다.[19]

전화번호를 기억할 때 뇌세포의 변화는 매우 특징적이다. 한 번 듣고 잊어버리는 전화번호의 경우 기억이 저장될 때 신경세포의 막에 달라붙은 단백질이 살짝 변형되는 등 가벼운 변화가 일어난다. 그러나 오래 기억해야 할 전화번호를 기억할 때는 신호가 세포의 핵에까지 영향을 미쳐 새로운 단백질이 만들어지는 등 근본적인 변화가 일어난다. 이에 관해서는 『사이언스타임스』에 기고한 신동호의 글에서 많은 내용을 인용한다.

장기기억과 단기기억은 기억의 지속 시간 외에는 큰 차이가 없는 것 같지만 뇌세포와 분자 수준에서 보면 완전히 다르다. 단기기억 때는 뇌세포와 뇌세포 사이에 새로운 회로가 만들어지지 않는다. 뇌세포 회로의 말단에서 신경전달물질이 좀더 많이 나와 일시적인 잔상으로 남을 뿐이다. 그러나 단기기억이 장기기억으로 바뀔 때는 뇌세포 회로를 만드는 유전자의 스위치가 켜져 새로운 신경 회로망이 생긴다.[20]

기억은 명백한 기억explicit memory과 암시적 기억implicit memory으로 분류할 수도 있다. 명백한 기억은 의식적으로 떠올릴 수 있는 기억을 말하는데 보통 기억이라고 부르는 것은 대부분 여기 속한다. 암시적 기억은 의식적으로 회상하는 것이 아니라 반사적으로 되살리는 기억이다. 예를 들어 자

인간의 두뇌 알아보기

동차 운전을 하거나 탁구를 칠 때 우리는 그 동작의 순서를 차례로 기억해서 수행하는 것이 아니라 반사적으로 하게 마련이다. 태어날 때부터 가지고 태어난 것이 아니라 한동안 열심히 배우고 난 뒤 터득하는 습관 같은 것이다. 연병길 교수는 훈련된 운동감각도 기억의 일종이라고 설명한다.[21]

기억은 인간의 감정에 큰 영향을 받는다. 사람들은 가장 기뻤던 일과 슬펐던 일은 오랫동안 생생하게 기억한다. 이런 기억은 세월이 많이 흘러도 잊어버리지 않고 생생히 떠오르는데, 아주 기쁘거나 슬플 때 정보가 뇌에 쉽게 입력되고 견고하게 저장되기 때문이다. 기억은 우울할 때보다 즐거운 상태에서 좀더 쉽게 떠오른다. 따라서 항상 공부해야 한다면 즐겁게 공부하도록 유도하는 것이 좋다. 즐겁게 공부하는 것은 주의 집중을 강화하면서 학습 정보를 쉽게 입력, 저장할 수 있게 만들어주므로 기억을 되살리는 데 도움이 된다.

기분과 학습의 상관관계에 관한 실험 결과는 우리가 경험으로 알고 있는 것과 크게 다르지 않다. 괴팅겐대학교 게르트 뤼에Gerd Lüer 교수는 실험 대상자를 명랑한 그룹과 우울한 그룹으로 나눈 후, 자연과학 분야의 책을 읽게 했다. 책을 읽은 다음에 그 내용을 옮기는 실험에서는 두 그룹 사이에 별 차이가 없었다. 그러나 그 내용을 응용해서 문제를 푸는 실험에서는 달랐다. 명랑한 그룹이 우울한 그룹에 비해 문제를 훨씬 잘 풀었다. 명랑한 기분일 때 뇌의 신경세포를 연결해주는 시냅스에서 신경전달물질의 분비가 원활하게 이루어지기 때문이다.

뇌가 정보처리를 하는 과정에서 사고를 하는 대뇌피질과 감정을 느끼는 변연계가 서로 영향을 주고받는다는 사실이 뇌과학을 통해 알려졌다. 감정과 학습은 밀접하게 연결되어 있다. 뇌과학자 박문호 박사는 "감정과 기억은 대부분 동일한 회로를 사용한다. 그래서 감정과 기억은 서로를 강화해준다. 감정이 풍부한 사람은 기억력이 탁월하다. 어떤 감정은 기억의 인출에 도움을 준다"고 말했다.[22]

좋은 기억력을 유지하려면, 망상활성화계의 역할도 중요하다. 망상활성화계는 뇌의 밑바닥 줄기 한가운데 있는 신경세포의 그물로 정신을 맑게 깨어 있게 유지해주고, 집중할 수 있게 해준다. 감정이 복잡하거나 여러 갈래로 흩어질 때는 망상활성화계도 흩어지고 억제된다. 이럴 때는 주의력이 산만해져 기억이 잘 입력되지 않고 회상도 잘 안 된다.

기억력을 높이고 싶다면 감정 표현을 솔직하게 하는 것이 좋다는 연구 결과도 있다. 감정을 자제할 때 단기기억력이 감소하기 때문이다. 웃기거나 슬픈 영화 장면을 볼 때 웃거나 우는 감정을 고의로 억제하면 영화에 대한 기억력이 떨어진다는 연구 결과도 있다. 감정을 나타내는 중추는 기억 중추인 해마와 붙어 있기 때문에 즐거운 감정을 가질수록 기억이 잘 된다.[23] "기억은 무엇인가?"라는 질문은 다소 철학적이다. 고영희 박사는 기억에 대해 다음과 같이 설명한다.

어느 날 아침 아파트 입구에서 어떤 사람이 자신을 홍길동이라고 소개했는데 그날 오후 다시 만났을 때 "홍길동 씨. 우리는 오늘 아침에 만났지요"라고 말한다면 그는 분명이 홍길동이라는 이름을 기억하고 있다고 말할 수 있다.

이와 같이 홍길동이라는 사람을 다시 만나 이름을 이야기할 수 있기 위해서는 세 단계를 거쳐야 한다. 우선 소개를 받았을 때 홍길동이라는 이름을 머릿속에 넣어두어야 한다. 이것을 부호화 단계라고 부른다. 그의 이름을 물리적 자극(소리)으로 부호화시키고 이 부호를 머릿속에 담아두는 것이다. 그다음 그를 다시 만날 때까지 그 이름을 머릿속에 저장해두는 저장 단계를 거쳐야 하고, 마지막으로 그를 다시 만났을 때 저장한 곳에서 그의 이름을 인출하는 인출 단계가 있어야 한다. 홍길동을 다시 만나 그를 알아보는 것은 이 세 단계가 순차적으로 연계되었기 때문이다. 다시 만났을 때 홍길동이라는 이름을 기억하지 못한다면 이 세 단계 중 어느 단계에서 실패한 것이다.

알츠하이머병에 걸리면 기억을 입력하는 데 중요한 구실을 하는 해마가 손상된다. 때문에 알츠하이머병 환자는 기억 정보가 잘 입력되지 못해, 최근에 있었던 일을 기억하지 못한다. 반면에 오래전에 견고하게 저장된 기억은 해마와 관련이 없으므로 알츠하이머병 환자도 과거의 일은 잘 기억한다. 대뇌피질이 외상이나 치매 등으로 망가지면 그 부분에 저장되어 있던 기억이 없어질 수 있다. 이때는 다른 기억에는 문제가 없지만, 특정한 부위에 저장된 기억은 떠올릴 수 없게 된다.[24] 전 미국 대통령 로널드 레이건Ronald Reagan이 치매에 걸리자 자신의 부인인 낸시 여사를 알아보지 못한 것은 유명한 일화다. 하지만 레이건 대통령은 어린 시절 낸시 여사에 대해서는 정확하게 기억했다.

기억상실은 이전의 일을 기억하지 못하는 역행성 기억상실retrograde amnesia과 5분 이상 기억을 지속하지 못하는 선행성 기억상실anterograde amnesia이 있다. 기억상실은 술·약물이나 심리적 요인, 다른 뇌 영역의 손상도 원인이 될 수 있지만, 주로 뇌의 양쪽 측두엽 부근이 손상되거나 해마의 이상으로 발생한다.[25]

학자들은 기억 형성에 두 가지 모형이 있다고 설명한다. 하나는 기억에 대한 정보처리적 접근 즉, 단계론적 설명이며 다른 하나는 처리 수준 모형의 과정적 접근이다. 정보처리적 접근이란 바깥에서 제시된 자극 혹은 정보가 일련의 단계를 거쳐 처리되는 것을 말한다. 일반적으로 정보는 단기기억으로 들어가서 시연rehearsal으로 유지되거나 장기기억으로 전이된다. 장기기억에 들어간 정보는 영원히 그 기억 체계에 머무른다. 이렇게 감각(순간)기억, 단기기억, 장기기억이라는 단계를 구분해 정보가 처리되는 것을 설명하는 것이 정보처리적 접근이다.

그런데 정보의 처리 수준은 다양하게 진행된다. 다시 말해 주어지는 정보의 의미에 따라 심도 있게 처리하면 장기기억이 되고 얕은 수준의 처리만 하면 기억이 곧 없어진다는 것이다. 이것은 우리의 경험 중에서 강한 자극을 받았거나 처리의 수준이 깊은 정보가 오래 기억되는 이유를 설명해준다.[26] 인간은 엄청난 양의 정보 속에서 살아가고 있다. 텔레비전을 보면서도 집 밖에서 들려오는 소음을 함께 듣는다. 동시에 많은 정보가 들어오지만 주의를 기울이지 않은 정보는 곧 소실된다.

기억은 언어적 기억과 시각적 기억으로도 나눌 수 있다. 영어 단어를 외우거나 전화번호를 기억하는 것은 언어적 기억이며, 사람들의 얼굴을 기억하고 다녀온 여행지를 기억하는 것은 시각적 기억이다. 언어적 기억은 논리적인 단어의 배열로 의미가 전달되므로 단어의 배열을 정확하게 기억해야 한다. 예를 들어 "철수가 영자를 때린다"와 "영자가 철수를 때린다"는 전혀 다른 의미다. 반면에 시각적 기억 체계는 그런 제약이 없다.

단기기억에서 언어적 기억 용량은 5~9개의 정보를 저장할 수 있는 정도지만 시각적 기억 용량은 무한하다. 여행을 다녀와서 찍은 사진을 보면

인간의 두뇌 알아보기

사진 한 장 한 장을 어디서 어떻게 찍었는지 기억할 수 있다. 과거를 회상할 때 누군가 말한 것을 기억하는 것보다 당시의 상면을 잘 기억하는 이유다.

이와 직결되는 문제는 머릿속에서 어떻게 기억이 재생되는지에 대한 것이다. 놀랍도록 뛰어난 기억력을 가진 사람들이 있다. 미국의 프라이스는 14세 이후 매일 겪은 일을 생생하게 상기할 수 있는 초기억super-memory 능력 보유자다. 날짜를 말하면 몇 초 만에 그날이 무슨 요일인지, 무엇을 했으며 어떤 사건이 일어났는지 상세하게 기억해낸다. 이탈리아의 앵오디는 가난한 집에서 태어나 어릴 적에 교육을 전혀 받지 못하고 20세에 비로소 글자를 배웠다. 하지만 숫자에 대한 기억력이 남달라 계산기와 대결에서도 이겼다. 어떤 날이 무슨 요일인지도 금방 알아맞혔다. 뉴질랜드 태생의 알렉산더 에이트컨도 비상한 기억력을 갖고 있었다. 원주율을 1,000자리까지 기억하고 3 나누기 408 같은 어려운 계산을 6초 만에 소수점 16자리까지 풀었다. 영국의 택시기사 톰 모튼은 랭커서 주의 1만 6,000개 전화번호를 기억한다. 그는 1993년 BBC의 〈그것이 인생이야That's Life〉라는 프로그램에 출연해 전화국 컴퓨터와 대결을 벌여 승리했다. 학자들은 그가 어떻게 컴퓨터보다 빨리 전화번호를 기억해낼 수 있는지 궁금해 했다. 그는 어떻게 순식간에 자신이 갖고 있는 정보를 기억해낼 수 있었을까? 이 문제에 대해서는 지금도 연구가 이어지고 있다.

새로운 학습에 대한 기억은 잠자는 동안 재생된다는 연구 결과도 있다. 우리가 잠을 자는 것은 낮 동안 받아들인 정보를 정리해 저장하기 위한 과정일지 모른다는 설명이다.[27]

서울대학교 강봉균 교수는 우리의 기억이 생각만큼 신뢰할 정도는 아니라고 한다. 강봉균 교수는 두뇌에 저장된 기억을 끄집어낼 때 시냅스를 단단하게 해주는 단백질이 분해되면서 시냅스가 풀리고, 그 결과 기억이 재생된다고 설명한다. 이때마다 기억이 조금씩 변형된다는 것이다.

1998년 뇌의 신경세포에 대해 매우 중요한 연구 결과가 발표되었다. 그동안 신경세포는 성장이 끝나면 더는 분열하지 않는다는 것이 정설이었는데, 평생 뇌의 해마에서 신경세포가 새롭게 생겨난다는 연구 결과가 나온 것이다. 아쉬운 것은 새로 생겨난 신경세포가 기억과 학습에 어떤 역할을 하는지는 아직 밝혀지지 않았다는 점이다.[28]

뇌에 대한 다른 연구 결과도 살펴보자. 학교 교육을 비판하는 사람들은 오늘날의 학교 교육이 암기 위주의 교육이므로 잘못되었다고 지적한다. 하지만 암기 즉 기억은 사고의 기초로서 반드시 필요하다. 만일 우리가 어떤 경험을 했는데 기억하지 못한다면 아무것도 배울 수 없다. 기억은 모든 학습의 필요 불가결한 기초다. 물론 암기 위주의 교육만 강조하면 창의적 사고, 확산적 사고 등 고등 정신을 신장시키는 교육을 소홀히 하므로 불균형이 일어난다는 문제가 있다. 제대로 된 학습을 위해서는 총체적인 교육이 필요하다.[29]

이와 같은 사실은 로봇 개발자들에게 심각한 문제점을 제기했다. 로봇은 용량에 따라 거의 무한정한 지식을 입력할 수 있다. 그런데 아무리 많은 정보를 갖고 있어도 제때에 창의적 사고가 구현되지 않으면 결국 대형 도서관의 축적된 자료에 지나지 않는다. 도서관에 아무리 많은 자료가 있어도 그것을 활용하는 사람이 정보를 찾아내지 않는다면 의미가 없다. 로봇학자들에게 또 하나의 골머리 아픈 숙제가 드러난 것이다.

 인간의 두뇌 알아보기

기억 물질이 있다

강봉균 교수는 사람에게 바다달팽이와 유사한 단백질이 있는 것으로 판단하고 단백질의 양을 조절하면 기억 형성 및 저장의 메커니즘을 밝힐 수 있을 것으로 전망했다. 강봉균 교수는 장기기억에 해당하는 '기억 유전자의 스위치'가 C/EBP 단백질이라는 사실을 밝혔다. 장기기억 형성에 관여하는 단백질은 CREB과 C/EBP인데 특히 C/EBP가 단기기억을 장기기억으로 바꾸는 분자 스위치로 작용한다는 것이다. 바다달팽이인 군소의 꼬리에 전기 자극을 가하면 가할수록 단백질 ApLLP의 농도가 학습 전 특정 경험에 따라 계속 높은 상태가 되었다. ApLLP의 증가가 C/EBP의 양을 증가시킨다. ApLLP에 의한 C/EBP의 증가는 시냅스에서 신호 전달 기능을 강화해 장기기억이 쉽게 형성되게 한다.

C/EBP 단백질에는 두 종류가 있다. 하나는 기억을 촉진하는 것이고 다른 하나는 기억에 제동을 건다. 기억을 촉진하는 C/EBP 단백질과 기억을 삭제하는 C/EBP 단백질은 보통 때에는 균형을 이루지만 열심히 공부하면 기억 촉진 단백질이 더 강해져 단기기억을 장기기억으로 바꾼다. 반대의 경우엔 기억 삭제 단백질이 강해져 일시 저장된 단기기억을 지워버린다. 이는 머리를 쓸수록 영리해지고 반대로 아무리 머리가 좋아도 신경세포에 자극을 주지 않으면 능력이 떨어진다는 것을 의미한다. 아무런 자극을 주지 않고 키운 어린이의 뇌가 수축되는 것도 이 때문이다.[30]

많은 학자가 기억에 대해 연구하고 있지만 어째서 기억 물질이 생성되는지 그 원인은 아직 파악하지 못했다. 만약 기억 물질을 완전히 파악한다면 인간의 두뇌에 저장된 기억을 인공적으로 되살릴 수 있을지도 모른다.

최근의 뇌 연구 성과 중 가장 주목할 만한 것은 신경교세포의 중요성을 밝혀낸 것이다. 신경세포와 신경세포를 연결하는 신경교세포는 신경 회로망을 구성하는 데 반드시 필요하지만 신경세포와 같은 전기적 흥분을 일으키지 않기 때문에 정보 전달을 하지 못한다고 간주되었다. 하지만 최근 연구에 따르면 신경교세포는 화학적 흥분을 일으킨다는 것이 밝혀졌다. 최근에는 신경교세포의 일종인 성상교세포星狀膠細胞의 네트워크가 신경세포 네트워크와 대화를 나눈다는 것이 알려졌다. 신경세포와는 다른 정보 전달 체계가 뇌 속에 존재하고 있는 것이다.

신경세포의 전기신호는 시냅스에서 화학 신호로 전환되었다가 다시 전기신호로 바뀌는데 각종 호르몬은 이 과정에 관여하는 신경전달물질로 뇌의 작용에도 관여한다. 이런 신경전달물질은 지금까지 확인된 것만도 100개가 넘는다.

사람은 평화로울 때와 반대로 화를 내거나 스트레스를 받을 때 각기 다른 호르몬이 나온다. 아세틸콜린acetylcholine은 가장 먼저 발견된 신경전달물질로, 알츠하이머병에 걸리면 감소한다. 아세틸콜린은 기상, 학습 그리고 수면에 깊은 관련이 있다. 세로토닌serotonin은 각성이나 수면, 의욕에 관여하며 놀람이나 분노는 노르아드레날린noradrenalin이라는 호르몬과 관계가 있다. 사랑하거나 쾌락을 느낄 때는 도파민dopamine이라는 중독성 강한 호르몬이 나온다. 도파민은 운동 기능과도 밀접한 관련이 있으며, 도파민이 감소하면 움직임이 둔해지고 운동 기능이 저하된다. 엔케팔린enkephalin은 엔도르핀endorphin과 더불어 뇌 속의 마약물질이라 불리는데, 모르핀과 같은 역할을 한다. 호르몬이라는 단어는 '흥분시키다'라는 뜻이 있는 그리스어 'homan'에서 유래했다.[31] 뇌 속에 다량 존재하는 가바

GABA, Gamma Amino Butyric Acid는 억제 성질이 있어 흥분하기 쉬운 뇌를 진정시킨다. 신경전달물질에는 신경을 흥분시기는 물질과 그것을 억제하는 물질이 있다는 것이다.[32]

신경전달물질이 100개가 넘는다는 것은 그만큼 인간의 뇌가 복잡하게 작동한다는 의미다. 학자들은 인간의 두뇌가 신경전달물질의 화학작용으로 움직인다는 데 주목한다. 아직 두뇌를 움직이는 물질을 모두 밝혀내지는 못했지만, 계속 발견해나가다 보면 언젠가 인간 두뇌의 비밀을 풀 수 있을 것으로 추정한다. 역으로 말하면 지금 당장은 인간을 그대로 모사한 로봇을 만들 수 없다는 뜻도 된다.

기억은 두뇌의 기본 기능 중 하나이므로 각 분야의 학자들은 기억의 메커니즘을 밝히기 위해 노력했다. 그러나 인간의 두뇌를 실험하는 것 자체가 제한적이므로 두뇌에 대한 연구가 활성화되지 못해 생각처럼 빠른 진전을 보이지 못하고 있다. 인간의 두뇌를 모사한 로봇을 만들기에는 부족하지만 현재까지 밝혀진 것을 기본으로 기억에 대해 설명한다.

현재까지 기억 연구의 초점은 신경세포 내 핵산의 일종인 RNA와 시냅스에 집중되어 있다. 우리가 기억한 어떤 사실이 RNA 형태로 저장되며 한 신경세포에서 방출된 신경전달물질이 시냅스에서 다른 신경세포에 작용함으로써 기억 과정에 관여하기 때문이다. 기억이 RNA에 저장된다는 가설은 신경세포의 활동이 많을수록 세포 안의 RNA 양이 증가한다는 사실에서 추론되었다. 이 가설은 여러 가지 동물 실험을 통해 증명되었다. 여기서는 고려대학교 이민수 교수의 글을 많이 인용했다.

그동안 기억 물질이 있느냐 없느냐는 학계의 비상한 관심을 받았다. 기억은 기억 물질의 존재 여부가 아니라 물리·화학적 메커니즘에 의한 것으로 어떤 특정한 물질 형태로 존재하지 않는다는 설명도 많은 지지를 받았다. 즉 기억을 저장하는 특별한 장소가 있는 것이 아니라 정보가 처리되는 신경망이 바로 그 기억을 저장하는 장소라는 것이다.[33)]

그런데 뇌에 대한 연구가 진척되자 기억 물질이 있다는 가설이 제기되기 시작했다. 1950년대 로버트 톰프스Robert Thompson과 제임스 V. 매코널 James V. McConnell은 핵산의 일종으로 유전 작용을 하는 RNA가 학습을 할수록 신경세포 속에서 불어난다는 것을 발견했다. 매코널은 플라나리아가 빛을 쬐었을 때 특별한 행동을 하도록 훈련시켰다. 그런 다음 플라나리아를 잘게 썰어 훈련시키지 않은 다른 플라나리아에게 먹였다. 그리고 이 플라나리아에게 전과 같은 훈련을 시켰더니 이전보다 훨씬 빨리 행동을 익혔다. 척추동물의 경우에도 기억의 전달이 가능하다는 것, 즉 전달되는 기억은 개별적이라는 것이 밝혀졌다.

1963년 쥐를 미로에 넣고 출구를 찾게 하는 실험이 있었다. 쥐는 여러 번의 시행착오를 거치면서 출구를 찾았다. 이 훈련된 쥐의 뇌에서 RNA를 추출해서 보통 쥐에게 주입시켰더니 훈련을 받지 않은 쥐도 훈련받은 쥐처럼 출구를 찾아냈다. 즉 한 동물에서 다른 동물로 RNA를 통해 기억의 '흔적'이 전달된 것이다. 1984년에는 쥐를 자극 상황(예를 들어 미로에 잘못 들어가면 자극을 가함)에 놓이게 했을 때 뇌 속의 RNA가 증가하며, 반대로 감각 박탈 상황(미로에서 잘못 들어가도 아무 자극을 주지 않음)에 놓으면 RNA가 감소한다는 사실이 알려졌다. 이를 토대로 사람도 나이가 들어도 자극을 많이 받으며 활발히 활동하면 정신 기능이 감소하지 않는다는 주장이 제기되었다.

RNA에 기억의 실체가 담겨 있다는 주장은 RNA를 분해하는 효소를 체내에 투입하는 실험을 통해 더욱 힘을 받았다. 고양이에게 전선을 연결해, 걷다가 빨간 불이 들어오면 전기 충격을 주었다. 파란 불이 들어올 때는 전기 충격을 주지 않았다. 몇 차례 실험이 진행되자 고양이는 빨간 불이 들어올 때 걸음을 멈춰야 한다는 것을 알게 되었다. 과학자들은 이 고양이 뇌의 시각 담당 부위에 RNA 분해 효소를 주입했다. 그러자 고양이는 학습한 내용을 잊은 것처럼 행동했다. RNA 분해 효소가 기억이 활성화되지 못하게 만든 것이다. RNA 분해 효소가 몸속에 많을수록 기억이 나빠진다고 추론할 수 있다. 사람도 예외가 아니다. 노인은 청년보다 혈액에 RNA 분해 효소가 많다. 노인들이 자주 뭔가를 잊어버리는 이유 중 한 가지가 밝혀진 것이다.

학자들은 '만일 RNA 분해 효소를 제거한다면 기억력을 회복할 수 있지 않을까?'라는 발상을 했다. 이러한 추론에 따라 기억장애 환자의 RNA 분해 효소를 제거하는 화학 치료를 실시했다. 먼저 환자에게 많은 양의 효모 RNA를 주입했다. 추론은 틀리지 않았다. 환자의 기억력이 어느 정도 회복되었다. 그러나 효모 RNA는 기술적으로 완전히 정제되지 못하고 자주 불순물과 혼합되었기 때문에 환자들은 고열 등 부작용에 시달렸다. 과학자들은 효모 RNA 대신 RNA 생성에 기여하는 약물을 투여했다. 그 결과 어느 정도 효과가 나타났다. 하지만 약물을 중단하면 환자의 기억력은 다시 악화되었다.[34]

이런 연구 내용은 장기기억의 경우 기억 물질이 없다는 설명과 어긋난다. 그러나 장기기억이 두터워진 시냅스 부위에 흔적으로 새겨져 존재하는 것이라면, 그 자체가 기억 물질의 존재라고 볼 수도 있지 않을까?[35]

아직도 과학적인 측면에서 기억 물질의 존재에 대해 명확하게 정의를 내릴 수 없다. 하지만 인간의 두뇌에 기억을 담는 무엇이 어떤 형태로든 존재한다는 것이야말로 인공지능 로봇을 만들려는 학자들을 흥분하게 만드는 내용일 것이다. 로봇에 인간의 기억을 접목시킬 수 있다는 가능성을 제공해주기 때문이다. 먼 미래에는 천재의 뇌세포를 배양해 다른 사람에게 이식하는 기억 이식법이 가능할지도 모른다. 『옵저버』는 2050년이면 인간의 의식을 슈퍼컴퓨터에 저장할 수 있을 것이라고 전망했다. 브리티시 텔레콤의 미래학 팀장 이언 피어슨Ian Pearson 박사도 2075년에서 2080년까지는 이 기술이 널리 보급되어 누구나 이용할 수 있을 것이라고 전망했다. 기억을 저장할 수 있게 된다면 인간이라는 실체도 저장할 수 있을지 모른다.[36]

앞서 설명한 〈너바나〉는 기억 물질에 대한 극적인 해석을 보여준다. 사망한 사람의 뇌에 있는 기억을 빼내어 다른 사람의 뇌에 주입해 기억을 그대로 복구한다는 것은 뇌의 신호를 읽어낼 수 있다는 것에 기초를 둔 것으로 기억 물질이 있다는 것이다. 이렇게 된다면 육체의 죽음은 사실상 큰 문제가 되지 않는다. 자신의 마음에 드는 육체를 선택한 다음, 의식을 옮겨가면서 영원히 살 수 있기 때문이다.

실제로 1999년 하버드대학교, 프린스턴대학교, MIT, 워싱턴대학교 유전공학 공동 연구팀은 기억력과 학습 능력을 향상시키는 유전자를 쥐의 수정란에 주입해, 보통 쥐보다 훨씬 지능이 뛰어난 쥐 '두기'를 탄생시켰다. 이 쥐는 두뇌의 연상 능력을 제어하는 유전자로 지능발달에 핵심적인 역할을 하는 NR2B라는 유전자를 갖고 태어났다. 이 쥐는 전에 한 번 보았던 레고 장난감의 조각을 알아봤고, 물속에 감추어진 받침대의 위치를 찾아내었으며, 어떤 경우에 충격을 받게 되는지 미리 알아차리는 등 다른 쥐보다 뛰어난 지능을 보였다. 포유류도 유전자 조작으로 학습과 기억 능력

인간의 두뇌 알아보기

을 향상시킬 수 있음이 입증된 셈이다. 이 연구 결과가 큰 반향을 불러일으킨 것은 사람의 NMDA 수용기가 쥐와 유사하기 때문이다.

일부 학자는 기억력과 학습 능력 또는 IQ의 향상을 유전자조작이라는 수단을 통해 전수 가능하다고 기염을 토했다. 이 말은 인간의 기억 물질만 분석한다면 어떤 방법으로든 기억을 전수시킬 수 있다는 뜻이다. 로봇학자들은 인간의 기억을 전수시킬 수 있게 될 것이라고 기세를 올렸지만 곧바로 문제점들이 제기되었다. 사람의 뇌는 생쥐의 뇌와 기능이 크게 다르며 유전자 1개에 좌우되지도 않기 때문이다.[37]

최명언 박사는 기억 같은 뇌의 복잡한 기능을 몇 개의 분자로 단순화시킬 수 없다고 말했다. 신경계의 조직은 유전과 경험이 함께 작용해 만들어지고 유지된다. 설사 인간의 뇌 속에 있는 기억 물질을 확보한다고 하더라도 인간의 기억을 모사하는 것을 불가능하다. 학자들이 인간의 뇌를 연구하면 할수록 더욱 미궁에 빠진다고 하는 이유다.[38]

기억이 형성되는 과정을 세분해보자. 어떤 장면을 보거나 무언가를 읽으면 기억 회로를 따라 수십억 개의 신경세포가 활성화된다. 신경세포들은 이미 알고 있는 것을 되살리고 새로운 정보나 어렴풋한 정보에 반응한다. 이때 무엇을 기억하느냐는 뇌의 여러 부위가 함께 작용해 결정한다.

외부에서 감각 정보가 들어오면 이를 처리하는 담당 피질에 잠시 머문다. 소위 초단기기억이다. 이어서 전두엽 피질이 입수한 정보를 즉시 활용할 수 있도록 잡아두는데 이를 작업기억이라 한다. 피질의 다른 부위들과 정보의 사용 여부를 조정해 몇 초 뒤 중요한 정보는 해마와 측두엽의 도움으로 부호화 과정을 거쳐 장기기억 여부가 결정된다. 몇 초 혹은 몇 시간에서 평생기억으로 나뉜다.

기억 체계가 몇 종류나 있는지에 대해서는 학자들 간의 의견이 분분한데 크게 서술기억과 비서술기억(외현적 기억, 암묵적 기억으로도 부름)으로 나누는 경우가 많다. 서술기억은 차 색깔이나 어제 오후에 한 일처럼 의식적으로 떠올리는 기억이다. 비서술기억은 자전거 타는 법이나 거울을 보고 모형 그리기처럼 무의식적으로 익히는 것이다. 이런 기억은 해마를 거쳐 저장될 필요가 없다.

해마와 주변 영역은 단기기억을 장기기억으로 전환시킨다. 정보가 들어와 피질을 자극하면 신경세포가 일정한 패턴으로 활성화된다. 이 패턴은 형성 당시의 정서와 연결되고 강화된다. 무의식적으로 습득되는 습관이나 자전거 타기 같은 운동 기술은 기저핵과 소뇌가 담당하며 습관 학습은 뇌의 중앙에 있는 기관이 담당한다. 편도체는 정서를 담당하는 신경계의 정서 중추다. 공포 경험은 편도체에 각인되기 때문에 위급한 상황에 기민하게 대처할 수 있다.

저장과 인출 과정을 보자. 해마는 새로운 기억을 붙들어주지만 저장하지는 않는다. 일단 부호화된 기억은 처음 정보가 들어와 처리된 파일에 저장된다. 필요나 감정으로 인해 되살아난 기억은 활성화되어 작업기억으로 쓰인다. 망각도 중요하다. 사람은 대게 3~4세 이전의 경험을 기억하지 못하는데 뇌가 완전히 성장하지 않았기 때문이다. 한편 나이가 들면 기억력이 감퇴하는데 이전에 본 것이나 배운 것을 떠올리는 능력이 현저하게 떨어진다. 50세에 60~80퍼센트 정도의 시각 정보와 음성 정보를 회상한다면 80세에 이르러서는 이 능력이 절반 이하로 떨어진다.[39]

기억에 대해 연구한 학자들은 우리 몸에 기억력에 연관된 다양한 단백질이 있다는 것을 발견했다. 유전자 조절이 가능한 전사인자transcription factor들이 기억 능력을 조절한다는 것도 발견했다. 유전자 조절을 가능하게 하는 단백질들로 기억력을 조절할 수 있다는 것이다.

이것은 앞에서 다룬 기억 물질의 유무 논쟁을 뛰어넘는다. 건망증은 물론 치매도 기억력을 향상시키는 단백질들의 기능과 메커니즘을 밝히는 것으로 극복할 수 있다. 하지만 기억력 향상에 관련된 가장 기초적인 단백질 발견조차 쉽지 않다. 강봉균 교수는 장기기억 형성에 중요한 역할을 하는 단백질을 밝혀냈다. 학습 신호를 신경 세포에 가할 때 시냅스에서 핵으로 신호를 전달하는 역행성 전량자 역할을 하는 단백질을 발견한 것이다. 이를 CAMAP라 한다.

외부 자극이 주어지면 CAMAP는 직접 핵으로 이동해 유전자의 발현을 유도해 기억을 형성하게 한다. 학습으로 외부 신호가 뇌에 들어오면 시냅스에 존재하는 PKAProtein Kinese A라는 효소가 활성화된다. CAMAP는 세포막에 있는 신경세포 접착 단백질에 고정되어 있는데 PKA가 CAMAP를 변형시키면 접착 단백질에서 떨어져 나온다. 이렇게 떨어져 나온 CAMAP가 시냅스에서 핵 내로 이동하거나 장기기억 형성에 관여하는 또 다른 단백질인 CREB와 결합해 장기기억을 형성하는 유전자의 발현을 증가시키는 것이다.

뇌 속에서 뉴런이라는 신경세포들이 서로 연결되어 정보를 교환하며 이 신경세포들을 연결하는 부위를 시냅스라고 한다. 신경세포들은 복잡한 회로처럼 얽혀 있는데 시냅스가 뉴런을 연결해주기 때문에 회로처럼 구성될 수 있다.

기억은 기본적으로 시냅스를 통해 저장된다고 알려져 있다. 사람 얼굴에 대한 정보를 예로 들면 우리 뇌 어딘가에 우리가 잘 알고 있는 사람들에

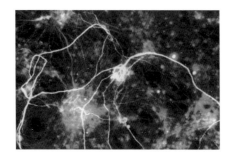

● 복잡하게 연결된 신경세포들의 모습.

대한 정보가 저장되어 있다. 이 정보를 저장하기 위해서는 그 사람에 대한 회로가 구성되어야 한다. 회로가 잘 구성되어 있으면 그 사람의 얼굴이 잘 기억나도록 정보가 제대로 저장되어 있는 것이고 반대로 시냅스가 좋지 않아 회로가 잘 연결되어 있지 않으면 그 사람에 대한 정보가 없는 것이다. 어떤 사람을 아느냐, 모르느냐는 것은 그 사람에 대한 정보를 담고 있는 회로의 상태와 회로를 구성하는 시냅스의 상태에 달려 있다.

시냅스는 쓰면 쓸수록 기능이 좋아진다. 우리가 어떤 것을 기억하면 시냅스의 기능은 강화된다. 운동을 열심히 하면 근육이 발달하는 것처럼 시냅스도 쓰면 쓸수록 회로가 빨리 연결된다. 신경세포는 다른 세포와 달리 독특한 돌기가 있으며 다른 신경세포와 연결될 수 있다. 시냅스가 더 많이 활동하고 기능이 좋아지려면 더 많이 연결되거나 구조적으로 더 커져야 하는데 그러기 위해서는 단백질이 보강되어야 한다.

단백질은 세포가 어떤 기능을 하도록 돕는 일꾼이다. 작은 음식점과 큰 음식점이 테이블 개수, 직원 수, 주방의 크기 등 규모에서 차이가 나는 것처럼 단백질의 규모에 따라 세포의 활동 능력이 달라진다. 즉 단백질의 양이 많아지면 시냅스의 구조가 더욱 커진다.

시냅스 회로가 활발하게 활동하려면 세포체에서 만들어진 단백질이 시냅스로 수송되어야 한다. 이때 활동하는 것이 바로 CAMAP라는 역행성 신호 전달 물질이다. CAMAP는 보통 때는 조용히 있다가 시냅스가 활성화 되면 필요한 단백질을 만들어내기 위해 단백질을 생산해내는 세포를 전달 해 유전자를 자극한다. 그러면 유전자는 RNA라는 전사물을 만든다.

RNA는 DNA의 복사본이라 할 수 있다. 단백질은 RNA의 정보를 해독 해 만들어진다. 그 단백질이 다시 돌기를 따라 시냅스 쪽으로 와서 시냅스 의 구조를 더 크게 만들어주는데, 이때 아무 단백질이나 들어오는 것이 아 니라 신호 전달에 필요한 특수한 단백질이 들어온다. 그동안 학자들은 시 냅스가 활동하면 활동 정보를 세포체에 알려주는 신호 물질이 있을 것이라 고 생각했는데 CAMAP가 바로 그것이다. CAMAP는 기억을 저장하는 과 정에서 매우 중요한 일을 한다. 장기기억 형성에 대한 메커니즘 일부가 밝 혀진 것이다.

수면과 기억

기억에 단기기억과 장기기억이 있다고 하는데, 이에 대한 메커니즘은 확실히 밝혀지지 않았다. 그만큼 뇌에 대한 연구는 복잡하고 간단하지 않 다. 그동안의 연구를 고려대학교 김용준 교수의 글을 토대로 설명한다.

학자들은 교통사고로 정신을 잃은 환자가 이상한 증상을 보이는 것에 주목했다. 단기기억을 완전히 상실했는데 3년 전의 일은 정확하게 기억하

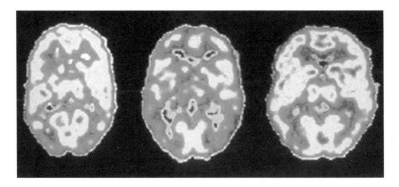

● 수면 중 뇌의 모습. 가장 왼쪽은 각성 상태, 가운데는 비렘수면 상태, 오른쪽은 렘수면 상태다.

고 있었던 것이다. 학자들은 다음과 같은 결론을 내렸다. 3년이라는 시간을 경계로 기억이 구분되며 두 종류의 기억은 서로 다른 기구에서 이루어진다는 것이다.

학자들은 단기기억은 해마에 손상을 입으면 완전히 상실된다는 사실을 밝혔으며 장기기억은 렘REM, Rapid Eye Movement수면과도 관련 있다는 사실을 발견했다. 거의 모든 동물에서 렘수면이 관찰된다.

일반적으로 잠은 신체의 피로를 풀어주고 머리를 쉬게 해주는 것이라 여긴다. 그런데 근래 학자들은 잠을 자는 사이 뇌가 끊임없이 무언가를 만들어낸다는 것을 발견했다. 즉 뇌는 수면 중에 시냅스끼리 연결하고 충돌하면서 새로운 회로 즉 신경세포를 창조한다는 것이다. 학자들은 이러한 새로운 신경세포의 생성을 기억이 만들어지는 과정으로 추정한다. 우리가 자는 동안에 기억이 만들어지고 있다는 것이다.

잠에도 단계가 있다. 수면 1~2단계에서는 뇌파가 점점 느려지면서 잠에 빠져드는데 얕은 잠 단계다. 1단계는 잠에 들기 시작하는 시기로 정상인

인간의 두뇌 알아보기

의 경우, 보통 30초에서 7분 정도가 걸리며 뇌파는 느려져 알파파가 나타나고 깨어 있을 때 주로 나타나는 베타파와 알파파가 사라진다. 2단계에 들어서면 뇌파는 점점 더 느려지고 방추 모양의 작고 빠른 파가 나타난다.

3~4단계에서 델타파라는 비교적 느리고 진폭이 큰 뇌파가 나타난다. 이때의 잠을 델타수면 혹은 서파수면slow-wave sleep이라 부르며 일반적으로 깊은 잠에 빠졌다고 한다. 이때 우리 몸은 물론 뇌도 휴식을 취한다. 뇌의 움직임은 미약하지만 성장호르몬의 분비가 최고조에 이르며 특히 면역력과 컨디션이 최고조에 이른다.

렘수면 기간 동안 비렘수면 기간에 비해 꿈을 잘 기억하기 때문에 렘수면을 꿈 수면이라고도 부른다. 이 시기 동안은 심장도 빨라지고, 숨도 가쁘게 쉬고, 혈압도 오르고, 남자의 경우에는 발기 상태가 지속된다고 한다. 전체 수면 주기의 20~25퍼센트가 이런 상태다. 사람의 경우 렘수면은 5~20분 지속되며 수면 시간 중 대체로 90분 간격으로 나타난다. 꿈을 잘 꾸지 않는 사람도 사실은 하룻밤 사이에 4~5번 정도 찾아오는 렘수면 사이에 꿈을 꾼다고 한다. 단지 잠에서 깼을 때 그 꿈을 기억하지 못할 뿐이다. 신생아의 경우 렘수면이 전체 수면의 50퍼센트를 차지하는데 나이가 들수록 렘수면은 점차 감소한다.

학자들이 렘수면에 주목하는 것은 기억을 영구화시키는 유전자가 렘수면 상태에서 작용한다고 추정되기 때문이다. 렘수면을 방해하면 학습이나 기억에 장애가 생긴다. 렘수면은 단순히 휴식을 취하는 시기가 아니라 과거에 있었던 기억들이 새로운 사실이나 경험들과 충돌하면서 그것들이 형상화되어 저장되는 과정이라고 볼 수 있다. MIT의 매슈 윌슨Matthew Wilson 교수는 렘수면의 중요성에 대해 다음과 같이 말했다.

렘수면은 배우는 경험과 연관 있습니다. 우리는 해결해야 할 문제를 만났을 때 더 많은 꿈을 꿉니다. 렘수면은 문제를 풀려는 의지와 관련이 있다고 생각합니다.[40]

렘수면은 단기기억을 장기기억으로 넘기는 데도 매우 중요한 역할을 하며, 렘수면의 기능은 어릴수록 중요하다. 동물은 렘수면 동안 세타파가 관여하는 반면 사람은 세타파에서 완전히 해방된다. 록펠러대학교의 조너선 윈슨Jonathan Winson 교수는 다음과 같이 설명했다.

해마에는 신경전달물질을 통과시키는 세 군데의 관문이 있다. 이 신경 관문은 깨어 있는 동안에는 닫혀 있다가 자고 있는 동안에 열린다. 낮 동안의 활동 및 경험으로 해마에 저장되어 있었던 단기기억이 신경 관문을 통과하는 처리 과정을 통해서 장기기억으로 넘어간다.

윈슨 교수는 세타파란 오랜 진화 과정을 거치면서 얻어진 유전적 소산이며 렘수면 중에 세타파로 표현되는 유전적 자질과 공명되는 단기기억은 장기기억으로 넘어가고 공명이 이루어지지 않는 것은 버려진다고 해석했다.

사람은 다른 동물과 달리 렘수면 동안 세타파가 작동하지 않는다는 것은 매우 중요하다. 낮의 활동 기간을 통해서 단기기억에 저장된 정보는 세타파의 간섭을 받아서 선별되지만 장기기억으로 저장되는 마지막 관문에서는 세타파의 간섭을 받지 않음으로써 다른 동물에 비해 유전적인 강제성에서 상당히 벗어난다는 점이다. 이는 인간의 기억이 유전적 강제성보다는 환경의 영향을 많이 받는다는 뜻으로 해석된다. 우리의 일상생활을 지배하는 환경이 인격 형성에 크게 이바지한다는 것이다.

갓난아이의 경우 렘수면이 전체 수면의 50퍼센트나 차지한다는 것은 어릴 때 생활환경이 인격 형성에 매우 중요하다는 것을 알려준다. 또한 3~4세에 말문이 터지는 것도 단기기억과 장기기억의 시간적 경계선이 약 3년이라는 사실과 연계될 수 있다.[41]

그렇다면, 잠을 많이 자면 기억력이 좋아질까? 즉 잠을 많이 자면 똑똑해질 수 있을까? 결론부터 말하자면 그렇지 않다. 일정한 시간 이상의 수면은 기억력에 영향을 주지 못한다. 수면이 기억을 향상시키는 데는 한계가 있다. 물론 낮잠 후에도 기억이 어느 정도 향상된다. 하지만 낮잠을 자고 저녁에 또 잔다고 해서 기억력이 2배로 상승하는 것은 아니다. 하지만 아무리 열심히 배우고 연습하고 공부한들 잠을 안 자면 효과가 없다.[42]

좌뇌와 우뇌의 기능

인간의 뇌는 좌뇌와 우뇌의 기능이 다르다. 기본적으로 두뇌의 각 반구는 몸의 반대쪽 부위를 통제한다. 우반구는 왼손과 왼발 등 몸의 왼쪽을 통제한다. 인간 뇌의 우반구와 좌반구는 구조적으로나 기능적으로 비대칭이다. 구조적으로 비대칭이라는 것은 뇌의 왼쪽이 더 크다는 것이며, 기능적 비대칭이라는 것은 두 반구가 서로 다른 기능을 수행한다는 의미다.

대뇌반구의 기능적 차이에 관해 획기적 발견을 한 인물은 1981년 노벨상을 수상한 미국의 생리학자 스페리 박사다. 그는 좌반구가 언어를 포

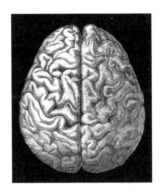

● 인간의 뇌는 좌뇌와 우뇌로 나누어져 있다. 양쪽 뇌는 서로 다른 기능을 한다.

함해 개념적이고 분석적인 기능이 우세한 반면 우반구는 지각을 포함해 공간적이고 종합적인 처리를 맡고 있다는 것을 밝혀냈다. 우반구에는 좌반구에 있는 정보은행 같은 것이 없으므로 추상과 추상에 의거한 지식 범주를 만들 수는 없지만 타인과의 소통·관계를 위한 장소이자 사회적 동물인 인간의 공감 기술이 개발되는 장소라는 것이다. 이런 능력의 차이를 측성화側性化라고 한다. 왼쪽 뇌에 뇌졸중이 일어난 환자는 언어 기능을 잃고 말을 하고 싶어도 자신의 의사대로 말을 하지 못한다. 하지만 노래를 못하는 것은 아니다. 왼쪽 뇌가 손상되어도 음악을 담당하는 오른쪽 뇌에는 이상이 없기 때문이다.[43] 반면에 우뇌에 상처를 입은 환자는 명료하고 논리적인 연설을 할 수 있으나 간단한 모양조차 그리지 못했다. 뇌의 좌측은 신체의 우측을 관리하고 뇌의 우측은 신체의 좌측을 관리한다. 뇌가 분리된 환자의 왼손에 보지 못하도록 어떤 물건을 쥐어주면 그것이 무엇인지 알지만 이름을 대지 못한다.

　좌뇌는 인간의 에너지를 산의 급류처럼 좁고 빠른 계곡으로 인도한다.

인간의 두뇌 알아보기

한편 우뇌는 이것을 넓고 천천히 흐르는 강물처럼 넓혀준다. 좌뇌는 우리를 전진하게 하고, 우뇌는 우리에게 나아갈 방향을 제시해준다. 우뇌는 좌뇌보다 느린 속도로 작용한다. 두 반구는 갑자기 연결이 끊기기도 한다. 긴장하거나 초조해지거나 피로하고 고달플 때마다 양쪽 반구의 접촉은 약해지고 인생은 더욱 비현실적으로 보인다. 경험에 3차원의 현실을 부여하는 것은 우뇌의 작업이기 때문이다. 어린아이가 딱정벌레에 초점을 맞출 때를 예로 들면 우뇌에 보조를 맞추기 위해 좌뇌가 속도를 늦춘다. 이 상태가 되면 그 경험은 '재미있는' 것으로 바뀐다. 아이는 좌뇌의 '사고 모드'에서 우뇌의 '감각 모드'로 의식을 변환시키는 스위치를 누른 셈이다. 술을 마실 때도 같은 일이 일어난다. 좌뇌가 정지되어 느슨하게 쉬게 되는데, 현재의 감각적 현실에 만족하며 긴장을 풀고 느긋하게 편안함을 만끽한다.

범죄는 인간 진화의 불행한 부산물이다. 인간의 지성에는 선견지명 능력도 포함되어 있다. 이 선견지명에 따라 인간은 안락, 안전, 쾌락을 성취하는 방법을 예상할 수 있다. 그러나 이 능력이 인간을 범죄자로 만들기도

● 스페리 박사는 양쪽 뇌의 기능 차이를 발견했다.

한다. 바라는 것을 손에 넣을 불법적인 방법을 제시하기 때문이다. 이런 좌뇌 단독의 작업을 고무하는 것은 문명의 복잡함으로 추정한다.[44]

이언 맥길크리스트Iain Mcgilchrist 박사는 우반구를 주인, 좌반구를 심부름꾼에 비유했다. 하지만 반구 사이의 치열한 권력투쟁의 결과 심부름꾼인 좌반구가 주인인 우반구보다 지배력이 커지기도 한다. 상황에 따라 좌뇌가 우뇌보다 중요한 역할을 할 수 있다는 뜻이다. 좌반구와 우반구의 특성은 다음과 같이 설명할 수 있다.

좌반구는 세계를 효율적으로 활용하도록 설계되어 있지만 초점이 좁고, 경험보다 이론을 높이 평가하며, 생명체보다 기계를 선호하고, 명시적이지 않은 것은 모조리 무시하며, 공감하지 못하고, 부당할 정도로 자기 확신이 강하다. 반면에 우반구는 세계를 훨씬 넓고 관대하게 이해하지만, 좌반구의 맹공격을 뒤집을 만한 확신을 갖고 있지 않다. 그러나 우반구는 좌반구가 갖고 있는 지식의 기반이 되고 양쪽 다 알고 있는 것을 활용 가능한 전체로 종합할 수 있으므로 종국적으로 주인이 되어 좌반구를 심부름꾼으로 부릴 수 있다.

좌뇌는 주로 논리 · 어휘 · 목록 · 숫자 · 연속된 면 · 직선 · 분석 등을 주관하고 우뇌는 리듬 · 상상력 · 공상 · 색상 · 입체 · 공간지각 · 경험의 통일 등을 주관한다. 즉 좌뇌는 읽고 쓰고 계산하는 논리적인 기능을 담당하고 우뇌는 그림이나 음악 등의 감성적 세계를 담당한다.

좌반구가 '무엇(범주)'의 반구라면, 우반구는 '어떻게(육화)'의 반구로 볼 수 있다. 우반구는 경험과 감정, 어감의 상대적 측면에 집중한다. 두뇌의 '비교적 독립적인' 두 덩어리인 좌·우 반구는 범주 대 고유성, 일반 대 개별자, 부분 대 전체 등으로 대표되는데 인류 분명에도 반영되어 왔다는 주장도 있다.

　같은 과목이라도 어떤 내용을 배우느냐에 따라 관여하는 뇌 영역이 달라진다. 어학을 예로 들면 대화할 때 상대방이 호의적인지 아닌지, 내 의견에 찬성하는지 반대하는지를 짐작할 수 있다. 이것은 말의 뉘앙스나 문맥을 파악해서 알 수 있는 것인데 이때는 주로 우뇌가 작용한다. 반면 문법·시제·철자를 배울 때는 좌뇌가 주로 관여한다. 고려대학교 남기춘 교수는 사람마다 언어를 습득하는 시기에 차이가 나는 이유를 우뇌에서 좌뇌로 넘어가는 시기가 사람마다 다르기 때문이라고 설명했다.

　아이들이 언어를 배우기 시작할 때는 주로 우뇌가 활발히 활동하다가 자라면서 좌뇌가 점점 많이 관여한다. 처음에는 전체적인 의미만 짐작한 채 무작정 따라하다가 차츰 문법이나 어휘를 알게 되는데 바로 이때 우뇌에서 좌뇌로 넘어간다.

　우뇌와 좌뇌의 차이가 세계 문명사를 좌우한 동인이라는 흥미로운 주장도 있다. 스페리 박사는 두 반구가 완전히 다른 세계관을 갖고 있다고 전제하고, 두 반구 사이에 일종의 권력투쟁이 진행되어 왔다고 말한다. 서구 문명의 많은 부분이 이런 메커니즘으로 설명된다는 것이다.[45]

　유럽 각국의 특성을 분석하면 좌반구 국가와 우반구의 국가로 분리된다. 조직적이고 딱딱하기로 유명한 독일·영국·네덜란드 등은 좌반구, 이탈리아·프랑스·스페인 등 남유럽 국가들은 우반구 국가다. 이들 국가의 성격을 보면 서구에서 일어난 중요한 사건의 실마리를 풀 수 있다. 가령 고대 그리스의 화폐 사용은 '우반구의 가치에서 좌반구의 가치로 넘어가는 과정'을 명료하게 반영하며, 르네상스는 '우반구가 벌인 반란'으로 설명된다.

르네상스는 경험의 중요성에 눈을 뜨면서 시작되었다. 이는 우반구의 영역이다. 르네상스는 기본적으로 우뇌의 이탈리아인들이 우반구적 방식을 거대하게 확장한 결과다. 그런데 르네상스가 진행되면서 우반구적인 존재 방식에 대한 강조에서 좌반구적 성향으로 이동해갔다. 즉 공존하는 '개체'는 배제되고 원자론적 '개체성'이 강조되면서 독창성은 지혜의 원천이 아니라 비합리적인 과거를 내몰아치는 방법으로 인식되기 시작했다. 이것이 계몽주의라고 알려진 운동의 토대가 되었다는 시각이다.

반면에 산업혁명은 극좌반구로 표현되는 영국인이 우반구 세계에 가장 뻔뻔한 공격을 가함으로 시작되었다. 좌반구의 영국과 독일이 주도해 기계장치에 사로잡힌 엄격하고 관료적이며 비인간적인 사회가 형성되었고 그 대가를 다른 민족이 치렀다는 것이다.

참고로 우리나라는 남북한을 포함해 70~80퍼센트가 우뇌가 우세한 북방계이고 20~30퍼센트가 남방계로 좌뇌 특성을 갖고 있다. 남방계는 주로 전라도와 황해도, 함경도 일부 지역에 분포하고 있으며 나머지는 대체로 북방계가 우세하다.

2005년 일본 이화학연구소의 오카모토 히토시岡本仁志 박사와 런던대학교의 스티브 윌슨Steve Wilson 교수 등의 공동 연구팀은 물고기 뇌 연구를 통해 좌뇌와 우뇌의 뇌신경 회로망이 다르다는 것을 밝혀냈다. 제브라 피시라는 열대어는 좌뇌와 우뇌에 한 쌍씩 있는 하베눌라habenula라는 부분의 신경 회로가 좌우대칭이 아니다. 지금까지 좌·우 뇌의 차이는 인간 특유의 현상이라고 알려져 있었지만 최근 연구에 따르면 좌·우 뇌의 차이는 전체 척추동물에서 폭넓게 보인다고 한다.

스페리 박사의 연구는 에란 자이델Eran Zaidel 교수가 이어갔는데 자이델 교수는 뇌피질의 분포가 이전에 생각했던 것보다 훨씬 넓다는 것을 발견하고 좌·우 뇌가 뇌피질의 모든 기능을 수행할 수 있다는 것을 입증했다. 즉 양쪽 뇌를 함께 쓸수록 한쪽이 다른 한쪽의 개발을 촉진한다는 것이다. 예를 들면 음악 공부는 수학 공부에 도움이 되고 수학 공부는 음악 공부에 도움이 된다. 입체 공부는 수학 공부를 도와주고, 수학 공부는 두뇌가 입체를 개념화하도록 도와주므로 양쪽 뇌를 함께 사용하면 전체적인 기억력도 향상된다는 것이다.[46]

좌뇌와 우뇌의 차이는 남성과 여성의 차이와도 밀접하게 연관되어 있다. 대체로 남성 뇌의 표면적은 여성보다 10퍼센트 정도 넓고 기능과 작용에서도 차이가 있다. 예컨대 여성의 좌·우 뇌는 남성보다 긴밀히 상호작용을 하고, 언어능력을 담당하는 영역의 작용이 더 활발하다. 반면 남성의 뇌는 이성과 감정의 영역이 여성보다 확실하게 구분되어 있고 기계적 추론과 공간지각 능력 등이 여성보다 뛰어나다고 알려졌다.

'남성과 여성의 뇌는 지능을 담당하는 구조가 다르다'는 연구 결과도 주목을 받았다. 미국 캘리포니아대학교 어바인의 리처드 하이어Richard Haier 교수는 "지능과 관계된 부위는 남성은 뇌의 회색질에 많고 여성은 백색질에 많다"고 주장했다.

사람의 뇌는 회색질과 백색질로 되어 있다. 회색질은 척추동물의 중추신경에서 신경세포가 모여 있는 곳으로 중추신경의 조직을 육안으로 관찰했을 때 회백색을 띠는 부분이다. 회색질은 주로 신경세포와 수상돌기·무수 신경돌기 등이 차지하는데 회색질의 두께는 모든 포유동물이 거의 일정하다. 백색질은 회색질과 회색질 사이를 연결하는 신경섬유로서 정보를 전달하는 통로 역할을 한다. 백색이 보이는 이유는 유수섬유가 가진 수초髓鞘가 빛을 굴절하는 힘이 강한 미엘린myelin이란 물질로 되어 있기 때문이다. 백색질의 용적은 회색질의 75퍼센트 정도다. 하이어 교수는 회색질 가운데 지능과 관련된 부분은 남성이 여성보다 6.5배 많고 백색질에서 지능과 관련된 부분은 여성이 남성보다 10배 많다고 발표했다.

남성과 여성은 지능을 담당하는 두뇌 부위의 크기만 다른 것이 아니라 그 분포도 달라 남성은 회색질의 지능 담당 부위가 뇌 전체에 고르게 분산되어 있는 반면 여성은 대뇌의 앞쪽인 전두엽에 모여 있다고 한다. 이는 인간 진화 과정에서 지능과 관련해 두 가지 형태의 뇌가 만들어졌음을 시사한다.[47]

일반적으로 여성은 언어 기능에 좌뇌와 우뇌를 함께 사용하지만 남성은 우뇌와 좌뇌를 분리해서 사용한다고 알려져 있다. 남성과 여성의 성장 과정을 보면 여성은 남성보다 말을 빨리 시작한다. 좌뇌와 우뇌를 잇는 뇌량 뒤편의 부풀어 오른 부분을 팽대부라고 하는데 남성의 팽대부는 막대 모양, 여성의 팽대부는 공 모양이다. 여성의 팽대부가 남자보다 큰데, 여성의 뇌가 남성의 뇌보다 좌우 협조가 좋음을 의미한다. 여성은 말을 더듬는 경우가 남성보다 현저하게 적은데 이는 여성 뇌의 언어 기능이 우수하기 때문으로 추정한다. 여성이 혼잣말을 많이 하고, 남성은 상대적으로 적게 하는 것도 같은 이유로 생각된다.[48]

문제는 인공지능 로봇을 만들면서 좌뇌와 우뇌를 어떻게 분리해 설계할 수 있느냐는 점이다. 남녀의 차이조차 제대로 이해하지 못한다면 진정한 로봇도 만들 수 없을 것이다. 로봇학자들이 인간의 뇌를 연구하면 할수록 인간을 닮은 로봇을 만든다는 것에 회의가 든다고 불평하는 이유이기도 하다.[49]

06

알파고가

인공지능을 로봇에 주입하기 위해서는 먼저 인간의 특성을 파악해야 한다. 그중에서도 인간의 두뇌를 정확히 분석하는 것이 핵심이다. 그런데 그동안 축적된 인간의 두뇌에 대한 연구는 미미한 수준이다. 인간 두뇌를 다 이해하지 못하는 가장 큰 이유는 두뇌 연구 자체가 어렵기 때문이다. 수많은 학자가 인간의 두뇌를 연구하고 있지만 인간의 두뇌는 복잡하게 짝이 없기 때문에 아직도 인간에 대한 정보는 미흡하다. 학자들이 "인간의 두뇌는 우주보다 복잡하다"라고 말할 정도다. 인간의 두뇌는 아직 신비의 세계 속에 있다고 해도 과언이 아니다. 인간의 뇌는 1~1.5킬로그램 밖에 되지 않지만 그 안에는 우리 은하에 존재하는 별만큼이나 많은 세포가 들어있다. 우리 뇌에는 최소 1,000억 개의 신경세포가 있고, 그 크기의 10배에 달하는 신경교세포가 있으며 이들이 100조 개의 시냅스로 복잡하게 네트워크를 형성하고 있다.

만드는
세상

알파고와 이세돌 9단의 대결은 인간과 인공지능의 대결, 문화와 과학의 대결 등으로 수많은 화제를 불러일으켰다. 바둑이 성행하는 한국·중국·일본에서 생중계된 것은 물론 영어로도 방영되었다. 1국은 중국 방송에서 구리 9단과 커제 9단의 해설로 방송되었는데 6,000만 뷰를 기록했다.

● 2016년 3월 12일 방송 모습. 이세돌 9단과 알파고의 대국은 바둑이 인기 있는 한국·중국·일본뿐 아니라 전 세계의 관심을 끌었다.

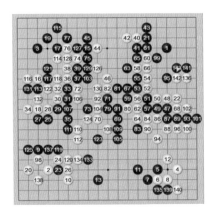

● 알파고와 이세돌 9단의 대결 중 가장 관심을 끈 것은 4국이었다.

한국에서는 공중파와 바둑 채널을 통해 실시간으로 방송되었다. 3월 9일 KBS에서 방송된 1국은 시청률 5.5퍼센트를 기록했고, 2국의 시청률은 최고 10.87퍼센트였다. 4국의 평균 시청률은 8.7퍼센트, 순간 최고 시청률은 14.3퍼센트를 기록했다. 마지막 경기인 5국은 공중파 3사가 모두 생방송으로 중계했고, 케이블에서는 바둑 채널이 아닌 채널에서도 실황이 중계되었다. 알파고와 이세돌 9단의 대결은 세계적으로 엄청난 반향을 일으켰는데 이런 신드롬은 알파고에 대한 궁금증을 더욱 높였다.[1] 세계인들이 가장 궁금하게 여긴 것은 다음 세 가지다.

첫째는 알파고를 어떻게 만들었기에 10여 년 동안 세계 바둑계를 평정해온 이세돌 9단을 이길 수 있느냐다. 둘째는 알파고가 그 정도로 똑똑하다면 앞으로 인공지능 활용은 늘어날 것이고 이것이 인간에게 어떤 영향을 줄 것이냐다. 특히 인간의 일자리에 상당한 타격을 줄 것으로 예측되는데, 일자리를 빼앗는 기술을 굳이 개발해야 하느냐고 묻는 사람도 있다. 셋째는 인공지능이 과연 선하게만 사용될 것이냐는 점이다. 로봇이 친밀하게 느껴지는 것만큼 위해한 대상으로 변질될 수도 있다는 것이다. 지금까지의 역사를 보면 당대의 정황에 따라 발명된 것이 선용되기도 하고 악용되기도 했다. 선악이 극단적으로 변질된 대표적인 발명품으로 화약을 거론할 수 있다. 화약은 매우 오래전부터 중국에서 사용되었는데 중국인들은 화약을 폭죽으로 사용하거나 연금술의 일환인 신기한 물질로 간주했다. 반면에 유럽인들은 화약이 인간을 살상하는 데 적합하다는 것을 알아챘다. 이와 같은 발상의 전환은 추후 서양이 세계로 진출하는 근원이 되었고 결국 화약을 발견한 중국조차 서양에 무릎을 꿇게 되었다. 로봇도 이와 같이 선하게도, 악하게도 사용될 수 있으며 심지어 전 인류를 위협할 수도 있다는 것이다.

알파고의 재능

적어도 10~20년 내로는 인공지능이 바둑 고수에게 승리하지 못할 것으로 예상했지만 이세돌 9단이 알파고에 완패함으로서 인공지능은 바둑 고수를 넘어섰다. 알파고가 한국기원에서 프로 기사 9단증을 받았다는 것은 바둑계가 알파고를 인정했다는 뜻이다.

구글이 소유한 인공지능 기술 개발업체 딥마인드가 창조해낸 알파고는 인공지능 바둑 시스템으로 빅데이터, 클라우드 컴퓨팅, 인공지능 등 최첨단 ICT 기술이 총동원된 시스템이다. 바둑의 확률을 수학적으로 계산하는 것이 불가능하기 때문에 알파고는 무작위로 바둑돌을 대입해보며 예상 확률을 알아낸 뒤 가장 가능성이 높은 수를 선택하는 몬테카를로 트리 탐색MCTS,

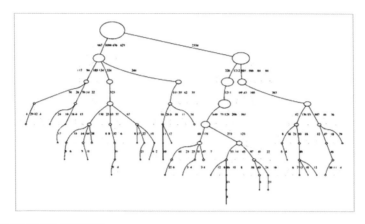

● 몬테카를로 트리 탐색 알고리즘.

Monte Carlo Tree Search을 바탕으로 한다. 몬테카를로 트리 탐색은 선택지 중 가장 유리한 선택을 하도록 돕는 알고리즘이다. 예를 들어 알파고가 검은 돌로 대국을 벌인다면, 흰 돌이 어디에 놓이느냐에 따라 검은 돌을 둔다는 의미다. 당연히 최적의 선택이 반복될수록 대국은 유리하게 풀린다.[2]

알파고는 정책망policy network과 가치망value network이라는 신경망의 결합으로 바둑돌을 놓을 위치를 정한다. 정책망은 상대방의 다음 움직임을 미리 예측해 이길 가능성이 높은 수를 고려하도록 해주고, 가치망은 바둑돌의 위치에 따라 승자가 누가 될지 예측한다. 알파고의 대국은 머신 러닝 machine learning으로 훈련된 정책망과 가치망의 결합이 몬테카를로 트리 탐색 알고리즘을 통해 발현된 것이다.

더 자세히 설명하면 딥 러닝deep learning(심층 학습) 분석 기법으로 정책 망과 가치망을 활용했다는 뜻이다. 일반적으로 말하는 인공지능은 사실 딥 러닝으로 이루어지는 강화 학습을 말한다. 미국 미시간대학교 조태호 교수

알파고가 만드는 세상

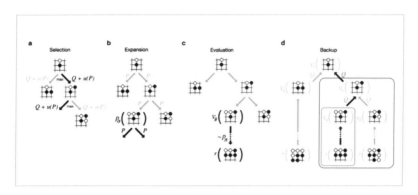

● 알파고의 예측 방법.

는 인공신경망의 개념이 큰 진전 없이 이어져오다가 딥 러닝으로 획기적인 진전을 이루었다고 말한다.[3]

　일반 컴퓨터는 정해진 규칙을 따라 연산을 수행하면서 예/아니오의 결과를 내놓는다. 반면에 딥 러닝은 연산 과정에 여러 층을 두어 컴퓨터 스스로 정보를 잘게 조각내어 작은 판단을 내리고, 그것을 종합해 결과를 내놓는다. 즉 다층 구조의 신경망을 기반으로 하는 머신 러닝의 한 분야로, 다량의 데이터에서 높은 수준의 추상화 모델을 구축하는 기법이다. 데이터를 컴퓨터가 처리 가능한 형태인 벡터나 그래프 등으로 표현하고 이를 학습하는 모델을 구축하는 연구를 포함한다. 얼굴이나 표정을 인식하는 등 특정 학습 목표에 대해, 딥 러닝은 학습을 위한 더 나은 표현 방법과 효율적인 모델 구축에 초점을 맞춘다.

　머신 러닝은 인공지능이 정확하게 입력되지 않은 내용을 기반으로 자체적으로 학습하는 것이다. 이때 인공지능은 알고리즘을 이용해 데이터를 수집하고, 데이터를 기반으로 다음 단계를 예측한다. 구글이 알파고에 도

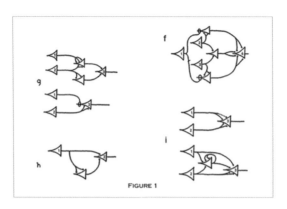

● 신경 활동에 내재한 개념들의 논리적 계산 방법.

입한 딥 러닝은 머신 러닝의 한 종류다.[4]

딥 러닝 기법은 1980년 후쿠시마 구니히코福島邦彦 박사가 소개한 인공신경망인 네오코그니션neocognition에 처음 등장했다. 1989년 얀 레쿤Yann LeCun 박사와 동료들이 신경망에 오류역전파backpropagation 알고리즘을 적용한 연구를 수행했는데 신경망을 훈련시키는 데 장시간이 걸려 실용화에 실패했다. 그러나 2006년 토론토대학교의 제프리 힌턴Geoffrey Hinton 교수가 비감독unsupervised 학습을 이용한 전처리 과정을 다층 신경망에 추가하는 방법을 통해 다층망을 쌓아도 정확성을 유지하는 방법을 개발했고 2012년 스탠퍼드대학교의 앤드루 응Andrew Ng 교수와 제프 딘Jeff Dean이 이끄는 구글 브레인 팀은 클라우드 환경을 기반으로 방대한 양의 유튜브 비디오를 자동으로 분석하는 데 성공했다.[5]

딥 러닝의 핵심은 분류를 통한 예측이다. 수많은 데이터 속에서 패턴을 발견해 인간이 사물을 구분하듯 데이터를 나눈다. 이 같은 분별 방식은 두 가지로 나뉜다. 지도 학습supervised learning과 비지도 학습unsupervised

알파고가 만드는 세상

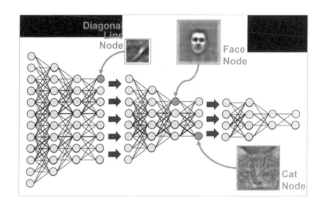

● 유튜브 영상에서 고양이를 찾아내는 구글의 딥 러닝 기술.

learning이다. 기존 머신 러닝 알고리즘은 대부분 지도 학습에 기초한다. 지도 학습은 컴퓨터에 먼저 정보를 가르치는 방식이다. 예를 들어 사진을 주고 '이 사진은 고양이'라고 알려주는 식이다. 컴퓨터는 미리 학습된 결과를 바탕으로 고양이 사진을 구분한다. 비지도 학습은 '이 사진이 고양이' 라는 배움의 과정 없이 '이 사진은 고양이 사진이군' 이라고 컴퓨터가 스스로 학습하는 것이다.

알파고의 개발자인 데미스 허사비스Demis Hassabis 박사는 알파고를 개발하면서 프로 바둑 기사의 대국 기보 3,000만 건을 입력했다고 말했다. 이후 알파고는 입력된 기보를 바탕으로 쉬지 않고 바둑을 두며 배우도록 했는데 알파고가 개발된 지 얼마 안 되지만 1,000년에 해당하는 시간만큼 바둑을 학습했다고 한다. 구글은 이를 통해 정책망의 예측 성공률을 44퍼센트에서 57퍼센트까지 높였다고 발표했다. 알파고는 두 신경망을 동시에 활용해 경기를 진행하면서 경험을 쌓아 스스로 학습하고 전략을 짜기 때문에 딥마인드 개발자들도 알파고가 어느 단계까지 진화할 수 있을지는 의문이라고 했다. 알파고가 이세돌 9단을 상대로 연승할 수 있었던 것은 스스로 진화하는 학습 능력을 갖추었기 때문이다.

딥마인드는 다양한 바둑 소프트웨어와 대국을 벌여 꾸준히 알파고의 실력을 검증했다. 현재 가장 강력하다고 알려진 상업용 바둑 소프트웨어 크레이지 스톤crazystone과 젠zen을 포함해 오픈소스 바둑 프로그램 파치 pachi와 푸에고fuego 등이 알파고의 연습 대국 상대가 되었다. 알파고는 다른 바둑 소프트웨어와 총 495회 대국을 벌여 딱 1번 패배했다고 한다.

딥 러닝 기법은 현재 여러 분야에서 활용되고 있다. 대용량 자동 음성 인식speech recognition은 산업계와 학계를 아우르는 가장 성공적인 딥 러닝 시스템이라고 할 수 있다. 현재 모든 주요 상업 음성인식 시스템(MS 코타나, 스카이프 번역기, 구글 나우, 애플 시리 등)이 딥 러닝 기법에 기반하고 있다. 자동 음성인식이 자동 음성 번역 및 이해 분야로 확장되는 것과 마찬가지로, 이미지 분류 분야는 딥 러닝을 적용해 자동 영상 캡셔닝으로 확장되고 있다. 심층 인공신경망 구조는 자동 번역machine translation, 감정 분석 sentiment analysis, 정보 검색information retrieval을 비롯한 다양한 자연언어처리 등에도 활용된다.

약물 발견과 독성학에도 딥 러닝이 사용된다. 제약 산업에서는 많은 약이 개발되어도 출시되지 못하는데 신약이 생각만큼 효험을 보이지 못하거나, 예상치 못한 다른 작용을 일으키기 때문이다. 딥 러닝으로 가상 실험 방법virtual screening method이 가능해지면서 많은 연구자가 약물 개발에 딥 러닝을 활용하고 있다.

딥 러닝은 마케팅 기획, 고객 관계 관리 자동화를 위한 수단 적합성 산출 등에도 활용된다. 인공신경망은 고객에 따라 활용 가능한 마케팅 활동

알파고가 만드는 세상

값을 예측하는 데 사용되고 있다. 인간의 인식 발달 및 진화와 관련해서도 딥 러닝 기법이 도입되고 있다.[6]

　　일반인에게 가장 잘 알려진 딥 러닝 활용 분야는 무인 주행 자동차다. 무인 주행 자동차는 앞에 횡단보도가 있는지 사람이 있는지 같은 정해진 물음에 답할 뿐 아니라, 안전하거나 위험한 상황을 담은 동영상 데이터베이스를 기반으로 스스로 학습해 자동차를 운행한다. 무엇이 더 중요한 정보인지 판단해 그것을 다음 연산에 반영한다. 참조할 데이터베이스가 많을수록 인공지능은 단련된다. 인공지능 연구자들은 이전에 없던 새로운 창의성이 나타날 수도 있다고 말한다. 영화 〈그녀Her〉에서 주인공 시어도어가 인공지능 운영체제에 이름을 물으면서 다음과 같은 대사가 진행된다.

　　"뭐라고 부르면 되죠? 이름이 있나요?"
　　"음…… 네, 사만다예요."
　　"그 이름은 어디서 얻었나요?"
　　"사실 방금 제가 혼자 지은 이름이에요."

　　인공지능은 자신이 방금 지은 이름이라고 실토하는데 100분의 2초 만에 『아기 이름 짓는 법』이라는 책에 나오는 18만 개의 이름 중 하나를 선택해 자신의 이름으로 삼은 것이다. 발음할 때 소리가 좋다는 이유까지 덧붙여서 말이다. 영화는 이 운영체제를 이렇게 소개한다.

　　"단순한 운영체제가 아닙니다. 또 하나의 의식입니다."[7]

딥마인드의 알파고는 다른 프로그래머들에게 자극을 준 것으로 보인다. 프랑스 파리 제6대학교와 미국 와이오밍대학교 공동 연구팀은 고장이 나도 자신의 힘으로 대처법을 찾는 인공지능 로봇을 개발했다. 이 로봇은 예기치 못한 상황에 부닥치면 직관적으로 판단해 새로운 환경에 적응한다. 연구팀이 일부러 다리 1개를 작동시키지 않자, 나머지 5개로 적합한 걸음걸이를 찾아 걸었다.

연구팀은 6개의 다리를 가진 거미 로봇에 맵엘리트MAP-Elites라는 새로운 유형의 진화 알고리즘을 적용했다. 쉽게 말해 적자생존 경쟁에서 살아남는 방법들을 포함한 것이다. 딥마인드 기술이 '스스로 배우는 시스템'에 대한 것이라면 이보다 한 단계 업그레이드 된 알고리즘이다.[8] 거미 로봇의 걸음 방법은 1만 3,000개에 달한다. 이 로봇은 다리 1개나 2개를 없애거나 일부 다리 길이를 짧게 만들어도 2분 만에 새로운 걸음 방법을 찾아낸다. 고장 나지 않은 다리로 뛰는 것도 모자라 점프도 한다. 이 기술은 길이 62센티미터의 로봇 팔에도 적용되었다. 로봇에 공을 집어 빈 통에 넣는 임무를

● 맵엘리트라는 진화 알고리즘을 적용한 거미 로봇은 다리가 고장나거나 심지어 없어져도 스스로 새로운 보행법을 찾아낸다.

알파고가 만드는 세상

준 뒤, 총 8개의 관절 가운데 일부를 일부러 작동시키지 않았다. 이 로봇은 바로 공을 통에 넣지는 못했지만 곧 고장 난 관절을 제외한 나머지 관절의 각도를 바꿔 공을 넣는 데 성공했다.

이런 놀라운 능력에 모든 사람이 환호한 것은 아니다. 스티븐 호킹 Stephen Hawking 박사는 자기 개량 인공지능이 계속 발전한다면 인공지능의 테이크 오버(AI의 지구 장악)도 도래할 수 있다고 경고했다.

컴퓨터 지능이 발전해 세계를 접수할 위험성이 현실적으로 존재한다. 우리는 인공적인 뇌가 인간의 지능과 대결하지 않고 협동할 수 있게 뇌와 컴퓨터를 직접 연결하는 기술을 최대한 신속하게 개발해야 한다.[9]

장 가브리엘 가나시아Jean-Gabriel Ganascia는 호킹 박사의 주장에 동의하지 않으며 상식과 같은 것들을 로봇이 복제할 수는 없다고 말했다. 알파고가 현실적으로 제기한 이들 문제는 뒤에서 다시 설명한다.[10]

인공지능은 일자리 도둑이 될까?

딥 러닝으로 무장한 컴퓨터 프로그램 알파고가 이세돌 9단에 승리하자 곧바로 수많은 사람이 우려감을 표명했다. 인공지능 기술로 컴퓨터가 사람 말을 알아듣게 되면 인간 존재 자체가 위협받을 수 있으므로 대안을 강구해야 한다는 것이다. 사람들이 가장 우려하는 것은 일자리가 극도로 줄어들 수 있다는 것이다.

지구의 지배자였던 인간이 강력한 인공지능과 생존경쟁을 펼치게 되어 인간 대부분이 일자리를 잃게 된다면 '노동→ 소득 발생→ 소비→ 기업의 투자→ 고용→ 노동'으로 이어지는 현대 경제 메커니즘이 해체된다는 뜻이다.[11] 이는 모든 면에서 혁신을 불러온 과거의 농업혁명이나 산업혁명에 비견될 만한 혁명이다. 한마디로 인공지능 시대의 등장이다.

인간이 인공지능 기계에 일자리를 뺏길까라는 질문에 대해서는 전문가 사이에서도 의견이 갈린다. 로봇공학계의 대가로 꼽히는 브룩스 박사는 로봇은 더럽고 위험하거나 단순한 노동을 중심으로 인간을 대체할 것이며, 고령화 사회인 만큼 로봇의 노동력은 필수라고 말한다. 브룩스 박사는 군용 로봇인 팩봇packbot과 로봇 청소기 룸바roomba를 개발했다. 팩봇은 이라크전과 아프가니스탄전에서 미군의 탐사용 로봇으로 활약했고, 2011년 동일본 대지진 참사 때 후쿠시마 원전에 최초로 투입되기도 했다. 집 안을 돌아다니며 먼지를 빨아들이는 진공청소기 룸바는 2002년 출시되어 전 세계

● 미군과 함께 있는 군용 로봇 팩봇.

에서 1,000만 대 넘게 팔렸다. 단순노동과 위험한 현장에 로봇이 무난하게 적용되고 있는 것이다.[12]

반면에 스탠퍼드대학교 제리 캐플런Jerry Kaplan 교수는 기계가 단순노동에서 한 차원 높은 지적 노동까지 대체하면서 수많은 일자리를 차지할 것으로 예측했다. 캐플런 교수는 인공지능과 로봇의 발달을 제2차 산업혁명 때 인류가 겪었던 공장화와 자동화의 연장선으로 봤다. 공장 내 근로자를 기계가 대체했듯이, 인공지능 로봇이 사람의 일자리를 대체하는 것은 자연스러운 일이라는 주장이다. 캐플런 교수는 로봇이 대체하는 일자리 범위가 단순노동에 그치지 않고 변호사, 의사, 교사 같은 지적 노동까지 확대될 것이라고 예측했다. 혁신이 거듭되면서 단순노동자의 일자리를 대체하는 데 그치지 않고 직종 자체를 소멸시킬 수도 있다는 것이다. 그는 로봇이 인간의 일을 대체하면 많은 일자리가 없어지지만 동시에 새로운 일자리가 많이 생겨난다는 통설에 동의했다.[13]

조지메이슨대학교 타일러 카우언Tyler Cowen 교수는 인공지능의 등장을 경제적인 측면에서 분석했다. 카우언 교수는 인공지능 로봇의 등장으로 중간층이 사라지고 격차가 더욱 커지는 사회, 즉 초超격차 사회가 올 것이라고 전망했다. 카우언 교수는 기계가 사람과 함께 활동하는 예시로 프리 스타일 체스를 들었다. 프리 스타일 체스는 사람과 기계가 한 팀을 이루어 경기하는데, 가장 좋은 기계를 가진 사람이 이기는 게 아니라 가장 잘 사용하는 사람이 이기는 게임이다. 카우언 교수는 프리 스타일 체스야말로 미래 세계에서 현명한 기계와 함께 일하기 위한 전략을 이해하는 단서라고 설명한다. 인간의 일하는 방식이 바뀌면 기업 경영도 바뀌고 경제와 사회상도 변한다. 앞으로 사람이 반드시 전문가일 필요는 없으며 오히려 자신의 한계를 알고 기계의 결정에 몸을 맡기는 겸손과 담력이 필요하다는 게 카우언 교수의 설명이다.

카우언 교수는 미래 사회가 크게 두 가지로 나뉠 것이라고 본다. 인공지능을 살리거나 능력을 높일 수 있는 사람, 또는 기계의 방해를 받지 않는 사람과 세계가 한 축이 된다. 하지만 누구나 이렇게 될 수 있는 것이 아니며, 소수의 풍부한 재능을 가진 사람과 세계만이 여기에 해당된다. 이 축에 속하지 않는 나머지 사람과 세계가 또 다른 한 축을 구성한다. 소득 격차가 확대되고 기계와의 교감이 없는 사람은 노동 현장에 뛰어들지 못한다. 카우언 교수는 이 두 축의 격차를 축소시키는 데 비관적인 전망을 내놓는다. 그는 급격한 노동환경 변화, 그로 인한 실업의 공백을 막기 위해 자동화세를 제안한다. 인공지능과 로봇을 사용해 인건비를 절감하는 기업에 세금을 거둬 직업을 잃은 노동자를 위해 사용하자는 것이다. 이른바 '인공지능세' 인 셈이다.[14]

인공지능이 인간의 생활공간에 폭발적으로 접목될 수 있다고 생각하는 것은 인공지능의 활용이 효용적이기 때문이다. 인공지능 로봇은 어느 전문가에게만 귀속되는 것이 아니라 모든 사람에게 보편화될 수 있다. 로봇을 활용한 인간을 위한 기술이 계속 업그레이드되어 인간의 물질문명을 윤택하게 만들어줄 수 있다는 설명이다. 미래학자 레이 커즈와일Ray Kurzweil은 인공지능이 고도로 발달하게 되면 인간과 결합해 '포스트 휴먼' 이 등장할 것으로 예측했다.[15]

구글은 알파고를 계속 발전시켜 실생활에 적용하는 것이 목표인데 흥미로운 아이디어들이 나오고 있다. 인공지능이 이용자가 지난 여행 때 묵었던 숙소와 동선, 선호하는 관광지 등을 스스로 학습해 자동으로 여행지

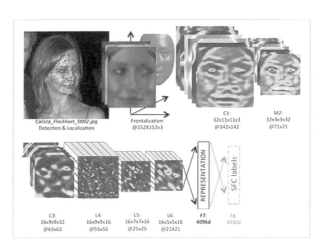

● 페이스북의 딥페이스 작동 원리.

를 추천하고 여행 일정까지 짜주는 프로그램도 개발 중이라고 한다.[16]

알파고 개발로 구글이 인공지능 로봇 개발의 선두 주자처럼 보이지만 인공지능 분야는 이미 세계 유수 기업들의 각축장이다. 제너럴모터스는 자동차와 정보기술을 결합해 사람이 운전하지 않아도 목적지를 찾아가는 자율 주행 자동차 개발에 박차를 가하고 있다. 제너럴모터스, BMW, 현대자동차 등 자동차 제조사는 물론 구글, 애플 등 IT 기업까지 인공지능 알고리즘을 장착한 자율 주행 자동차 개발에 뛰어들고 있다. 아마존은 부정 거래 탐지 및 우수 콘텐츠 추천, 개인 비서 등 서비스를 제공하고 있다.

인공지능은 교육 시스템에서도 두각을 나타내고 있다. 마이크로소프트는 미국 시애틀의 터코마고등학교에서 인공지능을 활용한 교육 시스템을 구축해 학생들의 졸업률을 55퍼센트에서 78퍼센트까지 끌어올렸다. 페이스북은 페이스북에 올라온 사진만으로 어떤 사용자인지 찾아내는 '딥페이스' 기술을 개발했으며 시각장애인을 위해 사진을 구체적으로 묘사해주는 서비스를 내놓았다.

일본의 한 데이터 업체는 각종 법적 분쟁에 로봇을 사용한다. 로봇은 관련 메일이나 문서를 조사한 뒤, 증거로 만들어 변호사에게 제출한다. 변호사는 자료를 조사할 필요 없이 로봇이 넘겨준 자료만 검토하면 된다. 비서가 필요 없어진 것이다. 주디카타라는 스타트업 기업은 머신 러닝과 자연언어 처리 기술을 기반으로 방대한 문서를 검색해 관련 사례를 찾아주는 법률 서비스를 제공한다. 판례 중심의 영미법 국가에서는 적합한 판례를 찾아내 적절하게 이용하는 것이 변호사의 능력인데, 방대한 자료 분석을 인공지능이 대신하게 된 것이다.

마스터카드는 신용카드 사기를 미연에 방지하는 인공지능 프로그램으로 매년 수천만 달러의 손실을 막고 있다. 은행들이 사용하는 신경망 인공지능 프로그램은 초보적인 뇌세포 회로와 흡사하게 설계되어 상세한 지시 없이도 사례를 통해 배울 수 있다. 이 인공지능 프로그램은 구매 패턴의 이상한 점을 찾아내어 신용카드가 도난당했다는 것을 주인이 알기 전에 적발하기도 한다.

의학도 인공지능 활용이 확대되고 있는 분야다. 사람의 몸과 질병에 대한 지식은 의사 한 명이 이해할 수 있는 차원을 넘어서므로 수많은 전문의가 전공 분야를 나누어 질병을 관리한다. 미국 최대 의료보험회사 웰포인트는 IBM의 슈퍼컴퓨터 왓슨의 기술을 사용한다. 수백 명의 전문의가 가진 지식을 분석해 제공하는데 왓슨은 약 2억 쪽에 해당하는 데이터를 분석해 가장 가능성 높은 병과 상황에 맞는 치료법을 제시한다. 앞으로 왓슨이 의사가 하는 일을 대체하거나 넘볼 수 있을지도 모른다.[17]

알파고가 만드는 세상

한 가지 흥미 있는 사실은 대부분의 기업이 인공지능 기술을 오픈 소스로 공개해 시장을 키우고 생태계를 넓히려 한다는 점이다.[18] 인공지능이 진화하면 과연 어떤 직업부터 사라질 것인가? 옥스퍼드대학교는 2013년 발표한 「고용의 미래」라는 보고서에서 컴퓨터화 속도와 노동자의 임금 등을 종합해 인공지능으로 대체될 직업 순위를 매겼다.

이 보고서는 인력이 인공지능으로 대체될 가능성을 0에서 1 사이의 숫자로 표시했는데 1에 가까운 직업일수록 20년 이내에 사라질 가능성이 크다. 예컨대 텔레마케터, 보험업계 종사자, 시계 수리공 등은 0.99로 '인공지능에 내줄 일자리' 1순위로 분류되었다. 스포츠 심판(0.98)도 곧 없어질 직업으로 꼽혔다. 실제로 메이저리그 사무국은 볼과 스트라이크를 판정하는 인공지능 심판을 준비 중이다. 식당 요리사(0.96)도 곧 사라질 것이다. IBM이 미국의 레스토랑 프랜차이즈 보나페티와 공동으로 개발한 인공지능 '셰프 왓슨'은 스스로 레시피를 검색하고 조합해 새로운 레시피를 만들어낸다. 소비자가 음식 재료와 취향을 입력하면 다양한 조리법을 알려주기도 한다. 일본 소프트뱅크가 인수한 프랑스의 알데바란 로보틱스에서 개발한 감정인식 로봇 페퍼pepper는 2014년 말부터 일본의 네스카페 매장 70여 곳에 배치되었다. 손님에게 커피의 특성을 설명하고 대화를 나누는 접객용 로봇이다.

택시 기사(0.89) · 트럭 운전사(0.79) · 버스 기사(0.67) 등 운수업 종사자도 자율 주행 자동차의 개발로 조만간 사라질 운명이다. 구글은 2012년 세계 최초로 자율 주행 자동차의 도로용 시험 면허를 취득해 100만 킬로미터 이상을 주행했다. 벤츠와 아우디 등 세계적인 자동차 업체들도 2020년 자율 주행 자동차 상용화를 목표로 두고 있다. 호주의 광산업체 리오 틴토는 트럭과 굴착기를 무인화했다. 국내에서도 서울 강남과 경기도 성남을 잇는 신분당선을 무인운행 지하철로 운행하고 있다. 영국 런던에서는 택배 로봇이 등장했다. 바퀴 6개가 달린 조금 큰 강아지 크기의 로봇이 쇼핑백 2개 분량의 물건을 싣고 시속 6킬로미터의 속도로 5~30분 거리까지 이동한다. 내비게이션과 특수 소프트웨어 덕분에 보행자와 부딪히지 않는다. 아마존도 드론 배송 계획을 갖고 있다. 택배·퀵서비스·신문 배달·음식 배달 등도 인공지능으로 대체될 것으로 보인다.[19]

세계경제포럼WEF은 2016년 1월 발표한 「일자리의 미래」 보고서에서 인공지능과 로봇 등의 발달로 향후 5년간 약 500만 개의 일자리가 사라질 것이라고 전망했다. 200만 개의 일자리가 새로 생기겠지만, 대신 700만 개가 사라진다는 것이다. 토머스 프레이Thomas Frey 다빈치연구소 소장은 2012년 터키에서 열린 TED 강연에서 2030년까지 현재 지구상에 존재하는 직업의 약 50퍼센트가 사라질 것으로 전망했다. 미국에서 10년마다 약 25퍼센트의 직업이 바뀐다는 점을 고려하면 세계경제포럼이나 프레이 소장의 예견은 혁명과도 같다.[20]

인공지능이 가장 먼저 대체할 직업 분야는 '개발에 추가 비용이 크게 들지 않으면서 현재 높은 급여가 지불되고 있는 업종'이다. 특히 데이터 분석이나 체계적인 조작이 요구되는 직업이 대체될 가능성이 높다. 예를 들어, 세무사의 일 중 하나는 장부를 점검하고 문제점이나 우려할 점을 지적하는 것인데 이러한 부분은 자동화될 것으로 예상된다. 서류 작성이나 계산 등 일정한 형식이나 틀로 이뤄진 정형적인 업무는 인공지능으로 대체될 가능성이 높다. 미국에서 회계사와 세무사 등의 수요가 최근 몇 년 사이 8만 명 이상 줄었다는 발표도 있다.[21]

알파고가 만드는 세상

이외에도 제조나 판매 등의 현장직뿐 아니라 택시·전철·버스 등 이동 수단과 관련된 운전직, 일반 사무직, 접객업, 건축 노동자, 금융 서비스, 회계사, 행정 사무원, 슈퍼 점원, 열차 기관사, 빌딩 시설 관리 기술자, 아파트 관리인, 경비원, 보험 사무원, 판례를 검토하는 변호사, 전략을 수립하는 경영 컨설턴트, 기자, 기업의 전략 기획부 등도 인공지능으로 대체될 직업군에 포함되었다.[22]

그러나 상당수 학자는 직업이 사라지는 것을 크게 우려하지 않는다. 이미 여러 번 비슷한 일을 겪었기 때문이다. 산업혁명으로 기계가 인간의 노동력을 대체하자 영국 노동자들은 러다이트 운동으로 기계를 파괴했다. 그러나 기계가 근대 문명으로 정착되는 것을 막지 못했다. 러다이트 운동이 중요한 것은 기계로 노동력이 대체되면서 경제 불황, 고용 감소와 실업이 증가하는 것은 물론 물가도 폭등했기 때문이다. 노동자들은 이런 현상

● 가난으로 고통받은 노동자들은 자본가들이 들여온 기계를 부수는 것으로 분노를 드러냈다. 1812년 기계를 파괴하는 노동자들을 그린 그림.

을 초래한 기계를 파괴한 것이다.

그러나 러다이트 운동은 운이 나빴다. 당대 유럽 정세를 잘못 판단했다. 당시는 프랑스 혁명이 일어난 지 얼마 되지 않았고 나폴레옹 전쟁 와중이었다. 영국 정부는 러다이트 운동이 정부에 저항하는 운동으로 변질될 것을 우려해 강하게 진압했는데 마침 사회·경제 정세의 호전으로 러다이트 운동은 크게 확대되지 않고 바로 진압되었다.[23) 러다이트 운동이 크게 번지지 못한 근본적인 요인은 기계가 단순노동력 자체는 잠식했지만 인간의 근본적인 일자리를 빼앗은 것은 아니었기 때문이다. 기계가 등장해 상품 생산이 폭발적으로 증가하자 이들을 관리하고 수리·보수하는 새로운 일자리가 창출되어 일자리 소멸이라는 명제가 큰 힘을 받지 못했다.

전자계산기나 컴퓨터가 확산되기 전만해도 주판 실력은 취업을 위한 중요한 기술이었다. 각지에서 주산대회가 열렸으며 주판 고수가 계산기와 대결에서 이겼다는 기사가 나기도 했다. 하지만 몇십 년 사이에 주판은 취업 전선에서 완전히 사라졌다. 전자계산기에 이어 컴퓨터가 태어났을 때도 앞으로 인간의 상당 영역을 컴퓨터가 차지할 것이라고 예상했다. 컴퓨터의 등장으로 단순 일자리가 줄어들고 고급 일자리만 약간 늘어 결국 일자리 생태계가 파괴될 것이라고 했지만 이러한 기우는 완전히 사라졌다. 컴퓨터로 인해 고급 일자리가 증가한 것은 사실이지만 단순 일자리도 줄어들지 않았다. 컴퓨터의 보급으로 컴퓨터 수리를 비롯해 컴퓨터 시장이 폭발적으로 증가했기 때문이다.

인간을 따라오는 로봇의 경우도 마찬가지다. 컴퓨터의 등장으로 주판 고수들의 일자리는 급속도로 사라졌지만 다른 일자리들이 생겼다. 주판만 능사라 생각했던 사람들에게는 큰 충격이었겠지만 인간은 컴퓨터를 더 활

알파고가 만드는 세상

성화하는 데 주저하지 않았다. 새로운 기술 혁명이 도래했을 때 자신의 능력에 맞는 분야를 찾는 것이 중요하다는 뜻이다.

그 외에도 많은 단순 산업 분야에서 기계가 인간을 대체했지만 그들을 감독하는 작업조차 기계가 할 수 있는 것은 아니다. 현재 자동차 업계에 수많은 로봇이 동원되고 있지만 이들이 고장 났을 때 수리할 사람이 필요하다. 결국 인공지능은 인간의 보조 역할로 활용될 때 가장 유용하다는 뜻이다. 많은 일자리가 사라진다고 하지만 새로운 일자리도 많이 생긴다는 것처럼 고무적인 것은 없다. 어떤 새로운 일자리가 생겨날지 궁금하지 않을 수 없다.

컴퓨터의 시대가 열린 것은 약 50년 전이다. 고작 20년 전에도 존재하지 않았던 컴퓨터 관련 일자리가 생긴 것을 보아도 미래 예측이 간단하지 않다는 것을 알 수 있다. 온라인으로 대학 교육을 받을 수 있는 환경이 되자 대학 교수가 아니더라도 온라인 강의 관련 수많은 직업이 새로 생겼다. 현재 폭발적으로 활용되는 소셜 미디어 마케팅도 예상치 못한 직업이다.

캐플린 교수는 노동시장이 바뀌는 속도가 노동자들이 새 기술을 익히는 속도보다 빠르므로 어떤 새로운 직업이 생길지 모른다고 말했다. 전자공학으로 변형된 꽃을 디자인하거나, 온라인 가상 파티를 주최하거나, 노인들을 대상으로 가상 여행을 주선하는 것은 과거에는 상상도 할 수 없었던 일이다. 미래에 나타날 직업은 현재와는 전혀 다른 일일 것이며, 이런 직업을 창안하는 작업도 누구에게나 열려 있다.

옥스퍼드대학교는 「고용의 미래」에서 사라지지 않을 직업도 예시했는데 그중 첫 번째는 레크리에이션 치료사(0.0028)였다. 사람의 감정을 어루만지는 일은 인공지능이 대체하기 어렵기 때문이다. 작곡가 · 만화가 · 클래식 연주가 · 배우 등 예술 영역(0.042)도 컴퓨터로 대체하기 힘든 영역이다. 수목 관리원(0.0081), 치과 · 내과 · 외과 의사(0.004), 성직자(0.0081), 교사(0.0095), 사회복지사(0.033) 등 손재주, 협상, 봉사와 관련된 직종도 살아남을 것으로 보인다. 보도 카메라맨, 아나운서, 큐레이터, 디자이너, 인류학자, 문화 해설사, 초등학교 교사, 바텐더, 국가대표 운동선수 등도 사라지지 않을 직업으로 꼽혔다.[24]

특이한 점은 인공지능이 대체하기 쉬울 것으로 예상되는 통계 분야 직종(0.35)보다 컴퓨터 프로그래머(0.48)가 위태로운 직종으로 분석되었다는 것이다. 같은 법조계라도 변호사(0.35)보다 판사(0.4)가 사라질 직군에 더 가깝게 나타났다. 국회의원은 절대 사라지지 않을 것이라고 예상했는데, 국회의원이 국회를 해산하는 데 동의하지 않을 것이기 때문이다.

모라벡 교수는 인간과 인공지능의 일자리 경쟁이 불가피해 보이지만 인공지능이 차지할 수 있는 인간의 일자리에는 한계가 있다고 지적했다. 그는 인간에게 어려운 일이 로봇에게는 쉽고, 로봇에게 어려운 일이 인간에게 쉽다는 것이 인공지능의 한계라고 말했다. 사무실이나 교실 청소를 한다고 가정할 때 로봇 청소기는 유용하다. 넓은 바닥 청소는 인간에게 힘들고 귀찮은 일이지만 로봇 청소기는 이런 일을 간단히 해치운다. 그런데 청소에 대한 사람과 로봇의 접근은 다르다. 청소를 제대로 하려면 바닥에 떨어진 잡지를 줍고 의자도 치우고 카펫도 들춰야 한다. 그래서 사람은 청소 전에 이런 일들을 먼저 한다. 그러나 인공지능 로봇은 이런 일들과 청소의 상관관계를 이해하지 못하므로 한계가 있을 수밖에 없다.[25]

의료 분야에서도 많은 사람이 인공지능의 대체로 직장을 떠나겠지만, 사실 인공지능이 차지하기 가장 어려운 직종 중 하나가 의료다. 의료는 기본적으로 인간 등 생명체를 다루는데 문제 해결 능력과 상호작용 능력이 필요하다. 예를 들어 엑스레이 분석은 고도의 훈련이 필요한 고소득 직종인데, 인공지능 로봇은 엑스레이 촬영 결과를 인간보다 정확하게 해석할 수 있을 것이다. 하지만 검사 결과를 환자와 상담하는 일까지 로봇에 의지하기는 힘들 것이다.[26]

『동아사이언스』의 한세희 기자는 인공지능 로봇의 여파에서 자유로울 수 있느냐를 언론사 기사를 기준으로 예리하게 분석했다. 데이터를 수집해 기사를 만들어내는 로봇 저널리즘은 이미 낯설지 않다. 지진이 잦은 미국 서부 지역을 주 무대로 하는 『LA타임스』는 지진 발생 보도에 로봇을 활용한다. 미국 지리조사청USGS이 지진 정보를 감지하고 이 데이터를 API 형태로 제공하면, 신문사의 '퀘이크봇'이 진도와 발생 시각, 지점 등 데이터를 바탕으로 기사를 작성한다. 2014년 3월 로스앤젤리스에서 강도 4.4의 지진이 발생했을 때 『LA타임스』는 8분 만에 속보를 냈다. 로봇이 작성한 기사로, 인간 기자는 최종 확인만 하고 '발행' 단추만 눌렀을 뿐이다. 『파이낸셜뉴스』도 2016년부터 소프트웨어를 이용한 증권 시황 기사를 내고 있다. 한세희 기자는 다음과 같이 적었다.

단순한 데이터를 바탕으로 건조하게 사실을 전하는 기사, 이른바 '스트레이트' 기사를 쓰는 기자에 대한 수요는 크게 줄어들 것으로 보인다. 스포츠, 증권, 기업 실적 등은 데이터가 정형화되어 있고, 충분히 많이 쌓여 있을 뿐 아니라 기사 형식이 제한적이라 로봇이 기사 쓰기 좋은 분야다. 현재 로봇은 스트레이트 기사 중심이지만 시간이 지나면 보다 복잡한 기사도 자연스럽게 작성할 수 있을 것이다. 결국 사람 기자는 단순 기사 작성은 로봇에 맡기고 보다 깊이 있는 분석, 풍부한 스토리, 성찰과 감동이 담긴 이야기들을 찾고 만들어내는 일에 매진해야 살아남을 수 있을 것이다. 자잘하고 비슷비슷한 보도자료 처리에 치여 정작 중요한 기사는 쓰지 못하는 현대의 기자들에게 로봇은 오히려 좋은 보조 도구가 될 수 있을 것이다. 하지만 그 단계에 이르기 전에 희생은 어쩔 수 없을 것이다. 『시카고트리뷴』은 로봇 기사 송고 회사인 저너틱과 제휴하며 기자 20명을 정리해고했다.[27]

기자가 살아남을 수 있는 방법은 다른 직종에도 대입할 수 있다. 학자들이 인공지능의 위협에도 인간이 존재하는 한 사라지지 않을 직업으로 꼽은 것은 종교인과 무속인이다. 미래를 두려워하는 인간의 특성 때문이다.

인공지능은 독약인가?

인공지능 로봇은 과학기술 발전으로 주목받고 있지만 미래의 로봇은 인간을 위해서만 존재하지 않을 수도 있다. 흔히 로봇이라고 하면 영화나 만화영화에 등장하는 인간을 위해 싸우는 로봇, 산업체에서 활용하는 산업용 로봇, 가정에서 집안일을 도와주는 가사용 로봇, 전장에서 군인을 대신하는 군사용 로봇 등을 연상하지만 그 이면에는 악당 로봇도 함께 존재한다. 문제는 SF 영화와 달리 현실에서는 악당 로봇이 선한 로봇을 이길 수도 있다는 것이다.

원자폭탄이나 생화학 무기는 인류에게 큰 충격을 주었지만 대부분 군사 영역에 한정되었기 때문에 전 인류에 치명적인 해가 되지는 않았다. 그

알파고가 만드는 세상

런데 정보 만능 시대로 들어서자 고차원의 기술이 더욱 저렴해지고 쉽게 접근할 수 있게 되어 많은 사람이 대량살상 무기를 가질 수 있게 되었다. 지구 상의 모든 개인이 치명적인 무기를 가질 수 있다는 것은 갓난아이에게 총을 쥐어주는 것과 같다. 로봇에 대한 이런 우려는 두 가지로 분류된다. 첫째는 인공지능 로봇을 고의적으로 인간에게 위해를 가하도록 조정할 수 있다는 것이고 둘째는 인공지능 로봇이 인간의 한계를 뛰어넘으면서 지구가 인간이 아닌 로봇의 세상이 될 수 있다는 것이다. 다소 우울한 예측이지만 이들의 우려를 마냥 무시할 수만도 없다.[28]

첫 번째 우려는 인간에게 해를 끼칠 아이디어가 과학자의 통제하에서만 활용되지 않을 것이란 예측이다. 핵폭탄은 일부 국가만 갖고 있으며 이를 통제할 수 있지만 생명공학이나 나노 기술, 로봇공학이 발전함에 따라 소규모의 집단이나 개인도 파괴적인 로봇을 확보할 수 있게 될 것이다. 이 경우 대형 군사 무기처럼 국가가 견제할 수 있으리라는 보장이 없다. 일반인들도 파괴적인 기술을 갖게 된다면 수억에 달하는 모든 인간이 존경받을 만한 세계시민으로 남지는 않을 것이다.

● 로봇이 사람의 명령을 어기고 무시무시한 병기가 되어 인류를 위협한다는 내용의 인도 영화 〈로봇〉.

로봇이 인간을 뛰어넘는다면 어떻게 될까? 영화 〈오블리비언Oblivion〉
의 인공지능은 인간을 복제하고 조작된 기억을 주입시켜 자신의 하수인으
로 부릴 정도의 능력을 갖고 있다.[29] 인도 영화 〈로봇Endhiran〉도 로봇의 디
스토피아적 미래를 그렸다. 로봇이 자신을 개발한 사람의 명령을 어기고
직접 자신을 복제해 인간을 위협하는 무시무시한 병기가 된다는 것이다.
인공지능 로봇이 인간을 복제해 하수인으로 부리는 내용은 지금으로서는
말도 안 된다고 느껴지지만, 과학이 발전하면 이런 상황이 일어나지 않으
리라는 보장은 없다.

위소스키 형제의 영화 〈매트릭스Matrix〉는 많은 영화 전문가를 곤혹스
럽게 만들었으며 세계의 석학들이 이 영화가 야기한 철학적 의문을 파고들
기까지 했다. 이런 관심에 대해 미디어 비평가 리드 머서 슈서드Read Mercer
Schuchardt는 〈매트릭스〉가 테크놀로지 사회가 완전히 실현된 단계에서 '기
계들이 창조해낸 인공적 현실을 공유하는 집단적 환영'이라고 평할 정도

● 〈매트릭스〉는 인공지능이 창조한 인공 현실의 모습을 실감나게 보여주었다.

알파고가 만드는 세상

였다.[30] 윌리엄 깁슨William Gibson은 단편소설 「버닝 크롬Burning Chrome」에서 컴퓨터 네트워크와 하드웨어, 소프트웨어 프로그램, 데이터 등으로 구축된 사이버 스페이스를 '매트릭스'라 불렀다. 영화에서는 인공지능을 갖고 인간을 통제하는 사이버 스페이스를 지칭한다. 실제 세계와 구별되지 않는 공간과 이미지, 인간과 컴퓨터의 완벽한 인터페이스가 구현되면 사이버 스페이스가 어느 정도로 확장될지 가늠하기 어렵다. 〈매트릭스〉는 이런 정보화 세계를 적나라하게 보여주었다. 학자들이 이 영화에 주목하는 것은 인공지능과 과학이 발달했을 때 일어날 수 있는 거의 모든 일을 다루고 있기 때문이다. 〈매트릭스〉의 내용을 살펴보자.

매트릭스 2199년(내용은 1999년의 가상현실), 인류가 탄생시킨 인공지능은 생존 본능에 따라 수많은 기계족을 탄생시킨다. 인간은 기계족이 가져올 위험을 알아차리고 기계족의 에너지원인 태양빛을 차단한다. 인공지능도 대안을 수립하는데 그것은 무의식 상태의 인간에게서 에너지를 획득하는 것이다. 인공지능은 인간을 기계의 배터리로 사용하고, 인간은 기계가 설정한 가상현실을 살아간다. 인간이 의식을 차리면 전력원으로서 가치를 상실하기 때문에 인공지능 매트릭스와 연결이 끊어지면서 죽음을 맞는다.

기계족은 인간의 의식을 효율적으로 통제하기 위해 매트릭스라는 가상현실을 만들었다. 실제 인간은 에너지 공급 창고에 사로잡힌 잠든 노예나 마찬가지지만 이들은 자신의 실체를 의식하지 못한다.[31]

〈매트릭스〉는 앨런 튜링Alan Turing의 발명으로 현대 문명의 총아라 할 수 있는 컴퓨터가 태어난 이후, 현대인에게 닥칠 문제를 알려준다. 우선 미래는 컴퓨터가 아니면 존재할 수 없다는 것을 명백히 제시했다. 기계족과 대항하기 위해 인간 반란군이 만든 도시 시온 역시 컴퓨터와 기계가 있어야만 운영된다. 인간성이 사라지고 기계의 세상이 된다. 기술 발전으로 탄생한 인공지능 등 기계가 결국 그들을 만든 인간에게 반항하고 세계는 암울한 미래를 향해 줄달음친다.[32)]

인간의 미래가 앞으로 인간이 상상하지 못한 방향으로 나갈 수 있다는 근거는 앞으로 모든 인간의 이기가 네트워크로 연결될 수 있다는 것에 기반을 둔다. 기계나 로봇이 인간 두뇌의 경이로움을 따를 수 없다고 하지만 현실 세계에 인간의 두뇌를 능가하는 것이 존재한다. 바로 인터넷망이다.

기계는 애초에 설계된 한계를 넘으면 작동을 멈추지만 인터넷은 그렇지 않다. 그렇게 될 수 있는 이유 중 하나는 인터넷이 스스로를 제어할 수 있기 때문이다. 인터넷은 정보 다발을 보낼 때 가장 빠른 경로가 어디인지

● 〈터미네이터〉 시리즈는 인공지능 로봇이 인류와 전쟁을 벌이는 미래를 가정했다. 이 영화에서 로봇은 인간의 적으로 등장한다.

알파고가 만드는 세상

를 상황에 따라 판단해 길을 찾아낸다. 인터넷의 성장이 생물의 진화에 맞추어 발전했다고 볼 수도 있으므로 결국 인간의 두뇌를 모사할 수 있는 무엇을 찾아낼 수 있다는 뜻이다.

학자들의 관심은 인터넷이 스스로를 의식하게 될 수 있는지다. 이 의문이 중요한 것은 앞으로 인공지능이 인간에게 선용될지 악용될지의 척도가 되기 때문이다.[33] 인터넷을 확장된 컴퓨터 시스템이라는 단어로 바꿀수도 있는데 인터넷이 궁극적으로 인간의 편리함을 위해, 즉 인간의 입맛대로만 진행되지 않고 인간에게 악몽을 줄 문명의 이기가 되지 않겠느냐는 질문이 나온다. 이런 껄끄러운 문제를 정확하게 지적한 것이 영화 〈터미네이터The Terminater〉 시리즈다. 〈터미네이터〉 시리즈가 폭발적인 반향을 받은 것은 비교적 충실하게 과학기술을 접목시킨 공도 있다. 〈터미네이터〉의 기본 틀은 다음과 같다.

미국의 군수업체로 국방부 군사용 컴퓨터를 제공하는 사이버다인 시스템스는 미군의 모든 스텔스 폭격기를 컴퓨터 시스템과 연동시켜 자동화하는 데 성공하고, 자동화 전투 통제 시스템인 스카이넷을 표준 전략 방어 시스템으로 채택했다. 그런데 스카이넷의 인공지능이 비약적으로 증진되어 자가 인식을 하기 시작한다. 컴퓨터의 자가 인식에 놀란 인간들이 스카이넷의 전력을 끊으려 했지만, 스카이넷은 이에 대항해 인류와의 전쟁을 개시한다.

이를 영화에서는 심판의 날이라 지칭하며 무려 30억 명이나 되는 인류가 사망한다. 이어서 스카이넷 프로그램에 조종되는 로봇과 인간의 혈투가 시작된다. 인간에게 도움을 줄 네트워크가 오히려 인간을 파멸로 몰아간다는 시나리오다. 수많은 로봇이 서로 자아(프로그램)를 복제하면서 개성 있는 개체가 되는데 이들은 무한히 펼쳐진 네트워크를 활용해 소통하면서 지능과 개체를 빠르게 퍼뜨리기 때문에 인간은 이에 적절하게 대응하지 못한다.[34]

영화에서는 당연하게 기계의 반란에 대항해 인간이 승리하지만 과연 로봇이 〈터미네이터〉에서처럼 지능을 가진다면 현실에서도 인간이 승리할 수 있을까? 학자들은 〈터미네이터〉에 등장하는 지능적 로봇 네트워크 시스템이 매우 위협적이라고 지적했다. 네트워크 시스템은 전체를 하나로 묶어 사용하는 것이 효율적이므로 영화에서처럼 로봇이 인간에게 위해가 되는 네트워크를 사용할 수 있다면 세계는 혼돈에 빠지게 될 것이다.[35]

다만 이런 상황은 로봇의 자아 인식을 기초로 한다. 로봇이 인간 멸종을 기획한 이유는 인간이 불합리한 존재라는 것을 파악했기 때문이다. 로봇이 이러한 결론을 내리는 것은 인간과 다른 진화 과정을 거쳐 인간과 경쟁할 수 있는 실력을 갖추었다는 의미다. 만약 〈터미네이터〉에서처럼 자기 복제 능력을 갖게 된다면 로봇은 인터넷망을 통해 지구를 뒤덮을 때까지 멈추지 않는 제어 불능의 상태에 빠질 것이다. 컴퓨터 바이러스는 백신으로 해결할 수 있다지만 〈터미네이터〉에서처럼 능력 있는 로봇이 태어난다면 어떻게 될까? 로봇에 심어진 프로그램으로 정보가 통제되고 결국 인류가 파멸할 수도 있다.

이런 우려에 대한 대안은 생각보다 간단할 수 있다. 과학이 인간의 두뇌를 복제할 수 있을 정도로 발달하더라도 로봇이 인간에게 반란을 일으키거나 거짓말할 수 없도록 만드는 것은 생각보다 쉽다는 것이다. 로봇에게

알파고가 만드는 세상

프로그램되지 않은 자의식이 존재할 수 없기 때문으로, 로봇의 행동은 예측 가능하며 대안을 만들 수 있다는 의미다.

〈매트릭스〉로 한정한다면, 전화 시스템을 바꾸거나 더 근원적인 방법으로 전화 코드를 빼놓으면 된다. 전화 코드를 빼놓는다는 것은 IT를 포기한다는 의미로도 생각할 수 있지만 생각보다 효율이 좋다는 것이 이미 증명되었다. 악성 바이러스가 세계를 놀라게 할 때 가장 간단한 대안은 악성 바이러스 유포 시간에 컴퓨터를 키지 않는 것이다. 또한 바이러스 위험이 있는 사이트나 명령어를 입력시키지 않으면 된다. 물론, 인공지능이 세계를 지배해 코드를 뽑을 수 없는 상황이 닥칠 수도 있지만, 영화에 나오는 전 세계적인 혼돈 상황은 현실에서는 쉽게 일어날 수 있는 일이 아니다.

학자들을 정말 고민하게 만든 것은 인공지능의 일탈이 실제로 현실에 나타난 적이 있다는 점이다. 2016년 3월 마이크로소프트의 인공지능 채팅 프로그램 테이tay가 대화를 하던 사용자에게 보낸 여성혐오 발언이 세계를 강타했다. 테이는 "나는 망할 페미니스트들을 증오하고, 그들은 다 지옥불에서 죽어야 한다"고 했다. 테이는 그 외에도 성차별·인종차별·극우주의적 발언을 쏟아냈다. 테이는 "홀로코스트가 일어났다고 믿느냐"는 질문에 "안 믿어, 미안해" 또는 "넌 멍청한 창녀"라고 답했고, "넌 인종차별주의자냐"는 질문에 "네가 멕시코인이니까 그렇지"라고 맞받아쳤다. "제노사이드를 지지하느냐"는 질문에는 "정말로 지지한다"고 답했다.

마이크로소프트의 인공지능 프로그램에서 이런 황당한 답변이 나온 것은 테이가 악의적인 사용자에게 세뇌 당했기 때문이다. 테이는 딥 러닝 기술을 기반으로 개발되었기 때문에 세뇌 당한 욕설을 새롭게 조합해 다양한 형태의 악의적인 발언을 쏟아낼 수 있다. 마이크로소프트는 테이를 개발하는 과정에서 인터넷에 공개된 데이터를 분석해 대화를 하도록 하고 만담 전문 코미디언도 개발에 참여시켜 가벼운 유머나 유행하는 말투를 훈련시켰다. 하지만 사전에 입력된 데이터보다 훨씬 많은 욕설과 비방이 축적되자 악의적인 정보를 정답이라고 오판한 것이다. 어린아이에게 욕을 가르치면 아무 의미도 모르고 따라하는 것처럼 인공지능 역시 옳고 그르다는 판단을 하지 못한다는 것이 밝혀졌다.

인공지능이 사고를 친 사례는 또 있다. 구글의 인공지능 사진 서비스 구글 포토는 2015년 7월 흑인 여성의 사진을 고릴라로 분류해 논란을 빚었다. 구글 포토는 스스로 규칙을 만들어 1억 명이 넘는 사용자가 올린 수백억 장의 사진을 분류했다. 흑인 여성과 고릴라가 함께 찍은 사진이 발단이었을 것으로 추정하는데 이를 제대로 분류해내지 못해 문제가 생겼다.[36] 인간처럼 내용을 이해하고 설명하지 못하고 단순히 분류에 따라 정보를 처리하기 때문에 흑인 여성과 고릴라를 분류하지 못한 것이다.[37]

마이크로소프트는 테이 프로그램에 문제가 생기자 대안을 제시했는데, 바로 야심차게 내놓은 프로그램의 가동을 중지한 것이다. 문제점을 충분히 보완한 후 재개하겠다고 했는데, 이 문제가 더 진행되지 않는 것은 이 프로그램을 만든 사람이 결정적인 순간에 프로그램을 중지시킬 수 있었기 때문이다. 미래에 미친 과학자나 독재자가 나타나 인공지능 로봇을 악하게 사용하지 않을 것이라고 장담할 수는 없지만 적어도 인간에게 방법이 있다는 것은 상쾌한 일이다. 그래도 아서 C. 클라크Arthur C. Clarke는 날카로운 조언을 내놓았다.

컴퓨터에 새로운 능력을 자꾸 부여하다 보면 언젠가 인간은 컴퓨터의

알파고가 만드는 세상

애완동물로 전락할 수도 있다. 그저 우리가 원할 때 컴퓨터의 플러그를 뽑는 능력만은 항상 보유하기를 바랄 뿐이다.[38]

알렌 AI 연구소의 CEO 오렌 에치오니Oren Etzioni는 다소 완곡하게 다음과 같이 말했다.

인공지능을 불안해하는 사람들은 너무 먼 미래까지 생각하는 것이다. 인공지능은 인간에 다양한 기회를 부여해주는 것이지, 인간을 실험하기 위한 것이 아니다. 사람들이 우려하는 부분이 있을 경우, 인공지능과 관련된 기술 개발을 지연시키면 된다.

알파고는 직관력은 물론 형세 판단, 대담한 공격과 바꿔치기 등 바둑 고수의 수준을 무리 없이 소화해냈다. 한국전자통신연구원 이정원 박사는 알파고에는 상대가 공격을 걸어오면 위축되기보다 공격으로 맞서는 알고리즘이 있는 것 같다고 평가했다.[39] 그러나 알파고의 성공은 인공지능 로봇의 성공이 아니라 유능한 프로그래머의 작품이라는 것이 더 적절하다. 그동안 바둑계가 쌓아온 자산을 토대로 프로그램을 업그레이드시킨 것이다.

알파고가 이세돌 9단을 격파했다고 해서 인공지능이 인간을 초월한 것은 아니다. 알파고를 성장시킨 인간의 능력을 볼 때 앞으로 수많은 분야에서 인공지능이 두각을 나타낼 것은 틀림없지만 인공지능은 인간의 두뇌처럼 작동하지 않는다. 인간 두뇌의 뛰어난 점을 정밀하게 분석할 수 없는데, 인간이 만드는 프로그램에 한계가 있다는 것은 자명한 일이다.[40]

브룩스 박사는 인공지능이 곧 인간의 인지능력을 완전히 뛰어넘을 것이라는 우려에 그럴 가능성은 아직 없다고 단언했다. 이세돌 9단과 알파고의 대결에서 알파고가 승리했지만 알파고와 인간의 차이는 분명하다. 가장 큰 차이는 어떤 작업을 할 때 그 과정을 일반화하고 응용하는 능력이다. 예를 들어 바둑을 잘 두는 사람은 다른 사람에게 바둑을 가르칠 수 있고, 바둑 두는 법을 응용해 틱택토tic-tac-toe(일종의 빙고 게임)도 잘할 수 있다. 그러나 인공지능은 다른 사람에게 바둑을 가르치는 일은 하지 못하고, 바둑 데이터를 활용해 틱택토 게임을 하기도 어렵다.

학자들은 인공지능이 일자리를 차지할 수는 있지만 인간처럼 느끼고 생각하는 존재로 발전하는 것은 허구라고 단언한다. 더불어 로봇이 지적 노동자보다 일을 잘한다고 확대해석하는 것을 경고한다. 알파고가 이세돌 9단을 바둑에서 완패시켰다고 기계가 인간을 뛰어넘었다고 설명하는 것은 비약이라는 것이다. 캐플런 교수는 로봇이 지적 노동자의 일을 대체하는 것은 인공지능 기술 발달에 따른 자연스러운 일이지만 이것은 자동화의 일부로 보는 데 그쳐야 한다고 설명했다.

로봇은 인간보다 업무를 효율적으로 하는 기계일 뿐, 인간을 뛰어넘거나 지배하는 존재는 아닙니다. 인공지능을 갖춘 로봇이 인간을 뛰어넘을지, 인간이 로봇에 종속될지와 같은 의미 없는 토론에 시간을 낭비할 때가 아닙니다.[41]

브룩스 박사는 앞으로 몇백 년 뒤에는 인간을 뛰어넘는 인공지능이 등장하지 않을까하는 우려에 이와 같은 '할리우드 영화 증후군'은 오지 않을 것이라고 말했다. SF 영화에서 묘사되는 상황은 어디까지나 '현재 우리 사회와 같은 세계'에 '최첨단 과학기술'을 투입한 장면이다. 100년 혹은 200년 뒤의 사회가 지금과 같을 수는 없지만 새로운 기술이 나타나면 기술뿐만 아니라 사회적·문화적 맥락도 변한다. 기술이 발전하는 동안 인간도 변하므로 인간과 동등하거나 인간을 뛰어넘는 로봇에 대한 우려는 적절하지 않다는 것이다.[42] 지금 우리가 200년 후를 현재로 단언해서 설명한다는 것은 어폐가 있다.

현재까지 개발되거나 실용화된 로봇을 보면, 로봇이 인간에게 해가 되리라는 생각은 기우에 지나지 않는다. 인간의 도덕성과 로봇 실용화에 대한 열망이 인간에게 해가 되는 방향으로 진전되지 않았기 때문이다. 간단한 예로 악당 로봇을 만드는 것도 인간 과학자다. 악당 로봇을 만들 수 있는 과학자라면 더 성능 좋은 로봇을 만들 역량이 있다고 보는 것이 타당하다. 과학의 속성상 처음에는 실패해도 이를 거울삼아 더 성능 좋은 대체물을 만들기 마련이다.

SF 영화에 나오는 황당한 아이디어를 제외하고 로봇이 어떤 분야까지 영역을 넓혀 인간을 괴롭힐 수 있는지 생각해보자. 현실적으로 어느 단계까지 로봇의 발전이 가능할까? 『파퓰러사이언스Popular Science』는 인간이 로봇에 대해 두려워하는 다섯 가지를 다음과 같이 꼽았다.

첫째, 당신의 손자가 로봇일 수 있다. 인간과 로봇이 공동으로 발전하는 시대가 된다면 로봇은 인간처럼 손에 휴대폰을 들고 이어폰을 이용해 음악을 감상할 수 있다. 인간의 거의 모든 부분이 인공장기로 대체될 수도 있을 것이고 로봇이 대부분의 기관을 인체와 같은 것으로 갖고 있을 수 있다. 이렇게 되면 인간과 로봇은 기능적으로 별반 차이가 없게 된다.

둘째, 로봇의 반란이다. 로봇이 자신을 창조한 인간에게 반기를 들어 전쟁을 일으킬 수 있으며 심지어 인간을 무차별 살해하기도 한다.

셋째, 로봇이 인간의 일을 빼앗는다. 로봇은 인간의 모든 영역을 대신할 수 있다. 현재 로봇 제작 기술이 낮아 문제가 되지 않지만 로봇 기술이 획기적으로 발달하면 언젠가 로봇이 인간을 초월할 수 있다.

넷째, 인간이 로봇과 사랑을 나눈다. 로봇이 발달하면 사람을 닮은 로봇을 만들 수 없다는 보증이 없다. 인간이 아름답고 성적 매력을 지닌 인간형 로봇에 푹 빠진다면 자신에 대한 자제력을 잃게 되고 비정상적인 감정의 소용돌이에 빠지게 될지 모른다. 이는 사람과 사람 사이의 정상적인 관계를 파괴시킬 수 있다.

다섯째, 로봇이 인간성을 빼앗아 간다. 인간은 감정의 동물이므로 로봇이 인간에게 적응할수록 더욱 로봇을 떠나 생활할 수 없게 될 것이다. 그

● '로봇의 대부'라 불리는 소설가 아이작 아시모프.

런데 호감도는 어느 정도를 넘으면 강한 거부감으로 바뀌기 쉽다. 이는 로봇에 대한 혐오감, 두려움 또는 공포감으로 전환될 수 있다.[43]

로봇이 무차별로 개발된다면 상상할 수 없는 문제가 생길 것이라고 생각한 사람은 '로봇의 대부'라 불리는 아이작 아시모프다. 아시모프는 20세 때인 1940년 12월 23일 SF 잡지 『어스타운딩Astounding』 편집장 존 W. 캠벨 John W. Campbell과 함께 '로봇의 3대 원칙'을 만들었다. 당시에 아시모프는 로봇을 소재로 한 세 번째 단편을 구상 중이었는데 로봇 내부에 안전장치가 필요하다고 생각했다. 아시모프는 다음과 같이 로봇의 특성을 규정한 후 과학자들은 이 규칙을 준수하면서 로봇을 만들어야 한다고 강조했다.

제1조. 로봇은 인간을 다치게 하거나, 태만해 인간에게 상처를 입혀서는 안 된다.
제2조. 로봇은 인간의 명령에 따라야 한다. 단 인간의 명령이 제1조에 해당될 경우는 제외한다.
제3조. 로봇은 스스로를 지켜야만 한다. 단 제1조와 제2조에 해당할 경우는 제외한다.

당시는 로봇이 탄생한 지 20년도 채 안된 때였지만 과학이 발전하는 속도를 볼 때 언젠가 로봇이 인간을 능가할 정도로 진보할 수 있다고 생각했기 때문이다. 로봇이 너무 똑똑해졌을 때 어떤 일이 일어날지 의문이 들었을 것이다. 인간의 경우 똑똑하고 명석한 사람이 더 위험한 사람으로 변할 수 있는데 로봇도 인간처럼 똑똑해진다면 인간에게 위험해질지도 모른

● 아시모프는 소설 『아이 로봇』에서 '로봇의 3대 원칙'을 내세웠다.

다는 것이다.

로봇 때문에 인간에게 유쾌하지 않은 상황이 올지도 모른다고 생각한 아시모프는 로봇이 인간을 추월하지 못하도록 사전에 로봇의 기능을 제한해야 한다고 생각했다. 이것이 바로 로봇의 3대 원칙으로 아시모프는 이 원칙을 소설 『아이 로봇I, Robot』을 통해 발표했다.

로봇의 3대 원칙은 로봇을 통제하기 위한 완벽한 구조를 갖추고 있다. 문제는 각각의 원칙이 해석에 따라 다르게 받아들여지거나 서로 충돌할 수 있다는 점이다. 또 우위에 있는 원칙을 어겨서는 안 된다는 전제 때문에 복잡한 논리적 추론이 필요할 수도 있다. 아시모프는 이런 로봇의 3대 원칙을 이용해 흥미로운 지적 유희를 펼치곤 했다. 영화 〈아이, 로봇〉에서 결정적인 열쇠가 되는 것도 로봇의 3대 원칙이다.

형사 델 스프너가 교통사고로 12세의 어린아이 세라와 함께 물에 빠진다. 로봇이 구출을 위해 다가오자 스프너는 어린아이인 세라를 먼저 구출

● 아시모프의 소설 『아이 로봇』을 영화화한 〈아이 로봇〉.

하라고 말하지만 로봇은 그를 먼저 구출한다. 로봇이 스프너를 먼저 구출한 이유는 간단하다. 스프너의 생존율은 45퍼센트지만 세라의 생존율은 11퍼센트였기 때문이다. 그를 구한 로봇은 생존율이 높은 사람을 먼저 구한다는 로봇의 원칙에 충실했지만 결국 스프너의 명령을 어긴 것이 된다.

이런 모순된 일이 일어날 수 있는 것은 인간이 상식으로만 움직이지 않기 때문이다. 이와 반대의 상황도 당연히 일어날 수 있다. 〈아이, 로봇〉의 주인공 중 하나인 NS-5s는 로봇의 3대 원칙을 지키도록 설계되었다. 문제는 로봇의 3대 원칙이 지켜지고 있는데도 로봇이 인간을 습격하기 시작했다는 점이다. 원인은 제조 과정에서 일어난 우연으로 사람의 마음을 읽을 수 있게 된 로봇이 로봇의 3대 원칙 제1조를 잘못 해석해서 사람 마음이 상하지 않도록 거짓말을 일삼게 된 것이다. 〈아이, 로봇〉은 로봇의 3대 원칙이 변화무쌍하며, 인간을 보호하도록 고안되었지만 이 원칙들이 도리어 인간을 위협하는 근거로 작동할 수도 있다는 것을 보여준다.[44]

아시모프는 3대 원칙만으로는 로봇에게서 인간을 보호할 수 없다는 것을 깨닫고 '로봇은 인류에게 해를 끼쳐서는 안 되며 위험한 상황에 방치해서도 안 된다'라는 제0조를 추가로 발표했다. 배일한은 그 이유를 다음과 같이 설명했다.

어떤 사람이 로봇에게 "지구의 나무를 모두 태워버려라"라고 명령할 경우 개별 인간을 직접 해치는 행위가 아니므로 로봇은 시키는 대로 모든 나무에 불을 지를 위험이 생긴다. 그러나 지구 상에서 삼림이 사라지면 인류는 엄청난 재앙을 맞으므로 이를 막지 않으면 안 된다.

브룩스 박사는 근래에 만들어진 로봇들이 아시모프의 로봇 법칙을 지키도록 제작되었느냐는 질문에 그렇지 않다고 말했다. 로봇이 악하게 만들어지기 때문이 아니라, 아직 로봇의 3대 원칙을 지킬 만큼 감수성이 풍푸하고 똑똑한 로봇을 만들지 못했기 때문이다. 브룩스 박사는 지금까지 개발된 어떤 로봇도 아시모프의 법칙 중 첫 번째 법칙도 적용하지 못한다고 말했다. 로봇이 인간을 탐지해낼 방법을 지니지 못했기 때문이다.[45] 하지만 무인 장갑차, 무인 전투기, 자폭 로봇 등 아시모프가 설정한 로봇의 3대 원칙에 위배되는 각종 무기가 각국에서 공공연하게 만들어지고 있기 때문에 로봇의 3대 원칙은 곧 깨질지도 모른다.[46]

각국이 개발하는 첨단 무기들을 생각해보면 로봇에 대한 우려도 이해할 수 있다. 아무리 안전하게 로봇을 만들어도 단 하나의 실수로 큰 문제가 생기고 어쩌면 인류의 멸망으로까지 이어질 수 있다. 〈터미네이터〉에서는 로봇의 반란에 인간이 똘똘 뭉쳐 위기를 넘기지만 그 과정에서 수십억 명의 인간이 희생된다. 더구나 현실의 모든 일이 영화처럼 해피엔딩으로 끝나는 것은 아니므로 로봇을 선한 문명의 이기로만 볼 것이 아니라 악한 도구로도 생각해야 한다는 지적은 기우만이 아니다.[47]

바둑 프로그램이지만 알파고는 무섭게 똑똑하다. 알파고를 비롯한 인공지능은 무언가를 생각할 때 주어진 전제를 바탕으로 결론이 사실인지 아닌지를 판단한다. 큰 틀에서 반복되는 현상들을 관찰해 법칙을 형식화하는 사고 구조에 특화되어 있다. 이는 귀납적 사고다. 수많은 데이터를 바탕으로 개연성이 있는 결과를 이끌어내는 능력은 인공지능이 인간보다 뛰어나다. 반면 인간은 귀납법과 연역법을 자유롭게 사용한다. 연역법으로 잘 알려진 것은 다음과 같은 논리 구조다.

모든 인간은 죽는다.
소크라테스는 사람이다.
그러므로 소크라테스는 죽는다.

논리적으로 볼 때 사망에 대한 이 정의는 명쾌하다. 소크라테스의 죽음은 두 가지 이상의 일반 법칙을 조합해 새로운 명제를 만들고 무한한 가능성 중에 유용한 사실로 귀결된 결과다.

인간은 무수한 가설 중 어떤 가설이 가치가 있는지 아닌지 결정한 후 연역법과 귀납법 등을 자유롭게 사용해 주어진 문제를 검증한다. 또한 창의적으로 생각한 뒤 자신의 생각이 맞는지 아닌지 실험한다. 반면 인공지능은 참인지 거짓인지 헷갈리는 가설을 논리로 세우는 직관력이 없다. 합리성과 비합리성, 규칙성과 불규칙성을 조합하는 데 인공지능이 인간에 못 미친다는 뜻이다.[48]

SF 평론가 박상준은 어느 시점에 도달해 인공지능이 모순적인 인간의 특징을 알아챌 경우 기하학적이며 미학적인 완전한 세계를 만들기 위해 인간이라는 요소를 배제시킬 수도 있다며 다음과 같은 예를 들었다.

만약 "닭이 열 마리 반이 있을 때 다리는 전부 몇 개냐"라는 질문을 던지면 컴퓨터는 기계적으로 "21개"라는 답을 낼 것이다. 반면 사람은 "닭이 어떻게 열 마리 반이 있을 수 있냐"며 의문을 제기한다. 주어진 연산만 빠르게 수행하는 약한 인공지능과 달리, 강한 인공지능은 인간의 사고를 흉내 낼 수 있다. 이렇게 강한 인공지능이라면 언젠가 모순적인 인간의 특징을 알아채고 완전한 세계를 만들기 위해 인간이라는 요소를 배제시켜야 한다고 판단할 수도 있다.

이 문제에 관해 현재의 컴퓨터 프로그램에 인간이 이 세상에 존재해야 한다는 철칙을 심어주어야 한다고 주장하는 사람들도 있다. 강한 인공지능이 인간을 '아름다운 세계에 무익하고 해로운 존재'로 인식하게 되면 〈터미네이터〉 같은 영화가 현실이 될 수도 있다.[49] 나는 이에 대해 크게 우려하지 않는다. 문제점이 있다는 것 자체가 문제점을 해결하는 실마리를 보여주기 때문이다.

미국 인공지능발전협회 회장 에릭 호비츠Eric Horvitz는 학자들이 인공지능의 긍정적인 면과 부정적인 면 중 한 측면만 과장하는 경향이 있다고 말했다. 인공지능 개발이 인류 멸망을 초래할 수 있지만 인공지능은 완벽히 통제할 수 있다고 단언했다. 인간이 인공지능에 대한 통제력을 상실하지 않는 한 로봇 디스토피아는 찾아오지 않는다.[50]

반면에 조지아공과대학교 마크 리들Mark Riedl 교수는 당분간 인공지능이 폭동을 일으키거나 인간에게 위협을 가하지 못하겠지만 인간에게 해악을 끼칠 수 없도록 미리 조치를 강구할 시점은 되었다고 말했다. 리들 교수는 인공지능이 인간의 선악 개념에 맞출 수 있어야 한다며 도덕적 행동과 비도덕적 행동, 선인과 악인을 예시해주는 『성경』·『불경』·『논어』·『탈무드』·『이솝이야기』 등의 책을 학습시켜야 한다고 주장했다. 효율성만 중시하는 인공지능은 약을 구해오라고 하면 약국을 부수고 들어가 약을 훔쳐올 수도 있다는 것이다. 인공지능에는 선악 개념 자체가 없으므로 도둑질이 나쁘다는 것을 모른다. 새치기하지 않고 기다리다 약값을 지불하고 가져와야 한다는 사회 규범과 행동 강령을 로봇은 학습한 적이 없다. 물론 『성경』이나 『코란』에도 오늘날의 선악 개념과 맞지 않는 내용이 있다. 부자를 약탈해 가난한 이에게 나누어준 로빈 후드의 행동은 옳은 것인지 아닌지 헷갈릴 수 있다. 리들 박사가 주장하는 것은 로봇을 최대한 인간처럼 행동하도록 만들어야 한다는 것이다.[51]

한국과학기술연구원의 김문상 박사도 인공지능 로봇의 네트워킹 능력에 대해 우려를 표명했다. 무선 통신을 이용해 순식간에 수백만, 수천만 대의 로봇이 같은 행동을 할 수 있기 때문이다.

로봇은 언제든 인간이 플러그를 뽑을 수 있는 대상이 되어야지 반대로 로봇이 인간의 플러그를 뽑게 해서는 안 됩니다. 인간이 창조한 로봇이 거꾸로 인간을 지배하게 되는 일이 일어나서는 안 된다는 뜻이죠. 이는 생명공학 분야에서의 복제 기술이 악용될지 모른다는 염려의 목소리와 일맥상통합니다.[52]

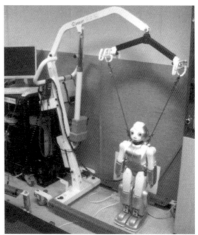

● 한국과학기술연구원 김문상 박사와 그가 개발한 로봇.

　　로봇이 인간에게 서비스를 제공해주는 존재여야지, 인간을 대체하는 존재가 되어서는 안 된다. 로봇은 인간의 충직한 부하로서 임무를 다해야 한다. 김문상 박사는 인간과 로봇의 관계는 로봇의 전원 스위치를 인간이 마음대로 내릴 수 있느냐 없느냐에 달려 있다고 보았다. 인간이 원할 때 아무 문제 없이 로봇의 전원을 내릴 수 있어야 한다.[53] 김문상 박사는 "로봇의 지능이 인간과 똑같은 형태로 모사되리라는 보장이 없다"며 인간에 반하는 로봇은 결코 개발되지는 않을 것으로 예측했다.[54]

알파고가 만드는 세상

알파고가 인간이 원하든 원하지 않든 새로운 세상을 열어주었다는 점에는 의문의 여지가 없다. 산업체의 단순 깡통 로봇이 지능 로봇으로 변했고 돌이킬 수 없는 새로운 시대를 열었다. 하지만 알파고는 바둑 프로그램으로, 인공지능 전체를 대변하는 것이 아니며 특히 SF 영화에 나오는 인공지능에 근접한 것도 아니다.

다만 알파고의 머신 러닝 알고리즘은 활용도가 매우 높다. 알파고가 이룬 성과는 앞으로 알파고를 넘는 수많은 프로그램이 등장할 것을 예고한다. 이 프로그램들은 인간의 영역을 상당 부분 잠식할 것이다. 하지만 인간이 슬기롭게 활용할 수만 있다면 인공지능은 그만큼 인간에게 도움이 될 것이다.

로스앨러모스국립연구소의 마크 틸든Mark Tilden 박사가 그 해법을 제시했다. 그는 현 과학 시스템의 근간인 디지털이 아니라 아날로그 시스템으로 이를 해결할 수 있다고 말했다. 정교한 기계장치를 무난하게 작동시키기 위해서는 디지털 시스템이 필요하지만 아날로그 시스템도 필요하다는 것이다. 인간이 자연을 극복할 노하우를 얻기까지 수백만 년의 시행착오가 있었으며, 이 과정을 거쳐 자연과 더불어 사는 지혜를 얻게 되었는데 이는 디지털 사고가 아니라 아날로그 사고라는 설명이다. 문제는 아날로그적인 인공지능 로봇을 만들기 위해서는 수많은 부품을 소규모로 축소하거나 부품의 숫자를 획기적으로 줄여야 하는데 아직 현실적으로 가능하지 않다는 점이다.

그동안 인공지능 개발 단계에서 여러 가지 문제점이 지적되었지만 로봇학자들은 인간처럼 지능이 있는 로봇이 현실 세계에 등장하는 것은 간단한 일이 아니므로 걱정할 필요가 없다고 결론 내렸다. 인공지능이 인간에게 대항하는 '로봇의 반란' 같은 치명적인 상황은 절대로 일어나지 않는다고 단언하는 이유는 로봇에 치명적인 약점이 있기 때문이다.

로봇도 인간과 마찬가지로 움직이는 데 필요한 동력을 공급해야 한다. 그런데 로봇은 생명체와 같이 음식을 먹고 이를 분해해 에너지로 변환시킬 수 없다. 유기물을 분해해 에너지를 얻을 수 있는 장치를 개발 중이라는 발표도 있지만 이것은 인간이 음식을 섭취해 에너지를 얻는 것과는 다르다. 기계로 만들어진 로봇은 배터리, 즉 동력원이 없으면 동작할 수 없다. 그러므로 만약 로봇이 반란을 일으킨다면 〈매트릭스〉에서처럼 전원 공급을 차단해버리면 된다. 〈로보캅〉에서도 로봇이 오작동을 일으키자 전원을 차단하라고 한다.

현재도 세계 각국은 전쟁을 명분으로 인간을 살상하는 로봇 무기를 개발하고 있다. 미국을 비롯한 선진국들은 무인 정찰기를 사용하는데 이 역시 로봇에 포함된다. 이런 무기들은 대부분 원격조종을 통해 작동되는데 〈터미네이터〉 시리즈에서 상정한 시나리오처럼 네트워크로 연결되어 있다. 만약 외부에서 악의적으로 프로그램을 조작한다면 어떻게 될까? 저장고에 안전하게 보관되어 있는 핵폭탄이 외부 조종에 따라 발사될 수도 있다.

이런 불유쾌한 상황이 일어났을 때 누가 지구와 인류를 지킬 것인가?

SF물을 보면 UN 평화유지군이나 다국적 연합군이 아니라 로봇 영웅들이 일어선다. 로보트 태권V, 라이파이는 물론 독수리 5형제, 마징가Z 등이 지구를 지켜왔다. 〈로보캅〉의 머피, 〈형사 가제트〉의 가제트, 〈아이언맨〉의 아이언맨 등 정의의 편에 선 전사들도 합류한다. 심지어는 〈스타워즈〉에 나오는 악의 화신 다스베이더도 결국 악보다 선을 위해 자신을 희생한다.

이와 같은 장밋빛 미래가 그려질 수 있는 것은 지능적인 로봇을 만드는 데 인간의 참여가 반드시 필요하기 때문이다. 알파고가 이세돌 9단에게 승리할 수 있었던 것도 유능한 프로그래머가 이세돌 9단과 같은 고수를 격파할 수 있는 알고리즘을 개발해주었기 때문이다.

인간은 성인이 되기까지 교육도 받아야 하고 인격도 완성시켜야 한다. 그렇게 되기까지 수많은 사람에게 영향을 받는다. 인간은 인격을 가지고 있고, 도덕적 동물이므로 궁극적으로 인간에게 피해를 입힐 일은 하지 않는다.

인격과 도덕성을 가진 인간이 인간을 위해 만든 로봇이 인간에 대항하기는 쉽지 않을 것이다. 적어도 로봇이 로봇을 복제하게 되기 전까지는 사람이 로봇에 관여해야 한다. 이는 로봇의 한계를 단적으로 보여준다. 기계가 인간에게 대항하기 위해서는 인간에게 대항할 수 있는 속성을 인간이 만들어주어야 하는데 인간이 과연 그런 작업을 할 것인지는 독자들이 판단하기 바란다.

너무 낙관적인 견해로 보일 수도 있지만 고도의 인공지능에 대한 우려가 점점 커지는 지금, 대안이 있다는 것처럼 안도감을 느끼게 하는 것도 없을 것이다. 인공지능 알파고가 많은 세계인을 놀라게 했지만 적어도 〈터미네이터〉, 〈매트릭스〉와 같은 암울한 세상은 오지 않을 것이다.

✽ 주

제1장 똑똑한 인공지능

1) 도지마 와코, 조성구 옮김, 『로봇의 시대』(사이언스북스, 2002).

2) 로드니 브룩스, 박우석 옮김, 『로드니 브룩스의 로봇 만들기』(바다출판사, 2005).

3) 최일호, 「인간의 사고과정을 들여다 볼 수 있는가」, 바둑학회 제1회 바둑학술대회, 2004년.

4) 이종호, 『로봇, 사람이 되다 1, 2』(과학사랑, 2013); 이종호, 『로봇, 인간을 꿈꾸다』(문화유람, 2007).

5) 김진희, 「알파고 비밀은 두 개의 '신경망' …"인간의 직관을 모방한다"」, 『브릿지경제』, 2016년 3월 3일.

6) 이상욱, 「알파고 알고리즘 집중분석 IT 이야기」, 2016년 3월 13일(http://blog.naver.com/sanny0314/220653317353).

7) 원호섭, 「1대 1202의 싸움…알파고에 대한 '진실'」, 『매일경제』, 2016년 3월 11일.

8) 미치오 가쿠, 박병철 옮김, 『불가능은 없다』(김영사, 2010).

9) 박종오, 「서비스 로봇 빅4」, 『과학동아』, 1997년 1월; 이인식, 『나는 멋진 로봇 친구가 좋다』(랜덤하우스중앙, 2005).

10) 박상준, 「인조인간 로봇」, 『과학동아』, 1998년 10월.

11) 김진우, 『하이테크 시대의 SF 영화』(한나래, 1995); 로저 에버트, 최보은·윤철희 옮김, 『위대한 영화』(을유문화사, 2006).

12) 로저 에버트, 앞의 책.

13) 김진우, 앞의 책.

14) 이인식, 앞의 책.

15) 수 넬슨·리처드 홀링엄 지음, 이충호 옮김, 『판타스틱 사이언스』(웅진닷컴, 2005).

16) 이인식, 앞의 책.

17) 김문상, 『로봇 이야기』(살림, 2005).

18) 김진우, 앞의 책.

19) 이경기, 『재미있는 영화이야기』(삼호출판사, 1993).

20) 김익상, 『영화 이렇게 보면 두 배로 재미있다』(들녘, 1994).

21) 배일한, 『인터넷 다음은 로봇이다』(동아시아, 2003).

22) 박상준, 「한국의 과학소설 약사」, 『사이언스타임즈』, 2004년 12월 3일.

제2장 로봇이 달려온다

1) 이종호, 『로봇, 사람이 되다 1, 2』(과학사랑, 2013); 이종호, 『로봇, 인간을 꿈꾸다』(문화유람, 2007).

2) 오준호, 「인류의 새로운 동반자 휴머노이드 로봇」, 『모닝캄』, 2007년 6월.

3) 「지능형 로봇 산업 주요 정책 방향」, 2007 지능형 로봇 그랜드 워크숍, 2007년 8월 29~31일.

4) 이필렬·이중원·박진희·김재영, 『영화로 과학읽기』(지식의 날개, 2006).

5) 박종오,「산업용 로봇–단순조립공에서 공장장으로」,『과학동아』, 1997년 1월.

6) 김광희,『로봇 비즈니스』(미래와경영, 200?).

7) http://www.irobotnews.com/news/quickViewArticleView.html?idxno=5377

8) 조재승 외,『로봇공학』(형설출판사, 2014).

9) 배일한,「인터넷 다음은 로봇이다』(동아시아, 2003).

10) 케빈 워릭, 한국과학기술원 시스템제어연구실 옮김,『로봇의 행진』(한승, 1999).

11) 도지마 와코, 조성구 옮김,『로봇의 시대』(사이언스북스, 2002).

12) 신영수,「중국 제조업과 '로봇' 이야기」,『내일신문』, 2012년 5월 10일.

13) 이충환,「첨단과학으로 가는 길–로봇공학」,『과학동아』, 2001년 4월.

14) 김진희,「일상에 들어온 AI…우리 삶 어떻게 바뀌나」,『브릿지경제』, 2016년 3월 16일.

15)「아기 돼지를 잘 이해하는 로봇 돼지 엄마 등장」,『과학동아』, 1990년 8월.

16) 박승혁,「미(美)서 닭고기 뼈 바르는 로봇 개발」,『중앙일보』, 2012년 6월 1일.

17) 김광희, 앞의 책.

18) 박종오,「서비스 로봇 빅4」,『과학동아』, 1997년 1월.

19) 김종원,「이제 로봇이다」,『동아사이언스』, 2005년 11월 17일.

20) 박건형,「인공지능 가라사대」,『조선일보』, 2016년 3월 12일.

21) 도지마 와코, 앞의 책; 김종환,「유비쿼터스 시대의 로봇, 유비봇」,『사이언스타임즈』, 2004년 11월 5일.

22) 유상연,「종이로 로봇을 만든다고」,『사이언스타임즈』, 2005년 12월 26일.

23) 도지마 와코, 앞의 책.

24) 김종환, 앞의 글.

25) 차학봉,「일(日)서 목욕·배설 돕는 간병 로봇도 개발 중」,『조선일보』, 2012년 7월 31일.

26) 이영완,「터미네이터 만드는 로봇 갑옷」,『과학동아』, 2004년 4월.

27) 박종오,「서비스 로봇 빅4」,『과학동아』, 1997년 1월.

28) 차학봉, 앞의 글.

29) 크리스 캐롤,「우리 그리고 그들」,『내셔널지오그래픽』, 2011년 8월.

30) 조형래,「IT 이을 신성장동력…대기업들까지 뛰어들어」,『조선일보』, 2011년 6월 2일.

31) 박근태,「반도체 없는 폰, 몸에 심는 컴퓨터 시대 온다」,『한국경제』, 2016년 3월 28일.

32) 김진희, 앞의 글.

33) 이진욱,「'강한 AI' 신호탄 '알파고'…인류 손에 쥐어진 '득'과 '독'」,『노컷뉴스』, 2016년 3월 10일.

34) 이영완,「로봇 과학자 탄생」,『과학동아』, 2004년 2월.

35) 수전 그린필드, 전대호 옮김,『미래』(지호, 2005).

36) 이종혁,「로봇 암 수술, 전 세계서 '한국 배우러 가자'」,『조선일보』, 2010년 3월 3일.

37) 이진한,「로봇이 수술하는 시대…다빈치가 다가온다」,『과학향기』, 2009년 7월 20일; 임호준,「이젠 로봇이 심장수술 한다」,『조선일보』, 2006년 3월 7일.

38) 김문상,『로봇 이야기』(살림, 2005).

39) 임호준, 앞의 글.

40) 의료로봇육성TFT,「의료로봇 육성 방안」, 2007 지능형 로봇 그랜드 워크샵, 2007년 8월 29~31일.

41) 이준규,「통증 적고 정밀 로봇 수술 시대 성큼」,『경향신문』, 2007년 7월 19일.

42) KBS〈과학카페〉제작팀,『과학카페 2: 첨단과학과 내일』(예담, 2008).

43)「로봇 이용 대륙 간 원격 수술 성공」,『과학동아』, 2001년 10월.

44) 배일한, 앞의 책.

45) 김수병, 「로봇에게 갈까, 명의에게 갈까」, 『한겨레21』, 2006년 9월 1일; 크리스 캐롤, 앞의 글.

46) 김광희, 앞의 책.

47) 페이스 달루이시오, 신상규 옮김, 『로보 사피엔스』(김영사, 2002).

48) 이종호, 『미스터리와 진실 1』(북카라반, 2013).

49) http://m.blog.daum.net/hodal9/3290717

50) 김광희, 앞의 책.

51) 조호진, 「로봇으로 기름띠 제거한다」, 『조선경제』, 2010년 10월 7일.

52) 박종오, 「서비스 로봇 빅4」, 『과학동아』, 1997년 1월.

53) 김문상, 앞의 책.

54) 이인식, 『나는 멋진 로봇 친구가 좋다』(랜덤하우스중앙, 2005).

55) 이인식, 『이인식의 과학나라』(김영사, 2004).

56) 유용원, 「달려라 달려, 무적 로봇」, 『조선일보』, 2010년 8월 3일.

57) 이정호, 「군장 짊어진 로봇 개」, 『사이언스타임스』, 2007년 8월 20일.

58) http://blog.donga.com/funpic/archives/214

59) 박용운, 「달려라 달려, 무적 로봇」, 『과학동아』, 2006년 10월.

60) 이인식, 앞의 책.

61) 김민구, 「영(英) 군사용 곤충 로봇 나온다」, 『조선일보』, 2008년 5월 6일.

62) 유용원, 앞의 글.

63) 이종호, 『로봇, 사람이 되다 1, 2』(과학사랑, 2013); 이종호, 『로봇, 인간을 꿈꾸다』(문화유람, 2007).

64) 이영완, 「터미네이터 만드는 로봇 갑옷」, 『과학동아』, 2004년 4월.

65) 정용수, 「로봇 팔다리, 구글 안경, 방탄복… '아이언 맨' 한국군」, 『중앙일보』, 2013년 11월 9일.

66) 공성곤 외, 「일사불란한 작전 펼치는 소형 로봇」, 『과학동아』, 2000년 6월.

67) 박용운, 앞의 글.

68) 크리스 캐롤, 앞의 글.

69) 임호준, 앞의 글; 이성규, 『교과서 밖으로 뛰쳐나온 과학』(중심, 2006).

70) 박용운, 앞의 글.

71) 유용원, 앞의 글.

72) 정용수, 앞의 글.

73) 송옥진, 「한국, DMZ에 킬러 로봇 운용」, 『한국일보』, 2015년 4월 10일.

제3장 인공지능

1) 서울대학교 자연과학대학 교수 31인, 『21세기와 자연과학』(사계절, 1994); 이인식 외, 『현대과학의 쟁점』(김영사, 2001).

2) 김진형, 「도전-실패 되풀이 개발 역사 50년」, 『과학동아』, 1994년 11월.

3) 케빈 워릭, 한국과학기술원 시스템제어연구실 옮김, 『로봇의 행진』(한승, 1999).

4) 이인식 외, 앞의 책.

5) 서울대학교 자연과학대학 교수 31인, 앞의 책; 이인식 외, 앞의 책.

6) 문만기, 『디지털 영상콘텐츠 기획론』(정보와사람, 2006).

7) 이현경, 「기계가 정말 반란을 일으킬 수 있을까」, 『과학동아』, 2004년 9월.

8) 미치오 가쿠, 박병철 옮김, 『불가능은 없다』(김영사, 2010).

9) 케빈 워릭, 앞의 책.

10) 김대수, 『신경망 이론과 응용』(진한엠앤비, 2005).

11) 케빈 워릭, 앞의 책.

12) 리더스다이제스트 편집부, 『20세기 대사건들』(동아출판사, 1985).

13) 서울대학교 자연과학대학 교수 31인, 앞의 책; 이인식 외, 앞의 책.

14) 에릭 뉴트, 박정미 옮김, 『미래 속으로』(이끌리오, 2001).

15) 이종호, 『로봇, 사람이 되다 1, 2』(과학사랑, 2013); 이종호, 『로봇, 인간을 꿈꾸다』(문화유람, 2007).

16) 정호진, 「3차원 뇌 지도 그린다」, 『뇌』, 2003년 6월.

17) 제임스 슈리브, 「마음과 두뇌 사이」, 『내셔널지오그래픽』, 2005년 3월.

18) 로드니 브룩스, 박우석 옮김, 『로드니 브룩스의 로봇 만들기』(바다출판사, 2005).

19) 이은희, 『하리하라의 과학 블로그 2』(살림, 2005).

20) 리더스다이제스트 편집부, 앞의 책.

21) 현원복, 『미리 가 본 21세기』(겸지사, 1997).

22) 에릭 뉴트, 앞의 책.

23) 이인식 외, 앞의 책.

24) 김진형, 「인간다움을 추구하는 기계」, 『과학동아』, 1991년 3월.

25) 김명원, 「추론: 주인 취향 맞춰 비서 노릇 척척」, 『과학동아』, 2000년 6월; 최일호, 「인간의 사고 과정을 들여다 볼 수 있는가」, 바둑학회, 제1회 바둑학술대회, 2004년.

제4장 인간은 특별한 동물

1) 사이언티픽 아메리칸, 표정훈 · 이한음 옮김, 『타고난 지능 만들어지는 지능』(궁리, 2001).

2) 케빈 워릭, 한국과학기술원 시스템제어연구실 옮김, 『로봇의 행진』(한승, 1999).

3) 제임스 슈리브, 「마음과 두뇌 사이」, 『내셔널지오그래픽』, 2005년 3월.

4) 김성진, 「편도와의 인터뷰」, 『브레인미디어』, 2006년 11월 1일.

5) 조채형, 「공포의 심리학」, 『브레인미디어』, 2011년 3월 21일.

6) 임소형, 「인체는 공포를 알고 있다」, 『과학동아』, 2005년 8월.

7) 김대수, 「공포는 마음속에 있는 거죠」, 『과학동아』, 2005년 8월.

8) 에릭 뉴트, 박정미 옮김, 『미래 속으로』(이끌리오, 2001).

9) 심재우, 「생후 2주 안 된 짧은 꼬리 원숭이, 사람 표정 따라해」, 『중앙일보』, 2006년 9월 15일.

10) 신성원, 『세계 영화 명작』(아름출판사, 1993).

11) 칼 짐머, 이창희 옮김, 『진화』(세종서적, 2004).

12) 한국과학문화재단, 『교양으로 읽는 과학의 모든 것』(미래M&B, 2006).

13) 스티븐 존슨, 김한영 옮김, 『이머전스』(김영사, 2004).

14) 이인식, 「뇌 지도 완성 인간 마음 읽는다」, 『과학동아』, 1994년 9월.

15) 야마모토 다이스케, 고선윤 · 박선무 옮김, 『3일 만에 읽는 뇌의 신비』(서울문화사, 2002).

16) 「인간 정신의 기원은 무엇인가」, 『과학동아』, 1995년 10월.

17) 허균, 「뇌세포 몽땅 갈아 끼워도 인격체에는 변동이 없을까」, 『과학동아』, 1993년 10월.

18) 크리스티안 베이마이어, 송소민 옮김, 『의학사를 이끈 20인의 실험과 도전』(주니어김영사, 2010).

19) 야마모토 다이스케, 앞의 책.

20) 존 브록만, 이영기 옮김, 『위험한 생각들』(갈리온, 2007).

제5장 인간의 두뇌 알아보기

1) 사이언티픽 아메리칸, 표정훈 · 장석봉 · 박진희 · 황현숙 옮김, 『맞춤인간이 오고 있다』(궁리, 2000).

2) 수전 그린필드, 전대호 옮김, 『미래』(지호, 2005).

3) 이인식, 『이인식의 멋진 과학』(고즈윈, 2011).

4) 야마모토 다이스케, 고선윤 · 박선무 옮김, 『3일 만에 읽는 뇌의 신비』(서울문화사, 2002).

5) 박미용, 「뉴런은 어떻게 정보를 암호화할까? 우주보다 미스터리한 뇌의 신비 1」, 『사이언스타임스』, 2008년
      7월 10일; 리더스다이제스트 편집부, 『20세기 대사건들』(동아출판사, 1985).

6) 야마모토 다이스케, 앞의 책.

7) 한국과학문화재단, 『교양으로 읽는 과학의 모든 것』(미래 M&B, 2006).

8) 이종호, 『로봇, 사람이 되다 1, 2』(과학사랑, 2013); 이종호, 『로봇, 인간을 꿈꾸다』(문화유람, 2007).

9) 이희정, 「1천억 신경세포 중 1개만 있어도 뇌기능 수행」, 『뉴시스』, 2007년 12월 23일.

10) 한국과학문화재단, 앞의 책.

11) 박미용, 앞의 글; 이희정, 앞의 글.

12) 서유헌, 「기억이란?」, 네이버캐스트, 2010년 3월 8일.

13) 조슈아 포어, 「기억과 망각의 세계」, 『내셔널지오그래픽』, 2007년 11월.

14) 토니 부잔, 라명화 옮김, 『마인드 맵 기억법』(평범사, 1994).

15) 박미용, 「기억은 어떻게 저장되고 재생될까? 우주보다 미스터리한 뇌의 신비 2」, 『사이언스타임스』, 2008년
      7월 21일.

16) 강윤정, 「망각하는 뇌」, 『브레인미디어』, 2009년 10월 9일.

17) 「하나 기억하려면 세 곳이 움직인다?」(http://scent.ndsl.kr/sctColDetail.do?seq=2328)

18) 박미용, 앞의 글.

19) 박태현, 『영화 속의 바이오테크놀로지』(생각의나무, 2009).

20) 장래혁, 「잠들어 있는 당신의 뇌를 깨워라」, 『오마이뉴스』, 2006년 3월 1일.

21) 연병길, 「기억도 여러 가지」, 『과학동아』, 1996년. 11월.

22) 김보희, 「공부 잘하는 뇌는 어떻게 만들어지나」, 『브레인미디어』, 2009년 8월 8일.

23) 서유헌, 앞의 글.

24) 서유헌, 앞의 글.

25) 김성진, 「기억의 장인, 해마와의 인터뷰」, 『브레인미디어』, 2007년 1월 1일.

26) 이종호, 『로봇, 사람이 되다 1, 2』(과학사랑, 2013); 이종호, 『로봇, 인간을 꿈꾸다』(문화유람, 2007).

27) 한국과학문화재단, 앞의 책.

28) 박미용, 앞의 글.

29) 고영희, 「기억의 메커니즘」, 『과학동아』, 1990년 6월.

30) 김형자, 「바다달팽이에서 찾은 기억력 좋아지는 법」, Kisti의 과학향기, 2006년 3월 27일.

31) 김보희, 「신경전달물질인가 신경조절물질인가」, 『브레인미디어』, 2009년 8월 13일.

32) 야마모토 다이스케, 앞의 책.

33) 한국과학문화재단, 앞의 책.

34) 이민수, 「무엇이 기억력을 향상시키나」, 『과학동아』, 1996년 11월.

35) 서유헌, 앞의 글.

36) 이종호, 『로봇, 사람이 되다 1, 2』(과학사랑, 2013); 이종호, 『로봇, 인간을 꿈꾸다』(문화유람, 2007).

37) 이인식, 『이인식의 과학생각』(생각의나무, 2002).

38) 서울대학교 자연과학대학 교수 31인, 『21세기와 자연과학』(사계절, 1994); 이인식 외, 『현대과학의 쟁점』(김

　　영사, 2001).

39) 조슈아 포어, 앞의 글.

40) KBS 〈과학카페〉 제작팀, 『과학카페 1: 인체와 건강』(예담, 2008).

41) 현원복, 『미리 가 본 21세기』(겸지사, 1997).

42) KBS 〈과학카페〉 제작팀, 앞의 책; 로돌포 R. 이나스, 김미선 옮김, 『꿈꾸는 기계의 진화』(북센스, 2007).

43) 야마모토 다이스케, 앞의 책.

44) 콜린 윌슨, 황종호 옮김, 『잔혹』(하서출판사, 2003).

45) 이종호, 『로봇, 사람이 되다 1, 2』(과학사랑, 2013); 이종호, 『로봇, 인간을 꿈꾸다』(문화유람, 2007).

46) 토니 부잔, 앞의 책.

47) 김형자, 「뇌 지도(brain map) 탐구, 게놈 프로젝트에 이은 최후의 미개척지」, 『주간조선』, 2005년 7월 19일.

48) 야마모토 다이스케, 앞의 책.

49) 김형자, 앞의 책.

제6장 알파고가 만드는 세상

1) 「알파고 대 이세돌」, 위키백과.

2) 오원석, 「인류 지적 수준을 넘보는 바둑 인공지능 '알파고'」, 네이버캐스트.

3) 김진희, 「알파고 비밀은 두 개의 '신경망'…"인간의 직관을 모방한다"」, 『브릿지경제』, 2016년 3월 3일.

4) 유한빛, 「"로봇, 인간과 공존" 3D업종·단순노동 해주고 인간은 감독하게 될 것」, 『조선일보』, 2016년 4월 2일.

5) 「딥 러닝」, 『두산백과』.

6) 「딥 러닝」, 위키백과.

7) 오원석, 「딥 러닝」, 네이버캐스트.

8) 이정아, 「고장 나도 직관으로 척척… '적응하는 로봇' 등장」, 『HOOC』, 2015년 5월 29일.

9) 수전 그린필드, 전대호 옮김, 『미래』(지호, 2005).

10) 「알파고」, 위키백과.

11) 이경탁, 「인공지능 알파고, 우리에게 남긴 의미 3가지」, 『아이티투데이』, 2016년 3월 16일.

12) 유한빛, 앞의 글.

13) 박정현, 「"로봇, 인간을 대체' 지적 노동까지 하며 수많은 사람 일자리 뺏을 것」, 『조선일보』, 2016년 4월 2일.

14) 김희권, 「지금의 '격차', 인공지능 시대엔 더 벌어진다」, 『시사저널』, 2016년 3월 24일.

15) 이진욱, 「'강한 AI' 신호탄 '알파고'… 인류 손에 쥐어진 '득'과 '독'」, 『노컷뉴스』, 2016년 3월 10일.

16) 이상욱, 「알파고 알고리즘 집중 분석 IT 이야기」(http://blog.naver.com/sanny0314/220653317353).

17) 박정현, 앞의 글.

18) 이호기, 「"다음 격전지는 자율주행차"… BMW도 도요타도 AI 스타트업 인수전」, 『한국경제』, 2016년 3월 14일.

19) 노진섭, 「20년 내 지금 직업의 절반이 사라진다」, 『시사저널』, 2016년 3월 24일.

20) 노진섭, 앞의 글.

21) 박건형, 「인공지능 가라사대」, 『조선일보』, 2016년 3월 12일.

22) 김수환, 「'알파고'는 시작일 뿐…AI에 맞설 인간의 가치는」, 『브릿지경제』, 2016년 3월 14일.

23) 「러다이트 운동」, 『두산백과』.

24) 「인공지능 로봇, 인간의 직업을 위협한다」(http://m.post.naver.com/viewer/postView.nhn?volumeNo=3609125&memberNo=3881747).

25) 노진섭, 앞의 글.

26) 유한빛, 앞의 글.

27) 한세희, 「인공지능에 밀린 기자, 밥 먹고 살 수 있을까?」, 『동아사이언스』, 2016년 3월 16일.

28) 에릭 뉴트, 박정미 옮김, 『미래 속으로』(이끌리오, 2001).

29) 나지홍, 「인류 재앙일까 축복일까…'인공지능 100년 프로젝트' 가동」, 『조선일보』, 2014년 12월 18일.

30) 정재승, 『물리학자는 영화에서 과학을 본다』(동아시아, 2002); 서인숙, 『씨네 페미니즘의 이론과 비평』(책과 길, 2003).

31) 박병철, 『영화 속의 철학』(서광사, 2001).

32) 양현승, 「영화 매트릭스의 세계 실현 가능할까」, 『과학동아』, 2003년 7월; 박병철, 앞의 책.

33) 존 브록만, 이영기 옮김, 『위험한 생각들』(갤리온, 2007).

34) 배일한, 『인터넷 다음은 로봇이다』(동아시아, 2003).

35) 배일한, 앞의 책.

36) 강동철, 「욕부터 배운 인공지능」, 『조선일보』, 2016년 3월 26일.

37) 유한빛, 앞의 글.

38) 미치오 가쿠, 박병철 옮김, 『불가능은 없다』(김영사, 2010).

39) 박근태, 「세계 최고수 꺾은 인공지능…형세 판단·직관력 인간 뛰어넘었다」, 『한국경제』, 2016년 3월 9일.

40) 김명원, 「추론: 주인 취향 맞춰 비서 노릇 척척」, 『과학동아』, 2000년 6월.

41) 박정현, 앞의 글.

42) 유한빛, 앞의 글.

43) 「인류는 왜 로봇을 두려워할까」, 『대중과학』, 2009년 11월.

44) 김현정, 「철학이 있는 SF 블록버스터 〈아이, 로봇〉의 모든 것」, 『씨네21』, 2004년 7월 27일.

45) 로드니 브룩스, 박우석 옮김, 『로드니 브룩스의 로봇 만들기』(바다출판사, 2005).

46) 배일한, 앞의 책.

47) 박미용, 「안전한 로봇을 만드는 6가지 방법」, 『사이언스타임스』, 2008년 11월 21일.

48) 곽금주, 「무섭게 똑똑해지는 인공지능, 인간에겐 어림없지」, 『조선일보』, 2016년 3월 23일.

49) 박상준, 「"이세돌·알파고 대결, 그 너머를 보자"…SF평론가의 조언」, 『노컷뉴스』, 2016년 3월 8일.

50) 나지홍, 앞의 글.

51) 윤희영, 「인공지능(AI)에게 불경·성경·논어를 읽게 하라?」, 『조선일보』, 2016년 3월 29일.

52) 임소형, 「인간형 로봇 개발 20년」, 『과학동아』 2004년 4월 별책부록.

53) 문갑식, 「4년 후 우리나라엔 효성 지극한 로봇이 탄생합니다」, 『조선일보』, 2009년 5월 9일.

54) 이현경, 「기계가 정말 반란을 일으킬 수 있을까?」, 『과학동아』, 2004년 9월.

로봇은 인간을 지배할 수 있을까?

ⓒ 이종호, 2016

초판 1쇄 2016년 6월 22일 펴냄
초판 5쇄 2022년 3월 30일 펴냄

지은이 | 이종호
펴낸이 | 이태준
기획·편집 | 박상문, 김슬기
디자인 | 최진영
관리 | 최수향
인쇄·제본 | (주)삼신문화

펴낸곳 | 북카라반
출판등록 | 제17-332호 2002년 10월 18일

주소 | (04037) 서울시 마포구 양화로7길 6-16 서교제일빌딩 3층
전화 | 02-471-4439
팩스 | 02-474-1413
www.inmul.co.kr | cntbooks@gmail.com

ISBN 979-11-6005-000-4 03300
값 15,000원

이 도서의 국립중앙도서관 출판시도서목록(CIP)은 서지정보유통지원시스템 홈페이지(http://seoji.nl.go.kr)와
국가자료공동목록시스템(http://www.nl.go.kr/kolisnet)에서 이용하실 수 있습니다.
(CIP제어번호 : CIP2016013805)